图 0.1　福建泉州洛阳桥(万安桥)

图 0.2　河北赵县安济桥(赵州桥)

图 1.23　双壁钢围堰施工

图

图 1.38　碗扣式脚手架

图 5.8　橡胶抽拔管

图 5.13　轮胎运架一体式架桥机

图 5.16　跨墩门式吊车架梁

图 6.16 挂篮施工状态

图 8.4 桁架拱

图 8.5 按桥面位置划分拱桥(a)上承式拱桥

图 8.5 按桥面位置划分拱桥(b)中承式拱桥

图 8.5 按桥面位置划分拱桥(c)下承式拱桥

图 8.14 缆索吊装安装拱部

图 8.18 边段拱肋悬挂方法(c)

图 8.19 吊运中段拱肋合龙

图 8.22　平面转体

图 8.23　竖向转体

图 8.30　钢管混凝土拱桥截面形式(a)哑铃形截面

图 8.32　钢管拱肋预拼

图 8.33　拱脚就位

图 8.34　支架法拱肋安装

图 8.35　泵送顶升浇筑拱肋混凝土

图 8.37　钢管混凝土劲性骨架

图 8.38　钢管混凝土劲性骨架合龙

图 10.6　隧道式锚碇

图 10.10　猫道架设(a)

图 10.11　送丝工艺示意图

图 10.14　吊索安装

图 10.15　跨缆吊机

图 12.11　盖板涵的支架、模板

图 12.13　顶进设备及施工临时设施(b)滑板及顶铁

21 世纪全国高职高专交通运输系列工学结合型规划教材

桥梁施工与维护

主　编　梁　斌
副主编　何江斌　郭咏辉　魏连峰
主　审　朱永进　陈双全

内容简介

本书根据桥梁施工与维护的一般工作过程，从桥梁施工准备、梁式桥及其他形式桥梁等方面，阐述桥涵的主要构造及其施工方法、工艺要求，介绍桥涵维护的基本知识、基本技能、工作要点等。

本书适用于高职高专院校桥隧工程技术、道路桥梁工程技术、铁道工程与城市轨道交通工程技术等专业教学，也适用于从事桥梁施工与维护方面工作人员的岗前培训与自学，还可用于高职交通土建类相关专业相应层次的教学，并可供铁路、公路桥梁施工及维护专业技术人员参考使用。

图书在版编目(CIP)数据

桥梁施工与维护/梁斌主编．—北京：北京大学出版社，2014.2
(21世纪全国高职高专交通运输系列工学结合型规划教材)
ISBN 978-7-301-23834-9

Ⅰ.①桥… Ⅱ.①梁… Ⅲ.①桥梁施工—技术—高等职业教育—教材②桥—维护—高等职业教育 Ⅳ.①U445

中国版本图书馆 CIP 数据核字(2014)第 018874 号

书　　　　名：	桥梁施工与维护
著作责任者：	梁　斌　主编
策划编辑：	赖　青　杨星璐
责任编辑：	杨星璐
标准书号：	ISBN 978-7-301-23834-9/U・0104
出版发行：	北京大学出版社
地　　　　址：	北京市海淀区成府路 205 号　100871
网　　　　址：	http://www.pup.cn　新浪官方微博：@北京大学出版社
电子信箱：	pup_6@163.com
电　　　　话：	邮购部 62752015　发行部 62750672　编辑部 62750667　出版部 62754962
印　刷　者：	涿州市星河印刷有限公司
经　销　者：	新华书店
	787 毫米×1092 毫米　16 开本　25 印张　彩插 4 页　588 千字
	2014 年 2 月第 1 版　2017 年 1 月第 3 次印刷
定　　　　价：	50.00 元

未经许可，不得以任何方式复制或抄袭本书之部分或全部内容。

版权所有，侵权必究

举报电话：010-62752024　电子信箱：fd@pup.pku.edu.cn

前　言

我国高速铁路、公路的建设正在加速形成快速交通网，伴随着铁路、公路等交通科学技术的迅猛发展，当前桥梁结构、形式、施工方法、机械设备等发生着巨大的变化，这对从事铁路、公路桥梁施工与维护的专业人员提出了更高的要求，对高职高专院校桥梁工程方面的专业人才培养也提出了新的课题。

本书是广西高等院校铁道工程专业特色专业及课程一体化建设项目的子项目，它贴近高职铁道工程技术等专业的人才培养目标，在理论方面坚持"实用"的原则，基本概念和基本理论力求简明扼要；在实践方面坚持"适用"的原则，项目设置和实践内容注重职业能力的培养。

本书按照项目组织教学内容，全书分为4个学习情境，共设置14个项目和67个任务。本书由柳州铁道职业技术学院梁斌担任主编，柳州铁道职业技术学院何江斌、广东铁路职业技术学院郭咏辉、南京铁道职业技术学院魏连峰共同担任副主编，中铁九局集团有限公司高级工程师朱永进、中交路桥技术有限公司高级工程师陈双全共同担任主审。参与本书编写的还有柳州铁道职业技术学院熊辉、杨美玲、谭敏、刘祖军、冯春盛、潘家诚、陈国升、张愿、李萌、李芮、祖雅甜、梁庆庆，南京铁道职业技术学院冯淑珍，广西建设职业技术学院张广欣，南宁铁路局玉林工务段蒋伟兴，南宁铁路局柳州工务段王新莹，广西铁路投资集团廖磊毅，中铁三局贾志强、李军锋，中铁二十五局四公司罗亮江等。本书编写分工如下：熊辉、李芮负责项目1的编写，魏连峰、李萌负责项目2的编写，梁斌、罗亮江负责项目3的编写，梁斌、潘家诚负责项目4的编写，何江斌、刘祖军负责项目5的编写，郭咏辉、祖雅甜负责项目6的编写，张广欣、魏连峰负责项目7的编写，何江斌、冯淑珍负责项目8的编写，何江斌、贾志强、李军锋负责项目9的编写，谭敏、冯春盛负责项目10的编写，何江斌、郭咏辉、廖磊毅负责项目11的编写，梁斌、陈国升负责项目12的编写，杨美玲、梁庆庆、张愿负责项目13的编写，蒋伟兴、王新莹负责项目14的编写。

在编写本书的过程中，编者参考了大量的文献资料，由于参考的文献资料较多，只能将其中主要的文献列于书后，在此谨向所有文献资料的作者表示衷心的感谢和敬意。

限于编者的学术水平、教学经验、写作时间等，书中难免存在不妥之处，恳请读者批评指正，以便及时修改。

编　者

2013 年 10 月

目 录

绪论 ··· 1
　　思考与练习 ··· 10

学习情境 1　桥梁施工设计 ·· 11

项目 1　桥梁工程认知 ··· 13
　　任务 1.1　桥梁的分类与组成认知 ··· 14
　　任务 1.2　桥梁设计的程序与基本原则 ··· 20
　　任务 1.3　桥梁施工方法分类 ··· 23
　　任务 1.4　桥梁常用施工技术术语与分类标准 ··· 34
　　任务 1.5　桥梁施工常备式结构 ··· 37
　　任务 1.6　施工设备 ·· 42
　　思考与练习 ··· 53

项目 2　桥梁施工准备 ··· 54
　　任务 2.1　施工图审核 ··· 55
　　任务 2.2　施工调查 ·· 59
　　任务 2.3　施工组织设计与技术交底 ··· 61
　　任务 2.4　施工测量 ·· 71
　　任务 2.5　施工现场准备 ·· 72
　　任务 2.6　开工报告 ·· 75
　　思考与练习 ··· 77

学习情境 2　梁式桥构造与施工 ··· 78

项目 3　桥梁基础构造与施工 ··· 81
　　任务 3.1　基坑降排水施工 ··· 82
　　任务 3.2　基坑土方开挖与回填 ··· 91
　　任务 3.3　明挖扩大基础施工 ··· 93
　　任务 3.4　预制桩施工 ··· 99
　　任务 3.5　钻孔桩及挖孔桩施工 ·· 106
　　任务 3.6　沉井施工 ··· 114
　　思考与练习 ·· 123

项目 4　桥梁墩台构造与施工 ········· 124
  任务 4.1　墩台的构造和尺寸认知 ········· 125
  任务 4.2　轻型墩台认知 ········· 135
  任务 4.3　桥梁附属设备认知 ········· 137
  任务 4.4　混凝土墩台施工模板类型与构造认知 ········· 139
  任务 4.5　桥墩钢筋混凝土施工 ········· 143
  任务 4.6　高墩施工 ········· 154
  思考与练习 ········· 162

项目 5　预应力混凝土简支梁构造与施工 ········· 163
  任务 5.1　预应力混凝土简支梁构造 ········· 164
  任务 5.2　预应力混凝土施工 ········· 167
  任务 5.3　预应力先张法施工 ········· 174
  任务 5.4　预应力后张法施工 ········· 178
  任务 5.5　预制梁安装施工 ········· 182
  任务 5.6　简支梁现浇施工 ········· 188
  任务 5.7　桥梁支座施工 ········· 197
  思考与练习 ········· 201

项目 6　预应力混凝土连续梁构造与施工 ········· 201
  任务 6.1　预应力混凝土连续梁的基本构造 ········· 203
  任务 6.2　悬臂浇筑法施工 ········· 212
  任务 6.3　悬臂拼装法施工 ········· 219
  任务 6.4　移动模架法施工 ········· 224
  任务 6.5　顶推法施工 ········· 226
  任务 6.6　逐孔架设法施工 ········· 233
  思考与练习 ········· 236

项目 7　桥面系及附属工程构造与施工 ········· 237
  任务 7.1　公路桥面铺装 ········· 238
  任务 7.2　伸缩缝施工 ········· 240
  任务 7.3　梁间铰接缝施工 ········· 243
  任务 7.4　防排水设施 ········· 246
  任务 7.5　人行道及栏杆 ········· 249
  思考与练习 ········· 252

学习情境 3　其他形式桥涵的构造与施工 ········· 253

项目 8　拱桥构造与施工 ········· 255
  任务 8.1　拱桥的构造 ········· 256
  任务 8.2　拱桥就地浇筑施工 ········· 260
  任务 8.3　装配式拱桥施工 ········· 266
  任务 8.4　转体施工法 ········· 275
  任务 8.5　钢管混凝土拱桥施工 ········· 284

思考与练习 ··· 291
项目 9　斜拉桥构造与施工 ·· 292
　　任务 9.1　斜拉桥分类与构造 ··· 293
　　任务 9.2　斜拉桥施工 ·· 299
　　任务 9.3　斜拉桥施工控制与调整 ·· 305
　　思考与练习 ··· 307
项目 10　悬索桥构造与施工 ··· 308
　　任务 10.1　悬索桥分类 ··· 309
　　任务 10.2　悬索桥构造与施工概述 ·· 311
　　思考与练习 ··· 318
项目 11　钢桥构造与施工 ··· 319
　　任务 11.1　钢桥类型及构造 ··· 320
　　任务 11.2　悬臂法安装钢梁 ··· 329
　　任务 11.3　拖拉法架设钢梁 ··· 331
　　任务 11.4　浮运法架设钢梁 ··· 334
　　思考与练习 ··· 338
项目 12　涵洞构造与施工 ··· 339
　　任务 12.1　涵洞的构造 ·· 340
　　任务 12.2　涵洞施工测量 ·· 345
　　任务 12.3　一般涵洞施工 ·· 346
　　任务 12.4　涵洞顶进施工 ·· 351
　　任务 12.5　涵洞附属工程施工 ·· 358
　　思考与练习 ··· 360

学习情境 4　桥涵工程验收与维护 ·· 361

项目 13　桥涵验收 ··· 363
　　任务 13.1　桥涵单位工程、分部工程、分项工程及检验批划分 ··· 364
　　任务 13.2　桥涵工程竣工资料目录 ·· 372
　　任务 13.3　竣工图编制 ·· 374
　　任务 13.4　桥涵工程验收概述 ·· 375
　　思考与练习 ··· 381
项目 14　桥涵维护 ··· 382
　　任务 14.1　桥梁检查与养护 ··· 383
　　任务 14.2　涵洞养护与维修 ··· 388
　　思考与练习 ··· 389

参考文献 ·· 390

绪 论

教学目标

通过对桥梁发展简史、桥梁的作用与要求、桥梁发展动态的学习,了解我国古代和现代的桥梁发展状况,桥梁在铁路及公路中的作用与要求,有代表性的梁式桥、拱式桥、斜拉桥、悬索桥的概况与布置。

教学要求

知识要点	能力要求	相关知识
我国桥梁发展简史	了解我国古代和现代桥梁的发展状况	桥梁使用功能、工程力学、设计及施工规范
桥涵的作用与要求	了解桥涵在铁路和公路中所起的作用,以及桥涵在设计和施工中的要求	建筑物的使用功能、工程材料基本知识
桥梁发展动态	了解有代表性的梁式桥、拱式桥、斜拉桥、悬索桥的概况与布置	土木工程行业相关知识

桥梁施工与维护

引子

在铁路和公路建设中，桥涵是很重要的部分，以成昆铁路为例，平均每公里线路有桥涵 3 座，桥梁总长度占线路长度的 9%。以京沪高铁为例，桥梁总长度占线路长度的 86.5%。

京沪高铁丹阳至昆山特大桥

0.1 我国桥梁发展简史

1. 我国古代桥梁

我国历史文化悠久，是四大文明古国之一。中国古代的木桥、石桥和铁索桥长时期保持世界领先水平，在桥梁发展史上曾占据重要地位，为世人所公认，其中有一些桥梁至今仍巍然屹立，继续发挥着作用。

我国古代石梁桥中，著名的有福建晋江的安平桥、福建泉州的洛阳桥（又名万安桥）等。我国现存建造时间最长的古代石桥，是位于晋江安海镇的安平桥。它始建于南宋绍兴八年（公元 1138 年），历时 14 年方告落成，是一座用花岗岩构筑的梁式长桥，桥全长为 2070m，是当时世界上最长的梁式石桥，故有"天下无桥长此桥"的美赞。洛阳桥位于泉州洛阳江入海口处，从北宋皇祐五年（公元 1053 年）至嘉祐四年（公元 1059 年），历时 7 年建成了这座跨江接海的大石桥，如图 0.1 所示。造桥工程规模巨大，结构工艺技术高超，是对世界桥梁科学的一大贡献。由于当时洛阳江潮狂水急，"水阔五里"，"深不可址"，造桥工匠创造了一种直到近代才被人们认识的新型桥基——筏形基础；在桥下养殖大量牡蛎，把桥基石和桥墩石胶合凝结成牢固的整体，这就是造桥史上最别出心裁的"种蛎固基法"，也是世界上第一个把生物学运用于桥梁工程的创举。

我国很早就有石拱桥。由于赵州桥等一批古代拱桥的惊人成就，中国一直被誉为"拱桥王国"。最早见于文字记载的石拱桥是建于晋武帝太康三年（公元 282 年）、位于河南洛阳城东七里处的石建"旅人桥"（见《水经注》），它迄今保存良好，仍在使用。现存最著名的石拱桥是建于隋大业年间（公元 605~616 年）的河北赵县安济桥（又名赵州桥），如图 0.2

所示。此桥自建成至今将近1400年，经过多次洪水和地震的考验，仍完好无损，为世上罕见。此桥是由李春主持修建的，全长为50.82m，跨度为37.02m，拱圈矢高为7.23m，矢跨比约为1:5，构成坦拱，便于行人和车马上下，这在世界古代桥梁史上是极少见的。最巧妙的是在大拱之上，两肩各有两个小拱，创造了世界上最早的空腹式（又称敞肩式）桥型，比欧洲同类型桥早1200余年，在世界桥梁史上享有盛名。

图0.1 福建泉州洛阳桥（万安桥）

图0.2 河北赵县安济桥（赵州桥）

我国也是被公认最早有索桥的国家。最早见于文字记载的铁索桥，为杨衒之的《洛阳伽蓝记》所载，是北魏时（距今约1500年）新疆地区的铁索桥，这也是世界上最早的铁索桥。我国滇西一带铁索桥最多，不下数十座。其中，澜沧江上的霁虹桥名气最大。唐代建竹索桥，明宪宗成化年间（距今约500年）改为铁索桥，清康熙二十年（公元1681年）重建，长约103m，是我国现存最古的铁索桥，如图0.3所示。著名的索桥还有四川泸定县的铁索桥，它跨越大渡河，建于清康熙四十五年（公元1706年），全长103m。1935年5月红军长征经过此桥，从而闻名于世。

2. 我国近代桥梁

1840年鸦片战争以后，帝国主义势力猖狂入侵我国，为了便于掠夺，他们开始在我国修建铁路。1876—1911年，我国共修建铁路桥梁6000余座，著名的有京汉线郑州黄河大桥、津浦线济南黄河大桥等；1912—1927年的北洋军政府时期，全国修建铁路约4000km，其中大部分是向帝国主义国家贷款修建的，并为其控制；1912—1949年共修建了铁路桥梁7000余座。

这个时期的桥梁，我们唯一能引以自豪的是由茅以升先生主持兴建的杭州钱塘江大桥，如图0.4所示，该桥由他带领一批留学生自行设计和监造。由于当时我国的承包商还没有建造大桥的能力，实际施工时由丹麦康益洋行承包下部结构和沉箱基础工程，上部结构钢梁则由英商道门朗公司承包制造和安装。

图 0.3　云南保山与永平之间的霓虹桥

图 0.4　杭州钱塘江大桥

3. 我国现代桥梁

1949年后，党和政府十分重视铁路建设，随之桥梁建设发展很快，在数量和质量上都有很大的飞跃。

1957年，武汉长江大桥建成通车，如图0.5所示。它是20世纪50年代中国桥梁的一座里程碑，为中国现代桥梁工程技术的发展、南京长江大桥的兴建及桥梁深水基础工程的发展奠定了基础。武汉长江大桥采用了当时苏联最新的管柱基础技术。

1968年修建的举世闻名的南京长江大桥，如图0.6所示。这是我国自行设计、制造、施工，并采用国产高强钢材建造的现代化铁路、公路两用桥，下层是双线铁路，上层是公路。铁路桥全长6772m，江面正桥全长1577m，由10孔钢桁梁组成，包括3联9孔160m连续钢桁梁及1孔128m简支钢桁梁。因桥址水深流急，河床地质极为复杂，基础施工非常困难。该桥的建成，标志着我国钢桥建设技术又上了一个新台阶。

我国西南和滇北山地，地形极为复杂，谷深坡陡，河流峡谷两岸分布着数百米高的陡岩峭壁，由于多次地质构造运动形成断裂发育，曾被前苏联专家断定为"铁路禁区"。1984年12月8日，成昆铁路被联合国宣布为20世纪人类征服自然的三大杰作之首。成昆铁路全线修建各种桥梁991座，总线长为92.7km，占线路长度的8.5%，比较著名的有"一线天大石拱桥"、"金沙江大钢桥"、"绵川石拱桥"等。

图 0.5　武汉长江大桥

图 0.6　南京长江大桥

1983年在国内首先开展了斜拉桥三维颤振理论研究,并于1988年首次进行了上海南浦大桥结合梁斜拉桥方案的全桥气动弹性模型风洞试验,使我国成为世界上少数几个能进行这种试验的国家之一。1994年,同济大学土木工程防灾国家重点实验室又建成了实验段尺寸为15m(宽)×2m(高)×14m(长)的大型桥梁风洞,规模居世界同类风洞第2位。该风洞先后完成了主跨888m的虎门珠江悬索桥和主跨1385m的江阴长江悬索桥的全桥气弹模型风洞实验,标志着我国桥梁抗风研究水平已进入世界先进行列。我国香港的青马大桥,主跨1377m,为公铁两用双层悬索桥,是香港的标志性建筑,在世界工程大赛中荣获建筑业"奥斯卡奖"。

0.2 桥涵在铁路及公路建设中的重要性

桥涵是桥梁和涵洞的统称,都是指跨越障碍物的通道。既能排泄洪水,又能保持线路的连续性,这是桥涵的基本作用。桥梁还有代替路堤的作用。当铁路遇深谷、洼地,若以路堤通过需占大片良田或附近取土无来源时,可采用桥梁通过;当铁路临河傍山而行,地势险峻,修筑路堤有困难时,也可用桥梁通过。

桥涵是铁路和公路的重要组成部分。桥涵设置是否恰当,设计施工质量是否良好,对铁路和公路的运营有重大影响。如因地质、洪水、流冰等影响发生灾害,桥涵往往首当其冲;若桥涵孔径过小,排水不畅,常导致冲毁桥头路堤;若桥涵施工质量不良,则需整治加固。总之,若桥涵出现问题,小则影响运量,大则中断行车。

新建铁路和公路,桥涵的建筑费用在整个铁路和公路修建费用中所占比例很大。大桥往往是重点工程,尤其是深水大桥的施工,更为复杂艰巨,往往成为全线的关键工程,对通车日期起控制作用。

铁路桥涵和公路桥涵也直接影响沿线居民的生活和工农业生产。例如,桥涵孔径过小,洪水排泄不畅,往往导致淹没上游农田和房舍;若灌溉涵修建不当,将迫使下游的水田改成旱地;若交通桥(涵)满足不了需要,将影响交通运输。例如,武汉长江大桥和南京长江大桥两桥因净空高度分别只有18m和24m,从而成为"腰斩"长江水道、阻碍巨轮畅行之物。

0.3 我国各类桥梁发展动态

1. 梁桥

钢筋混凝土梁桥是一种常用的中小跨度桥梁。广西南宁邕江桥(1964年),其主跨最大为55m,是中国最早按闭口薄壁构件理论设计的一座箱形悬臂梁桥。

预应力混凝土梁桥在20世纪50年代中国已开始研制。1956年初首先在陇海线新沂河铁路桥上建成了跨度为23.9m的简支梁,目前最大跨度的梁桥为浙江省瑞安飞云江桥(跨度为62m,1988年)。1989年建成的开封黄河大桥为一座跨越黄河的特大公路桥,总长

4475.09m，共108孔，其中有77孔50m的简支梁采用连续长度达450m，其余31孔跨径为20m，如图0.7所示。

预应力混凝土T形刚构桥在中国20世纪60年代受到重视和发展。悬臂拼装T形刚构桥以河南五陵卫河桥(1964年)为首创，悬臂浇筑T形刚构桥则以广西柳州柳江大桥(1968年)为先导，重庆长江大桥(1980年)是这种体系目前的主跨最大者，主跨达174m。柳江大桥位于广西柳州市，是中国采用悬臂浇筑法建成的第一座预应力混凝土T形刚构城市桥，该桥于1968年12月建成通车，如图0.8所示。大桥全长608.04m，桥宽20m。主桥长408.19m，由3个T构和挂梁组成，最大跨度124m，挂梁长25m。

图0.7 开封黄河公路大桥　　　　　图0.8 广西柳江大桥

钢桥在中国主要用于铁路桥或公路铁路两用桥建设。公路钢桥以山东省北镇黄河公路桥(1972年)为最大，最大跨度为112m，是一座铆接连续钢桁梁。基础采用ϕ1.5m钻孔灌注桩，最长入土深度达107m，为目前国内之最。公路、铁路两用的武汉长江大桥(1957年)采用主跨128m的钢连续桁架梁，3号钢铆接连接，首创了新型的ϕ1.55m管柱基础(以后在江西省南昌赣江南桥中发展到ϕ5.8m，1962年)，是中国桥梁建设的又一里程碑。南京长江大桥(1968年)采用了较好的16Mnq钢材和主跨增大为160m的铆接连续钢桁架梁，从材料、设计到施工均依靠本国力量建成，并且发展了深水基础，其中重型混凝土沉井穿越深度达54.87m，首次采用了ϕ3.6m先张法预应力混凝土管柱，创造了新颖的复合基础，清基潜水作业水深达65m。九江长江大桥(1992年)采用了更好的国产15MnVNq钢材，最大板厚达56mm，栓焊连接，主跨达216m，是以柔拱加劲的连续钢桁架梁，进一步发展了施工较为简便的双壁钢围堰钻孔基础。

2. 拱桥

拱桥为桥梁的基本体系之一，适用于大、中、小跨公路或铁路桥，尤其适宜跨越峡谷，又因其造型美观，也常用于城市、风景区的桥梁建筑。

1) 广西柳州文惠大桥

广西柳州文惠大桥于1993年动工，1994年建成通车。主桥长为483m，是广西第一座中承式钢管混凝土拱桥，如图0.9所示。

2）重庆万州长江大桥

重庆万州长江大桥位于万州区上游7km处，是国道主干线（成都—上海）上跨越长江的一座特大公路桥梁，于1997年建成通车。该桥为劲性骨架钢管混凝土下承式拱桥，净跨达420m，单孔跨江，无水下基础，跨度居世界同类桥梁之首。该桥的建成，使我国的拱桥建筑水平处于世界领先地位，如图0.10所示。

图0.9 广西柳州文惠大桥

图0.10 重庆万州长江大桥

3）上海卢浦大桥

上海卢浦大桥是一座主跨达550m的全钢结构中承式系杆拱桥，建成时在同类桥梁中居世界第一，如图0.11所示。卢浦大桥全长3900m，主桥长750m，桥下净高46m，桥面为双向6车道。

4）广州丫髻沙大桥

广州丫髻沙大桥是广州环城高速路西南环段跨越珠江主、副航道和丫髻沙岛的特大桥梁，2000年6月建成。全长1084m，主桥采用3跨连续自锚中承式钢管混凝土拱桥桥型，其主跨以360m一跨跨过珠江的主航道，如图0.12所示。当时共创下4项全国乃至世界第一：大桥跨度第一，主跨达360m，为当今世界钢管混凝土拱桥中主跨度最长；大桥平转转体每侧质量达13 680t，不仅居国内第一，也是世界同类型第1座万吨转体桥梁；竖转和平转相结合的施工方法世界领先；大桥极限承载力和抗风力国内领先。

5）宁波长丰桥

长丰桥全桥重量由3根圆管组成的主拱支撑，拱肋间的联结构件造型如腾飞的鸟翅，是国内首座倒三角结构式系杆拱桥，主桥长226m，宽41.2m，为下承式连续梁系杆拱桥，如图0.13所示。

6）杭州钱江四桥

杭州钱江四桥（复兴大桥）是国内最长的双层桥面组合系杆拱桥。有两座190m跨径的主拱，是国内刚拱刚梁简支体系中的最大跨径，如图0.14所示。

图 0.11 上海卢浦大桥

图 0.12 广州丫髻沙大桥

图 0.13 宁波长丰桥

图 0.14 钱江四桥

3. 斜拉桥

1) 广西柳州壶西大桥

广西柳州壶西大桥桥长 517.4m，独塔双跨，是广西第一座道路斜拉桥，如图 0.15 所示。

2) 广西柳州三门江大桥

广西柳州三门江大桥是一座双塔双索面三跨预应力混凝土部分斜拉桥(亦称矮塔斜拉桥)。全长 4326.48m(其中跨江主桥长 360m，宽 41m)，如图 0.16 所示。

图 0.15 广西柳州壶西大桥

图 0.16 广西柳州三门江大桥

3）苏通大桥

苏通大桥总长8206m，主桥采用2088m（100+100+300+1088+300+100+100）的7跨双塔双索面钢箱梁斜拉桥，为世界第一大跨径斜拉桥；专用航道桥采用548m（140+268+140）的钢连续梁桥，在同类型桥梁工程中居世界第二，如图0.17所示。

图0.17　苏通长江大桥

4. 悬索桥

1）广西柳州红光大桥

广西柳州红光大桥全长1040m，主桥长380m，是柳州桥梁单孔跨度最大、广西目前规模最大的悬索大桥，如图0.18所示。

图0.18　广西柳州红光大桥

2）江阴长江公路大桥

江阴长江公路大桥为中跨1385m的大跨径悬索桥，它是中国第一座跨径超1000m的桥梁，全桥总长近3km。主跨桥道梁采用带风嘴的扁钢梁结构，箱高3m，总宽37.7m。一对缆索的垂跨比为1∶10.5，由φ5mm镀锌高强钢丝组成，采用平行钢丝束法（PWS法）架设。桥下通航净高50m，桥塔高约196m，为门式钢筋混凝土结构。南塔位于南岸边岩石地基上，北塔位于北岸外侧的浅水区，采用筑岛施工桩基础。南锚台为重力式嵌岩锚碇结构，北锚台为座于土基上的重力摩阻锚碇结构。如图0.19所示。

3) 泰州长江大桥

江苏泰州长江大桥是世界上首座三塔两跨千米级悬索桥，如图0.20所示，由北接线、跨江主桥、夹江桥和南接线4部分组成。工程起于宁通高速公路宣堡枢纽，在扬中市太平洲中部跨越长江，向西在扬中小泡沙跨越夹江，经镇江姚桥镇进入常州，止于沪宁高速公路汤庄枢纽。跨江主桥为世界首座三塔双跨、跨径超过1000m的悬索桥，主桥及夹江桥全长9.726km，桥面宽33m。

图0.19 江阴长江公路大桥

图0.20 江苏泰州长江大桥

小 结

本项目对桥梁发展简史、桥梁的作用与要求、桥梁发展动态作了较详细的阐述，具体内容包括：我国古代和现代的桥梁发展状况、桥涵在铁路及公路中的作用与要求；有代表性的梁式桥、拱式桥、斜拉桥、悬索桥的概况与布置。

本项目的教学目标是使学生了解和掌握桥梁发展简史和桥梁发展现状，对有代表性的梁式桥、拱式桥、斜拉桥、悬索桥的概况、布置与应用有一定的理解。

思考与练习

1. 论述我国古代桥梁的杰出成就。
2. 论述桥梁建设对铁路与公路建设的重要性。
3. 论述我国各类桥梁发展的动态。

学习情境 1 桥梁施工设计

案例 温州七都大桥施工图设计总说明(节选)

1. 概述

七都大桥跨越瓯江连接温州和七都岛,是沟通温州和七都岛的主要通道。本桥温州方向跨越江滨路与学院东路相接,七都方向与纬二路相接,大桥建成后,可以改变本地区当前交通严重滞后的状况,打破七都岛长期以来交通不便、信息滞后的局面,对七都岛的城市化进程有非常重要的意义。

横跨瓯江的温州七都大桥

2. 任务设计依据

(1)温州七都大桥的设计任务委托书。

(2)浙计设计[2004]16号《关于温州市七都大桥工程初步设计的批复》。

(3)温州七都大桥(补充)初步设计审查意见。

(4)温水政发[2001]14号《关于七都大桥跨越杨府山标准堤外压层上布桩的批复》。

(5)温州工程勘察院2003年9月《工程地质勘察报告》。

(6)《城市桥梁设计规范》(CJJ 11—2011)。

(7)《公路钢筋混凝土及预应力混凝土桥涵设计规范》(JTG D62—2004)。

(8)《公路桥涵地基与基础设计规范》(JTG D63—2007)。

(9)《城市道路交通规划设计规范》(GB 50220—1995)。

3. 设计标准

(1) 设计荷载：汽车荷载城 A 级，人群荷载 3.5kN/m²。

(2) 桥梁宽度：总宽为 34m。其中行车道 2×12.25m，人行道宽度 2×3.75m，中央分隔带宽 2m。

(3) 地震设防烈度：6 度，采用简易设防。

(4) 主线桥桥面横坡 $I=2\%$。

(5) 竖曲线半径：全桥分别位于 $R=20\,000$m 及 $R=9000$m 的竖曲线内。

(6) 设计洪水频率：300 年一遇。

(7) 设计通航标准：按通航 500t 级海轮标准设计，通航孔净空高度不小于 15.5m，宽度不小于 90m。

4. 结构型式

(1) 桥型布置。全桥配跨为 4×45m+72m+63m+4×45m+5×45m+5×45m+68m+3×120m+68m+5×45m+4×45m+11×20m。全桥总长为 2066m。本桥在跨越主航道时采用五跨预应力变截面连续箱梁结构，在跨越地方道路(江滨路)采用两跨预应力变截面箱梁、V 形墩结构，引桥配跨采用 20m 普通钢筋混凝土等高度连续箱梁及 45m 预应力混凝土等截面连续箱梁。

(2) 主跨连续箱梁及 V 形墩双悬臂刚构箱梁构造。主跨预应力混凝土变截面连续箱梁配跨为 68m+3×120m+68m=496m，主跨箱梁采用单箱单室断面，中跨跨中高度为 2.8m，墩顶支点处梁高为 6.9m，边跨支点梁高为 2.8m。

V 形墩双悬臂刚构箱梁配跨为 72m+63m=135m，V 形墩箱梁采用单箱单室断面，墩顶支点梁高为 5m，边跨支点梁高为 2.5m。

(3) 下部构造。桥梁下部结构为桩接承台，主桥及 V 形墩部分基础是直径为 200cm 的钻孔灌注桩基础，其余配跨基础为直径 180cm 的钻孔灌注桩基础。匝道桥基础为 150cm 钻孔灌注桩基础。

(4) 支座：除引桥 20m 钢筋混凝土连续梁及匝道桥支座采用板式橡胶支座外，其余均采用 GPZ 系列盆式橡胶支座。

施工中的温州七都大桥

项目 1 桥梁工程认知

教学目标

通过对桥梁的分类与组成的学习，了解桥梁的分类，掌握各种桥型的基本特点、桥梁的基本组成和结构术语；通过对桥梁设计的程序与一般原则的学习，了解桥梁设计的基本程序、可行性研究、初步设计和施工设计的概念，掌握桥涵调查工作的内容和桥梁设计的几个原则；通过对桥梁施工方法分类的学习，了解和掌握桥梁基础、承台、墩台身、上部结构施工方法的分类、基本特点及其适用范围；通过对常用施工技术术语与标准的学习，了解和掌握桥梁施工中的常用施工技术术语及我国桥梁设计的基本技术标准；通过对桥梁施工常备式结构和施工设备的学习，了解和掌握钢板桩、脚手架、万能杆件等常备式结构及起重设备、混凝土设备、预应力机械设备的性质与应用。

教学要求

知识要点	能力要求	相关知识
桥梁的分类与组成认知	了解桥梁按结构形式的分类，掌握各种桥型的基本特点、桥梁的基本组成和结构术语	桥涵工程施工质量验收标准
桥梁设计的程序与一般原则	了解桥梁设计的基本程序、可行性研究、初步设计和施工设计的概念，掌握桥涵调查工作的内容和桥梁设计的几个原则	工程建设相关法律法规，土木工程行业相关知识
桥梁施工方法分类	了解和掌握桥梁基础、承台、墩台身、上部结构施工方法的分类、基本特点及其适用范围	地基及基础工程施工，钢结构工程施工
常用施工技术术语与标准	了解和掌握桥梁施工中的常用施工技术术语、我国桥梁设计的基本技术标准	铁路桥涵设计规范，公路工程技术标准
桥梁施工常备式结构	了解和掌握钢板桩、脚手架、万能杆件等常备式结构的性质与应用	土木工程施工设备手册
施工设备	了解和掌握起重设备、混凝土设备、预应力机械设备的性质与应用	混凝土搅拌站的设计及运营，预应力结构施工

引子

桥梁按结构形式可分为梁式桥、拱式桥、刚架桥、吊桥（悬索桥）和组合体系桥。

梁式桥是一种在竖向荷载作用下无水平反力的结构。

拱式桥在竖向荷载作用下，桥墩和桥台将承受水平推力，拱式桥的主要承重结构是拱圈（或拱肋），水平推力将显著抵消荷载所引起的在拱圈（或拱肋）内的弯矩作用。与相同跨径的梁桥相比，拱的弯矩和变形要小得多。

刚架桥在竖向荷载作用下，梁主要受弯，而柱脚处也具有水平反力，其受力状态介于梁和拱之间。

吊桥（悬索桥）在竖向荷载作用下，通过吊杆使缆索承受很大的拉力，吊桥也具有水平反力。

组合体系桥是由几个不同体系的结构组合而成的桥梁。

世界最长跨海大桥——青岛胶州湾大桥

世界最大跨峡谷悬索桥——湖南湘西矮寨特大桥

任务 1.1　桥梁的分类与组成认知

1.1.1　桥梁的分类

1. 桥梁按结构形式分类

桥梁按结构形式可分为梁式桥、拱式桥、刚架桥、吊桥和组合体系桥。

1) 梁式桥

梁式桥是一种在竖向荷载作用下无水平反力的结构，如图 1.1(a)、(b)所示。由于外力（恒载和活载）的作用方向与承重结构的轴线接近垂直，故梁式桥与同样跨径的其他结构体系桥相比，梁内产生的弯矩最大，通常需要抗弯能力强的材料（钢材和钢筋混凝土等）来建造。钢筋混凝土简支梁桥应用广泛，它的结构简单，施工方便，节省钢材，对地基承载力的要求也不高，但其跨径常在 30m 以下。当跨度较大时，可根据地质条件修建悬臂式或连续式的梁桥，如图 1.1(c)所示。对于跨径很大、承受很大荷载的特大桥梁，可考虑建造钢桥，如图 1.1(d)所示，也可考虑预应力混凝土梁桥。

项目 1　桥梁工程认知

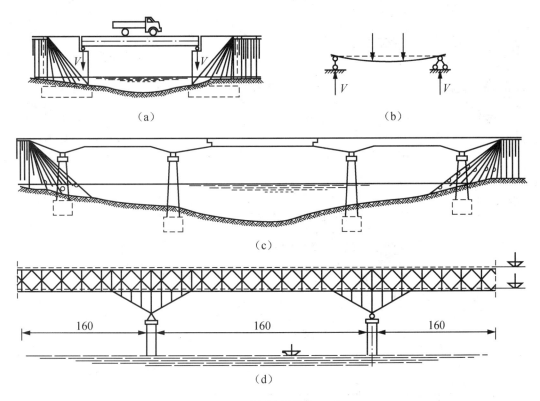

图 1.1　梁式桥(单位：m)

2) 拱式桥

拱式桥在竖向荷载作用下，桥墩和桥台将承受水平推力。拱式桥的主要承重结构是拱圈(或拱肋，见图 1.2)，水平推力将显著抵消荷载所引起的在拱圈(或拱肋)内的弯矩作用，与相同跨径的梁桥相比，拱的弯矩和变形要小得多。拱式桥的承重结构以受弯为主，可用抗压强度大的圬工材料(砖、石、混凝土)和钢筋混凝土来建造。

3) 刚架桥

刚架桥在竖向荷载作用下，梁主要受弯，而柱脚处也具有水平反力，其受力状态介于梁和拱之间。刚架桥的主要承重结构是梁或板与立柱或墙体整体结合在一起的刚架结构，梁和柱之间连接处有很大的刚性如图 1.3(a)、(b)所示。

对于同样跨径的桥梁，在相同荷载作用下，刚架桥的跨中弯矩要比一般梁桥小。因此，刚架桥跨中的建筑高度较小，其缺点是梁柱连接处易开裂。

T 形刚构是结合了刚架桥和多孔静定悬臂梁桥的特点发展起来的结构，是目前修建较大跨径钢筋混凝土桥梁常采用的形式。随着预应力混凝土工艺的发展，特别是采用了悬臂安装和悬臂浇筑的施工方法后，T 形刚构桥得到了很大的推广，克服了在江河和深谷中搭设支架的困难，如图 1.3(c)所示。

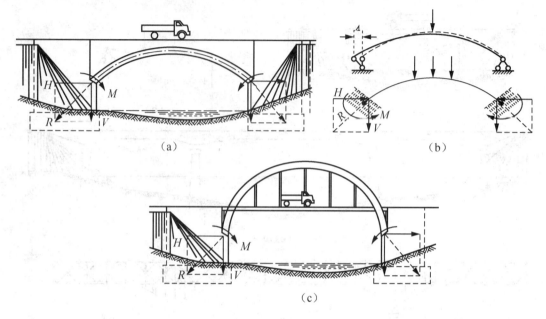

图1.2 拱式桥

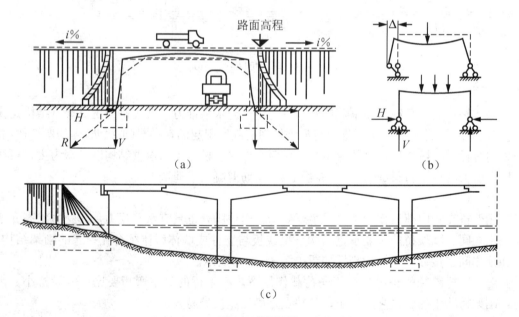

图1.3 刚架桥

4)吊桥

吊桥在竖向荷载作用下,通过吊杆使缆索承受很大的拉力,通常在两岸桥台的后方修建体积非常巨大的锚碇结构;吊桥也具有水平反力。传统吊桥使用悬挂在两岸塔架上的强大缆索作为主要承重结构(图1.4),而现代吊桥广泛采用高强度钢丝编制的钢缆,以充分

项目1 桥梁工程认知

发挥其优异的抗拉性能,结构自重较轻,能以较小的建筑高度跨越其他任何结构形式的桥型都无法实现的特大跨度。吊桥的另一特点是,成卷的钢缆易于运输,结构的各组成构件较轻,便于采用无支架悬吊拼装。

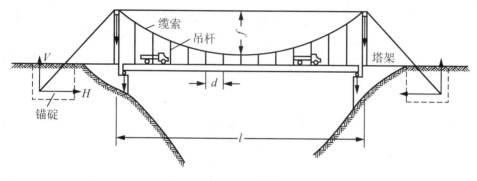

图 1.4 吊桥

5) 组合体系桥

根据结构的受力特点,由几个不同体系的结构组合而成的桥梁称为组合体系桥。

图 1.5(a)为一种梁和拱的组合体系,其中梁和拱都是主要承重结构,两者互相配合,共同受力。

图 1.5(b)为拱置于梁的下方、通过立柱对梁起辅助支撑作用的组合体系桥。

图 1.5(c)为斜拉桥,也是一种梁桥与吊桥组成的组合体系桥。悬挂在塔柱上的斜缆将主梁吊住,使主梁像多点弹性支承的连续梁一样工作。

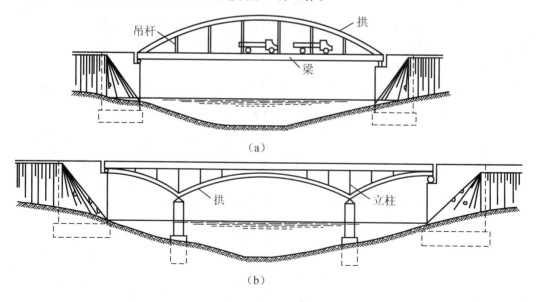

图 1.5 组合体系桥

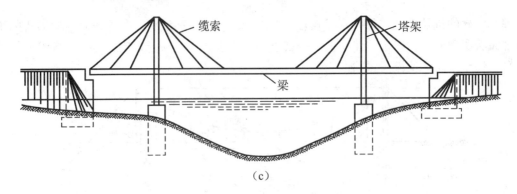

(c)

图 1.5 组合体系桥(续)

2. 桥梁的其他分类简述

(1) 按用途划分，分为公路桥、铁路桥、公路铁路两用桥、农用桥和运水桥(渡槽)等。

(2) 按所用材料划分，分为圬工桥(包括砖、石、混凝土桥)、钢筋混凝土桥、预应力混凝土桥和钢桥等。

(3) 按跨越障碍的性质划分，分为跨河桥、跨线桥、高架桥和栈桥。

(4) 按上部结构的行车道位置划分，分为上承式桥、中承式桥和下承式桥。

1.1.2 桥梁的组成

桥梁主体结构一般由上部结构和下部结构组成。上部结构用来跨越桥孔，又称为桥跨结构，如梁、拱等，是桥梁用来跨越线路、河流、山谷等障碍的主要承载结构。下部结构包括桥墩、桥台及其基础，用于支承桥跨结构，并把上部结构传来的荷载连同自重及所受外力，一起传给下面的地基。

图 1.6 为一座公路桥梁，从图中可见桥梁的基本组成部分及各部位的名称。

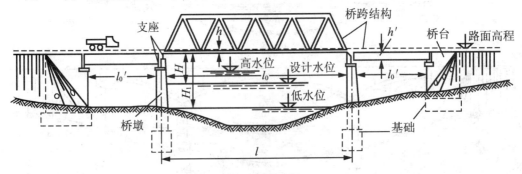

图 1.6 梁式桥

桥墩是支承桥跨结构并将恒载和车辆活载等荷载传递至基础的建筑物。通常把设在桥梁两端的建筑物称为桥台，它除了上述作用外，还与路堤衔接，以抵御路堤土的压力，防止路堤填土的滑坡和坍落。

基础是设置在墩台下部、将全部荷载传递至地基的结构，是确保桥梁安全使用的关键。

附属结构设在桥梁主体结构以外，是保证桥梁正常、安全使用的建筑物，主要包括锥形护坡、护岸及导流工程等。

1.1.3 桥梁结构中的有关名称术语

（1）水位。河流的水位是变动的，在枯水季节的最低水位称为低水位；洪峰季节的最高水位称为高水位；桥梁设计时按规定的设计洪水频率计算所得的高水位称为设计洪水位。

（2）净跨径。对于梁式桥，是指设计洪水位线上相邻两个桥墩（或桥台）之间的净距，用 l_0 表示（图 1.6）；对于拱式桥，是指每孔桥跨两个拱脚截面最低点之间的水平距离（图 1.7）。

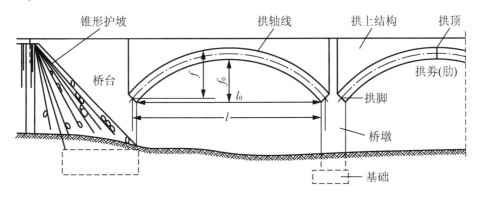

图 1.7 拱式桥

（3）总跨径。总跨径是指多孔桥梁中各孔净跨径的总和，也称桥梁孔径（$\sum l_0$），它反映桥下泄洪的能力。

（4）标准跨径。对于梁式桥，是指相邻两个桥墩中心线间的距离或桥墩中心与桥台台背前缘之间的距离；对于拱式桥，是指净跨径，用 l_b 表示。

（5）计算跨径。对于具有支座的桥梁，是指桥跨结构相邻两个支座中心之间的距离，用 l 表示；对于拱式桥，是指相邻两个拱脚截面形心点之间的水平距离。因为拱圈（或拱肋）各截面形心点的连线称为拱轴线，因此计算跨径也指拱轴线两端点之间的水平距离。

（6）桥梁全长。桥梁全长简称桥长，是指桥梁两端的桥台的侧墙或八字墙尾端之间的水平距离，以 L 表示；对于无桥台的桥梁，是指桥面系行车道的全长。

（7）桥梁高度。桥梁高度简称桥高，是指桥面与低水位之间的高差，如图 1.6 中的 H_1，或为桥面与桥下线路路面之间的高差。

（8）桥下净空高度。桥下净空高度是指设计洪水位或计算通航水位至桥跨结构最下缘之间的距离，以 H 表示。它应保证桥下能安全泄洪，并不得小于对该河流通航所规定的净空高度。

（9）建筑高度。建筑高度是指桥上路面高程与桥跨结构最下缘之间的距离，如图 1.6

中的 h、h'，它不仅与桥梁结构的体系和跨径有关，而且还随行车部分在桥上布置的高度位置的不同而异。

（10）净矢高。净矢高是指从拱顶截面下缘至相邻两拱脚截面最低点连线间的垂直距离，以 f_0 表示，如图 1.7 所示。

（11）计算矢高。计算矢高是从拱顶截面形心至相邻两拱脚截面形心连线间的垂直距离，以 f 表示，如图 1.7 所示。

（12）矢跨比。矢跨比是指拱桥中拱圈（或拱肋）的计算矢高 f 与计算跨径 l 之比，也称拱矢度，它是反映拱桥受力特性的一个重要指标。

任务 1.2　桥梁设计的程序与基本原则

1.2.1　桥梁设计的程序

1. 基本程序

一座桥梁的建设程序包括：审批项目建议书进行工程立项，审批可行性研究报告确定设计任务书，在初步设计基础上形成招标文件并进行工程施工设计招投标、工程施工等。

大型桥梁的设计工作可分为前期工作和设计两个阶段：前期工作有时也称为桥梁规划设计，包括编制预可行性研究报告和可行性研究报告。预可行性研究报告是在工程可行的基础上，着重研究工程必要性和经济合理性；可行性研究报告则是在预可行性研究报告审批后，着重研究工程上和投资上的可行性。设计阶段按"三阶段设计"进行，即初步设计、技术设计与施工设计（也称施工图设计）；对常规桥梁，通常采取"两阶段设计（初步设计、施工设计）"。

各阶段设计文件完成后的上报和审批都由国家指定的主管部门（建设单位或业主）办理。批准后的文件就是各建设程序进行的依据，也是下一阶段设计文件编制的依据。

2. 可行性研究

桥梁建设前期工作的重点在于论证建桥的必要性和可行性，并确定建桥的地点、规模、标准、投资控制等一系列宏观和重大的问题，为科学地进行项目决策提供依据。桥梁的必要性主要论证是否需要建桥的问题。桥梁的可行性论证包括工程可行性和经济可行性两部分：工程可行性需要基本确定桥梁设计标准、桥位、桥式等技术问题，而经济可行性则需解决工程投资、资金筹措等问题。

在进行桥梁工程可行性论证时，需要进行相关的勘测和调查工作。

1）桥梁标准的拟定

首先，需调查研究桥上可能通行的交通种类和它们的要求（如是否有等级以外的特殊荷载，桥上是否需要铺设附属设备等），预测交通量和今后可能发生的增长率，由此确定线路等级；其次，要确定容许车速、桥梁纵坡和曲线半径等；最后，要确定航运标准、航运水位、航运净空、船舶吨位及要求的航道数量、位置等。

2) 桥位选择

一般而言，桥位的选择在整体上应服从桥梁所在线路的走向；在大范围内，应服从路网规划的要求；在小范围内，桥位可做适当挪动以便比较。一般需要提交 2 或 3 个桥位方案，以便进行多方面的综合比较，从中选择出合理桥位。

对重要的或在经济上影响较大的桥梁，其桥位选择应通过路桥综合比较后决定。从线路的观点来看，既要降低桥梁的建筑和养护费用，也要避免或减少因车辆绕道而增加的投资和运输费用；从桥梁的观点来看，应尽可能把桥位选择在河道顺直、河槽固定、水流平稳、河面较窄、地质良好、河床冲淤变化较小、可基本正交跨越的河段，以降低造价，保证结构的安全性和稳定性。

除路桥比较外，在确定桥位时，还需要对其他因素进行比较，如通航条件、地质条件、水文条件、建桥与周边环境的关系等。

3) 桥式方案比较

根据水文、地质及航运条件，研究正桥、引桥的长度及跨度，并以各种结构形式及不同材料的上部结构进行同等深度的比较，研究它们的可行性，提供各个方案的工程量。以工程量中适当偏高、技术先进并且可行的方案作为一个桥位的桥式参选方案。

4) 调查工作

上述几项工作应在实地调查的基础上进行，包括 4 个方面。

（1）地形测量。为调查自然条件及周围环境而进行的勘测工作称为草测。一般需要根据 1∶10000 地形图进行纸上定线，在实地桥位两岸设点，用测距仪测得跨河距离加以校正，并进行现场核查。

（2）地质勘探。本阶段的地质工作以收集资料为主，在两岸适当布置钻孔进行验证为辅。要探明覆盖层的性质、岩面高低、岩性及构造、有无大的断层等，并从地质角度对各桥位做出初步评价。

（3）水文资料。为确定桥梁的建筑高度、跨径、基础埋置深度等，需要调查和测量河流的水文情况，包括设计流量、历史最高水位、历史最低水位、洪水位、常水位情况及流速等资料。

（4）外部条件。调查其他与建桥有关的情况，如当地的砂、石、水、电等的供应情况，当地及附近的运输条件，施工场地的征用（是否占用农田、有无需要拆迁的建筑物等），有无文物、古迹或不能拆迁的建筑物，附近有无码头、过江电缆、航运锚地等。

3. 初步设计

初步设计的目的是在设计任务书的技术范围内提交一份供比选的建桥项目文件。设计任务书是初步设计的依据，在桥梁可行性研究报告的基础上，经主管建设部门审查通过，就可确定一座桥梁工程的建设项目并编制设计任务书。

在初步设计阶段，设计单位应根据设计任务书中所确定的桥位、荷载等级和各项技术要求，按照桥梁设计原则进行桥梁的方案设计，包括拟定结构形式（桥型、体系、孔径等）及其主要构造尺寸，提出施工方案，估算经济指标（如工程概算、主要建筑材料数量）等。

初步设计的内容包括：
(1) 设计任务的来源和要求。
(2) 桥址处自然条件的基本资料。
(3) 技术条件的选定。
(4) 桥位方案的比选，上下部结构方案的研究、比较和确定。
(5) 推荐方案及其理由。
(6) 推荐方案的指导性施工组织，包括施工方法、进度安排、场地布置、主要机具、材料和劳力配置等。

4. 技术设计

技术设计阶段的主要内容是对选定的桥式方案中的各个结构总体的、细部的技术问题进行进一步研究解决，包括结构断面、配筋、构造细节处理、材料清单及工程量等。对常规桥梁，通常不需要进行技术设计，而是直接进行施工设计；对新型、复杂、重要、大型的桥梁结构，需要进行技术设计以便发现可能存在的问题，从而进一步优化设计。

5. 施工设计

施工设计按照已批准的技术设计进行，包括结构设计计算、绘制施工详图等。绘制施工详图过程中，对断面不宜做大的变动，但对细节处理及配筋，特别是钢筋布置则允许作适当变动。

为了减少计算和绘图工作量，加快设计进度，提高设计质量，便于统一加工制造、互换使用，有关部门对各种工程构筑物进行了标准设计，汇编成册，供具体设计时选用，这种图册称为标准设计图或定型图。定型图分为标准图、通用图及参考图 3 种，具体为：
(1) 对统一性强、涉及面广、重复使用量大、全系统通用的建筑物，编制成标准图。
(2) 对重复使用量大，但使用条件有一定局限性、地区性的设计，编制成通用图。
(3) 有重复使用价值的个别设计、图表等，编制成参考图。

1.2.2 桥梁设计的基本原则

桥梁结构是土木工程的一种，具备土木工程结构的基本属性。这些基本属性包括以下几个方面：
(1) 结构功能不同、构造各异、形体庞大、固定在不同位置，其规划、设计和施工的构造需因时因地而异，逐个进行。
(2) 结构都是用当时常用的建筑材料建成的，各具有特定的形式和构造，能满足一定的功能，能安全地承受自然界和人类活动所施加的各种荷载。
(3) 结构的损毁或破坏会使社会受到巨大损失，可是社会能为结构支付的人力、物力和财力都是有限的，所以又必须讲求经济。
(4) 结构散布在社会各处，与人类活动密切相关，且使用寿命长，在设计时要考虑美学的因素，如外形是否美观，是否与环境协调等。

因此，桥梁工程的设计应遵循安全、适用、经济和美观的基本原则。

桥梁的安全既包括桥上车辆、行人的安全,也包括桥梁本身的安全。结构在使用年限内,在各种自然荷载和人为荷载的作用下,应具有足够的承载能力,能保持适当的安全度,这是对每一座桥梁的基本要求。

桥梁的适用要求包括:能保证行车的通畅和舒适;在使用年限内,桥梁一般只需常规养护维修就可保证日常使用;桥梁的通行能力既能满足当前需要,也要适当照顾今后发展;对跨越线路或河流的桥梁,要求不妨碍桥下交通或通航;靠近城市、村镇等的桥梁,还应当综合考虑桥头和引桥区域的环境和发展。

在安全、适用的前提下,经济是衡量技术水平和做出方案选择的主要因素。对于重大的桥梁工程,必须进行多方案比较,对桥梁的建造消耗(材料、机具和劳力)、施工(费用、工期、技术)、技术发展(新结构、新材料、新工艺)和今后使用(养护维修费用)等因素进行统筹考虑,详细研究技术上的可行性、先进性及经济上的合理性。

在安全、适用和经济的前提下,尽可能使桥梁具有优美的造型,并与周围的环境相协调,这是桥梁建筑美学的基本要求。合理的轮廓造型和布局,正确表达力的传递,保持结构风格、色彩与周围环境和谐一致,是体现美感的主要因素。在城市和游览地区,或对小规模的人行桥,可适当考虑桥梁建筑的艺术处理,但不采用虚假浮华的结构造型,不追求烦琐浪费的细部装饰。

任务 1.3　桥梁施工方法分类

桥梁施工方法可分为基础工程、承台、墩(台)身和桥梁上部结构的施工方法。

1.3.1　基础工程

在桥梁工程中,通常采用的基础形式有明挖扩大基础、桩基础、沉井基础等,其施工方法分类如图 1.8 所示。

1. 明挖扩大基础

明挖扩大基础是将墩台及上部结构传来的荷载由其直接传递至较浅的支承地基的一种基础形式,一般采用明挖基坑的方法进行施工。

明挖扩大基础的主要特点如下:
(1)能直接确认支承地基的情况。
(2)一般造价较低、工期短。
(3)施工时的噪声、振动和对地下的污染等建筑基础公害较小。
(4)易受冻胀和冲刷的影响。

明挖扩大基础的施工顺序是,开挖基坑,对基底进行处理(当地基承载力不满足要求时需对地基进行加固)、砌筑圬工或立模、绑扎钢筋、浇筑混凝土(图 1.9)。

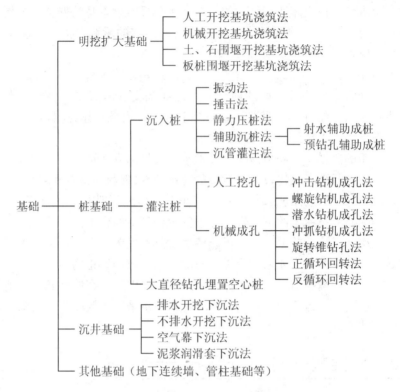

图1.8 桥梁基础及施工方法的分类

图1.9 基坑立模及绑扎钢筋

2. 桩基础

桩是深入土层的柱形构件,其作用是将作用于桩顶以上的荷载传递到土体中的较深处。根据不同情况,桩可以有不同的分类法。

一般都按成桩方法对桩进行如下分类:

1) 沉入桩

(1) 振动沉桩法。振动沉桩法是采用振动沉桩机(振动锤)将桩沉入地层的施工方法。

(2) 锤击沉桩法。锤击沉桩法是以桩锤(落锤、柴油锤、气动锤、液压锤等)锤击预制桩的桩头而将桩沉入地下土层中的施工方法,如图 1.10 所示。

(3) 静力压桩法。静力压桩法是借助专用桩架自重、配重或结构物自重,通过压梁或压柱将整个桩架自重、配重或结构物反力,以卷扬机滑轮组或电动油泵液压方式施加在桩顶或桩身上,当施加给桩的静压力与桩的入土阻力达到动态平衡时,桩在自重和静压力作用下逐渐沉入地基土中,如图 1.11 所示。

图 1.10　锤击沉桩法　　　　　　　图 1.11　静力压桩法

(4) 辅助沉桩法。

① 射水辅助沉桩。射水辅助沉桩是利用在桩尖处设置的冲射管喷出高压水,冲刷桩尖处的土体,在桩尖周围地基松动、摩阻力减小的同时,使桩受自重及锤击、振动、静压等作用而下沉的施工方法。这种施工方法只能作为锤击沉桩、振动沉桩和静力沉桩的辅助手段,而不允许单独使用。其特点是:不易损伤桩材,沉桩效率高;施工时的噪声和振动极小;由于射水破坏了桩周围土体的结构,桩在下沉时易发生偏斜;消耗大量的水,易产生泥浆污染,只宜在特殊条件下使用。

射水辅助沉桩法对黏性土、砂性土地基都可适用,但更适用于细砂地基。

② 预钻孔辅助沉桩。预钻孔辅助沉桩是预先在桩位上钻孔取土,然后以锤击法、振动法、静压法等进行沉桩的一种施工方法。此方法主要用于软土层的地基,可分为全钻孔沉桩法和局部钻孔沉桩法两类。其特点是施工时的噪声和振动小,可减小对桩区邻近结构物的危害,但施工费用会增加 10%～20%。

(5) 沉管灌注法。沉管灌注法是采用锤击法或振动法将钢管沉入土内,然后在管内灌注混凝土,边灌边拔管而形成桩的一种施工方法,如图 1.12 所示。其特点是设备简单、施工方便、操作简易、施工速度快、工期短、造价低、随地质条件变化适应性强。但由于桩管口径的限制,影响单桩承载力,且施工时的振动大、噪声高。这种方法适用于黏性土、砂类土和小粒径中密的碎石土地层。

2) 灌注桩

灌注桩是在现场采用钻孔机械(或人工)将地层钻挖成预定孔径和深度的孔后,将预制成一定形状的钢筋骨架放入孔内,然后在孔内灌入混凝土而形成桩基。水下混凝土多采用垂直导管法灌注。

灌注桩因成孔的机械不同而通常有以下几种成孔施工方法:

(1) 冲击钻机成孔法。冲击钻机成孔法是采用冲击式钻机或卷扬机带动一定重量的冲击钻头,在一定的高度内将钻头提升,然后突放使钻头自由降落,利用冲击功能冲挤土层或破碎岩层形成桩孔,再用掏渣筒或泥浆循环的方法将钻渣岩屑排出。冲击钻机成孔法在我国南方应用最广泛,如图1.13所示。

图1.12 沉管灌注法

图1.13 冲击钻机成孔法

(2) 螺旋钻机成孔法。螺旋钻机成孔法利用长螺旋或短螺旋钻机成孔,不采用任何护壁措施。这种施工法基本没有噪声和振动的污染。因不采取护壁措施,所以仅适用于无地下水的地层,且对桩长有一定限制。螺旋钻孔机一般不能穿过卵石和砾石地层,如图1.14所示。

图1.14 螺旋钻机成孔法

(3) 潜水钻机成孔法。潜水钻机成孔法采用潜水钻机钻进成孔,钻孔作业时,钻机主轴连同钻头一起潜入水中,由轴底动力直接带动钻头钻进。

(4) 冲抓钻机成孔法。冲抓钻机成孔法是利用钻机冲抓锥张开的锥瓣向下冲击切入土石中,接着收紧锥瓣将土石抓入锥中,然后提升出孔外卸去土石,再向孔内冲击抓土,如此循环钻进成孔,孔中泥浆起护壁作用。全护筒钻机则是将钢护筒压入到桩底护壁,也使用冲抓锥钻进。

(5) 旋转锥钻孔法。旋转锥钻孔法是用旋转式开挖铲斗去削孔的钻孔桩施工方法。

(6) 正循环回转法。正循环回转法是由钻机回转装置带动钻杆和钻头回转切削破碎岩土，钻进时用泥浆护壁和排渣。泥浆由泥浆泵输进钻杆内腔后，经钻头的出浆口射出，带动钻渣沿钻杆与孔壁之间的环状空间上升到孔口，钻渣溢进沉淀池后返回泥浆池中净化，再供使用。这样，泥浆在泥浆泵、钻杆、钻孔和泥浆池之间反复循环运行，如图1.15所示。

(7) 反循环回转法。反循环回转法是在桩顶处设置比桩径大15%左右的护筒，护筒内的水位要高出自然地下水位2m以上，以确保孔壁的任何部分均保持0.02MPa以上的静水压力，防止孔壁坍塌，然后用旋转钻头连续削孔。与此同时，通过循环水将所削出的岩土钻渣由钻杆内部排至孔外。如图1.16所示。

图1.15　正循环回转法　　　　　图1.16　反循环回转钻机

(8) 人工挖孔法。人工挖孔法是用人力挖土形成桩孔。在向下挖进的同时，对孔壁进行支护，以保证施工安全，然后在孔内安放钢筋骨架，灌注混凝土而形成桩基。此法可形成大尺寸的桩孔，且桩底可采取扩底的方法以增大桩的支承面积，即扩底桩。视桩端土层情况，扩底直径一般为桩身直径的1.2～2.5倍，如图1.17所示。

3) 大直径桩

一般认为，直径在2.5m以上的桩可称为大直径桩。目前，最大桩径已达6m。大直径桩与普通桩在施工上的区别主要反映在钻机选型、钻孔泥浆及施工工艺等方面。

3. 沉井基础

沉井基础是一种断面和刚度均比桩大得多的筒状结构，如图1.18所示。施工时在现场重复交替进行构筑和开挖井内土方，使之沉落到预定支承地基上。在岸滩或浅水中建造沉井时，可采用"筑岛法"施工；在深水中建造时，则可采用浮式沉井，先将其浮运至预定位置，再进行下沉施工。

4. 地下连续墙

地下连续墙是用膨润土泥浆进行护壁，在防止开挖壁面坍塌的同时于设计位置开挖一条狭长端圆的深槽，然后将钢筋骨架放入槽内并灌筑水下混凝土，从而在地下形成连续墙体的一种基础形式，如图1.19所示。

图 1.17 人工挖孔法

图 1.18 某桥梁基础钢沉井施工

（a）

（b）

图 1.19 地下连续墙开挖与钢筋笼下放

1.3.2 承台

位于旱地、浅水河中，采用土石筑岛施工桩基的桥梁，其承台的施工方法与明挖基础的施工方法类似，可采取明挖基坑、简易板桩围堰后开挖基坑等方法进行施工，如图 1.20 所示。

对深水中的承台，可供选择的施工方法通常有钢板桩围堰、钢管桩围堰（图 2.21）、钢套箱围堰（图 1.22）及双壁钢围堰（图 1.23）等。

图 1.20 旱地承台施工

图 1.21 钢管桩围堰施工

图 1.22 钢套箱围堰施工

图 1.23 双壁钢围堰施工

双壁钢围堰通常是将桩基和承台的施工一并考虑,即先在堰顶设钻孔平台,桩基施工结束后拆除平台,再在堰内进行承台施工。

1.3.3 墩(台)身

墩(台)身的施工方法根据其结构形式的不同而各异。对结构形式较简单、高度不大的中小桥墩(台)身,通常采取传统的方法——立模(一次或几次)现浇施工;但对高墩及斜拉桥、悬索桥的索塔,则有较多的可供选择的方法。施工方法的多样化主要反映在模板结构形式的不同。近年来,滑升模板、爬升模板和翻升模板等在高墩及索塔上应用较多,其共同的特点是将墩身分成若干节段,从下至上逐段进行施工。

采用滑升模板(简称滑模)施工,对结构物外形尺寸的控制较精确,施工进度平稳、安全,机械化程度较高,但因多采用液压装置实现滑升,故成本较高,所需的机具设备也较多;爬升模板(简称爬模)一般要在模板外侧设置爬架,相对而言需耗用较多的材料,体积也较庞大,但不需设另外的提升设备;翻升模板(简称翻模)结构较简单,施工亦较方便,不过需设专门用于提升的起吊设备。

1.3.4 桥梁上部结构

桥梁上部结构的形式是多种多样的,其施工方法的种类也较多,但除一些比较特殊的施工法之外,大致可分为预制安装和现浇两大类。

常用的桥梁上部结构施工方法如图 1.24 所示。

1. 现浇法

1) 固定支架法

固定支架法是指在桥跨间设置支架、安装模板、绑扎钢筋、现场浇筑混凝土,特别适用于旱地上的钢筋混凝土和预应力混凝土中、小跨径连续梁桥的施工,如图 1.25 所示。

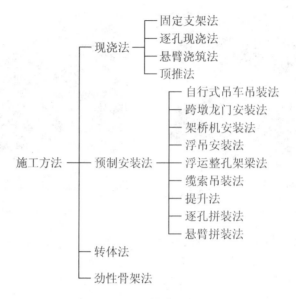

图1.24 桥梁上部结构施工方法

图1.25 固定支架法现浇施工

固定支架法施工的特点：梁的整体性好，施工平稳、可靠，不需大型起重设备；施工中无体系转换的问题；需要大量施工支架和较大的施工场地。

支架按其构造的不同可分为满布式、柱式、梁式和梁柱式4种类型，所用材料有门式支架、扣件式支架、碗扣式支架、贝雷桁片、万能杆件及各种型钢组合构件等。支架虽为临时结构，但施工中需承受梁体的大部分恒重，所以必须有足够的强度和刚度，同时支架的地基要可靠，必要时需对地基进行加固处理。

2) 逐孔现浇法

(1) 在支架上逐孔现浇施工。

逐孔现浇施工与前述的固定支架法相似，其区别在于逐孔现浇施工仅在梁的一孔(或二孔)间设置支架，完成后将支架整体转移到下一孔进行连续施工。因此，这种方法可仅用一孔(或二孔)的支架和模板周转使用，所需施工费用较少。逐孔现浇施工的接头通常设在距桥墩中心约 $L/5$ 弯矩较小的部位，这种施工方法适用于中小跨径及结构构造比较简单的预应力混凝土桥梁。

支架可用落地式、梁式和落地移动式。落地式支架多用于旱地桥梁或桥墩较低的情况；梁式支架的承重梁可支承在位于桥墩承台的立柱上或锚固于桥墩的横梁上；落地移动式支架可在地面上设置轨道，支架在轨道上(或其他滑动、滚动装置上)进行转移。

(2) 移动模架逐孔现浇施工。

使用不着地移动式的支架和装配式的模板进行连续地逐孔现浇施工。移动模架可分为在桥面上设置的主梁支承梁重的移动悬吊模架(即上导梁式，图 1.26)和在梁下以支架梁等支承梁体重量的活动模架(即下导梁式，图 1.27)两种形式。

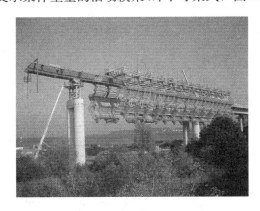 

图 1.26 上导梁式移动模架逐孔现浇施工　　图 1.27 下导梁式移动模架逐孔现浇施工

3) 悬臂浇筑法

悬臂浇筑法最常用的是挂篮悬臂浇筑施工，在桥墩两侧对称、逐段地就地浇筑混凝土，待混凝土达到一定强度后张拉预应力筋，移动挂篮继续进行施工，使悬臂不断接长，直至合龙。

挂篮的构造形式有很多，通常由承重梁、悬吊模板、锚固装置、行走系统和工作平台5部分组成，如图 1.28 所示。挂篮的功能是支承梁段模板、调整位置、吊运材料机具、浇筑混凝土、拆模和在挂篮上进行预应力张拉工作。挂篮除强度应保证安全可靠外，还要求造价低、节省材料、操作使用方便、变形小、稳定性好、装/拆/移动灵活和施工速度快等。悬臂浇筑施工不需在跨间设置支架，使用的施工机具设备少，可以很方便地跨越深谷和河流，适用于大跨径连续梁桥的施工。同时根据施工受力特点，悬臂施工一般适合在变截面梁中使用。

4）顶推法

顶推法是指在桥台的后方设置施工场地，分节段浇筑梁体，并用纵向预应力筋将浇筑节段与已完成的梁体联成整体，在梁体前端安装长度为顶推跨径0.7倍左右的钢导梁，然后通过千斤顶施力，将梁体向前方顶推出施工场地，重复这些工序即可完成全部梁体的施工，如图1.29所示。

图1.28 挂篮悬臂浇筑施工

图1.29 顶推法施工

顶推施工的方法按照顶推施力的方法可分为单点顶推和多点顶推两种。

2．预制安装法

1）自行式吊车吊装法

自行式吊车吊装法多采用汽车吊、履带吊和轮胎吊等机械，有单吊和双吊之分。此法一般适用于跨径在30m以内的简支梁板的安装作业。在现场吊装孔跨内或引道上应有足够设置吊车的场地，同时应确保运梁道路的畅通，吊车的选定应充分考虑梁体的重量和作业半径后方可决定。

2）跨墩龙门安装法

跨墩龙门安装法应在墩台两侧顺桥向设置轨道，在其上安置跨墩的龙门吊，将梁体在吊起状态下运至架设地点并安装在预定位置。此法一般可将梁的预制场地安排在桥头引道上，以缩短运梁距离。

3）架桥机安装法

架桥机安装法是预制梁的典型架设安装方法。在孔跨内设置安装导梁，以此作为支承梁来架设梁体，这种作为支承梁的安装梁结构称为架桥机，如图1.30所示。

目前架桥机的种类甚多，有专用的架桥机设备，也有施工者应用常备构件（万能杆件和贝雷桁片等）自行拼装而成的架桥机设备。按形式的不同，架桥机又可分为单导梁、双导梁、斜拉式和悬吊式等。悬臂拼装和逐跨拼装的节段式桥梁也经常采用专用的架桥机设备进行施工。

4）逐孔拼装法

逐孔拼装法一般适用于节段式预应力混凝土连续梁的施工。在施工的孔跨内搭设落地式支架或悬吊式支架，将节段预制块件按顺序吊放在支架上，然后在预留孔道内穿入预应力筋，对梁施加预应力使其成为整体，这种方法形象的通俗名称为"穿糖葫芦"。

5）悬臂拼装法

悬臂拼装法多用于预应力混凝土梁体的施工。将梁体分节段预制，墩顶附近的块件用其他架设机械安装或现浇，然后以桥墩为对称点，将预制块件沿桥跨方向对称起吊、安装就位后，张拉预应力筋，使悬臂不断接长，直至合龙，如图1.31所示。

图 1.30 架桥机安装法

图 1.31 悬臂拼装法

悬臂拼装法桥梁上、下部结构可平行作业，预制块件的施工质量易控制，但预制场地较大，且拼装精度在大跨径桥梁的施工中要求较高。这种施工方法可不用或少用支架，施工时不影响通航或桥下交通，宜在跨深水、山谷和海上进行施工，并适用于变截面预应力混凝土梁桥。悬臂拼装可用的机具设备有移动式吊车、移动桁式吊、缆索吊、汽车吊和浮吊等，可根据不同的桥梁结构和地形条件进行选择。

3. 转体施工法

在岸边立支架（或利用地形）预制半跨桥梁的上部结构，然后借助上、下转轴偏心值产生的分力使两岸半跨桥梁上部结构向桥跨转动，用风缆控制其转速，最后就位合龙，如图1.32所示。转体法多用于拱桥的施工，也可用于斜拉桥和刚构桥的建造，适用于峡谷、水深流急、通航河道和跨线桥等地形特殊的情况，具有工艺简单、操作安全、所需设备少、成本低、速度快等特点。

转体法分为平转和竖转两种施工方法，施工中又分为有平衡重和无平衡重两种方式。

图 1.32 转体施工法

任务1.4 桥梁常用施工技术术语与分类标准

1.4.1 桥梁常用施工技术术语

随着我国国民经济的快速发展，铁路、公路桥梁建设事业突飞猛进，新技术、新工艺、新材料、新设备广泛应用，桥梁施工技术不断创新，出现了许多新名词和术语。

桥梁施工中常用的技术术语分述如下：

（1）控制测量：为建立测量控制网而进行的测量工作，包括平面控制测量、高程控制测量和三维控制测量。

（2）跨河水准测量：指视线长度超过规定，跨越江河（或湖塘、宽沟、洼地、山谷等）的水准测量。

（3）片石：符合工程要求的岩石，经开采选择所得的形状不规则的、边长一般不小于15cm的石块。

（4）块石：符合工程要求的岩石，经开采并加工而成的形状大致方正的石块。

（5）料石：按规定要求经凿琢加工而成的形状规则的石块。

（6）结构物的表面系数：结构物冷却面积与结构体积的比值。

（7）伸缩缝：为减轻材料膨胀对建筑物的影响而在建筑物中预先设置的间隙。

（8）沉降缝：为减轻地基不均匀变形对建筑物的影响而在建筑物中预先设置的间隙。

（9）施工缝：进行混凝土施工时，由于技术上或施工组织上的原因，不能一次连续浇筑而在结构的规定位置留置的搭接面或后浇间隔槽。

（10）钢筋闪光对焊：将两根钢筋安放成对接形式，利用电阻热使接触点金属熔化，产生强烈飞溅，形成闪光，迅速加顶锻力完成的一种压焊方法。

（11）钢筋电渣压力焊：将钢筋安放成竖向对接形式，利用焊接电流通过两钢筋端面间隙，在焊剂层下形成电弧过程和电渣过程，产生电弧热和电阻热，熔化钢筋，加压完成的一种压焊方法。

（12）挤压套筒接头：通过挤压力使连接用钢套筒塑性变形与带肋钢筋紧密咬合形成的接头。

（13）锥螺纹套筒接头：通过钢筋端头特制的锥形螺纹和锥纹套管咬合形成的接头。

（14）大体积混凝土：现场浇筑的最小边尺寸为1m，且必须采取措施以避免水化热引起的温差超过25℃的混凝土。

（15）先张法：先在张拉台座上张拉预应力钢筋，然后浇筑水泥混凝土，以形成预应力混凝土构件的施工方法。

（16）后张法：先浇筑水泥混凝土，待混凝土达到规定的强度后再张拉预应力钢筋，以形成预应力混凝土构件的施工方法。

（17）围堰：用于水下施工的临时性挡水设施。

（18）帷幕法排水：为隔断水源，减少渗流水量，防止流砂、突涌、管涌、潜蚀等，在基坑边线外设置一圈隔水幕。

(19) 沉入桩：钢、木、钢筋混凝土等材料制作的柱状构件，经锤击、振动、射水、静压等方式沉入或埋入地基而成的桩。

(20) 灌注桩：在地基中以人工或机械成孔，在孔中灌注混凝土而成的桩。

(21) 大直径桩：直径大于或等于2.5m的钻孔灌注桩。

(22) 摩擦桩：主要靠桩表面与地基之间的摩擦力支承荷载的桩。

(23) 支承桩：主要靠桩的下端反力支承荷载的桩。

(24) PHP泥浆：丙烯酰胺泥浆，以膨润土、碳酸钠、聚丙烯酰胺的水解物和锯木屑、稻草、水泥或有机纤维复合物按一定比例配置的不分散、低固相、高黏度泥浆。

(25) 移动支架逐孔施工法：采用可在桥墩上纵向移动的支架与模板，在其上逐孔拼装混凝土梁体预制件或现浇梁体混凝土，并逐孔施加预应力的施工方法。

(26) 悬臂浇筑法：在桥墩两侧设置工作平台，平衡地逐段向跨中悬臂浇筑水泥混凝土梁体，并逐段施加预应力的施工方法。

(27) 挂篮：用悬臂浇筑法浇筑斜拉、T构、连续梁等钢筋混凝土梁时，用于承受施工荷载及梁体自重，经特殊设计能逐段向前移动的工艺设备。主要组成部分有承重系统、提升系统、锚固系统、行走系统、模板与支架系统。

(28) 悬臂拼装法：在桥墩两侧设置吊架，平衡地逐段向跨中悬臂拼装水泥混凝土梁体预制块件，并逐段施加预应力的施工方法。

(29) 托架：墩顶梁段及附近梁段施工为浇筑悬出部分时，利用墩身预埋件与型钢或万能杆件拼制联结而成的支架。

(30) 膺架：悬臂浇筑施工墩顶梁段及附近梁段时，根据墩身高度、承台形式和地形情况用分别支承在墩身、承台上的型钢或万能杆件拼制的支架。

(31) 箱梁基准块：指悬臂拼装施工过程中作为控制桥轴线和高程标准的首块梁块，预制时在该梁块顶面埋置轴线和高程控制标志，预制尺寸精度要求高，悬拼时安放在墩侧。

(32) 顶推法：梁体在桥头逐段浇筑或拼装，在梁前端安装导梁，用千斤顶纵向顶推，使梁体通过各墩顶的临时滑动支座就位的施工方法。

(33) 滑板：在顶推施工的顶进过程中，在主梁与墩、台上的滑道或导向装置之间随顶进而填加进滑道内的临时块件，由钢板夹橡胶等粘贴聚四氟乙烯板组成。

(34) 预拱度：为抵消梁、拱、桁架等结构在荷载作用下产生的位移（挠度），而在施工或制造时预留的与位移方向相反的校正量。

(35) 分环(层)分段浇筑法：在拱架上浇筑大跨径拱圈（或拱肋）时，为减轻拱架负荷，沿拱圈纵向分成若干条幅或上下分层浇筑。浇筑条幅时中间条幅先行浇筑合龙，再横向对称、分次浇筑其他条幅，其浇筑顺序应通过计算确定。

(36) 风缆系统：为实现拱肋无支架吊装，确保拱肋横向稳定而专门设计的包括风缆及其附属设施的固定拱肋的临时设施。

(37)缆索吊装法:利用支承在索塔上缆索运输和安装桥梁构件的施工方法。

(38)转体施工法:利用河岸地形预制两个半孔桥跨结构,在岸墩或桥台上旋转就位跨中合龙的施工方法。

(39)锚碇:一般指主缆索的锚固系统,是包括锚块、鞍部及其他附属构造的锚体和基础的总称。

(40)索塔:悬索桥或斜拉桥支承主索的塔形构造物。

(41)施工猫道:因悬索桥索股架设、紧缆、索夹安装、吊索架设、加劲梁架设、缠丝等施工的需要而架设的施工便道。

(42)索鞍:在悬索桥索塔顶部设置的鞍状支承装置。

(43)索夹:将悬索桥吊索与主缆连接的夹箍式构件。

(44)吊索:为悬索桥主缆与主梁相联系的受拉构件,可将主梁承受的恒荷载及活荷载传递给主缆。

(45)加劲钢箱梁:支承桥面,与桥面结合成一体并将恒荷载及活荷载通过吊索和拉索传递给索塔,或通过梁底支座传递给墩台的钢制箱形构件。

(46)拉索:承受拉力并作为主梁主要支承的结构构件。

(47)初拉力:安装拉索时给拉索施加的一定拉力。

(48)拉索调整力:为改善主梁、索塔的截面内力及变形面而调整拉索的拉力。

(49)顶进法:利用顶进法设备将预制的箱形或圆管形构造物逐渐顶入路基,以构成立体交叉通道或涵洞的施工方法。

1.4.2 桥梁的分类标准

1. 铁路桥梁的分类规定

铁路桥梁按桥长分类:小桥——桥长20m及以下;中桥——桥长20m以上至100m;大桥——桥长100m以上至500m;特大桥——桥长500m以上。

梁桥的桥长是指桥台挡砟前墙之间的长度;拱桥的桥长是指拱上侧墙与桥台侧墙间两伸缩缝外端之间的长度;刚架桥的桥长是指刚架顺桥跨方向外侧间的长度。

2. 公路桥涵的分类规定

公路桥涵的分类规定见表1-1。

表1-1 桥涵的分类规定

桥涵分类	多孔跨径总长 L/m	单孔跨径 L_K/m
特大桥	$L>1000$	$L_K>150$
大桥	$100 \leqslant L \leqslant 1000$	$40 \leqslant L_K \leqslant 150$
中桥	$30<L<100$	$20 \leqslant L_K<40$
小桥	$8 \leqslant L \leqslant 30$	$5 \leqslant L_K<20$

续表

桥涵分类	多孔跨径总长 L/m	单孔跨径 L_K/m
涵洞	—	$L_K<5$

注：① 单孔跨径是指标准跨径。
② 梁式桥、板式桥的多孔跨径总长为多孔标准跨径的总长；拱式桥的多孔跨径总长为两岸桥台内起拱线间的距离；其他桥梁的多孔跨径总长为桥面系行车道长度。
③ 管涵及箱涵不论跨径大小、孔数多少，均称为涵洞。
④ 标准跨径：梁式桥、板式桥以两桥墩中线间的距离或桥墩中线与台背前缘的间距为准；拱式桥和涵洞以净跨径为准。

任务 1.5　桥梁施工常备式结构

现代桥梁的机械化施工要求广泛使用各种类型的工程机械和机具，以确保质量，加快速度，降低成本，最大限度地减轻工人劳动强度。

现代大型桥梁施工常备式结构主要有钢板桩、脚手架、拼装式模板、万能杆件、贝雷（梁）、六四式军用梁等。

1.5.1　钢板桩

在开挖深基坑和在水中进行桥梁墩台的基础施工时，为了抵御坑壁的土压力和水压力，常采用钢板桩，甚至做成大型钢板桩围堰，如图 1.33 所示。

图 1.33　大型钢板桩围堰

钢板桩围堰的施工流程如图 1.34 所示。

(a) 钢板桩起吊　　　　　　　　(b) 钢板桩对位下放

(c) 振动锤插打钢板桩　　　　　(d) 固定第一根钢板桩

(e) 对位及插打第二根钢板桩　　(f) 钢板桩围成围堰

图 1.34　桥梁钢板桩围堰施工流程

1.5.2　脚手架

对于现场浇筑桥梁结构，需要模板支撑；对于预制安装法架设的桥梁，也经常需要操作架、操作台、运输马道等辅助结构。这些结构沿袭建筑施工中的命名，都可称为脚手架

(支架),它们的作用已不限于作为操作平台,还可作为各种承重支架。

桥梁施工中常用脚手架的主要构件是钢管,如图 1.35 所示。

图 1.35 钢管脚手架

根据钢管的连接和组合方式不同产生了多种不同类型的脚手架,主要有扣件式脚手架、碗扣式脚手架、门式脚手架等。

1. 扣件式脚手架

扣件式脚手架是木质脚手架金属化的发展结果,以钢管代替木材,扣件代替铅丝和扎绑绳。连接扣件主要有 3 个:横杆、立杆连接采用的"直角扣件"(图 1.36),斜杆连接采用的"旋转扣件"(图 1.37)及杆件接长用的"对接扣件"。

图 1.36 直角扣件　　　　　图 1.37 旋转扣件

扣件式钢管脚手架的优点:不用加工(ϕ48mm 钢管截成所需长度即可);可任意搭设;具有较大的通用性。其缺点是:横、立、斜杆之间有偏心,对结构有不利影响;节点处的连接力受螺钉拧紧程度的影响,因而其搭设质量有人为因素的影响。

钢管架可以搭设单排、双排、满堂红脚手架,也可搭设斜坡马道、梯架、桥架等。不仅如此,它还可以组合成专用的脚手架,甚至爬架的架体,也可以用做门式架、碗扣架等的辅助构件。

2. 碗扣式脚手架

碗扣式脚手架是对扣件式脚手架的重大改进。该脚手架主要杆件仍然是 $\phi 48mm$ 钢管。但是，钢管的连接点采用"碗扣"形式。碗扣由上碗扣和下碗扣构成，如图 1.38 所示。下碗扣焊接在立管上，上碗扣套在立管上。水平杆两端焊有"插头"，该插头下插入下碗，上插入上碗。上碗扣利用上端的螺旋形与立柱上焊接的"锁销"别住楔紧而连接。

碗扣式脚手架采用中心线连接，因而大大提高了承载能力。承受横杆垂直力的下碗扣与立柱进行了焊接，因而改善了"节点"的受力性能，提高了安全度。

3. 门式（钢管装配框架式）脚手架

门式脚手架以单个式刚架作为主要结构构件，主要结构构件有门架、十字撑、平行架和专用钢脚手板；辅助件有连接销、锁臂等。其构造如图 1.39 所示。

图 1.38 碗扣式脚手架

图 1.39 门式脚手架

门架：垂直架设所用的框架，作为支撑的立柱。门架按其用途不同可分为多种，按形式不同可分为门架形（开字形）、梯形、简易形（八字形）及特殊形 4 种，但除了门架形之外的门架因其抗剪刚度不足等原因，最好不要作为模板支撑使用。

十字撑（剪刀撑）：为了连接水平方向（与门架垂直的方向）的门架而使用的 X 形杆件。

立柱接头：主要为在上方设门架（接长立柱）所用的连接件，是插入立柱中使立杆之间相互接长的部件。接头的锁紧方式，有立柱接头本身具有防拔脱性能的销锁方式和并用锁臂而不使立柱拔出的锁臂方式。

除此以外，还有可调底座与托座等配件。

门形架的优点是质量小，每一组脚手架自身可形成稳定的结构体系。缺点是体形和尺寸单一，只能构成双排脚手架，而且其平面尺寸是固定的；薄壁构件坚固性较差，对拆装过程有较高的要求，否则会造成过度变形。

1.5.3 拼装式模板

常备拼装式模板主要为钢模板，按照模板块件的大小可分为小钢模和整体式钢模。小钢模主要用在对表面质量要求不高的情况下，其主要优点是造价低。整体式模板常用于桥梁预制工厂的一些标准定型构件的生产中，它是预制工厂的常备式结构。目前，为了提高混凝土的表面质量，墩台结构也大量采用整体式钢模板。

1.5.4 万能杆件

万能杆件是由角钢和连接板组成、用螺栓连接的桁架杆件。它通用性强，弦杆、腹杆及连接板等均为标准件，具有装拆方便、运输方便、利用率高等优点，可以拼装成桁架、墩架、塔架、龙门架等形式，还可以作为墩台、索塔施工脚手架等。

万能杆件的构件一般分为 3 类：

第一类为杆件，杆件在拼装时组成桁架的弦杆、腹杆和斜撑。

第二类为连接板，各种规格的连接板可将弦杆、腹杆、斜撑等连接成需要的各种形状。

第三类为缀板，缀板可将断面由四肢角钢或两肢角钢组成的各种弦杆、腹杆等在其节间中点做一个加强连接点，使组合断面的整体性更好。

用万能杆件组拼桁架时，其高度可为 2m、4m、6m 及以上。当高度为 2m 时，腹杆为三角形；当高度为 4m 时，腹杆为菱形；当高度超过 6m 时，腹杆可做成多斜杆形。万能杆件拼装成的支架如图 1.40 所示。

图 1.40 万能杆件拼装成的支架

1.5.5 贝雷（梁）

贝雷(梁)是一种由桁架拼装而成的钢桁架结构。贝雷常拼成导梁作为承载移动支架，再配置部分起重设备与移动机具来实现架梁。它也常用于拼装施工支架，如图 1.41 所示。

图 1.41 贝雷梁拼装成的支架

贝雷现有进口与国产两种规格。国产贝雷的桁节用 16Mn 钢，销子用铬锰钛钢，插销用弹簧钢制造，焊条用 T505X 型，桥面板和护轮木用松木或杉木。材料的容许应力按基本应力提高 30% 取值。个别钢质杆件超过上述规定时，不得超过其屈服点的 85%。

贝雷的主要构件有桁架、加强弦杆、横梁、桁架销、螺栓、支撑架等。

任务 1.6　施工设备

桥梁的施工设备和机具品种繁多，要根据具体的施工对象、工期、劳动力分布等情况，合理地选用和安排各种机具设备，以使它们能够发挥最大的功效和经济效益，确保整个工程能够高质量、高效率地如期安全完成。

1.6.1　起重机具设备

1. 起重千斤顶

千斤顶适用于起落高度不大的起重。按其构造不同，可分为螺旋式千斤顶（图 1.42）、油压式千斤顶（图 1.43）和齿条式千斤顶 3 类。

图 1.42　螺旋式千斤顶　　　图 1.43　油压式千斤顶

2. 滑车

滑车又称滑轮或葫芦。滑车的种类很多，按使用方式可分为定滑车、动滑车和导向滑车，如图 1.44 所示；按转轮的多少可分为单轮(单门)滑车、双轮(双门)滑车和多轮(多门)滑车；按滑车的护板能否打开，分为开口滑车和闭口滑车(前者套入钢丝绳较方便)。开口形式又分为桃式开口和销形开口两种。一般双轮以上均为闭口滑车，根据滑车的拴挂构造形式，分为吊钩、链环、吊环和吊梁 4 种。按滑车的使用性质，分为起重滑车和导向滑车，前者称为 H 系列起重滑车，后者称为 DH 系列导向滑车。

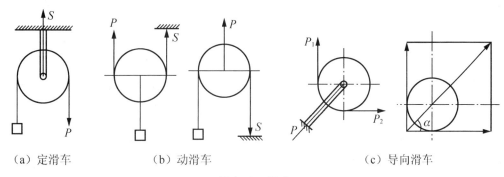

(a) 定滑车　　　　(b) 动滑车　　　　(c) 导向滑车

图 1.44　滑车

3. 卷扬机

卷扬机也称绞车，是最常用、最简单的起重设备之一，广泛用于桥梁施工中。卷扬机的种类很多：按动力装置分为电动式、内燃式和手动式 3 种，电动式占多数；按工作速度分为快速、慢速和调速 3 种，以慢速应用居多；按卷筒的数量分为单筒、双筒和多筒 3 种。

4. 扒杆

扒杆是一种简单的起重吊装工具，一般由施工单位根据工程的需要自行设计和加工制作。扒杆可以用来升降重物、移动和架设桥梁等。常用的扒杆种类有独脚扒杆、人字扒杆、摇臂扒杆和悬臂扒杆 4 种。它们与一些简易机械配套，可组成各种轻型起吊机。

5. 龙门架

龙门架是一种最常用的垂直起吊设备。在龙门架顶横梁上设行车时，可横向运输重物和构件；在龙门架两腿下设有滚轮并置于铁轨上时，可在轨道上纵向运输；在龙门架两脚下设有能转向的滚轮时，可进行任何方向的水平运输。龙门架通常设于构件预制场吊移构件，或设在桥墩顶、桥墩旁安装大梁构件。用公路装配式钢桥桁节(贝雷)拼装的龙门架如图 1.45 所示。它采用贝雷桁架作主要承载受力构件(如主横梁、侧立柱)，构件间采用销轴和螺栓连接，易于拆装和运输，便于转移工地。

除了利用贝雷架、军用梁或万能杆件拼装而成的装配式龙门架以外，还有专用龙门架，如图 1.46 所示。这种龙门架一般采用三角桁架或箱梁作主要承载受力构件(如主横梁)。构件间采用销轴和螺栓连接，也易于拆装和运输，便于转移工地。

图1.45 装配式龙门架

图1.46 专用龙门架

6. 浮吊

在通航河流上建桥,浮吊是重要的工作船。常用的浮吊有铁驳轮船浮吊,用木船、型钢及人字扒杆等拼成的简易浮吊。

通常简易浮吊可以利用两只民用木船组拼成门船,用木料加固底舱,舱面上安装型钢组成的底板构架,上铺木板,其上安装人字扒杆制成。起重动力可使用双筒电动卷扬机,安装在门船后部中线上。作为人字扒杆的材料可用钢管或圆木并用钢丝绳两根,分别固定在民船尾端两舷旁钢构件上。吊物平面位置变动由门船移动来调节,另外还需配备电动卷扬机、钢丝绳、锚链、铁锚以便移动及固定船位使用。

7. 缆索起重机

缆索起重机适用于高差较大的垂直吊装和架空纵向运输。吊运量在几吨至几十吨范围内,纵向运距为几十米至几百米。主要用在跨度大、地势复杂、起伏不平或其他起重机具设备不易到达的施工现场。缆索起重机一般是为已确定的工地专门制作的,其结构取决于所服务的工地轮廓尺寸和工作性质。缆索吊装拱桥如图1.47所示。

图1.47 缆索吊装拱桥

缆索起重机由主索、天线滑车、起重索、牵引索、起重机牵引绞车、主索地锚、塔架、风缆、主索平衡滑轮、电动卷扬机、手摇绞车、链滑车及各种滑轮等部件组成。在吊装拱桥时，缆索吊装系统除了上述各部件外，还有扣索、扣索排架、扣索地锚、扣索绞车等部件。

8. 运行回转起重机

运行回转起重机是常用的重型起重机械，主要有汽车式、履带式和轮胎式等。汽车起重机灵活性大，运行速度可与同类型汽车相比，便于远距离工作点之间的调动；履带起重机起重量大，履带着地面积宽，稳定性较好，适合在崎岖不平和泥土松散地区行驶与工作；轮胎起重机不受汽车底盘限制，其轮距、轴距配合适当，稳定性好，转弯半径小。

9. 架桥机

架桥机是架设预制梁（构件）的专用设备。铁路常用的32m以下及公路常用的50m以下的混凝土简支T形梁，通常采用预制安装法施工，为此需要专用架桥机。大型预制箱梁也经常采用架桥机架设。不同型号的架桥机结构特点、功能及架梁工序都有所不同。

关于架桥机构造和架桥机架梁的详细介绍见本书项目5。

1.6.2 混凝土设备

混凝土是混凝土结构的一个重要组成部分，其质量好坏直接关系到结构的承载能力和使用寿命，而混凝土施工设备的好坏对混凝土质量起着重要的作用。混凝土机械主要包括混凝土搅拌机、混凝土搅拌站（楼）、混凝土搅拌输送车、混凝土输送泵、混凝土输送泵车和振动机械等。

1. 混凝土搅拌机

混凝土搅拌机按照搅拌原理，可分为自落式和强制式两类。

自落式搅拌机指搅拌叶片和拌筒之间无相对运动。自落式按形状和出料方式，又可分为鼓筒式、锥形反转出料式、锥形倾翻出料式3类。

强制式搅拌机指搅拌叶片和拌筒之间有相对运动。强制式搅拌机主要用于搅拌干硬性混凝土和轻骨料混凝土，也可用于搅拌低流动性混凝土，具有搅拌质量好、生产率高、操作简便、安全等优点，但其机件磨损大。

2. 混凝土搅拌站

混凝土搅拌站的特点是制备混凝土的全过程机械化或自动化，生产量大、搅拌效率高、质量稳定、成本低、劳动强度轻。目前，我国铁路建设工程和公路建设工程均要求采用自建搅拌站供应混凝土，如图1.48所示。

搅拌站（楼）主要由物料供给系统、称量系统、搅拌主机和控制系统等4部分组成。

物料供给系统，指组合成混凝土的砂、石、水泥、水等几种物料的堆积和提升系统。砂和石料的提升，一般是以悬臂拉铲为主，另有少部分采用装载机上料，配以皮带输送机输送的方式。水泥则以压缩空气吹入散装的水泥筒仓，辅之以螺旋机和水泥秤供料。搅拌用水一般用水泵提供。

图 1.48　混凝土搅拌站

称量系统对砂石一般采用累积计量，水泥单独称量，搅拌用水一般采用定量水表计量。

控制系统一般有两种方式：一种是开关电路，继电器程序控制；另一种是采用运算放大器电路，增加了配比设定，调整落实了容量变换等功能。近几年，微机控制技术开始应用于搅拌站(楼)控制系统，从而提高了控制系统的可靠性。

主机系统对搅拌主机的选择，决定了搅拌站(楼)的生产率。自落式搅拌机和强制式搅拌机均可作为搅拌站(楼)的搅拌机。

3. 混凝土搅拌运输车

混凝土运输机具设备的选择，应根据结构物特点、混凝土浇灌量、运距、现场道路情况及现有机具设备等条件确定。

混凝土的水平运输，短距离多用双轮手推车、机动翻斗车和轻轨翻斗车，长距离则用自卸汽车、混凝土搅拌运输车等。

混凝土搅拌运输车，是一种用于长距离运输混凝土的施工机械。它将运输的搅拌筒安装在汽车底盘上，把在预拌混凝土搅拌站生产的混凝土成品装入拌筒内，然后运至施工现场，在整个运输过程中，混凝土的搅拌筒始终在作慢速转动，从而使混凝土在长途运输后仍不会出现离析现象，以保证混凝土的质量。混凝土搅拌运输车如图 1.49 所示。

4. 混凝土输送泵和混凝土输送泵车

混凝土输送泵是利用水平或垂直管道，连续输送混凝土到浇筑点的机械，能同时完成水平和垂直输送混凝土，工作可靠。混凝土输送泵适用于混凝土用量大、作业周期长、泵送距离较长和泵送高度较大的场合，如图 1.50 所示。

混凝土输送泵车属于自行式混凝土泵，是把混凝土泵和布料装置直接安装在汽车底盘上的混凝土输送设备，如图 1.51 所示。它的机动性好、布料灵活，工作时不需另外铺设混凝土管道，使用方便，适合于大型基础工程和零星分散工程的混凝土输送。它的缺点是布料杆的长度受汽车底盘限制，泵送的高度和距离较小。混凝土泵根据驱动方式主要有挤压泵和柱塞泵(活塞泵)两类，柱塞泵又可分为机械传动和液压(水压或油压)传动两种。我国主要发展柱塞泵(活塞泵)，此种泵自动化程度高，水平输送距离达200～500m，垂直运距通常为50～100m，排出量为30～60m。挤压式泵的输送距离比柱塞式泵小，其水平运距在200m以内，垂直运距在50m以内。

图1.49 混凝土搅拌运输车

图1.50 混凝土输送泵

图1.51 混凝土输送泵车

5. 混凝土振动器

混凝土振动器是一种借助于动力，通过一定装置作为振源产生频繁的振动，并将这种振动传给混凝土，以振动捣固混凝土的设备。

目前，常用的振动设备按振动传递方式分类，有插入式振动器、平板式振动器、附着式振动器和振动台等，如图1.52所示。

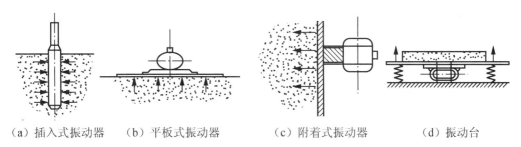

(a) 插入式振动器　　(b) 平板式振动器　　(c) 附着式振动器　　(d) 振动台

图1.52 混凝土振动器示意图

1) 插入式振动器

插入式振动器又叫内部振动器，主要由振动棒、软轴和电动机3部分组成。插入式振动器主要用于振动各种垂直方向尺寸较大的混凝土体,如桥梁墩台、基础、柱、梁、坝体、桩及预制构件等。

2) 平板式振动器

平板式振动器属于外部振动器。它直接放在混凝土表面上移动进行振捣工作,适用于坍落度不太大的塑性、半塑性、干硬性、半干硬性混凝土或浇筑层不厚、表面较宽敞的混凝土捣固,如水泥混凝土路面、平板、基础、拱面等。在水平混凝土表面振捣时,平板式振动器利用电动机振子产生的惯性水平力自行移动,操作者只需控制移动的方向即可。

3) 附着式振动器

附着式振动器属于外部振动器,其振动构造与平板振动器的工作部分相同。由于振动作业的方式不同,附着式振动器靠底部的螺栓或其他锁紧装置固定安装在模板外部(或滑槽料斗等)。附着式振动器的振动作用半径不大,仅适用于振捣钢筋较密、厚度较小的不宜使用插入式振捣器的结构。

4) 振动台

振动台是一个支承在弹性支座上的工作平台,平台下设有振动机构。混凝土振动台由电动机、同步器、振动平台、固定框架、支承弹簧及偏振子等组成。工作时,振动机构作上下方向的定向振动。振动台具有生产效率高、振捣效果好的优点,主要用于混凝土制品厂预制件的振捣。混凝土振动台需承受强力振动而使混凝土振实成形,因此应安装在牢固的基础上。

1.6.3 预应力张拉设备

1. 锚具类型

预应力锚具是预应力工程中的核心元件,这种元件永久埋设在混凝土中,长期承受着荷载。预应力筋所用夹具,是先张法预应力混凝土构件施工时为保持预应力筋拉力,将其固定在张拉台座(设备)上的临时装置。

锚具按锚固原理不同可分为支承锚固、楔紧锚固、握裹锚固和组合锚固等体系。支承式锚(夹)具主要有螺杆锚具和镦头锚具。楔紧式锚(夹)具主要有锥销锚具和夹片锚具等。握裹锚固是将预应力筋直接埋入或加工后(如把钢绞线压花、钢筋镦头)埋入混凝土中,或在预应力筋端头用挤压的办法固定一个钢套筒,利用混凝土和钢套筒的握裹锚固。对锚具的技术要求包括静载锚固性能、动载锚固性能、疲劳荷载性能等方面。

2. 常用锚具

锚具的种类有很多,以下仅选部分国内常见种类作简单介绍。

1) 镦头锚具

镦头锚具是利用钢丝(或热轧粗钢筋)两端的镦粗来锚固预应力钢丝的一种锚具。镦头锚具加工简单、张拉方便、锚固可靠、成本低,还可以节约两端伸出的预应力钢丝。这种锚具可根据张拉力大小和使用条件差异,设计成多种形式和规格,能锚固任意根数的钢丝。

常用的DM型镦头锚具如图1.53和图1.54所示。DMA型张拉锚具用于张拉端或固定端，DMB型张拉锚具用于固定端。

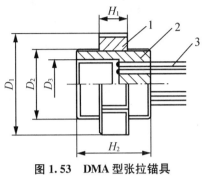

图1.53 DMA型张拉锚具

1—螺母；2—锚杯；3—钢丝

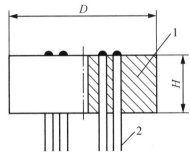

图1.54 DMB型张拉锚具

1—锚板；2—钢丝

JM锚具如图1.55所示，其夹具和锚具相同。这种锚固的优点是预应力筋（钢绞线）相互靠近，结构尺寸小，混凝土构件不需扩孔。其缺点是，如果一个楔块损坏，会导致整束预应力筋失效；没有锚固单根或大于6根预应力筋的能力；不能锚固钢丝。

2）扁锚

扁锚由扁锚头、垫板、扁形喇叭管及扁形管道等组成。

扁锚的优点是张拉槽口扁小，可减少混凝土板厚，可以单根分束张拉，施工方便。因此，这种锚具特别适用于后张预应力简支梁、空心板、城市低高箱梁等薄壁结构及桥面横向预应力等。

3）楔片式锚具

楔片式锚具有XM、QM、YM、OVM等品牌，一般也称这种类型的锚具为群锚，由多孔锚板与楔片组成。在每个锥形孔内装一副（2片或3片）楔片，夹持一根钢绞线。这种锚具的优点是每束钢绞线的根数不受限制，且任何一根钢绞线锚固失效，都不会引起整束锚固失效。这种锚具可广泛应

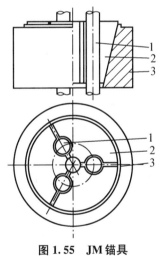

图1.55 JM锚具

1—预应力筋；2—夹片；3—锚具

用于斜拉索及体外预应力结构和构件，在动载和低频疲劳荷载条件下都可使用，也无须考虑有无黏结或地震力。

4）锥形锚具

锥形锚具如图1.56所示，是用于锚固直径为5mm的钢丝的一种楔紧式锚具。它由钢锚环和锥形锚塞组成，因其构造简单、价格低廉，目前仍应用于张拉吨位较小的预应力结构中。

锥形锚具是靠锚塞的楔紧作用，对受拉钢丝进行楔紧锚固。张拉后必须顶压锚塞，顶压锚塞的力为最大控制张拉力的40%～60%。钢丝束张拉后，放松千斤顶时，锚塞随同受

拉钢丝一起向锚孔小端回缩，使锚具内钢丝滑动的阻力增大到与钢丝的拉力相平衡为止。

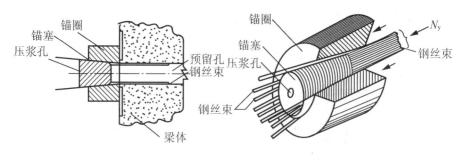

图 1.56 锥形锚具

3. 预应力用液压千斤顶

预应力张拉机构由预应力用液压千斤顶和供油的高压油泵组成。其中液压千斤顶常用的有拉杆式千斤顶、台座式千斤顶、穿心式千斤顶和锥锚式千斤顶 4 类。选用千斤顶型号与吨位时，应根据预应力筋的张拉力和所用的锚具形式确定。

现在比较常用液压千斤顶是穿心式千斤顶和锥锚式千斤顶，下面对穿心式液压千斤顶做简单介绍。

穿心式千斤顶中轴线上有通长的穿心孔，可以穿入预应力筋或拉杆，如图 1.57 所示。穿心式千斤顶是适应性较强的一种千斤顶，能张拉钢绞线、钢丝束、螺纹钢、圆钢筋，还能装配卡具等附件，用于顶推、起重、提升等。多用于单根钢绞线张拉及事故处理。

（a）水平张拉　　　　　　　　（b）竖向张拉

图 1.57 穿心式液压千斤顶

用穿心式液压千斤顶进行后张法的基本步骤如下：

（1）锚固安装：

① 安装工作锚锚板和夹片；

② 安装限位板；

③ 安装千斤顶；

项目1 桥梁工程认知

④ 穿入预应力筋;
⑤ 安装工具锚组件。
(2) 张拉、测量和记录:
① 向张拉缸供油至初始张拉油压,持荷并测量油缸初始伸长值;
② 继续向张拉缸供油至设计张拉油压,持荷并测量油缸最终伸长值;
③ 记录伸长值。
(3) 放张、灌浆并封锚:
① 将张拉缸油缓缓放出至油压回到零;
② 向回程缸供油至活塞完全回程。
(4) 卸下工具锚组件、千斤顶、限位板。
(5) 切除多余钢绞线。
(6) 封住工作锚并灌浆。
(7) 浇捣封端混凝土。

4. 高压油泵

预应力高压油泵(图1.58)是预应力液压机具的动力源。油泵的额定油压和流量,必须满足配套机具的要求。大部分预应力液压千斤顶都需要油压在50MPa以上,流量较小,能够连续供油,供油稳定,操作方便。高压油泵按驱动方式,分为手动和电动两种。

1.6.4 其他常用机具及设备

1. 钢筋加工机械

1) 钢筋调直机

钢筋调直机也称为甩直机械,用于将成盘的细钢筋和经冷拔的低碳钢丝调直。目前,常用的定型调直机有GT4/8型、GT4/14型及数控钢筋调直机,如图1.59所示。

图1.58 高压油泵

2) 钢筋切断机

钢筋切断机是把钢筋原材料和已矫直的钢筋切断成所需要长度的专用机械。切割预应力筋,大部分采用圆盘砂轮切割机。如图1.60所示。

3) 钢筋弯曲机

钢筋经过调直、切断后,需加工成构件或构件中所需要配置的形状,如端部弯钩,梁内弓筋、起弯钢筋等。钢筋弯曲机又称冷弯机,如图1.61所示。

4) 钢筋焊接机

(1) 对焊机。对焊是将两根钢筋的端部加热到近于熔化的高温状态,利用其高塑性实行顶锻而达到连接的一种工艺操作。

(2) 电弧焊机。电弧焊适用于各种形状的钢材的焊接,是金属焊接中使用较广的工艺。电弧焊的主要设备是弧焊机,它分为交流弧焊机和直流弧焊机两种,如图1.62所示。

图 1.59 钢筋调直机

图 1.60 钢筋切断机

图 1.61 钢筋弯曲机

图 1.62 电弧焊机

2. 空气压缩机

空气压缩机是一种将空气压缩使其压力增高,从而具有一定能量的动力机械,如图 1.63 所示。在公路、桥梁、隧道等工程施工中,整个开挖所使用的凿岩机、破碎机、潜孔钻机等都是以压缩空气驱动的。此外,混凝土凿毛工作面的吹洗等,也离不开压缩空气。金属结构的铆接、喷涂、轮胎充气、机械操作和制动控制等,都需要压缩空气作为动力。

图 1.63 空气压缩机

项目1 桥梁工程认知

3. 水泵

在桥涵施工中,水泵主要用以排除基坑中的积水。水泵的类型很多,根据其转变能量的方法分主要有叶轮式(旋转式)和活塞(往复)式两大类。

叶轮式水泵又分为离心式与轴流式两种基本类型。离心式水泵是利用叶轮旋转时所产生的离心力吸水和压水,轴流式水泵是利用叶轮旋转时产生的轴向推力吸水与压水。

在工程施工中,使用最为广泛的为离心式水泵,一般称离心泵。

小 结

本项目对桥梁的分类与组成、桥梁设计程序与原则、桥梁施工方法分类、施工技术术语、桥梁施工常备式结构和施工设备做了较详细的阐述,具体内容包括:桥梁按结构形式分为梁式桥、拱式桥、刚架桥、吊桥和组合体系桥,各种桥型的特点和桥梁各部分的组成;桥梁基础、承台、墩台身、上部结构施工方法的分类、基本特点及其适用范围;桥梁设计的基本程序、可行性研究、初步设计和施工设计的概念,桥涵调查工作的内容,桥梁设计的几个原则;常用施工技术术语;钢板桩、脚手架、万能杆件、贝雷梁等常备式结构的性质与应用;常用的施工机械设备的种类、性质与应用等。

本项目的教学目标是使学生掌握各种桥型的特点和桥梁各部分的组成,掌握桥梁施工方法分类和施工技术术语,能根据不同的桥型和施工特点、施工环境选择不同的桥梁施工常备式结构和施工机械设备。

思考与练习

1. 梁式桥和拱式桥的结构各有什么特点?
2. 什么是桥梁的上部结构?桥梁的下部结构包括哪些?
3. 什么是净跨径、总跨径、标准跨径、计算跨径?它们之间有什么区别?
4. 桥梁基础主要有哪几种?各种基础的使用条件是什么?
5. 桥梁上部结构的施工方法主要有哪几种?
6. 什么是控制测量?什么是跨河水准测量?
7. 什么是大体积混凝土?
8. 贝雷梁由哪些构件组成?贝雷梁在桥梁施工中有哪些用处?
9. 试举例说明卷扬机、扒杆、龙门架在施工中的具体应用。
10. 缆索起重机由哪些部分组成?适用于什么施工现场条件?有哪些注意事项?
11. 混凝土振捣设备有哪几类?混凝土振捣时需注意什么?
12. 预应力张拉锚固设备有哪几类?各有什么特点?

项目 2　桥梁施工准备

教学目标

通过对施工图审核的学习,掌握施工图的审核程序、内容及施工图会审纪要;通过对施工调查的学习,了解施工调查的程序和步骤,掌握桥梁施工调查的内容;通过对施工组织设计与技术交底的学习,了解施工组织与技术交底在桥梁工程施工中的作用,掌握施工组织设计的编制方法,能进行技术交底的编制;通过对施工测量的学习,了解和掌握桥梁基础、墩台身中线及高程施工测量的方法,掌握施工测量与施工放样的质量要求;通过对施工现场准备的学习,了解和掌握临时设施、物资准备与管理、后勤准备、施工组织机构的内容;通过对开工报告的学习,了解桥梁工程开工前应准备齐全的技术资料,能进行开工报告的编写及呈报。

教学要求

知识要点	能力要求	相关知识
施工图审核	掌握施工图的审核程序、内容及施工图会审纪要	施工技术管理办法
施工调查	了解施工调查的程序和步骤,掌握桥梁施工调查的内容	土力学,工程地质,水文地质
施工组织设计与技术交底	了解施工组织与技术交底在桥梁工程施工中的作用,掌握施工组织设计的编制方法,能进行技术交底的编制	土木工程施工组织设计
施工测量	了解和掌握桥梁基础、墩台身中线及高程施工测量的方法,掌握施工测量与施工放样的质量要求	测量工程师手册
施工现场准备	了解和掌握临时设施、物资准备与管理、后勤准备、施工组织机构的内容	工程项目管理,物资管理
开工报告	了解桥梁工程开工前应准备齐全的技术资料,能进行开工报告的编写及呈报	桥涵工程施工质量验收标准

项目 2　桥梁施工准备

🔬 引子

一座现代大型桥梁的建设，施工前需要做大量的准备工作，工程建设能否顺利进行，取决于其准备工作是否做好。

桥梁施工准备工作主要是通过对桥梁工程项目的特点及其所处施工外部环境进行深入细致的了解，从技术、物资、人力和组织等方面为工程项目施工创造一切必要的条件，对整个施工过程运筹帷幄，合理部署施工力量，选择最佳施工方案，使工程的进度及质量满足合同要求，并取得较好的经济效益和社会效益。

桥梁工程的施工准备工作可以分为施工图审核、施工调查、施工组织设计与技术交底、施工测量、施工现场准备、开工报告 6 个主要方面的工作，但不限于以上 6 个方面，还包括一些其他工作。

宜万铁路宜昌长江大桥巨型钢管拱测量

任务 2.1　施工图审核

施工单位在编制施工组织设计、进行工程施工前，应组织有关人员对设计文件、图纸、资料进行研究和现场核对，必要时进行补充调查。研究设计文件、图纸、资料时，应首先查明是否齐全、清楚，图纸本身及相互之间有无矛盾和错误。在查勘现场及审阅图纸后，应由建设单位主持，请设计单位设计人员进行设计交底。交底后施工单位等参建单位将发现的问题提出，请设计单位解答，会议纪要由建设单位于会后以正式文件的形式下发给设计、施工及其他有关单位。

2.1.1　熟悉施工图及相关资料

（1）施工图是否完全符合国家有关的技术政策、标准、规范和批准的设计文件精神。

（2）施工图是否齐全、完整、清楚、明确，本身及相互有无错误和矛盾，有无含糊不清之处，有无修改设计方面的建议，图纸和说明书是否一致，能否满足施工的要求。

（3）掌握施工图的设计内容及技术条件，明确桥梁工程项目的设计规模、结构形式、特点和质量要求等。

（4）熟悉相关的水文、气象、地质、工程地质资料，检查地基处理和基础设计，了解设计中考虑采用的施工方法。

桥梁的设计计算，尤其是桥梁的上部结构，与拟采用的施工方法均密切相关。同一类型的桥梁采用不同的施工方法，就要采用不同的设计计算方法。因此，施工单位应严格遵守设计要求，除非变更设计，否则不可任意改变设计中提出的施工方法。如桥梁上部结构，对于相同结构的现浇梁体，是悬浇还是支架现浇，不同的方案在施工中对已建成桥梁结构产生的外力、内力会有很大的不同，任意改变设计中的施工方法可能会引起质量和安全事故。因此，施工图中要求的施工方法不能随意更改。

2.1.2 施工图会审

施工图会审是一项严肃而认真的技术工作，是施工准备阶段技术管理的主要内容之一。认真做好图纸会审，对于减少施工图中的差错、完善设计、提高工程质量、保证施工顺利进行有重要的意义。只有做好图纸会审这项工作，图纸中的一些问题才能被及时发现、及早解决，从而提高工程质量、缩短施工工期、节约施工成本。

在开工前的施工图会审，主要包括以下 4 个环节：一是自审；二是会审会议；三是图纸会审会议的纪要编写；四是将会审的会议纪要进行交底和实施。

1. 施工图自审

施工项目的技术负责人组织本项目的技术人员熟悉大样图，发现问题要做好详细记录，提出自己的处理或改进意见，并向建设单位提出建议。

施工图自审可从以下几方面进行：

（1）图纸是否齐全。包括总平面图、总断面图、各专业及细部图纸、标准图及通用图、参考图等。

（2）说明是否完善。包括设计总说明、地质说明、各专业结构设计说明。

（3）各部尺寸有无矛盾。特别是平面图与断面图之间，总布置图与结构图之间，结构图内部的平面、侧面与立面之间的尺寸有无矛盾。

（4）地质勘察资料与地基处理是否一致。地质勘察时有不良地质情况的，在设计图中是否采取了处理或加固措施。

（5）设计与当地施工自然条件是否一致。特别是牵涉排水功能的桥涵，要进行现场放样出位置，实测其流水面标高，如果无法排水或与排水方向、排水坡度不一致的，还要对此进行详细说明并上报业主在图纸会审时进行解决。

（6）设计条款是否符合国家强制性规范和要求。

（7）设计图是否满足安全要求。特别是铁路与铁路、公路与公路、铁路与公路或其他线路交叉时，注意其限界、净高、净空等尺寸是否符合相关安全要求。

(8) 对"四新工艺"(新技术、新工艺、新材料、新设备)施工单位能否做到。

2. 施工图会审

建设单位应在收到施工图自审记录后,及时组织召开建设单位、设计及勘察单位、监理单位、施工单位四方参加的施工图会审会议。施工图会审会议的主要内容如下:

(1) 设计单位向施工单位、监理单位交清设计意图、施工的关键部位和质量要求等。
(2) 施工单位向设计单位提出施工图中的问题和矛盾,以及改进或处理的意见和建议。
(3) 监理单位向设计单位提出施工图中的问题和矛盾,以及改进或处理的意见和建议。
(4) 设计单位对确实存在的问题应经认真分析、研究之后做出决定或稍后予以答复。

3. 编写会议纪要

施工图会审会议结束后,建设单位应及时将会议上各单位提出的问题、解决办法、参加单位及人员名单等内容编写成会议纪要并下发至各相关单位。

施工图会审会议的纪要是施工图的补充部分,并具有相同的法律效力。以下为某铁路建设部门在图纸会审结束后下发的施工图会审纪要。

××线桥涵施工图会审纪要(第××号)

(2010年10月15日)

2010年10月10日~13日,建设指挥部组织施工单位、监理单位、设计单位和设计咨询公司对××线桥涵施工设计图进行会审。会审有关问题纪要如下:

一、共性问题

(一)桥梁

1. 设计单位尽快提供相关通用图。
2. 在顶帽上安装接触网关节立柱的顶帽加支承垫石高度由89cm加高至99cm,图纸有标示,请按图施工。

(二)涵洞

1. 设计单位尽快提供涵洞相关参考图。
2. 涵洞基底加固按图施工,满足涵洞基底加固要求后方可进入下一道工序。
3. 关于路基施工图中标明的涵洞数量、位置和纵断面图中涵洞数量、位置不相符合的问题,设计单位答复:应以涵洞施工图为准。
4. 换填应换至硬土层或岩面,并需保证地基承载力,可以将砂夹卵石改为砂夹碎石。

二、个性问题

1. 关于标准问题,设计单位答复:时速为160km/h及以下的为客货共线标准,时速为200km/h的为客专标准。
2. 关于标准图,由设计单位向施工单位提供。
3. 0号台尾、台前的线间距为502cm。

4. 10～11号墩立面图交点距为3275.1cm。

5. 19-2号桩和19-3号桩均在桩底以上2～3m处发现溶洞的问题,待业主、设计单位、监理单位、施工单位四方现场核实后解决。

6. 第一册:20号墩C30钢筋混凝土桩身计算有误:$35×6=210(m)$,主要工程数量表内列为192m;由设计单位进行修正。

7. 所述关于数量的问题,由设计单位核实后进行修正。

8. 第一册:主要工程数量表内"溶洞处理——钢套筒(2m一个)"的单位为m。

9. 第一册:22、23、24、25号墩有墩身护面钢筋,构造图另附。

10. 第一册:23、24号墩构造图中,墩顶平面图左侧一数据标注为350cm,与其他尺寸不相符;该数据有误,以其他数据为准。

11. 0～16号墩位于$R=1600m$曲线上,桥墩施工参考双线直(曲)线圆端形实体桥墩——二设桥参(土一)(2009)4362图,但二设桥参(土一)(2009)4362图的设计说明书第二条适用条件第(一)点说明该标准图适用于以下列车速度及与之配合的曲线半径:旅客列车$V=200km/h$,货车$V=120km/h$,曲线半径$R⩾2800m$,并不矛盾;采用二设桥参(土一)(2009)4362图进行墩身施工。

12. 0号台地面标高为104.01m,承台底面标高为95.54m,开挖深度达8.47m。台前位置为既有公路,不安全。建议将承台抬高2～3m的问题,待业主、设计单位、监理单位、施工单位四方现场核实后解决。

13. 简支梁部分采用盆式橡胶支座——通桥(2007)8360,连续梁部分采用球形支座。

14. 25～26号墩交点间距为32.75m。

15. 所列26号墩构造图:连续梁侧支承垫石尺寸,正面图所示桥墩中心线至垫石边缘间距为215cm,顶帽平面图所示桥墩中心线至垫石边缘间距为220cm有误。

16. 水中墩施工,栈桥、施工船舶、定位及导向设施、临时及永久通航标志在后面的施工图中陆续完善。

17. 支承垫石与支座之间设3cm厚的砂浆垫层,砂浆的标号按技术规程取用。

18. 北岸岸坡地形与图纸有差异,26号墩大里程方向岸坡较陡,为保证26号墩安全,建议在26号墩大里程方向增设挡墙及护坡的问题,待业主、设计单位、监理单位、施工单位四方现场核实后解决。

19. 为保证桥位处上游和下游岸坡不受冲刷,有否必要在南北两岸修建护坡的问题,待业主、设计单位、监理单位、施工单位四方现场核实后解决。

附:会审施工图目录

标段	编号	图纸名称
××标	一	桥梁
	1	××双线特大桥施工图(第一册)
	2	××双线特大桥施工图(第二册)

项目 2　桥梁施工准备

参加单位及人员：

中铁×××局：×××，×××，×××

中铁××设计院：×××，×××

设计咨询公司：×××

××监理公司：×××，×××

建设指挥部：×××，×××

4. 施工单位的技术交底

施工项目负责人将会审的会议纪要下发给本工程项目的相关技术人员，结合施工图制定科学合理的工艺过程和操作程序，并层层交底至施工的各班组。

任务 2.2　施工调查

施工单位承接桥涵施工任务后，必须组织有关人员对设计文件、图纸及其他有关资料进行了解和研究，并进行现场查勘与核对，进行各种调查。其内容包括气候条件、气象资料、河流水文、地形地貌、河床地质、当地材料、可利用的现有建筑物、劳动力情况、工业加工能力、交通运输条件、施工场地的水电及生活物资供应、农田耕作的要求等。

施工调查的具体内容如下。

2.2.1　施工地区的自然条件

1. 地形、地貌

通过对施工地区地形、地貌的了解，可以合理地进行施工总平面的布置，施工力量的部署，施工方法的选择，材料运输及机械的进退场路线等施工现场的安排工作。

2. 工程地质及水文

根据地质情况，可以拟定桥梁的基础及相关工程项目的施工方法、技术措施。如根据地质条件，确定桩基成孔的方法、基坑开挖的边坡、现浇结构的支架设计及其基础的处理方法等，并对处于如黄土、盐碱、冰冻、流沙、溶洞等特殊地区的桥梁工程制定相应的措施。

地下、地面水文情况可为确定桥梁的基础及下部结构的施工方法及技术措施，工程项目的临时供水、雨季排水、排洪等方案提供依据。

地质调查内容包括墩位钻孔柱状图、地质钻探报告、地质剖面图、土壤物理力学性质（天然含水率、天然孔隙比）、土壤压缩试验和承载能力的报告等。若在有旧构造物的地区附近修建桥梁，应调查基础的障碍物分布状况；在城市修建桥梁，要调查清楚地下管线的分布及其走向。

水文调查包括地下、地表水文情况和水质分析。其中，地下水文包括地下水位的高低变化状况，含水层的厚度、流向及流量等；地表水文包括河流的流量和水质、最高水位及枯水期的水位状况等。

3. 气象条件

气象条件直接影响着桥梁工程施工作业的天数、施工计划的安排及恶劣气候下的防护措施。气象调查包括以下内容：

1) 降雨、降雪

降雨、降雪包括全年平均降雨量、降雪量，日最大降雨量，雨季起止日期，年暴雨天数等。根据这些数据可以合理安排桥梁水下工程的施工计划及冬雨冰雪季的施工措施，可以预先拟订临时排水方案。

2) 气温

气温包括年平均、最高、最低气温，最冷、最热月的逐月平均温度，冬夏室外计算温度，小于或等于$-3℃$、$0℃$、$5℃$的天数及日期。

根据气温条件可以合理安排施工计划及不良气温条件下的防护措施。如因工期较紧，确实需要在寒冷季节进行大量混凝土工程的施工，则需要估计混凝土强度增长情况，适当采取加热混合料或蒸汽养生等措施，以保证工程的施工质量及工期。

3) 风的资料

风的资料包括风向、风速、风的频率及全年不小于8级的天数。分析风向可以确定临时设施（食堂、宿舍、仓库、加工场等）的相互位置；分析风速可以确定风压，以便合理设计高空作业方案，同时，在刮风季节对高空作业和吊装工程采取相应的防护措施。

4. 其他自然条件

其他自然条件如地震、泥石流、滑坡、山洪、沙尘等，这些特殊自然条件发生的概率很小，但是危害很大，应关注当地气象部门的有关预报，注意它们对桥梁施工的影响。

2.2.2 施工地区的技术经济条件

施工地区技术经济条件调查是为了合理整合各种可利用资源，提高施工质量，降低施工成本。

技术经济条件的主要内容如下：

1. 交通运输状况

详细调查施工地区的铁路、公路、航运等交通状况，不仅可以选择经济合理的运输方式，还可以合理地进行施工驻地的选择和场地的布置。

2. 水、电及其他能源供应条件

调查地区电力的供应及分布状况，可供工地利用程度，是否需要自备发电设备；调查水源、水质及经济合理的给水及排水方式；调查供气及供热的情况。

3. 地材供应情况

调查当地砂场、石料场的分布及其供应的数量、质量，并分析进行开采、运输和使用的可能性及经济合理性。

项目2 桥梁施工准备

4. 地方相关企业情况

调查施工地区建筑材料供应情况，预制件生产企业的生产能力，产品质量和供应价格，以及运输方式、费用；调查施工地区相关建筑施工企业设备租赁情况，了解设备的型号、性能、数量等能否满足施工的要求，并与自购设备作经济比较，择优选用。

5. 施工地区的劳务供应和生活设施情况

充分利用施工地区的劳动力及现有设施是降低工程成本的重要途径。调查可供利用的劳动力及承包机构的数量、水平及工资标准；调查可供施工企业使用的生活、教育、卫生医疗、消防等设施的数量，以便施工企业合理地选用。

任务2.3 施工组织设计与技术交底

桥梁施工组织设计是指导桥梁工程项目施工全过程中各项技术、经济活动的综合性的基础技术经济文件，对保证施工项目顺利进行，实现预期的技术、经济目标具有极为重要的意义。

施工组织设计对整个工程项目从中标到缺陷责任期的全部施工过程的计划、组织和控制进行全盘考虑、统筹规划，对项目的投入、产出的全过程进行科学的规划和管理。

通过施工组织设计的编制，可以全盘考虑施工项目的具体施工条件，拟订科学合理的施工方案和施工进度计划，确定施工顺序、施工方法，科学地组织人力和调配物资，采取各种有效的技术经济措施，保证施工项目按质、按期完成，并取得最佳的经济效益；同时为施工方案在经济上的合理性、技术上的科学性、施工中的可行性论证提供依据；施工企业通过工程施工项目的施工组织设计，可以了解工程施工资源需求的数量和顺序，以便安排企业的各项计划及其他管理工作。

2.3.1 桥梁施工组织设计的有关概念

1. 相关概念

在介绍桥梁施工组织设计前，先介绍几个相关的基本概念及其相互关系。

（1）建设项目：指按照一个总的设计意图，经济上实行统一核算，行政上实行统一管理的建设单位。通常以一个企业、事业单位或一个独立的工程作为一个建设项目。例如，一条铁路，一条公路，一个码头。

（2）单项工程：指具有独立设计文件，可以独立施工，建成后可以独立发挥生产能力或经济效益的工程。单项工程是建设项目的组成部分。例如，某条铁路或公路上的某独立特大、大、中桥梁，即可称为单项工程。

（3）单位工程：指具有独立设计文件，可以独立施工，但是完成后不能独立发挥效益的工程。单位工程是单项工程的组成部分。例如，某独立大桥的主桥、引桥工程。

（4）分部工程：一个单位工程按其部位的不同，可以划分为若干部分，其中每一部分称为分部工程。例如，桥梁工程可以有基础工程、下部结构、上部结构、桥面系、附属结构等分部工程。

（5）分项工程：即建设项目的基本单元，是由专业工种完成的中间产品，可以通过较为简单的施工过程生产完成，有适当的计量单位。例如，桥梁的基础工程可以划分为围堰、挖基、浇筑、回填等分项工程。

（6）工序：施工生产的某一过程，即一个或多个工人在工作面上利用工具或机械，对同一劳动对象连续进行的施工活动，是施工组织上不可分开、施工技术上相同的过程。工序根据施工组织的深度有不同的划分，划分较细，时间的组织就可以较具体，但是组织和调整较复杂；反之，划分较粗，则时间组织的实施性较差。例如，长期计划桥梁工程中可以将预制构件作为一个工序，而短期计划桥梁工程中可将预制不同规格的构件作为不同的工序。

2. 桥梁施工组织设计

桥梁施工组织设计是以工程项目、单项工程或单位工程为对象编制的。编制时，要将整个工程项目分解为各单项工程，将各单项工程分解为单位工程，将单位工程分解为各分部工程，将各分部工程分解为各分项工程，并进一步分解为各道工序。施工组织设计就是把这些工序用一定的技术作业链（工艺关系和组织关系）连接起来，合理确定完成各道工序所需的工料机、施工方法及顺序，使整个工程项目达到合同规定的质量、工期要求，并取得优质、低耗的最佳技术经济效果。

2.3.2 桥梁施工组织设计的编制原则

由于桥梁工程施工所需要的各类人员、各种物资极为繁多，工程项目施工所处外部环境各不相同，工程施工过程中牵涉的部门繁多，业务复杂，所以影响工程项目施工的因素十分广泛。为了确保工程按合同规定的质量、工期完成，并达到较好的技术经济效益，必须在施工前对施工的全过程进行全面的规划、组织和安排，做好工程施工组织设计工作。

编制桥梁的施工组织设计，必须体现桥梁施工过程的规律性、组织管理的科学性和技术的先进性，在具体的编制过程中要遵循以下原则。

1. 合理协调时间与空间

桥梁工程是一个形体庞大的空间结构，对桥梁工程的施工过程首先要有立体的概念，按照施工时间的顺序，对工程项目的各个构成部分的施工要作出合理的计划安排，确定在何位置、何时间、用何材料、何机具设备进行施工。为了处理好这种关系，应考虑工艺关系及组织关系，并利用运筹理论、系统工程原理科学合理协调这些关系，减少开支，降低成本，为实现项目施工的目标做好准备。

2. 合理安排劳动力资源

合理安排劳动力资源就是要处理好施工过程中劳动力的供需。根据工程量大小及工程进度，合理安排劳动力供求计划，使之按一定规律均衡稳定。劳动力的骤增或骤减会影响生活供应、临时设施及管理费用,劳动力与需求不协调会影响工程进度。桥梁施工中,通过编制劳动力需求曲线,并对之进行均衡调整,以达到合理分配劳动力的要求。

3. 设备与工艺配套的优选原则

桥梁工程的任何一个工程项目都具有一定的工艺流程,相同的工艺流程有时可采用不同的机具设备来完成,具有不同的工期、成本及质量。应通过技术经济比较对不同机具设备的工序能力进行分析,选择工序能力指数最佳的机具设备完成该工艺流程,以达到较好的经济技术效益。

4. 协调供应与消耗的关系

劳动力的供应与消耗要根据工期要求和工程进度计划确定,先计算施工速度和材料用量计划,注意处理好人力与物力的关系,周密计划和安排,保证各道工序的作业班组有合理的劳力组合。各班组轮换作业,做到人停工不停,机具不间断地连续施工,防止停工待料或停机待料。要节约人力与物力,降低工程成本。

物资供应要与施工现场的消耗相协调。如果供应过剩,必然会增加临时设施费用,同时物资积压过剩会增加材料费用的支出,最终造成工程成本的增加;如果物资供应不足,必然影响施工的连续性,降低劳动生产率,既延长了工期,又提高了工程成本。因此,要协调物资的供应与消耗,可根据工程进度计划计算施工速度和材料用量,再据此计算出最佳库存量及相应的库房面积。

5. 专业化分工与紧密协作相结合

现代桥梁施工组织管理中,一般均采用流水施工组织原理和网络计划技术编制施工组织设计,施工中采用专业化分工以提高工序质量,并加强紧密协作,以提高工程施工的效率。因此,要协调好专业化分工与协作的关系,以减少窝工,提高各施工环节的工作效率,从而提高整个工程施工的效率,为企业创造最佳技术经济效益。

6. 最佳技术经济决策

在桥梁工程的施工中,对某些施工项目可以采用不同的施工方案,从而会产生不同的工期、成本。对于此类工程项目的施工,应对不同的施工方案进行细致的计算、分析、比较,对施工成本进行核算,采用技术经济指标最佳的方案,并对工程施工计划进行合理安排,以取得最佳的技术经济效益。

2.3.3 桥梁施工组织设计的编制依据

桥梁工程项目的施工组织设计是在充分调查、仔细分析不同的桥梁工程和其所处的环境条件、施工条件等主、客观因素的基础上编制的。不同桥梁工程项目的施工组织设计的编制依据有共同的地方,也因具体情况的不同而存在显著的差异。其相同的编制依据主要内容如下:

(1) 国家有关规定、规程和规范及上级的有关指示。
(2) 计划和设计文件,包括已批准的计划任务书、初步设计、技术设计和施工图设计。

(3) 建设地区的技术经济资料，包括地形资料、工程地质资料、水文气象资料、地方相关企业、交通运输、资源供应情况等。

(4) 施工单位可能配备给该工程项目的人力、机械设备，当地可利用的施工企业的施工力量、技术水平和施工经验等。

(5) 其他有关合同的规定。

2.3.4 桥梁施工组织设计的分类

编制桥梁施工组织设计根据项目本身的规模、特点和工程项目实施的不同阶段，可以划分为不同的类型，一般有以下两种划分方式。

1. 按工程项目的规模划分

1) 桥梁施工组织总设计

桥梁施工组织总设计是以整个桥梁工程项目为对象，以初步设计为依据，由总承包单位编制的全局性施工总指导文件。是一个项目轮廓性、粗线条的施工计划安排，一般按照项目实施总目标进行控制，可以作为各单位工程施工组织设计及年度施工计划编制的依据。

2) 单位工程施工组织设计

单位工程施工组织设计是以单位工程为对象，以施工图为基础，以施工组织总设计为依据，由承包单位编制的、对单位工程的施工具有指导作用的技术经济文件，一般较为具体和详细，可以作为编制分部、分项工程施工方案及季度、月度计划的依据，是对单位工程施工进行科学管理、提高企业经济效益的重要手段。

3) 分部、分项工程施工方案或技术措施

分部、分项工程施工方案或技术措施是以分部、分项工程为对象，以单位工程施工组织设计为依据编制而成的，主要是为某些特别重要、复杂、技术难度大而缺乏施工经验的分部、分项工程编制的。分部、分项工程施工方案或技术措施具体、详尽地列出这些分部、分项工程，并通过研究或试验做出其施工方案或具体施工措施。例如，深水基础、特大构件安装、高空架设工程、大体积混凝土工程的施工和施工新技术的应用等。

根据工程项目的实际情况不同，对于冬季、雨季、风沙、台风、潮汐、高原及农忙季节时施工的工程项目，为了保证工程质量和施工安全，提高劳动生产率和机械效率，也需要编制专门的、详细的施工方案或技术保证措施。

2. 按工程项目实施阶段划分

1) 规划性施工组织设计

规划性施工组织设计是设计单位在设计阶段编制的施工组织设计，是结合结构设计计算和编制概算及预算的需要编制的。它把桥梁设计计算付诸实际施工，并制订桥梁施工的轮廓计划，初步拟订了施工方法、施工程序及施工的时间安排。

2) 指导性施工组织设计

指导性施工组织设计指施工单位在开工以前，经过深入了解和研究设计文件，以及调查复核现场情况之后，依据规划性施工组织设计对投标文件进行修订或重新编制的更详细、具体、完善的施工组织设计。

桥梁工程的指导性施工组织设计具有全面指导施工全过程的作用，它确定了桥梁工程的施工顺序，选择了施工方法和施工机械，编制了工程项目的进度计划、各种资源需要量及采购、运输计划，安排了施工准备工作计划，进行了施工现场总平面布置图的设计及部分临时工程的规划，提出了保证工程质量、缩短工期、降低成本的措施。

3) 实施性施工组织设计

实施性施工组织设计是桥梁施工过程中基层施工单位根据各分部工程（如基础工程、下部工程、上部构造预制、附属工程）的具体情况，以及负责施工的队伍或班组的实际施工力量而编制的施工方案或技术措施。它是以指导性施工组织设计为依据，将其按时间或结构进行分解后编制的。执行实施性施工组织设计时应根据实际情况适当地调整原计划，将符合实际情况的新计划交付下一阶段执行。

实施性施工组织设计一般将工程项目的总目标分解为许多子目标，把管理工作重心放在子目标上，以总目标为核心；以子目标为基础，以子目标的实现保证总目标的实现。在实际实施中，一般可以将项目的总目标按时间分解为年度、季度、月、旬等子目标，以旬保月，以月保季，以季保年，以年保项目总目标的实现。

实施性施工组织设计的主要内容如下：

（1）由于实施性施工组织设计是基层单位用来直接指挥施工的计划，所以必须根据工程规模和实际需要，编制出具体、详细、可操作的所需单位时间的施工进度计划。

（2）根据施工进度计划，具体计划出劳动力、机具、材料等单位时间的需要量，并规定班组及机械在作业过程中的移动路线和日程。

（3）结合具体情况，确定具体的施工方法及其工序、劳动组织、机具配备。

（4）编制计划时要留有调剂的余地。桥梁工程施工所处的环境复杂，影响工程计划的因素繁多。所以在编制计划时，对此应有充分的考虑，对计划安排留有调剂的余地，以减小或消除这些影响，尽可能保证整个计划的正常进行。

实施性施工组织设计，应具体、详细、符合实际、易于操作，不可因过于抽象、复杂、烦琐而失去指导实际施工的意义。

2.3.5 桥梁施工组织设计的内容

桥梁施工组织设计是为实现合同对工程项目工期、质量及投资的要求，在施工准备阶段就对工程项目的全部施工过程预先进行的规划与组织，其具体内容如下：

（1）确定开工前必须完成的各项准备工作。

（2）选择经济合理的施工方案，做好施工的准备和部署。

① 确定合理的施工顺序，尽可能组织流水施工；

② 选择经济合理的施工方法和施工机械；

③ 合理布置施工力量（包括人员和机械设备等）。

（3）编制切实可行、逻辑关系严密的工程进度计划，确定施工速度。

(4) 编制资源(包括劳力、材料、机具设备、资金等)需求量计划，制订相应的采购、运输计划。

(5) 布置施工现场总平面图和重点项目的局部平面图。

(6) 季节性施工的技术组织保证措施(如冬季、雨季、风沙、台风、潮汐、高原及农忙季节的施工)，保证全年不间断施工；提出切实可行、技术先进、经济合理的施工技术措施、组织措施、安全文明施工措施和质量组织保证措施，并对施工的环境保护与水土保持提出切实可行的保证措施。

(7) 合理组织工程项目的施工，并对施工方案进行技术经济评价。

2.3.6 桥梁施工方案的编制

桥梁施工方案是桥梁施工组织设计的核心，在很大程度上决定了施工组织设计本身水平的高低，并直接关系到工程的成本、工期和施工质量。

确定桥梁工程的施工方案，首先要切实可行，其次要做到技术先进、施工安全、经济合理。如果有多个可选择的施工方案，则应通过对不同的施工方案进行技术经济分析，选择技术经济效益好的施工方案。

桥梁施工方案的内容包括施工流向及顺序的确定，施工方法、施工机械的选择，施工段组织和流水作业的安排，施工力量的部署等。

1. 确定桥梁施工流向及顺序

1) 确定桥梁施工流向

桥梁施工流向是解决桥梁构件在空间上能否合理施工的顺序问题。合理选择施工流向既涉及最佳排序问题，也涉及工程所处地区的地形、地质、水文、气候等因素，以及该地区的经济问题。

施工流向是组织施工的重要一环，决定着一系列施工活动的开展和进程，影响着工程的施工质量和施工安全，也影响施工企业的经济效益。因此要全面权衡、通盘考虑、合理确定施工流向。

例如，在桥梁基础施工中，在旱季，跨河桥梁的基础施工流向可安排从一岸到另一岸或从河中分别向两岸延伸施工；在雨季，河水上涨，河床中间施工难度增大，一般安排施工流向为从两岸向河中间靠拢。但是这样两岸都必须安排施工单位，修建临时设施，调动施工机械设备，进行物资供应等，因而选择施工流向还应考虑相关的经济问题。

对于各种类型的立交桥，尤其是城市立交桥工程，不仅存在平面上的施工流向，而且还涉及立面上的施工流向的确定。

2) 确定桥梁施工顺序

桥梁施工顺序是指桥梁工程中的单位工程中各分部、分项工程施工的先后次序，它既是一种客观规律的反映，也包含了人为的制约关系。

在安排桥梁施工顺序时，既要考虑施工组织设计要求、施工工艺要求的工艺顺序，又要考虑到组织关系，而组织关系要以工艺顺序为基础，应尽量为工艺顺序提供有利的条件。工程施工的工艺顺序由施工组织、工期和质量要求决定,是客观规律的反映,无法改变;组织关系则解决了不同工艺在时间和空间上的搭接问题,是人为的制约关系,可以调整优化。在确定施工顺序时,在保证工程质量和施工安全的前提下,力求做到充分、合理地利用空间,争取时间,缩短工期,降低成本,提高施工的经济效益。

安排桥梁施工顺序时,需要考虑以下要求:

(1) 桥梁施工工艺的要求。在确定桥梁施工顺序时,必须遵循各施工过程之间的工艺顺序关系。工艺顺序关系是桥梁施工过程中存在的客观顺序关系,随桥梁的结构构造、施工方法及施工机械的改变而改变。

(2) 桥梁施工组织的要求。桥梁施工顺序可能有几种方案,应从施工组织技术经济的角度进行分析、比较,选择最经济合理、有利于施工和开展工作的方案。

(3) 桥梁施工方法和施工机械的要求。桥梁施工顺序应与采用的施工方法和施工机械协调一致。例如,桥梁上部结构的施工中,连续梁按顶推的施工方法或按先简支后连续的施工方法施工时,在施工场地的平面布置、梁体的预制、预应力束的张拉顺序、梁体安装的施工顺序等方面有很大的差异,甚至桥梁的基础、墩台、桥头引道的施工顺序也不相同。

(4) 当地水文、气候条件的要求。当地水文、气候条件,尤其是水文条件,对跨河桥梁工程的施工顺序有很大的影响,雨季和旱季的河流水位有很大差异。

(5) 质量安全的要求。桥梁工程合理的施工顺序应使各施工过程的搭接能保证其质量和安全,一般情况下可以按以下顺序安排施工:

① 先地下、后地上;先主体、后附属;地下由深到浅;地下、地上尽量平行、交叉进行。

② 在保证施工人员连续工作的前提下,能充分、合理地利用工作面。

③ 合理确定组织流水作业时流水组中的施工段数目,保证各组流水工期之和最小。

不同的施工顺序会导致不同的工期、劳动力消耗量和工程成本,具有不同的经济效益。例如,在广西的一座跨河特大桥的实际施工中,由于开工时间错过了枯水季节,主桥的深水基础若按一般规律先行施工,则随着水位的不断上涨,对于由基础工程的施工而设置的临时工程及相关的人力投入将十分巨大。此时在征得业主同意后,采用不同的施工顺序,先将施工力量投入到两岸的陆地、跨越小河流及水塘的引桥部分的施工,待下半年河流水位降至最低水位时再进行深水基础的施工,仅此一项,节约的临时工程费用及其相关的费用就达数百万元人民币。

由此例可见,不同的桥梁施工顺序对桥梁施工项目的工程成本影响很大。

2. 选择施工方法

桥梁工程项目的施工方法是根据桥梁施工方案的基本要求,为桥梁各分部、分项工程在具体施工条件下拟订的战术措施,对工程的实施具有决定作用,是施工方案的核心内容。

桥梁工程的各分部、分项工程可以采用多种不同的施工方法,使用多种不同的施工机械进行施工。每一种方法都适用一定条件,具有各自的优缺点,完成同一工程项目需要的工期和成本均不相同。

例如,桩基施工采用哪种成孔方式,是人工挖孔还是机械成孔,采用回旋钻成孔还是

冲击钻成孔；明挖基础采用何种围堰，采用人工开挖还是机械开挖；上部结构安装采用缆索吊装还是导梁架设等。

在选择施工方法时，要坚持以经济原则为主，并根据具体情况灵活处理。当成本与工期之间不协调时，应该首先选择成本低而工期较长的施工方法；对于工期紧的工程项目，也可选择工期短而成本略高的施工方法。

3. 选择桥梁施工机械

桥梁工程的建设施工需要消耗巨大的社会劳动，在大型桥梁施工中，大量的运输装卸工程量、大型钢筋混凝土和钢构件的预制、安装等繁重的施工过程，必须采用机械化的施工，才能有利于改善劳动条件，减轻劳动强度，提高劳动生产率，体现社会生产力的不断发展和文明程度的提高。施工机械的选择，也成为桥梁施工方法选择的中心环节，是制订桥梁施工方案时需要解决的又一重要问题。

选择桥梁施工机械的方法主要有以下几条。

（1）选择桥梁施工机械时，首先应选择从事主要工序作业的主导工程的施工机械，要结合桥梁工程特点和其他条件确定其最合适的类型。

（2）选择与主导机械配套的各种辅助机械或运输工具时，应注意使它们的生产能力互相协调一致，使主导机械的生产能力得以充分发挥。例如，桥头引道的土方工程中或基础工程的开挖中，主导机械是挖土机，辅助机械是汽车，汽车容量是挖土机斗容量的整数倍，汽车数量应保证挖土机连续工作。

（3）在一个桥梁工地上，如果机械的类型很多，会使机械修理工作复杂化。为此，在工程量较大，适宜专业化大生产的情况下，应该采用专业机械；工程量小而分散的情况下，尽量采用多用途的机械，使一种机械能适应不同分部、分项工程的施工需要，即一机多用。例如，挖土机既可用于挖土，又可用于装卸、起重和打桩。

4. 尽量组织平行、流水作业，缩短工期

流水作业是一种科学的施工组织方法和管理方法。对于规模大的桥梁工程，一般都应尽可能采用流水作业法。

桥梁工程施工中，组织流水作业既可缩短工期、降低成本，也可提高质量，从而提高经济效益。基础、墩台浇筑，梁体预制，大梁安装等均可组织流水作业；在桥头引道工程中，对于成批的小桥也可各自组织流水作业。

在无法组织流水作业的情况下可以采用顺序施工法，但是对于现代化的桥梁施工，顺序施工法的缺点远多于优点，一般不采用。

5. 施工方案的技术经济分析

施工方案的分析有定性分析、定量分析及综合指标分析法3种。

定性分析法是结合施工的实际经验，对多个施工方案的优点、缺点进行分析、比较，如施工操作上的难易程度及可靠性，方案可否为后续工序提供有利条件，能否体现文明施工等。

定量分析法是通过对各方案的工期、成本、效益等一系列单个技术经济指标进行计算对比，确定最优施工方案。

6. 施工力量布置

通过施工力量的布置,为估算施工速度和进一步制订工程进度计划、资源需要量计划、物资的采购和运输计划、施工总平面图的设计等提供了物质条件。

施工力量包括:劳动力的数量及劳动能力,劳动生产率的大小;施工机械设备的数量、施工能力、机械效率;技术人员、管理人员的素质;技工的种类及素质等。布置施工力量时,应注意以下几点。

(1) 施工力量的布置与选择的施工方法和施工机械有关。

(2) 施工力量的布置与工程数量有关。

(3) 施工力量的布置与工作面大小、施工段的划分、施工过程的多少等有关。

(4) 事前安排好施工力量的调转工作方式和调转计划。

(5) 布置施工力量要具体到各分部、分项工程上,同时不要忽视安排料场、构件预制场及附属加工企业的人员、机械配备问题。

2.3.7 技术交底

在施工单位内部应贯彻层层交底制度,并由项目负责人负责交底。交底内容根据不同的施工项目确定,包括结构特点、施工季节特点、施工步骤、操作方法、质量要求、安全要求、各项有关的规程及技术措施,并结合设计意图,向各级人员及操作人员交代清楚。

技术交底见表 2-1。

表 2-1 ___基坑开挖___ 分项工程技术交底

施工单位	中铁×局集团有限公司××项目经理部		
工程名称	××工程	分部工程	基础工程
交底部位	DK500+300 基坑开挖	日　期	年　月　日
交底内容	一、施工准备 1. 材料要求 根据设计要求采用 6@250mm×250mm 钢筋网,30PVC 管,普通硅酸盐水泥标号为 42.5。 2. 主要机具 挖掘机、湿喷机。 3. 作业条件 基土已挖至基坑(槽)底设计标高,表面应平整,轴线及坑长、坑宽均符合设计图纸要求。 二、操作工艺 1. 本工程基坑采用放坡形式,施工过程中控制地下水位在基坑底 0.5m 以下,基坑周边及坑底应设置截水沟、排水沟及集水井,避免地面水排入基坑和边坡浸水。		

2. 基坑土方每层开挖深度为2m左右，严禁超挖，机械开挖后由人工依设计对边坡坡度进行修整。

3. 边坡修平后应随即挂网(6@250mm×250mm钢筋网)，钢筋网与边坡土面距离为30mm。喷射混凝土强度等级为C20，喷射压力为0.5MPa左右。

4. 预应力锚杆施工，详见附图所示。

三、工艺流程

测量放线→一层开挖→人工修坡→挂网喷混凝土→二层开挖→循环开挖至设计底层。

四、施工要点

1. 机械挖土应自上而下分段分层进行，为加快开挖进度，在边坡处留反压土体，每层开挖至挖掘机最大挖掘深度，此方法可提高开挖作业效率，并可以减少坑内道路维修工作量。边坡处采取二次修整开挖的方法，为方便坡面防护作业，执行少挖早的方法支防护原则，边坡处每层开挖2m左右，人工按设计边坡坡度整修边坡，随即进行挂网喷混凝土支护。为减少基底暴露时间过长降低承载能力，挖基接近设计标高时如不能马上进行紧后工序，预留一层30cm的土体不挖，在基础作业前再行开挖，防止基底暴露时间过长降低承载能力。

2. 为减少对地基土的扰动，基底标高以上预留一层30cm厚度的土体，采用人工作业为主小型机械配合的方式进行清理。

3. 弃土及时运出，在基坑槽边缘上侧临时堆土或堆放材料及移动施工机械时，与基坑边缘保持2m以上的距离，以保证坑边边坡的稳定。

4. 挂网喷射混凝土前应将工作面上的松土、浮石、杂物等清除干净。如坡面地下水较多时，应对其进行封堵、接排水管引流或在坡面上凿沟引水。如有较大的水洼时，应先用同标号混凝土填平。可直接在坡面上制作钢筋网或在场外编制好，钢筋网离开坡面3cm，钢筋网搭接长度不小于20cm，焊接牢固。

五、安全措施

1. 认真贯彻"安全第一，预防为主"的方针，进入施工现场，必须遵守施工现场安全管理制度，戴好安全帽，严禁吸烟，提高职业健康安全意识。

2. 挖掘机进入现场后，严格遵守施工规范，注意架空设施和地下预埋管道；所有人员不得进入挖土机作业半径内，防止机器伤人。

3. 运输土方的自卸汽车严格遵守市内交通规则，不违章超车，不酒后驾车，经常对驾驶员进行安全教育，杜绝交通事故发生。

4. 坑开挖时，各挖土机的间距应大于10m。在挖土作业范围内，不允许进行其他作业，挖土应由上而下，逐层进行，严禁先挖坡脚或逆坡挖土。

5. 基坑开挖时严格按照要求放坡，操作时时刻注意土壁的变动情况，如发现有裂纹或坍塌现象，应及时进行处理，并注意土壁的变化和支护的稳定。

6. 本工程土方施工正处在雨季，因此必须采取有效的防雨排水措施，防止基坑外的水流入基坑。现场必须有防滑设施，配备用来铺路的石子、砖渣等防滑材料。夜间施工现场必须有足够的照明，保证土方开挖及运输安全。

7. 基坑周围设置安全防护栏，并设置安全警示牌，夜间悬挂红色警示灯。施工人员上、下基坑要有专用通道，通道设置符合安全性、牢固性、稳定性要求。

项目负责人：　　　　　交底人：　　　　　接受人：

任务2.4 施工测量

2.4.1 现场交桩和施工复测

桥梁施工准备阶段的标志桩,包括平面控制点、水准点、桥位中线桩、基线桩及重要的点位保护桩等,交桩工作一般由建设单位主持,由设计单位向施工单位和监理单位在现场交桩,施工单位在交桩时应做好记录。交桩完成后,施工单位应组织人员对各桩位点进行复核测量,发现疑问时应及时向建设单位及设计单位提出。

施工单位在现场交桩和施工复测完成后,还应测量检查中线及基础轴线的位置,补充施工需要的中线桩,加密施工所需要的平面控制点和水准点。

2.4.2 施工测量的内容和要求

(1) 根据桥梁的形式、跨径及设计要求的施工精度,确定利用原设计网点加密或重新布设控制网点。

(2) 补充施工需要的水准点、桥涵轴线、墩台控制桩。

(3) 桥涵放样测量及要求:

① 当有良好的丈量条件时可采用直接丈量法进行墩台施工定位。

② 大、中桥的水中墩台和基础的位置,宜用校验过的全站仪或电磁波测距仪测量。

③ 曲线上的桥梁施工测量,应按照设计文件,按铁路或公路曲线测量方法进行。

④ 涵洞测量放样时,应注意核对涵洞纵横轴线的地形剖面图是否与设计图相符,应注意涵洞长度、涵底高程的正确性。对斜交涵洞、曲线上和陡坡上的涵洞,应考虑交角、加宽、超高和纵坡对涵洞具体位置、尺寸的影响。

(4) 桥梁施工过程中的测量和竣工测量。

① 施工过程中,应测定并经常检查桥涵结构浇砌和安装部分的位置与高程,并作出测量记录和结论,如超过允许偏差时,应分析原因,并予以补救和改正。各结构部分的允许偏差见铁路、公路等行业的有关施工验收标准。

桥轴线超过1000m的特大桥梁和结构复杂的桥梁施工过程,应进行主要墩、台(或塔、锚)的沉降变形监测,桥梁控制网应每年复测一次,以确保施工安全和施工质量。

② 桥梁竣工后应进行竣工测量,测量项目包括测定桥梁中线,丈量跨径;丈量墩、台(或塔、锚)各部尺寸;检查桥面高程。

(5) 为防止差错,施工测量必须由两个人相互检查校对并作出测量和检查核对记录。

2.4.3 施工放样与质量要求

施工放样就是将图纸上的结构物尺寸与高程测设到现场实地上。

1. 基础中心放样

当墩台中心桩及控制桩测量完毕后,要进行墩台的基础施工,无论是桩基础还是刚性扩大基础，其墩台的中心桩均要破坏。因此，在基础混凝土浇筑前，应先将墩台基础的中心线测设出来，立基础模板，将基础中心线控制点测设在模板上。

使用全站仪进行施工放样时，可建立统一的坐标控制网或导线网，通过计算出桥梁各部位的坐标，将全站仪架设在导线点上，利用全站仪的放样功能，直接将所需要的点位在实地放样出来。

2. 基础高程放样

墩台中心位置确定后，应根据设计要求制定出基础的尺寸与基础顶面的高程，以便进行混凝土浇筑。其测设的高程点也是设在基础模板的4个角上。

3. 盖梁(墩台帽)中心放样

当墩(台)基础(承台)施工完毕后，应进行立柱或墩(台)身的施工，施工完毕后进行盖梁或墩(台)帽的施工，首先必须将盖梁或墩(台)帽的中心线测设在其模板上。一般来说，盖梁或墩(台)帽要高出地面几米或十几米，就必须将地面上的中心线测设到墩(台)的盖梁或墩(台)帽上。

4. 盖梁或墩(台)帽高程放样

高墩(台)的高程控制，一般可将临时水准点的高程引至桥位附近的高建筑物顶面，也可用倒挂长尺的放样方法测得墩顶高程。

5. 施工测量与放样质量要求

(1) 在桥梁施工中，对所有的施工测量及放样都必须做到"有放必复"，有的要进行三级复核(工区、项目部、监理)，复核内容除内业计算外，还应对测放标志进行定期复测。

(2) 开工前应根据施工图纸将指定的水准标志点引至不妨碍施工的地点。

(3) 为施工方便，可设置若干辅助基点，使在施工的各个阶段都可直接测量，辅助基点必须经常检查和校测，控制桩应妥善保护。

(4) 桥梁墩、台间距均应校对其对角线是否相等，斜交桥应按设计角度算出的对角线进行校对。

(5) 为防止台后填土引起的桥台位移，桥台轴线放样时，一般向岸上偏移1~4cm；为防止墩、台自重引起的下沉，一般在墩、台高程放样时，放高0.5~2.0cm，桥面最后的设计高程可通过桥面铺装加以调整。

(6) 第1个墩(台)施工完毕后，以后所有的墩、台轴线与高程均应以此墩(台)的轴线与高程为基准。

任务2.5 施工现场准备

2.5.1 临时设施的准备

桥梁工程施工所需的临时设施，一般包括临时生产设施和临时生活设施。

临时生产设施包括料库、钢材和木材加工场、砂石料堆放场、小型混凝土构件预制场、混凝土搅拌站、大型混凝土构件预制场、车库、机修车间、办公用房等。临时生活设施包括宿舍、食堂、浴室、篮球场等与职工生活相关的设施；供水设施、供电设施及便道等是工地生产和生活都必须的临时设施。

在设计临时设施时应尽量采用标准化、装配化等便于拆迁和重复使用的设计，或采用现有设施；在住房比较充裕的地方，可以适当考虑租用民房作为职工宿舍；水电、供热尽量接入附近现有资源，减少设施及人力的投入，以减少成本支出。在修建临时设施时，要注意防水、排水、防火、防盗，保证安全以助于施工。科学、合理地安排临时设施，可以提高施工的工作效率。

2.5.2 四通一平

"四通一平"是通路、通水、通电、通信及平整场地。

施工现场的道路是组织物资运输的动脉。在开工前，应在施工现场修建必要的临时性道路及进出场道路，为人员、材料及机械的进场创造必要的条件。

施工现场的用水，必须按照施工平面图的要求在准备阶段接通用水管线，并建立排水系统，创造良好的施工和生活环境。

施工用电是桥梁工程施工不可缺少的动力来源。施工项目的准备阶段，必须按照施工组织设计的要求接通电力线路，保证现场机械设备能够正常运行。必要时，必须自备发电设备，保证施工的连续性，保证工程的施工质量。

在施工项目开工前，除"三通"外，对通信及其他能源如蒸汽、暖气、压缩空气等的供应，也应根据工程施工的具体要求做好供应准备工作。

平整场地指按照施工平面布置图的要求，清除现场施工障碍物和平整施工用场地。

2.5.3 物资准备

在桥梁的施工前要做好物资准备，以保证工程施工的连续性。工程施工所需要的物资包括大量的、种类繁多的原材料、成品、半成品、工具和规格型号复杂的机械设备等。物资准备的主要工作内容一般可以归为两类。

1. 一般物资准备

根据施工图、工程进度计划、施工预算及采用的施工方法，确定物资（机具、设备、各种材料、构件）的种类、数量、规格，并编制各种物资需要量计划；根据需要量计划编制物资的采购（包括租赁）、运输计划及方案，在运输计划中要进行运输量的计算、运输方式的选择、运力的确定等工作。

做好物资的进场检验、检查核对及存放（堆放）、放库清点、保管等工作。

对于施工机械的准备，还应该按计划进场安装（或拼装）、检验和试运转，保证机械完好，处于待运转状态。对驾驶员及机修人员要进行培训，并进行机械施工技术的交底工作。

2. 特殊时期及特殊施工项目的物资准备

特殊时期：对于冬季、雨季、风沙、台风、潮汐、高温及农忙季节安排的施工项目，必

须提出保证质量和安全的切实可行的技术、组织措施,并做好相应的施工物资准备工作。

特殊施工项目:对于某些特别重要,工艺十分复杂,施工技术难度大而又缺乏施工经验的分部、分项工程,如深水基础、特大构件架设、高空架设工程和施工新技术的应用等,均需做出具体、详细的施工方案,并提出保证质量、安全的措施。同时按此方案和措施,做好相应的施工所需物资的准备工作。

2.5.4 建立桥梁施工组织管理机构

现场施工组织管理机构是指为完成工程项目施工任务而负责现场指挥、管理和协调工作的组织机构。一个工程项目的施工管理机构,不论是部门、层次、岗位的设置,还是上下、左右关系的安排,都必须与项目的规模相适应,并力求提高管理的效能和效率。

一般桥梁工程施工项目的组织管理机构可以分为三层:一是项目的决策层,掌握生产要素的调配权、劳动力的分配权;二是项目施工的具体管理层,即各类专业技术人员,主要对施工过程中的技术、质量、进度、经济等方面进行管理;三是劳务作业层,包括部分技术工人,以及担任具体操作及劳务工作的人员。

不同桥梁工程的规模、类型不同,各职能部门的管理幅度及分、集权的情况会有所不同,要考虑到管理层次和幅度、集权与分权的问题,因而具体施工项目的组织管理机构的形式会不尽相同。

施工项目管理机构的主要形式有直线制、职能制、直线职能制、矩阵制、多维制等。这里只介绍常见的前4种形式的管理机构。

1. 直线制

直线制是按垂直系统建立由高到低的管理层次,不设专门的职能机构,由各级领导统一指挥和执行管理职能。

直线制的优点是结构简单、易于协调、权责分明、指挥管理统一、决策迅速。

直线制的缺点是对施工项目负责人的管理业务知识与技能要求较高;没有专业管理分工和职能机构,易产生决策失误;等级分明,不利于发挥机构成员的主观能动性。

适用范围:适用于规模小、施工过程简单的工程项目。

2. 职能制

职能制是在各级领导之下,按专业分工设置管理职能部门,各部门既协助项目负责人,在各自的职能业务范围内又有权直接指挥下属单位。

其优点是可以解决施工项目负责人进行专业指挥的困难,有利于职能部门进行专业管理。

其缺点是形成了多头领导,妨碍了集中统一指挥,影响管理效率,不利于建立和健全责任制,一般较少采用。

3. 直线职能制

直线职能制是在直线制和职能制的基础上形成的机构形式,职能部门是参谋机构,对下级机构进行业务性的指导。

项目 2　桥梁施工准备

其优点是既能保证项目负责人的统一指挥，又避免了直线制管理的粗放和职能制管理多头领导的弊病。

其缺点是各职能部门之间的工作易产生脱节和矛盾，不易协调一致。

4. 矩阵制

职能部门负责人对参与项目组织的本专业人员有组织调配、业务指导和考核管理的责任；项目经理对参加工程项目的各种专业人员均负有领导责任，矩阵中的所有队员，都要接受所在部门的负责人和所在项目的项目经理的双重领导，其行为不完全受控于项目经理，部门负责人有权根据不同工程项目的需要和忙闲程度进行调配。

其优点是吸收了部门控制式和混合工程队式的优点，发挥职能部门的纵向优势和项目组织的横向优势，求得企业整体长期例行性管理与工程项目一次性管理的一致性。

其缺点是由于此组织形式中的人员接受双重领导，当纵向和横向需求有矛盾时，当事人无以适从。其适用于大型、复杂的施工项目和同时承担多个需要进行项目管理工作的企业。

2.5.5　现场施工力量及后勤准备

现场施工力量包括：确立健全的现场组织管理机构；根据工程进度计划编制劳动力需要量计划，根据劳动力需要量计划并适当参照工程施工的实际情况，按计划分阶段安排行政人员、管理人员、技术人员和各种技工、普工进场；对职工进行计划、技术、安全生产的交底；对特殊工种和缺门工种的培训工作；施工班组要做好作业条件的施工准备工作；组织部分施工机械和施工设备进场。

后勤工作包括安排好施工项目参建人员的衣、食、住、行等后勤保障工作。

工程项目施工前的各项准备工作是相互关联和制约的，必须实行统一领导、分工负责，将准备工作做好，为工程项目的正式、大规模施工创造有利的条件。

任务 2.6　开工报告

桥梁工程施工在各项准备工作完成后，由施工单位向监理单位和建设单位提出开工申请，填写开工报告并附带相关资料上报，开工报告经批复后即可进行开工。

桥梁工程项目申请开工的条件包括：

(1) 施工图经过会审，存在的问题和错误已修正，二级技术交底已完成。

(2) 施工组织设计已经监理工程师批准，完成了安全交底和技术交底。

(3) 施工预算的编制已经完成。

(4) 现场"四通一平"工作已完成，满足开工要求。

(5) 材料、成品、半成品和机具设备等能满足连续施工的要求。

(6) 施工机械和施工设备在现场经过检修能保证正常运转。

(7) 劳动力已经集结，且已经过必要的技术培训和安全教育。

(8) 施工现场的安全预防措施、消防设备已经就位。

(9) 导线坐标和水准点设置完成,施工测量放样工作已完成。

(10) 已办理开工许可证。

以上各项工作均完成后,经监理工程师逐项检查、落实并签字盖章,确认具备开工条件,批准开工并发布开工令。

开工报告的格式在不同的行业、地域不尽相同,表 2-2 为某铁路项目桥梁的开工申请报告。

表 2-2 ××线工程开工报告

工程项目名称:DK500+500 中桥　　施工合同段:二标　　编号:

建设项目名称	××线××段工程	工程地点	DK500+500
建设单位	××线工程建设指挥部	申请开工日期	2012 年 02 月 10 日
施工单位	(章)技术负责人	项目经理	
开工项目主要内容	DK500+500 中桥主体及附属工程		

满足开工条件(附件附后)	监理核实	建设单位核实
承包、发包合同已签订		
施工单位现场管理机构已设立,主要管理人员按投标承诺或合同规定已到位;项目负责人、技术负责人、质量责任人及安全责任人已明确		
主要施工图纸已完成审核工作;施工方案已完成,并按规定的程序完成审批		
施工指南、施工规范、质量验收标准、实施细则和工序、工艺施工要求已经驻地监理和总监理审核		
主要施工便道已贯通,工地布置、施工用水、用电、临时房屋和便道能满足开工要求;水保、环保、安全等措施符合要求		
设计单位的设计交底及现场交桩已完成,施工贯通复测已完成并且复测测量结果满足有关规定要求		
征地、拆迁工作能满足施工进度要求		
工地实验室已经建立,仪器设备齐全已标定并已取得试验资质;检测仪器齐全且经检验合格,检测方案已经标段工程总监审批		
主要物资(材料)储备满足连续施工要求;已完成材料检验、水质化验、配合比选定等必要的试验工作		
人员、施工用机具、设备已按照标书承诺全部进场,并且到场人员(含劳务人员)均经过培训,且考试合格		
针对工程特点的突发事件的处理办法和保证措施已经制订		
监理单位(章)	建设单位(章)	

项目 2 桥梁施工准备

小 结

本项目对施工图审查、施工调查、施工组织设计与技术交底、施工测量、施工现场准备、开工报告做了较详细的阐述。

具体内容包括施工图审核的内容和施工图会审纪要的编制,施工地区自然条件和技术经济条件调查的具体内容,桥梁施工组织设计的分类、编制原则、编制依据、内容和编制方法,桥梁基础、墩台身中线及高程施工测量的方法,施工测量与施工放样的质量要求,桥梁施工临时设施、物资准备与管理、后勤准备、施工组织机构的设置,桥梁工程开工前应准备齐全的技术资料,开工报告的编写及呈报。

本项目的教学目标是使学生掌握施工图的审核程序、内容及施工图会审纪要;掌握桥梁施工调查的内容;掌握施工组织设计的编制方法,能进行技术交底的编制;掌握桥梁基础、墩台身中线及高程施工测量的方法和质量要求;掌握临时设施、物资准备与管理、后勤准备、施工组织机构的内容;能进行开工报告的编写及呈报。

思考与练习

1. 什么是施工图会审?
2. 桥梁施工的技术准备包括哪几个方面?
3. 桥梁施工调查有哪些内容?
4. 施工现场的准备主要包括哪些内容?
5. 施工项目管理机构的主要形式有哪些?
6. 简述桥梁施工组织设计的分类。
7. 简述桥梁施工组织设计的编制原则。
8. 结合具体的工程施工项目,综述桥梁施工测量的内容和施工放样的质量要求。
9. 结合具体的工程施工项目,填写一份开工申请报告。

学习情境 2 梁式桥构造与施工

案例 梁式桥施工

1. 工程简介

黔桂铁路扩能改造工程北浩龙江大桥中心里程 DIK37+117，桥位处于龙江侵蚀河谷区，桥位处河床高低不平，常年水深大于 20m。1 号墩处岸坡较陡，4 号墩处岸坡稍缓，自然坡 30°～45°。岸坡上灌木零星分布，基岩多裸露；两岸不通公路，交通条件较差。

本桥孔跨式样为(40+64+40)m 连续梁+2×32m 预应力混凝土简支梁，桥梁全长 221.75m，位于直线上。本桥 2、3 号墩为水中墩，0、1、4、5 号墩为岸上墩台。1、2、3 号墩为圆端形桥墩，坡比 40:1，4 号墩为圆端形桥墩，坡比 28:1，0 号台及 5 号台为 T 形桥台。其中 0 号台和 1 号墩为明挖基础，其余为钻孔桩基础。

DIK37+117 北浩龙江大桥为深水复杂桥，水深 27m 左右，水中墩采用吊箱、钢围堰施工，技术含量高，施工难度大，受季节性河流洪水的影响，为本工程的重难点和关键工程。

北浩龙江大桥

2. 主要施工方法

以 3 号墩施工为例。

(1)双壁钢围堰制作下沉及水下混凝土封底：3号水中墩桩基础采用双壁钢围堰施工。根据河中常年没有大船，只有小渔船通过的实际情况，在河岸两侧适当位置设置混凝土锚碇，作为钢围堰下沉定位锚。钢围堰块件在岸上拼焊成节段，用吊机分节段吊运到浮式平台上。驳船拖拉浮式平台至墩位附近，浮吊、全站仪配合，把钢围堰逐节段吊运至墩位处，通过混凝土锚碇定位钢丝绳的控制，把钢围堰逐节段对接焊接、定位。围堰顶设置导向钢板，以便第二节围堰顺利对位合龙，两节围堰对位合龙后，第二节仍由浮吊承重，实施焊接。对焊结束后要做焊缝煤油渗透试验，检查水密性。

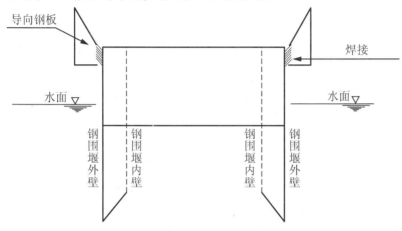

双壁钢围堰制作下沉及水下混凝土封底

处于悬浮状态的钢围堰，采取分舱对称灌筑混凝土或加水的加重方法，使钢围堰逐节段下沉，下沉时注意保持钢围堰的平衡。钢围堰下沉至河床底后进行水下抄垫并压重、封堵。

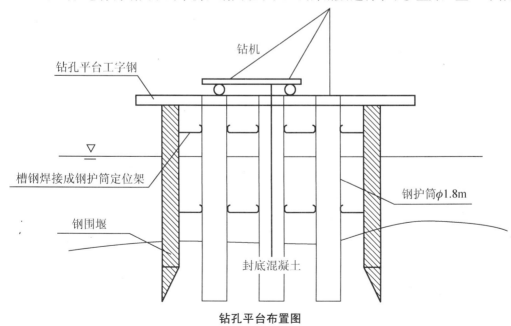

钻孔平台布置图

浮吊配合，将岸上拼装成整体的钢护筒，通过钢围堰内设置的定位滑槽正确下沉和定位，并将钢护筒与钢围堰用铁件焊接固定。钢围堰和钢护筒就位后，使用吸泥机清基，确保封底混凝土与岩面粘结在一起。检查无误后，在钢围堰顶面用工字钢作纵横梁搭设钻孔平台，安装水下封底钢架及导管，在搅拌站集中拌制混凝土，输送泵输送，用垂直导管法进行钢围堰水下混凝土封底，封底混凝土顶面标高与承台底面标高一致。

（2）钻孔及灌注桩基混凝土：钢围堰水下封底混凝土达到要求强度后，使用运输船及浮吊将钻孔机安装在平台上开始钻孔，钻孔桩采用冲击钻成孔。成孔并经监理工程师检查合格后，用浮吊吊装钢筋笼入孔。在搅拌站集中拌制混凝土，输送泵输送，用垂直导管法灌注桩基水下混凝土。

（3）承台施工：桩基混凝土灌注完成后，将钢围堰内的水抽干，割除钢护筒，风镐凿除桩头及水下封底超高部分混凝土和浮浆。然后绑扎承台、墩身连接钢筋，在搅拌站集中拌制混凝土，输送泵输送，插入式捣固器将混凝土振捣密实。

（4）墩身、托盘、顶帽混凝土灌注：承台混凝土灌注完成并监理工程师检查合格后，使用桁架式整体钢模安装墩身、托盘、顶帽模板，用浮吊安装墩身护面钢筋及托盘、顶帽、支承垫石、临时支座钢筋，在搅拌站集中拌制混凝土，输送泵输送，插入式捣固器将混凝土振捣密实。

项目3 桥梁基础构造与施工

教学目标

通过对基坑降排水施工的学习，了解基坑降水的种类，掌握基坑降水的原理和常用的施工方法；通过对基坑土方开挖与回填的学习，了解和掌握土方开挖的方式和回填材料的要求；通过对明挖扩大基础施工的学习，了解和掌握基础支护的种类和标准及水中围堰的施工要点；通过对桩基础施工的学习，了解和掌握预制桩、钻孔桩和挖孔桩的施工方法、要点及质量标准；通过对沉井施工的学习，了解和掌握沉井基础的施工方法和要点。

教学要求

知识要点	能力要求	相关知识
基坑降排水施工	了解基坑降水的种类，掌握基坑降排水的原理和施工方法	基坑降排水施工
基坑土方开挖与回填	了解土方开挖的方式，掌握土方开挖的施工要点和土方回填的要求	土方开挖与回填标准
明挖扩大基础施工	了解和掌握基础支护的种类和标准及水中围堰的施工要点	基坑支护施工
预制桩施工	了解预制桩的制作和施工方法，掌握预制桩的打桩施工和质量标准	预制桩制作与施工
钻孔桩及挖孔桩施工	了解钻孔桩的施工工序，掌握钻孔桩及挖孔桩的施工要点和检验标准	钻孔桩及挖孔桩施工要点
沉井施工	了解和掌握沉井基础施工方法和要点	沉井的组成与施工

引子

桥梁所有的荷载都要通过基础传递到地基上,桥梁基础是桥梁重要的组成部分之一。

桥梁常用的基础类型有明挖扩大基础、桩基础、沉井基础。

桩基础是常见的桥梁基础之一。桩基础简称桩基,是一种承载性能良好、适用范围广的深基础,由桩体和连接于桩顶的承台共同组成。

沉井既是基础,又是施工时的挡土和挡水围堰结构物,施工工艺简便,技术稳妥可靠,无需特殊专业设备,并可做成补偿性基础,避免过大沉降,保证基础稳定性。因此在深基础或地下结构中应用较为广泛。

2m直径的冲击钻钻头

苏通长江大桥桩基础

任务 3.1　基坑降排水施工

3.1.1　基坑降水

基坑开挖时,当基坑底面低于地下水位时,由于土壤含水层被切断,地下水将不断渗入基坑,必须采取有效措施排水,使基坑在开挖中坑底始终保持干燥。

基坑降水一般采用人工降低地下水位的方法,井点降水法就是其中一种。所谓井点降水法,是在基坑开挖前,预先在基坑周围埋设一定数量的滤水管(井),利用抽水设备不断抽水,使地下水位降低到坑底以下,直至基面工程施工完毕,使所挖的土始终保持干燥状态。井点降水法改善了工作条件,防止了流砂发生;同时由于地下水位降落过程中动水压力向下作用与土体自重作用,使基底土层压密,提高了地基土的承载能力。

人工降低地下水位的方法按其系统设置、吸水原理和方法的不同,可分为轻型井点、喷射井点、电渗井点和管井井点等。

1. 轻型井点

轻型井点如图 3.1 所示。它沿基坑四周将许多直径较小的井点管埋入蓄水层内,井点管上部与总管连接,通过总管利用抽水设备将地下水从井点管内不断抽出,使原有的地下水位降至坑底以下。单级轻型井点降水深度为3～6m,多级轻型井点降水深度为6～12m。

1) 轻型井点的组成

轻型井点系统主要由管路系统和抽水设备两部分组成。

(1) 管路系统。管路系统包括滤管、井点管、弯联管及总管。

滤管是进水设备,其构造如图3.2所示,一般采用长1～1.5m、直径38～50mm的无缝钢管。管壁上钻有直径为12～18mm、呈梅花形排列的滤孔,滤孔面积为滤管表面积的20%～25%,外包两层滤网,内层细滤网采用30～50孔/cm^{2}的黄铜丝布或生丝布,外层粗滤网采用8～10孔/cm的金属网或尼龙网。为了使吸水通畅,避免滤孔淤塞,在管壁与滤网之间用金属丝绕成螺旋形隔开,滤网的最外面再绕一层粗金属网。滤管的上端与井点管相连,下端有一个铸铁头,便于插入土层并阻止泥沙进入。

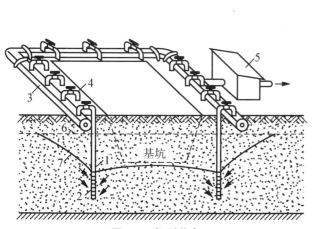

图3.1 轻型井点

1—井点管;2—滤管;3—集水总管;4—弯联管;
5—水泵房;6—原地下水位线;
7—降低后的地下水位线

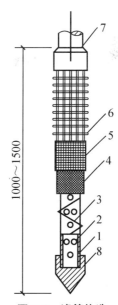

图3.2 滤管构造

1—钢管;2—滤孔;3—缠绕的塑料管;
4—细滤网;5—粗滤网;6—粗铁丝保护网;
7—井点管;8—铸铁头

井点管采用长5～7m、直径38～50mm的钢管,可整根或分节组成,上端用弯联管与总管相连。

弯联管一般用塑料透明管或橡胶管制成,其上装有阀门,以便调节或检修井点。

总管一般用直径75～110mm的无缝钢管分节连接而成,每节长4m,每隔0.8～1.6m设一个与井点管连接的短接头。按0.25%～0.5%的坡度斜向泵房。

(2) 抽水设备。常用的抽水设备有真空泵井点设备和射流泵井点设备两类。

真空泵井点设备由真空泵、离心水泵和水气分离器等组成,如图3.3所示。其工作原理是：开动真空泵(19)，将水气分离器(10)内部抽成一定程度的真空，在真空度吸力作用下，地下水经滤管(1)、井管(2)吸上，进入集水总管(5)，再从过滤室(8)过滤泥沙石进入水气分离器(10)。水气分离器内有一个浮筒(11)，沿中间导杆升降，当分离器内的水使浮筒上升时，即可开动离心水泵(24)将水排出，浮筒可关闭阀门(12)，避免水被吸入真空泵。副水气分离器(16)的作用是避免将空气中的水分吸入真空泵。为了对真空泵进行冷却，装设冷却循环水泵(23)。

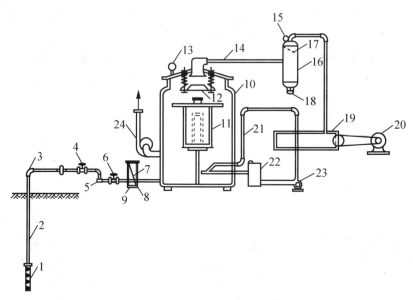

图 3.3　轻型井点设备工作原理

1—滤管；2—井管；3—弯管；4、12—阀门；5—集水总管；6—闸门；7—滤网；
8—过滤室；9—淘砂孔；10—水气分离器；11—浮筒；13、15—真空计；
14—进水管；16—副水气分离器；17—挡水板；18—放水口；19—真空泵；
20—电动机；21—冷却水管；22—冷却水箱；23—冷却循环水泵；24—离心水泵

2) 轻型井点系统的布置

轻型井点系统的布置应根据基坑平面形状及尺寸、基坑的深度、土质、地下水位及流向、降水深度等因素确定。设计时主要考虑平面布置和高程布置两个方面。

(1) 平面布置。当基坑或沟槽宽度小于 6m，降水深度不超过 5m 时，可采用单排井点，将井点管布置在地下水流的上游一侧，如图 3.4 所示；反之，则应采用双排井点，位于地下水流上游一排井点管的间距应小些，下游一排井点管的间距可大些。当基坑面积较大时，则应采用环形井点，如图 3.5 所示。井点管距离基坑壁一般为 0.7~1m，间距一般为 0.8~1.6m。

(2) 高程布置。轻型井点的降水深度从理论上讲可达 10m 左右，但由于抽水设备的水头损失，实际降水深度一般不大于 6m。井点管的埋设深度 H（不包括滤管）的计算式为

$$H \geqslant H_1 + h + iL$$

式中，H_1——井点管埋设面到基坑底面的距离，m；

h——基坑底面至降低后的地下水位线的距离,一般取 0.5~1.0m(人工开挖取下限,机械开挖取上限);

i——降水曲线坡度,可取实测值或按经验取值,单排井点取 1/5~1/4,环形井点取 1/10;

L——井点管中心至基坑中心的水平距离,m。

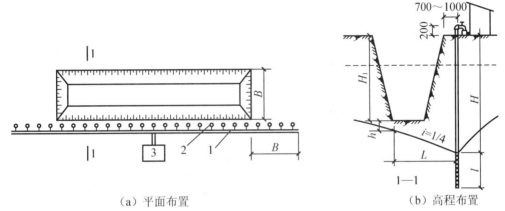

（a）平面布置　　　　　　　　（b）高程布置

图 3.4　单排井点布置(单位：mm)

1—总管；2—井点管；3—抽水设备

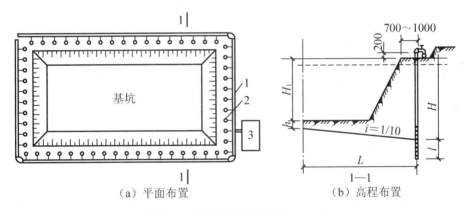

（a）平面布置　　　　　　　　（b）高程布置

图 3.5　环形井点布置(单位：mm)

1—总管；2—井点管；3—抽水设备

根据上述算出的 H 值,当小于降水深度 6m 时,可用一级井点；当 H 值稍大于 6m 时,若降低井点管的埋设面后即可满足降水深度要求,则仍可采用一级井点；当一级井点达不到降水深度要求时,可采用二级井点或多级井点,即先挖去第一级井点所疏干的土,然后在基坑底部埋设第二级井点,如图 3.6 所示。此外,在确定井点管埋置深度时,还需要考虑井点管露出地面 0.2~0.3m、滤管必须埋在透水层内等。

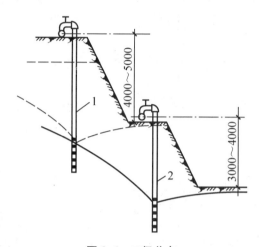

图 3.6 二级井点
1—第一层井点管；2—第二层井点管

3）轻型井点系统的施工

轻型井点系统的施工主要包括施工准备，井点系统的安装、使用及拆除。

轻型井点系统的安装顺序：根据降水方案放线、挖管沟、布设总管、冲孔、埋设井点管、埋砂滤层、黏土封口、弯联管连接井点管与总管、安装抽水设备、试抽。其中，井点管的埋设质量是保证轻型井点顺利抽水、降低地下水位的关键。

井点管的埋设可用射水法、钻孔法和冲孔法成孔，如图 3.7 所示，井孔直径不宜大于 300mm，孔深宜比滤管底深 0.5～1m。冲孔时，先用起重设备将冲管吊起并插在井点的位置上，然后开启高压水泵，将土冲松，冲管则边冲边沉。冲孔直径一般为 300mm，以保证井管四周有一定厚度的砂滤层；冲孔深度宜比滤管底深 0.5m 左右，以防冲管拔出时部分土颗粒沉于底部而触及滤管底部。井孔冲成后，应立即拔出冲管，插入井点管，并在井点管与孔壁之间迅速填灌砂滤层，以防孔壁塌土。砂滤层的填灌质量是保证轻型井点顺利抽水的关键。一般宜选用干净的粗砂，填灌均匀，并填至滤管顶上 1～1.5m，以保证水流畅通。井点填砂后，在地面以下 0.5～1.0m 内需用黏土封口，以防漏气。

轻型井点系统全部安装完毕后，应进行抽水试验，以检查有无死井（井点管淤塞）或漏气、漏水现象。

4）轻型井点系统的使用

轻型井点使用时，一般应连续抽水（特别是开始阶段），时抽时停滤网容易堵塞，出水浑浊并引起附近建筑物由于土颗粒流失而沉降、开裂。同时，由于中途停抽，使地下水回升，也可能引起边坡塌方等事故。

抽水过程中，应调节离心水泵的出水阀以控制水量，使抽吸排水保持均匀，做到"细水长流"。正常的出水规律是"先大后小，先浑后清"。

真空泵的真空度是判断井点系统工作情况是否良好的尺度，必须经常观察。造成真空度不足的原因很多，但大多是因为井点系统有漏气现象，应及时检查并采取措施。

在抽水过程中，还应检查有无堵塞的"死井"（工作正常的井管，用手探摸时，应该冬暖夏凉），若死井太多，则严重影响降水效果，应逐个用高压水反复冲洗或拔出重埋。

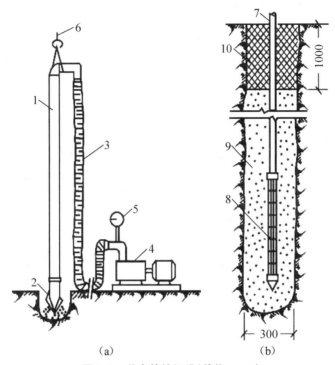

图 3.7　井点管的埋设（单位：mm）

1—冲管；2—冲嘴；3—胶皮管；4—高压水泵；5—压力表；
6—起重机吊钩；7—井点管；8—滤管；9—填砂；10—黏土封口

2. 喷射井点

当基坑开挖较深，采用多级轻型井点不经济时，宜采用喷射井点，其降水深度可达 8～20m。

1）喷射井点设备组成

喷射井点设备由喷射井管、高压水泵及进水、排水管路组成，如图3.8所示。喷射井管由内管和外管组成，在内管下端装有喷射扬水器与滤管相连，当高压水经内外管之间的环形空间由喷嘴喷出时，地下水即被吸入而压出地面。

井点管的外管直径宜为 73～108mm，内管直径宜为 50～73mm，滤管直径为 89～127mm。井孔直径不宜大于 600mm，孔深应比滤管底深 1m 以上。滤管的构造与真空井点相同。常用的井点间距为 2～3m。每套喷射井点的井点数不宜超过 30 根。总管直径宜为 150mm，总长不宜超过 60m。进水、回水总管同每根井点管的连接管均需安装阀门以便调节使用和防止不抽水时发生回水倒灌。

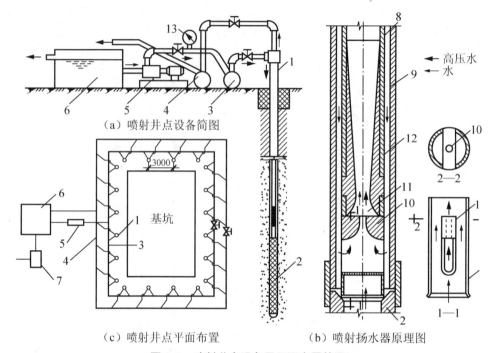

(a) 喷射井点设备简图　　(b) 喷射扬水器原理图

(c) 喷射井点平面布置

图 3.8　喷射井点设备及平面布置简图

1—喷射井管；2—滤管；3—进水总管；4—排水总管；5—高压水泵；6—集水池；
7—水泵；8—内管；9—外管；10—喷嘴；11—混合室；12—扩散管；13—压力表

2) 喷射井点的平面布置

当基坑宽度小于10m时，井点可做单排布置；当基坑宽度大于10m时，可做双排布置；当基坑面积较大时，宜采用环形布置，井点间距一般取2～3m。

3) 喷射井点施工的安装

安装水泵设备及泵的进出水管路；铺设进水总管和回水总管；沉没井点管（包括灌填砂滤料），接通进水总管后及时进行单根试抽、检验；全部井点管沉设完毕后，接通回水总管，全面试抽，检查整个降水系统的运转状况及降水效果。

喷射井点一般是将内外管和滤管组装在一起后沉设到井孔内。井点管组装时，必须保证喷嘴与混合室中心线一致；组装后，每根井点管应在地面做泵水试验和真空度测定。地面测定真空度不宜小于93.3kPa。井点管路接头应安装严密。

每根喷射井点管埋设完毕，必须及时进行单井试抽，排出的浑浊水不得回入循环管路系统，试抽时间要持续到水由浑变清为止。喷射井点系统安装完毕，亦需进行试抽，不应出现漏气或翻砂冒水现象。工作水应保持清洁，在降水过程中应视水质浑浊程度及时更换。

3. 电渗井点

在黏性土和粉质黏土中进行基坑开挖施工，由于土体的渗透系数较小，为了加速土中水分向井点管中流入，从而提高降水施工的效果，除了应用真空产生抽吸作用以外，还可加用电渗。

电渗井点排水的原理如图 3.9 所示,以井点管作为负极,以打入的钢筋或钢管作为正极,当通以直流电后,土颗粒即自负极向正极移动,水则自正极向负极移动而被集中排出。土颗粒的移动称为电泳现象,水的移动称为电渗现象,故称电渗井点。

4. 管井井点

管井井点就是沿基坑每隔 20～50m 距离设置一个管井,每个管井单独用一台水泵不断抽水以降低地下水位。此法适用于土壤渗透系数大($K=20～200$m/d)、地下水量大的土层。

如要求降水深度较大,在管井井点内采用一般离心泵或潜水泵不能满足要求,可采用特制的深井泵,其降水深度大于 15m,故又称深井泵法。

1) 井点构造

下部滤水井管过滤部分用钢筋焊接骨架,外包孔眼为 1～2mm 滤网,长 2～3m,上部井管部分用直径 200mm 以上的钢管、塑料管或混凝土管。用直径 50～100mm 的钢管或胶皮管插入滤水井管内,其底端应沉到管井吸水时的最低水位以下,并装逆止阀,上端装设一节带法兰盘的短钢管。

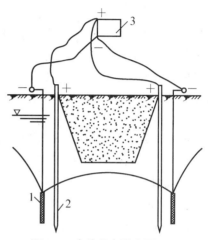

图 3.9 电渗井点排水原理

1—井点管;2—电极;3—直流电源

2) 管井的布置

管井沿基坑外围四周呈环形布置或沿基坑(或沟槽)两侧或单侧呈直线形布置。井中心距基坑(槽)边缘的距离,当用冲击钻时为 0.5～1.5m;当用钻孔法成孔时不小于 3m。管井埋设深度和距离根据需降水面积和深度及含水层的渗透系数等而定,最大埋深可达 10m,间距 10～15m。

3) 管井埋设

采用泥浆护壁冲击钻成孔或泥浆护壁钻孔方法成孔。钻孔底部应比滤水井管深 200mm 以上。井管下沉前应进行滤井清洗,冲除沉渣,并保持滤网的畅通,然后下管。滤水井管应置于孔中心,下端用圆木堵塞管口,井管与孔壁之间用 3～15mm 的砾石填充作为过滤层,地面下 0.5m 内用黏土填充夯实。

4) 水泵的设置

水泵的设置标高应根据要求的降水深度和所选用的水泵最大真空吸水高度而定,当吸程不够时,可将水泵设在基坑内。

5) 管井的使用

管井使用前应试抽水,检查出水是否正常,有无淤塞等现象。抽水过程中应经常对抽水设备的电动机、传动机械、电流、电压等进行检查,并对井内水位下降和流量进行观测和记录。井管使用完毕后,可用倒链或卷扬机将井管徐徐拔出,将滤水井管洗去泥沙后储存备用,所留孔洞用砂砾填实,上部深 50cm 内用黏性土填充夯实。

3.1.2 基坑排水

基坑排水主要包括基坑外地面排水和基坑内排水。

1. 基坑外地面排水

地面水的排除一般采取排水沟、截水沟及挡水土坝等措施，应尽量利用自然地形来设置排水沟，使水直接排至场外，或流向低洼处再用水泵抽走。主排水沟最好设置在施工区域的边缘或道路的两旁，其横断面和纵向坡度应根据最大流量确定。一般排水沟的横断面不小于 0.5m×0.5m，纵向坡度一般不小于 0.3%。

山区的场地平整施工，应在较高一面的山坡上开挖截水沟。在低洼地区施工时，除开挖排水沟外，必要时应修筑挡水土坝，以阻挡雨水的流入。

帷幕法排水是在基坑边线外设置一圈隔水幕，用以隔断水源，减少渗流水量，防止流砂、突涌、管涌、潜蚀等地下水的作用。方法有深层搅拌桩隔水墙、压力注浆、高压喷射注浆、冻结帷幕法等，采用时均应进行具体设计并符合有关规定。

2. 基坑内排水

基坑内排水主要是指排除坑内雨水、渗水和施工弃水等，常用的方法是明式排水法。

明式排水法是在基坑的两侧或四周设置具有一定坡度的排水明沟，在基坑四角或每间隔 30~40m 设置集水井，使地下水流入集水井内，然后用水泵抽出坑外，如图 3.10 所示。

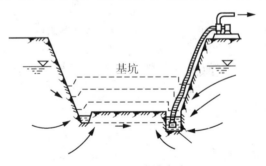

图 3.10 明式排水法

1) 明式排水法设施的组成

明式排水法的设施由集水井、排水明沟和抽水设备构成。

2) 集水井与排水明沟的设置

集水井与排水明沟宜布置在拟建建筑基础边 0.4m 以外，沟边缘离开边坡坡脚不应小于 0.3m，排水明沟沟底宽一般不宜小于 0.3m，底面应比挖土面低 0.3~0.4m，排水纵坡宜控制在 0.1%~0.2%。每间隔 20~40m 设置一个集水井，直径或宽度为 0.6~0.8m，底面应比排水沟底低 0.5m 以上，并随基坑的挖深而加深。当基坑挖至设计标高后，集水井应进一步加深至低于基坑底 1~2m，并铺填约 0.3m 厚的碎石滤水层，以免因抽水时间较长而挟带大量泥沙，并防止集水井的土被扰动。

常用的水泵有潜水泵、离心水泵和泥浆泵，水泵从集水井中抽水，其流量和扬程应满足基坑涌水量和坑底降水深度要求。通常情况下，水泵的抽水量应大于集水井的涌水量，否则坑内水会越积越多，将基坑土泡软。一般所选用水泵的抽水量为基坑涌水量的1.5～2倍。

集水井降水法适用于水流较大的粗粒土层的排水、降水，也可用于渗水量较小的黏性土层降水，但不适宜于细砂土层和粉砂土层，因为地下水渗出并用水泵抽水时会带走细土颗粒而发生流砂现象。

任务3.2 基坑土方开挖与回填

3.2.1 基坑土方开挖

基坑土方的开挖方法有人工挖方和机械挖方两种。应根据基础特点、规模、形式、深度及土质情况和地下水位，结合施工场地条件确定。一般大中型工程基坑土方量大，宜于使用土方机械施工，配合少量人工清槽；小型工程基槽窄，土方量小，宜采用人工或人工配合小型挖土机械施工。

土方开挖遵循"开槽支撑，先撑后挖，分层开挖，严禁超挖"的原则。

1. 人工挖方

（1）开挖之前应检查龙门板、轴线桩有无位移现象，并根据设计图纸校核基础灰线的位置、尺寸、龙门板标高等是否符合要求。

（2）应自上而下分步分层下挖，每步开挖深度约30cm，每层深度以60cm为宜，按踏步形逐层进行剥土；每层应留足够的工作面，避免相互碰撞出现安全事故。

（3）修挖槽应自上而下进行，严禁从坑壁下部掏挖"神仙土"。

（4）所挖土方应两侧出土，抛于槽边的土方距离槽边1m、高度1m为宜，以保证边坡稳定，防止因压载过大产生塌方。

（5）挖至距槽底约50cm时，应配合测量放线人员找出距槽底50cm的平线，沿槽边每隔3～4m钉水平标高小木桩，应随时依此检查槽底标高，开挖深度不得低于标高。若个别处超挖，应用与基土相同的土料填补，并夯实到要求的密实度，或用碎石类土填补并仔细夯实。若在重要部位超挖，可用低强度等级的混凝土填补。

（6）若挖方后不能立即进行下一工序，在冬、雨期挖方时，应在槽底标高以上保留15～30cm不挖，待下道工序开始前再挖。冬期挖方每天下班前应挖一步虚土并盖草帘等保温，尤其是挖到槽底标高时，地基土不允许受冻。

2. 机械挖方

（1）应合理确定开挖顺序、路线及开挖深度，然后分段分层平均下挖。

（2）采用推土机开挖大型基坑（槽）时，一般应从两端或顶端开始（纵向）推土，把土推向中部或顶端；暂时堆积，然后横向将土推离坑（槽）的两侧。

（3）采用铲运机开挖大型基坑（槽）时，应纵向分行、分层按照坡度线向下铲挖，但每层的中心地段应比两边稍高一些，以防积水。

(4) 采用反铲、拉铲挖土机开挖基坑(槽)或管沟时，其施工方法有两种。

① 端头挖土法：挖土机从坑(槽)或管沟的端头，以倒退行驶的方法进行开挖。自卸汽车配置在挖土机的两侧装运土。

② 侧向挖土法：挖土机沿着坑(槽)边或管沟的一侧移动，自卸汽车在另一侧装运土。

(5) 挖土机沿挖方边缘移动时，机械距离边坡上缘的宽度不得小于基坑(槽)和管沟深度的1/2。如挖土深度超过5m时，应按专业性施工方案来确定。

(6) 在开挖过程中，应随时检查槽壁和边坡的状态。

(7) 开挖基坑(槽)和管沟，不得挖至设计标高以下，如不能准确地挖至设计地基标高时，可在设计标高以上暂留一层土不挖，以便在找平后，由人工挖出。暂留土层，铲运机、挖土机一般挖土时，为20cm左右；挖土机用反铲、正铲和拉铲挖土时以30cm左右为宜。

(8) 雨、冬期施工的情况须注意：

① 土方开挖一般不宜在雨季进行。

② 雨期施工应注意边坡稳定，必要时可适当放缓边坡坡度或设置支撑，同时应在坑(槽)外侧围以土堤或开挖水沟，防止地面水流入。经常对边坡、支撑、土堤进行检查，发现问题及时处理。

③ 土方开挖不宜在冬期施工。如必须在冬期施工，应按冬期施工方案进行。

3.2.2 土方的填筑

为了保证填土工程的质量，必须正确选择土料和填筑方法。对填方土料应按设计要求验收后方可填入。若设计无要求，一般按下述方法进行。

(1) 碎石类土、砂土(使用细、粉砂时应取得设计单位同意)和爆破石渣，可用做表层以下的填料；含水量符合压实要求的黏性土，可用做各层填料；碎块草皮和有机质含量大于8%的土，仅用于无压实要求的填方。

(2) 含有大量有机物的土，容易降解变形而降低承载能力；含水溶性硫酸盐大于5%的土，在地下水的作用下，硫酸盐会逐渐溶解消失，形成孔洞，影响密实性。因此，前述两种土及淤泥、淤泥质土、冻土、膨胀土等均不应作为填土。

(3) 填土应分层进行，并尽量采用同类土填筑。若采用不同土填筑，应将透水性较大的土层置于透水性较小的土层之下，不能将各种土混杂在一起使用，以免填方内形成水囊。

(4) 碎石类土或爆破石渣做填料时，其最大粒径不得超过每层铺土厚度的2/3；使用振动碾时，其最大粒径不得超过每层铺土厚度的3/4。铺填时，大块料不应集中，且不得填在分段接头或填方与山坡连接处。

(5) 当填方位于倾斜的山坡上时，应将斜坡挖成阶梯状，以防填土横向移动。回填基坑和管沟时，应从四周或两侧均匀地分层回填，以防基础和管道在土压力作用下产生偏移或变形。回填以前，应清除填方区的积水和杂物，若遇软土、淤泥，必须进行换土回填。在回填时，应防止地面水流入，并预留一定的下沉高度(一般不得超过填方高度的3%)。

任务 3.3 明挖扩大基础施工

3.3.1 基坑开挖的一般规定

(1) 基坑顶面应设置防止地面水流入基坑的设施,基坑顶有动荷载时,坑顶边与动荷载间应留有不小于1m宽的护道,如动荷载过大则宜增宽护道。如工程地质和水文地质不良,应采取加固措施。

(2) 基坑坑壁坡度不易稳定并有地下水影响,或放坡开挖场地受限制,或放坡开挖工程量大时,应根据设计要求进行支护。设计无要求时,施工单位应结合实际情况选择适宜的支护方案。

3.3.2 基坑开挖方法

1. 坑壁形式

坑壁形式主要有直坡式、斜坡式、台阶式等。

2. 不支护加固基坑坑壁的施工要求

(1) 尺寸应满足施工要求。当基坑为渗水的土质基底,坑底尺寸应根据排水要求(包括排水沟、集水井、排水管网等)和基础模板设计所需基坑大小而定。一般基底应比基础的平面尺寸增宽 0.5~1.0m。当不设模板时,可按基础底的尺寸开挖基坑。

(2) 基坑坑壁坡度应按地质条件、基坑深度、施工方法等情况确定。当为无水基坑且土层构造均匀时,基坑坑壁坡度可参照表 3-1 确定。

表 3-1 基坑坑壁坡度

坑壁土类	坑壁坡度		
	坡顶无荷载	坡顶有静荷载	坡顶有动荷载
砂类土	1:1	1:1.25	1:1.5
卵石土、砾类土	1:0.75	1:1	1:1.25
粉质土、黏性土	1:0.33	1:0.5	1:0.75
极软岩	1:0.25	1:0.33	1:0.67
软质岩	1:0	1:0.1	1:0.25
硬质岩	1:0	1:0	1:0

注:① 坑壁有不同土层时,基坑坑壁坡度可分层选用,并酌设平台。
② 当基坑深度大于5m时。基坑坑壁坡度可适当放缓或加设平台。

(3) 如土的湿度有可能使坑壁不稳定而引起坍塌时,基坑坑壁坡度应缓于该湿度下的天然坡度。

(4) 当基坑有地下水时,地下水位以上部分可以放坡开挖;地下水位以下部分,若土质易坍塌或水位在基坑底以上较深时,应加固开挖。

3. 坑壁加固的基坑

当基坑较深、土方数量较大,或基坑放坡开挖受场地限制,或基坑地质松软、含水量较大、坡度不易保持时,可采用基坑开挖后护壁加固的方法施工。护壁加固方式可采用挡板支撑护壁、喷射混凝土护壁和现浇混凝土围圈护壁等。

1) 支撑护壁

挡板支撑的形式有竖挡板式坑壁支撑和横挡板式坑壁支撑。对于大面积基坑无法安装横撑时,可采用锚桩式、斜撑式或锚杆式支撑,如图3.11所示。

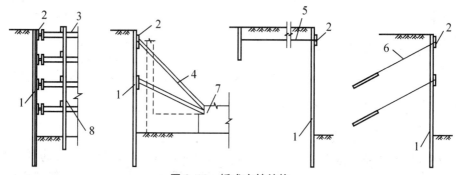

图 3.11 板式支护结构

1—板桩墙;2—围檩;3—钢支撑;4—斜撑;5—拉锚;6—锚杆;7—先施工的基础;8—竖撑

2) 喷射混凝土护壁

喷射混凝土护壁的施工特点:在基坑开挖界限内,先向下挖土一段,随即用混凝土喷射机喷射一层含速凝剂的混凝土(速凝剂掺入量可为水泥用量的3‰~4‰),以保护坑壁。然后向下逐段挖深喷护。每段一般为0.5~1.0m,视土质情况而定。喷射混凝土的厚度随地质情况和有无渗水而不同,可取3~5cm(碎石类土、无渗水)至10~15cm(砂类土、无渗水)。对于有少量渗水的基坑,混凝土应适当加厚3cm左右。喷层厚度可按静水压力计算内力,设坑壁为圆形,截面均匀受力计算强度。

喷射混凝土护壁适用于稳定性较好、渗水量小的基坑。喷护基坑的直径在10m左右,挖深一般不超过10m。砂土类、黏土类、粉土及碎石土的地质均可使用。

3) 现浇混凝土围圈护壁

现浇混凝土围圈护壁,是在基坑垂直开挖的断面上自上而下逐段开挖立模、浇筑混凝土,直至坑底。分层高度以垂直开挖面不坍塌为原则,顶层高度宜为2.0m,以下每层高1.0~1.5m。顶层应一次整体浇筑,以下各层分段开挖浇筑。上下层混凝土纵向接缝应相互错开。混凝土围圈的开挖面应均匀分布、对称开挖和及时浇筑,无支护的总长度不得超过周长的一半。围圈混凝土的壁厚和拆模强度应满足承受土压力的要求。一般壁厚8~15cm;混凝土强度等级应不低于C15,并应掺早强剂;24h后方可拆模。

混凝土围圈护壁,除流砂及呈流塑状态的黏性土外,可用于各类土的开挖防护。

3.3.3 明挖基坑围堰

桥梁墩台一般位于河流、湖泊或海峡中。如基础底面离河底不深,可在开挖基坑的周围,先筑一道挡水的围堰,将围堰内的水排开,再开挖基坑、修筑基础。如排水有困难,也可不排水挖土,建造基础。围堰的形式很多,主要可分为 4 类:土石围堰、板桩围堰、钢套箱围堰和双壁钢围堰。

1. 土石围堰

1) 土围堰

土围堰如图 3.12 示,土围堰宜用黏性土填筑,填土出水面后应进行夯实,必要时须在外坡上用草皮、片石或土袋防护。

土围堰一般适用于水深在 2.0m 以内,流速小于 0.3m/s,冲刷作用很小,且河床为渗水性较小的土。

2) 土袋围堰

土袋围堰如图 3.13 示,围堰应用黏土填心,袋内装松散黏性土,装填量约为袋容量的 60%。填码头时土袋应平放,其上下层和内外层应相互错缝,搭接长度为袋长的 1/3~1/2。

土袋围堰一般适用于水深不大于 3m,流速不大于 1.5m/s,河床为渗水性较小的土。

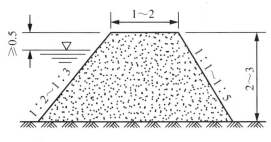

图 3.12 土围堰(单位:m)

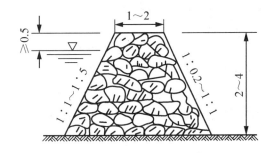

图 3.13 土袋围堰(单位:m)

3) 堆石土围堰

堆石土围堰适用于水深在 3.0m 以上,流速较大,河床坚实无法打桩,且石块能就地取材的地方。

2. 板桩围堰

1) 钢板桩围堰

钢板桩本身强度大、防水性能好,打入土中穿透力强,不但能穿过砾石、卵石层,也能切入软岩层和风化层,一般河床水深为 4~8m,且为较软岩层时最为适用。堰深一般为 20m 以内。若有超出,板桩可适当接长。

在河水较深的地方,常用围图进行钢板桩围堰施工。围图不仅是支撑结构,而且可作为插打钢板桩的导向架,还可在其上安设施工平台、施工机具等。

(1) 结构形式。钢板桩横截面的形状有 4 类:平形(直形)、Z 形、槽形及工字形,其中槽形截面模量较大，适用于承受较大水压力、土压力的围堰，其施工方便，是国内应用较多的形式。

钢板桩围堰的平面形状有圆形、矩形和圆端形。在深基础中多用圆形，如图3.14所示，其受力最理想，支撑结构最简单，但占河道面积大。浅基坑多用矩形围堰，如图3.15所示，其占河道面积小，但受水流冲击力大。

在施工中钢板桩彼此以锁口相连。锁口形状有3类：阴阳锁口、环形锁口和套形锁口。套形锁口板桩两边为勾状形，勾头为榫，勾身为槽。

图3.14 圆形钢板桩围堰下沉

图3.15 矩形钢筋混凝土围堰

（2）围堰施工。钢板桩围堰在施工准备过程中，应进行钢板桩的检查、分类、编号，钢板桩接长和锁口涂油等工作。钢板桩两侧锁口，应用一块同型号长度2~3m的短桩做通过试验。若锁口通不过或存在桩身弯曲、扭转、死弯等缺陷，均需加以修整。钢板桩接长应以等强度焊接。当起吊设备条件许可时，可将2块或3块钢板桩拼成一组组合桩。组拼时应用油灰和棉絮捻塞拼接缝，以加强防渗。

钢板桩可逐块（组）插打到底，或全围堰先插合龙，再逐块（组）打入。插打顺序宜由上游分两侧插向下游合龙。钢板桩可用锤击、振动或辅以射水等方法下沉。但在黏土中，不宜使用射水。锤击时应使用桩帽。采用单动汽锤和坠锤打桩时，一般锤重宜大于桩重，过轻的锤效率不高。振动打桩机是目前打钢板桩较好的机具，既能打桩又能拔桩，操作简便。钢板桩插打完毕，即可抽水开挖。如围堰设计有支撑，应先支撑再抽水，并应检查各节点是否顶紧等，防止因抽水而出现事故。抽水速度不宜过快，应随时观察围堰的变化情况，及时处理。

钢板桩围堰的防渗能力较好，但仍有锁口不密，个别桩入土深度不够或桩尖打裂打卷，以致发生渗漏情况。锁口不密漏水，可用棉絮等在内侧嵌塞，同时在外侧撒大量木屑或谷糠自行堵塞。桩脚漏水处，采用水下混凝土封底措施处理。钢板桩拔除前，应先将围堰内的支撑从上而下陆续拆除，并灌水使内外水压平衡，解除板桩间的挤压力，并与水下混凝土脱离。拔桩可用拔桩机、千斤顶等设备，也可用墩身作扒杆拔桩。当拔桩确有困难时，可以水下切割。

2）钢筋混凝土板桩围堰

钢筋混凝土板桩围堰适用于深水或深基坑，流速较大的砂类土、黏性土和碎石土河床。除用于挡土防水外，大多用它作为基础结构的一部分，很少有拔出重复使用的。

(1) 断面和桩尖形式。板桩一般为矩形断面，如图3.16所示。宽度为50～60cm，厚度为10～30cm，一侧为凹形榫口，另一侧为凸形榫口。榫口有半圆形及梯形等形式。板桩有实心和空心两种。空心可减轻桩的自重，也相应地减轻打桩设备，还可利用空心孔道射水加快下沉。为了提高板桩接缝的防渗能力，板桩打入后，应在接缝小孔中压注水泥砂浆。

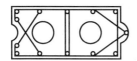 

(a) 半圆形榫口　　　(b) 梯形榫口

图3.16　钢筋混凝土板桩断面形式示意图

(2) 围堰施工。钢筋混凝土板桩多采用工地预制的方式，以免超长运输。钢筋混凝土板桩的榫口，一方面是使板桩能合缝紧密，提高其防水能力；另一方面是在插打板桩时起导向作用。因此，对榫口成形要求上下全长吻合一致、光滑顺直、摩阻力小。板桩制成后应仿照钢板桩进行锁口通过检查。钢筋混凝土板桩围堰的施工程序和方法，与钢板桩围堰施工类同。

3. 钢套箱围堰

1) 基本构造

钢套箱是利用角钢、工字钢或槽钢等刚性杆件与钢板联结而成的整体无底钢围堰，可制成整体式或装配式，并采取相应措施，防止套箱接缝渗漏。为拼装、拆卸、吊装的方便，钢套箱每节约2.5m，一般采用3～5mm薄钢板制成长2.5～4m，宽1.0～1.5m的钢模板。模板四周角钢焊接作为骨架，模板间设5～8mm防水橡胶垫圈，用螺栓联结成形。根据侧压力情况安装设计所需的纵横支撑，一般支撑间距不大于2.5m。

2) 就位下沉

套箱可在墩台位置处以脚手架或浮船搭设的平台上起吊下沉就位。下沉套箱前，应清除河床表面障碍物。随着套箱下沉，逐步清除河床土层，直至设计高程。当套箱位于岩层上时，应整平基层。若岩面倾斜，则应根据潜水员探测的资料，将套箱底部做成与岩面相同的倾斜度，以增加套箱的稳定性，并减少渗漏。

3) 清基封底

套箱下沉就位后，先由潜水工将套箱脚与岩面间空隙部分的泥沙软层清除干净，然后在套箱脚堆一圈沙袋，作为封堵砂浆的内膜。由潜水工将1:1水泥砂浆轻轻倒入套箱壁脚底与沙袋之间，防止清基时砂砾涌入套箱内。

清基可采用吹沙吸泥或静水挖抓泥沙方法，进行水下挖基。经过检验即可灌筑水下混凝土封底，最后抽干套箱内存水，浇筑墩台。

4. 双壁钢围堰

双壁钢围堰适用于大型河流中的深基础，能承受较大的水压，保证基础全年施工安全渡洪。特别是河床覆盖层较薄(0～2m)，下卧层为密实的大漂石或基岩不能采用钢板桩围堰，或因工程需要堰内不宜设立支撑，而单壁钢套箱又难以保证结构刚度时，双壁钢围堰的优越性更显突出。

1) 基本构造

双壁钢围堰是由竖直角钢加劲的内外钢壳及数层环形水平桁架焊成的密不漏水的圆形或矩形整体围堰，如图3.17所示。底部设刃脚。空壁厚1.2～1.4m，空壁内设有若干个竖向隔板舱，彼此互不连通，以便在其下沉或落底时，按序向各舱内灌水或灌混凝土。

（a）双壁钢围堰拼装　　　　　　　（b）双壁钢围堰就位下沉

图3.17　双壁钢围堰

2) 制作拼装

围堰的大小和总高度应根据工程需要而定。例如，武汉长江公路大桥主塔的双壁钢围堰直径28.4m，总高48.5m，总质量800t。围堰的分节高度、分块大小，应结合工地运输、起吊等设备能力综合考虑。对一般大中型围堰，若墩位处水流条件容许，可在墩位处拼装船上组拼，整体吊装上下对接，每节高度一般不超过5m，总质量不大于100 t。对特大型围堰，一般分节分块组拼接高下沉。围堰底节一般是在夹于两艘大型铁驳组成的导向船间的拼装船上拼装。

3) 浮运就位

底节下水浮运宜选择气候和水位有利的时机进行。事先应探明有足够的吃水深度，并无水下障碍，且底节顶面应露出水面不小于1.0m。底节拖运至墩位后，起吊并抽掉拼装船。就位后向围堰壁各隔舱对称均匀加水，使底节平稳下沉。此后，随接高加水下沉，直至各节全部拼接完毕。

4) 清基封底

围堰着床后，首先在其四周外侧堆砌一圈土袋，在刃脚内侧灌筑水下混凝土堵漏，其方法与钢套箱基本相似。然后用多台吸泥机，按基底方格网坐标划分的区域逐块清挖。清基经潜水员检验合格后，方可进行封底或浇筑基础混凝土。

5) 围堰拆除

河床覆盖层较薄(0～2m)，围堰嵌入河床较浅者，仅依靠隔舱注水及深水抓斗、吸泥机等工程措施即可保证围堰下沉着床。这时，可将各隔舱内的水抽干，围堰便可依靠自身浮力，克服入土部分周壁所受摩阻力自行浮起。为了减小混凝土与围堰内壁的摩阻力，在浇筑刃脚堵漏混凝土，或利用围堰内壁作为模板浇筑封底或基础混凝土时，可在围堰内壁挂置一层高度大于混凝土厚度的帆布类织物。必要时可用水下烧割将钢壳上部拆掉。切割位置应在最低水位以下一定深度。残留部分应不致影响最低水位的通航要求。

任务 3.4 预制桩施工

3.4.1 桩的制作、运输、堆放

1. 桩的制作

钢筋混凝土预制桩是目前应用较广泛的一种桩型，分为实心桩和空心管桩两种。实心桩大多做成方形断面，截面边长一般为 200～600mm，如图 3.18 所示。现场预制桩的单根桩的最大长度主要取决于运输条件和打桩架的高度，一般不超过 30m。如桩长超过 30m，可将桩分成几段，在打桩过程中进行接桩处理。较短的桩多在预制厂生产，较长的桩一般在打桩现场附近或打桩现场就地预制。预制场地应平整夯实，并防止浸水沉陷，以保证桩身平直。

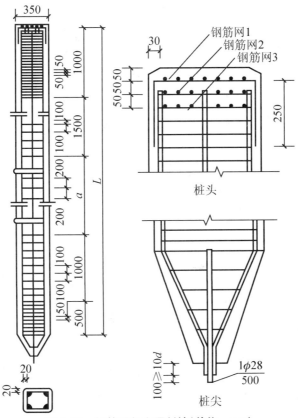

图 3.18 钢筋混凝土预制桩（单位：mm）

1)制作程序

现场制作场地压实平整→场地地坪做三七灰土或浇筑混凝土→支模→绑扎钢筋骨架、安设吊环→浇筑混凝土→养护至30%强度拆模→支间隔端头模板、刷隔离剂、绑钢筋→浇筑间隔桩混凝土→同样的方法重叠间隔制作第二层桩→养护至70%强度起吊→达100%强度后运输堆放。

2)制作方法

混凝土预制桩可在工厂或施工现场预制。用间隔重叠法生产,重叠层数应根据地面允许荷载和施工条件确定,但不宜超过4层。桩与桩间应做好隔离层,上层桩或邻桩的浇筑,应在下层桩或邻桩混凝土达到设计强度的30%以后进行。

桩分节制作时,单节长度确定,应满足桩架的有效高度、制作场地条件、运输与装卸能力的要求,同时应避免桩尖接近硬持力层或桩尖处于硬持力层中接桩。上节桩和下节桩应尽量在同一纵轴线上预制,使上下节钢筋和桩身减少偏差。

预制桩的混凝土常用C30~C40,宜用机械搅拌、机械振捣,由桩顶向桩尖连续浇筑捣实,一次完成。制作完成后,应洒水养护不少于7d,混凝土的粗骨料应采用碎石或碎卵石,粒径宜为5~40mm。制桩时,应做好浇筑日期、混凝土强度、外观检查、质量鉴定等记录,以供验收时查用。每根桩上应标明编号、制作日期,如不预埋吊环,则应标明绑扎位置。

2. 桩的运输

混凝土预制桩达到设计强度的70%方可起吊,达到设计强度的100%后方可进行运输。如提前吊运,则必须验算合格。桩在起吊和搬运时,吊点应符合设计规定,如无吊环,设计又未作规定,绑扎点的数量及位置按桩长而定,则应符合起吊弯矩最小的原则,如图3.19所示位置捆绑。起吊时应平稳提升,吊点同时离地。如果要长距离运输,可采用平板拖车或轻轨平板车。长桩运输时,桩下要设置活动支座。

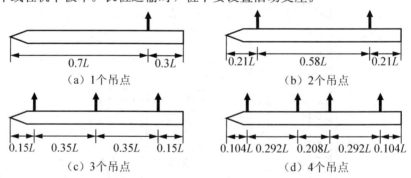

图 3.19 吊点的合理位置

3. 桩的堆放

桩堆放时,地面必须平整、坚实,不同规格的桩,应分别堆放。垫木间距应根据吊点确定,各层垫木应位于同一垂直线上,最下层垫木应适当加宽,堆放层数不宜超过4层。

3.4.2 打桩前的准备

桩基础工程在施工前，应根据工程规模的大小和复杂程度编制整个分部工程施工组织设计或施工方案。

打桩前，宜向城市管理、供水、供电、煤气、电信、房管等有关单位提出要求，认真处理高空、地上和地下的障碍物。然后对现场周围(一般为10m以内)的建筑物、地下管线等做全面检查，必须予以加固或采取隔振措施或拆除，以免打桩中由于振动的影响可能引起的倒塌等。

在打桩现场附近设水准点，其位置应不受打桩影响，数量不得少于两个，用以抄平场地和检查桩的入土深度。正式打桩之前，应对桩基的轴线和桩位复查一次，以免因小木桩挪动、丢失而影响施工。桩位放线允许偏差为20mm。

检查打桩机设备及起重工具，铺设水电管网，进行设备架立组装和试打桩。在桩架上设置标尺或在桩的侧面画上标尺，以便能观测桩身入土深度。施工前应做数量不少于2根桩的打桩工艺试验，用以了解桩的沉入时间、最终沉入度、持力层的强度、桩的承载力及施工过程中可能出现的各种问题和反常情况等，以便检验所选的打桩设备和施工工艺是否符合设计要求。

3.4.3 锤击沉桩施工

锤击沉桩也称打入桩，利用桩锤下落产生的冲击能量将桩沉入土中，它是混凝土预制桩最常用的沉桩方法。该法施工速度快、机械化程度高、适用范围广，但施工时有噪声污染和振动，对城市中心和夜间施工有所限制。

1. 打桩设备及选择

打桩所用的机具设备主要包括桩锤、桩架及动力装置3个部分。

1) 桩锤

桩锤是把桩打入土中的主要机具，有落锤、汽锤、柴油桩锤、振动桩锤等。

落锤：对桩施加冲动击力，将桩打入土中。落锤有穿心锤和龙门锤两种，质量一般为0.5～1.5t，一般由铸铁制成。它适用于在普通黏土和含砾石较多的土层中打桩，但打桩速度较慢(6～12次/min)，效率不高，贯入能力低，对桩的损伤较大。

汽锤：以高压蒸汽或压缩空气为动力的打桩机械，有单动汽锤和双动汽锤两种。单动汽锤结构简单，落距小，不易损坏设备和桩头，打桩速度及冲击力较落锤大，效率较高，冲击力较大，打桩速度较落锤快(60～80次/min)，一般适用于各种桩在各类土中施工，最适于套管法打就地浇筑混凝土桩，锤的质量为0.5～15t。双动汽锤打桩速度快(100～120次/min)，冲击频率高，一般打桩工程都可使用，并能用于打钢板桩、水下桩、斜桩和拔桩，但设备笨重，移动较困难，锤的质量为0.6～6.0t。

柴油桩锤：利用燃油爆炸来推动活塞往返运动进行锤击打桩。柴油桩锤与桩架、动力设备配套组成柴油打桩机。柴油桩锤分导杆式和筒式两种，锤的质量为0.6～0.7t。设备轻便，打桩速度为40～80次/min，常用于打木桩、钢板桩和混凝土预制桩，是目前应用较广的一种桩锤，但在松软土中打桩时易熄火。

振动桩锤：利用机械强迫振动，通过桩帽传到桩上使桩下沉。振动桩锤沉桩速度快、适用性强、施工操作简便安全，能打各种桩，并能帮助卷扬机拔桩，适用于打钢板桩、钢管桩，但不适用于打斜桩；适用于粉质黏土、松散砂土和软土，不宜用于岩石、砾石和密实的黏性土地基，在砂土中打桩最有效。

锤重的选择，在做功相同即锤重与落距乘积相等的情况下，宜选用重锤低击。因为这样的桩锤对桩头的冲击小，回弹也小，桩头不易损坏，大部分能量都用在克服桩身与土的摩阻力和桩尖阻力上，桩就能较快地沉入土中。桩锤过重，所需动力设备大，能源消耗大，不经济；桩锤过轻，施打时必定增大落距，使桩身产生回弹，桩不宜沉入土中，常常打坏桩头或使混凝土保护层脱落，严重者甚至使桩身断裂。

2）桩架

桩架是支持桩身和桩锤在打桩过程中引导桩的方向及维持桩的稳定，并保证桩锤沿着所要求方向冲击的设备。桩架一般由底盘、导向杆、起吊设备、撑杆等组成。

桩架的高度应由桩的长度、桩锤高度、滑轮组高、桩帽厚度及桩锤的工作余地高度确定，即桩架高度＝桩长＋桩锤高度＋滑轮组高＋桩帽厚度＋(1～2)m的桩锤的工作余地高度。

桩架的形式多种多样，常用的通用桩架有两种基本形式：一种是沿轨道行驶的多功能桩架；另一种是装在履带底盘上的履带式桩架。

多功能桩架是由立柱、斜撑、回转工作台、底盘及传动机构组成的。这种桩架可适用于各种预制桩施工及灌注桩施工，缺点是机构较庞大，现场组装和拆迁比较麻烦。

履带式桩架以履带式起重机为主机，并配备桩架工作装置。它操作灵活、移动方便，适用于各种预制桩和灌注桩的施工，目前应用最多。

3）动力装置

打桩机械的动力装置是根据所选桩锤而定的。当采用空气锤时，应配备空气压缩机；当选用蒸汽锤时，则要配备蒸汽锅炉和绞盘。

2. 打桩工艺

1）确定打桩顺序

打桩顺序直接影响到桩基础的质量和施工速度，应根据桩的密集程度(桩距大小)、桩的规格和长短、桩的设计标高、工作面布置、工期要求等综合考虑，合理确定打桩顺序。

根据基础的设计标高和桩的规格，宜按先深后浅、先大后小、先长后短的顺序进行打桩。根据桩的密集程度，打桩顺序一般分为逐排打设、自中部向四周打设和由中间向两侧打设3种，如图3.20所示。当桩的中心距不大于4倍桩的直径或边长时，应由中间向两侧对称施打，或由中间向四周施打。当桩的中心距大于4倍桩的边长或直径时，可采用上述两种打法，或逐排单向打设。

2）吊桩就位

按既定的打桩顺序，先将桩架移动至桩位处并用缆风绳拉牢，然后将桩运至桩架下，利用桩架上的滑轮组,由卷扬机提升桩。当桩提升至直立状态后,即可将桩送入桩架的龙门导管内,同时把桩尖准确地安放到桩位上,并与桩架导管相连接,以保证打桩过程中不发生倾斜或移动。桩插入时垂直偏差不得超过0.5%,然后进行检查,使桩身、桩帽和桩锤在同一轴线上即可开始打桩。

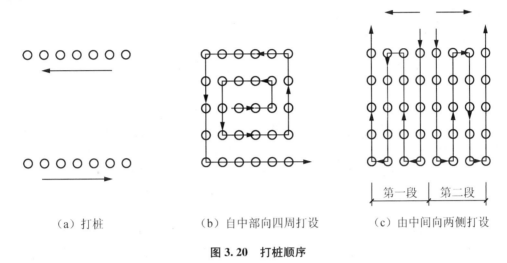

图3.20 打桩顺序

3) 打桩

打桩时,为取得良好的效果,采用"重锤低击"法。初打时地层软、沉降量较大,宜低锤轻打,随着沉桩加深(1~2m),速度减慢,再酌情增加起锤高度。要控制锤击应力,打桩时应观察桩锤回弹情况,如经常回弹较大,则说明锤太轻,应及时更换。至于桩锤的落距以多大为宜应根据实践经验而定。一般情况下,单动汽锤以0.6m左右为宜,柴油锤不超过1.5m,落锤以不超过1.0m为宜。打桩时要随时注意贯入度变化情况,当贯入度骤减,桩锤有较大回弹时,表示桩尖遇到障碍,此时应使桩锤落距减小,加快锤击。若上述情况仍存在,则应停止锤击,查明原因并进行处理。

在打桩过程中,若突然出现桩锤回弹、贯入度突增,锤击时桩弯曲、倾斜、颤动,桩顶破坏加剧等情况,则表明桩身可能已被破坏。打桩最后阶段,沉降太小时,要避免硬打。如难沉下,要检查桩垫、桩帽是否适宜,需要时可更换或补充软垫。

4) 接桩

预制桩施工中,由于受到场地、运输及桩机设备等的限制,而将长桩分为多节进行制作。接桩时要注意新接桩节与原桩节的轴线一致。目前,预制桩的接桩工艺主要有硫磺胶泥浆锚法、焊接法接桩和法兰螺栓接桩法等3种。前一种适用于软弱土层,后两种适用于各类土层。

5) 送桩

设计要求送桩时,送桩的中心线应与桩身吻合一致方能进行送桩。送桩下端宜设置桩垫,要求厚薄均匀。若桩顶不平可用麻袋或厚纸垫平。送桩留下的桩孔应立即回填密实。

3. 桩头的处理

桩就位后，为了防止击碎桩顶，在桩锤与桩帽、桩帽与桩之间应放上硬木、粗草纸或麻袋等桩垫作为缓冲层，桩帽与桩顶四周应留 5~10mm 的间隙。

在打完各种预制桩开挖基坑后，按设计要求的桩顶标高将桩头多余的部分截去。截桩头时不能破坏桩身，要保证桩身的主筋伸入承台，长度应符合设计要求。当桩顶标高在设计标高以下时，在桩位上挖成喇叭口，凿掉桩头混凝土，剥出主筋并焊接接长至设计要求长度，与承台钢筋绑扎在一起，用桩身同强度等级的混凝土与承台一起浇筑接长桩身。

4. 打桩施工常见问题

在打桩施工过程中会遇见各种各样的问题，如桩顶破碎，桩身断裂、位移、扭转、倾斜，桩锤跳跃，桩身严重回弹等。产生这些问题的原因有钢筋混凝土预制桩制作质量、沉桩操作工艺和复杂土层等 3 个方面的原因。施工规范规定，打桩过程中如遇到上述问题，都应立即暂停打桩，施工单位应与勘察、设计单位共同研究，查明原因，提出明确的处理意见，采取相应的技术措施后，方可继续施工。

3.4.4 静力压桩

静力压桩是在软土地基上，利用静力压桩机或液压压桩机用无振动的静压力（自重和配重）将预制桩压入土中的一种新工艺。静力压桩已在我国沿海软土地基上较为广泛地应用，与普通的打桩和振动沉桩相比，可以消除噪声和振动公害。

静力压桩机的工作原理：通过安置在压桩机上的卷扬机的牵引，由钢丝绳、滑轮及压梁，将整个桩机的自重力（800~1500kN）反压在桩顶上，以克服桩身下沉时与土的摩擦力，迫使预制桩下沉。

1. 压桩机械设备

压桩机有两种类型：一种是机械静力压桩机，如图 3.21 所示，由压桩架（桩架与底盘）、传动设备（卷扬机、滑轮组、钢丝绳）、平衡设备（铁块）、量测装置（测力计、油压表）及辅助设备（起重设备、送桩）等组成；另一种是液压静力压桩机，由液压吊装机构、液压夹持、压桩机构（千斤顶）、行走及回转机构、液压及配电系统、配重铁等部分组成。

2. 压桩工艺方法

1）施工程序

静力压桩的施工程序：测量定位→桩机就位→吊桩插桩→桩身对中调直→静压沉桩→接桩→再静压沉桩→终止压桩→切割桩头，如图 3.22 所示。

2）压桩方法

（1）测量放线：在施工区域附近测设控制桩与水准点不少于两个，其位置以不受打桩影响为原则。

（2）压桩：用起重机将预制桩吊运或用汽车运至桩机附近，再利用桩机自身设置起重机将其吊入夹持器中，夹持油缸将桩从侧面夹紧，压桩油缸作伸程动作，把桩压入土层中。伸长完成后,夹持油缸回程松夹,压桩油缸回程,重复上述动作可实现连续压桩操作,直至把桩压入预定深度土层中。

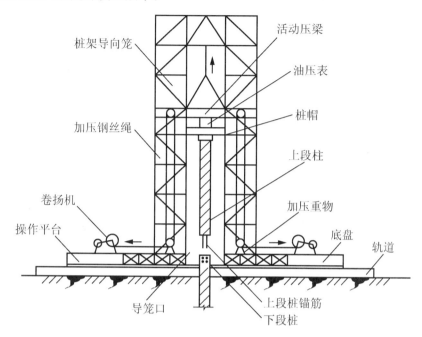

图 3.21 机械静力压桩机

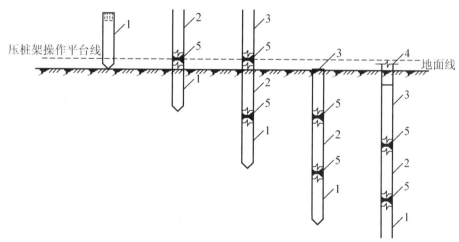

(a)准备压第一段桩 (b)接第二段桩 (c)接第三段桩 (d)整根桩压至地面 (e)送桩

图 3.22 静力压桩施工程序

1—第一段桩;2—第二段桩;3—第三段桩;4—送桩;5—桩接头处

(3)接桩:钢筋混凝土预制长桩在起吊、运输时受力极为不利,因而一般先将长桩分段预制,再在沉桩过程中接长。接头连接方法有浆锚接头和焊接接头两种方式。待桩顶压至距地面1m左右时接桩,可以采用焊接接桩、法兰螺栓接桩和硫磺胶泥浆锚法3种方法。

上下节桩的中心线偏差不得大于10mm，节点弯曲矢高不得大于桩长的1‰。

3. 压桩施工要点

（1）压桩应连续进行，因故停歇的时间不宜过长，否则压桩力将大幅度增长而导致桩压不下去或桩机被抬起。

（2）压桩的终压控制很重要。对于纯摩擦桩，终压时以设计桩长为控制条件；对于长度大于21m的端承摩擦型静压桩，应以设计桩长控制为主，终压力值作为对照；对于一些设计承载力较高的桩基，终压力值宜尽量接近压桩机满载值；对于长14～21m的静压桩，应以终压力达满载值为终压控制条件；对于桩周土质较差且设计承载力较高的，宜以复压1或2次为佳；对于长度小于14m的桩，宜连续多次复压，特别对于长度小于8m的短桩，连续复压的次数应适当增加。

（3）静力压桩单桩竖向承载力可通过桩的终止压力值大致判断。如判断的终止压力值不能满足设计要求，应立即采取送桩加深处理或补桩，以保证桩基的施工质量。

任务 3.5　钻孔桩及挖孔桩施工

3.5.1　钻孔桩施工

1. 准备工作

1) 施工平台

（1）场地为浅水时，宜采用筑岛法施工，筑岛应符合有关技术要求规定。筑岛面积应按钻孔方法、机具大小等要求决定；高度应高于最高施工水位0.5～1.0m。

（2）场地为深水时，可采用钢管桩施工平台、双壁钢围堰平台等固定式平台，也可采用浮式施工平台。平台必须牢靠稳定，能承受工作时所有静、动荷载。

2) 护筒设置

护筒的作用是固定桩位、导向钻头、隔离地面水、保护孔口地面及提高孔内水位，以增大对孔壁的静水压力，防止坍塌，如图3.23所示。

护筒多采用钢护筒和钢筋混凝土护筒两种。护筒设置的一般要求如下：

（1）护筒内径宜比桩径大200～400mm，中心竖直线应与桩中心线重合。

（2）旱地、筑岛处护筒可采用挖坑埋设法，护筒底部和四周所填黏性土必须分层夯实。

（3）护筒高度宜高出地面0.3m或高出水面1.0～2.0m。当钻孔内有承压水时，应高于稳定后的承压水位2.0m以上。若承压水位不稳定或稳定后承压水位高出地下水位很多，应先做试桩，鉴定在此类地区采用钻孔灌注桩基的可行性。当处于潮水影响地区时，应高于最高施工水位1.5～2.0m，并应采用稳定护筒内水头的措施。

（4）护筒埋置深度应根据设计要求或桩位的水文地质情况确定，一般情况埋置深度宜为2～4m，特殊情况应加深以保证钻孔和灌筑混凝土的顺利进行。

图 3.23 埋设钢护筒

3) 泥浆的调制和使用技术要求

(1) 钻孔泥浆一般由水、黏土(或膨润土)和添加剂按适当配合比配制而成,其性能指标可参照表3-2选用。

(2) 泥浆制备。在砂类土、砾石土、卵石土和黏砂土夹层中钻孔,必须用泥浆护壁。泥浆由黏土和水拌和而成。

表 3-2 泥浆性能指标选择

钻孔方法	地层情况	泥浆性能指标							
		相对密度	黏度/(Pa·s)	含砂率/%	胶体率/%	失水率/(ml/30min)	泥皮厚/(mm/30min)	静切力/Pa	酸碱度
正循环	一般地层	1.05~1.20	16~22	4~8	≥96	≤25	≤2	1.0~2.25	8~10
	易坍地层	1.20~1.45	19~28	4~8	≥96	≤15	≤2	3~5	8~10
反循环	一般地层	1.02~1.06	16~20	≤4	≥95	≤20	≤3	1~2.5	8~10
	易坍地层	1.06~1.10	18~28	≤4	≥95	≤20	≤3	1~2.5	8~10
	卵石土	1.10~1.15	20~35	≤4	≥95	≤20	≤3	1~2.5	8~10
推钻冲抓	一般地层	1.10~1.20	18~24	≤4	≥95	≤20	≤3	1~2.5	8~11
冲击	易坍地层	1.20~1.40	22~30	≤4	≥95	≤20	≤3	3~5	8~11

注:① 地下水位高或其流速大时,指标取高限,反之取低限。
② 地质状态较好时,孔径或孔深较小的取低限,反之取高限。
③ 在不易坍塌的黏性土层中,使用推钻、冲抓、反循环回转钻进时,可用清水提高水头(≥2m)维护孔壁。
④ 在当地缺乏优良黏性土,远运膨润土也很困难,调制不出合格泥浆时,可掺用添加剂改善泥浆性能,各种添加剂掺量可按有关规范选取。
⑤ 泥浆的各种性能指标测定方法可参见有关规范。

泥浆的护壁机理:充填于钻孔内的泥浆相对密度比地下水大,且通常保持孔内泥浆液面略高于孔外地下水位。故孔内泥浆的液面压力，既足以平衡孔外地下水压而成为孔壁土体的一种液态支撑，又促使泥浆渗入孔壁土体并在其表面形成一层细密而透水性很小的泥皮，从而维护了孔壁的稳定。在钻孔桩施工中，泥浆除起到护壁作用之外，还起到悬浮钻渣、润滑钻具作用，有利于钻进，在正循环钻孔时还起到了排渣作用。因此，对泥浆指标如相对密度、黏度、含砂率、胶体率和酸碱度等，都应符合施工规范的规定。对造浆的主要材料黏土和水严格选择，造浆的黏土应采用膨润土，水的pH值应为7~8，即呈中性，并且不含杂质。在场地根据需要设置制浆池、储浆池、沉淀池，并用循环槽连接，如图3.24所示。

图3.24 泥浆制备

2.钻孔施工

钻孔桩的关键是钻孔。钻孔的主要方法主要可归纳为3类，即冲击法、冲抓法和旋转法。

1）冲击钻机钻孔

冲击法钻孔是用冲击钻机或卷扬机带动冲锤，借助锤头自动下落产生的冲击力，反复冲击破碎土石或把土石挤入孔壁中，用泥浆浮起钻渣，或用抽渣筒或空气吸泥机排出而形成钻孔。冲击钻孔的主要缺点是，钻普通土时，进度比其他方法都慢，也不能钻斜孔。

冲击钻机的钻头有十字形(实心锤)和管形(空心锤)等数种。在碎石类土、岩层中宜用十字形钻头；在黏性土、砂类土层中宜用管形钻头。

冲击钻孔的施工要点：为防止冲击振动使邻孔孔壁坍塌，或影响邻孔已浇筑混凝土的凝固，应待邻孔混凝土浇筑完毕，并已达到抗压强度2.5MPa后方可开钻。冲击法造孔时，应采用小行程开孔，使其坚实顺直、圆顺，能起导向作用，并防止孔口坍塌。钻进深度超过钻头全高加行程后，方可进行正常的冲击。在不同的地层，采用不同的行程：黏性土、风化岩、砾砂石及含砂量较多的卵石层，宜用中、低行程，简易钻机行程1~2.0m；砂卵石层，宜用中等行程，简易钻机行程2~3m；基岩、漂石和坚硬密实的卵石层，宜用高行程，简易钻机行程3~5m，不超过6.0m。在钻大孔时，可分级扩钻到设计孔径。当用十字形钻头钻 1.5m 以上的孔径时，可分两级钻进。当用管形钻头钻 0.7m 以上的孔径时，一般分 2~4 级钻进。

2）冲抓钻机钻孔

冲抓法钻孔是用冲抓锥张开抓瓣，并依靠其自重冲入土石中，然后收紧抓瓣绳，抓瓣便将土抓入锥中，提升冲抓锥出井孔，松绳开瓣将土卸掉。冲抓钻头由钻身和钻瓣两部分组成。抓瓣的边沿和瓣尖，要像刀口一样薄、锐、耐磨。一般钻头有 4 瓣、5 瓣、6 瓣之分。国产冲抓钻机的钻孔深度 50~60m，钻孔直径 60~150cm，行程 1~3m。冲抓钻孔适用于黏性土、砂类土、砂黏性夹碎石及河卵石地层。但当孔深超过 20m 时，钻孔进度大为降低。此外，因无钻杆导向亦不能钻斜孔。

3）旋转钻机钻孔

旋转法钻孔是用钻机或人力，通过钻杆带动锥或钻头旋转切削土壤排出，形成钻孔。旋转钻孔又可分为人工推钻、机动推钻或螺旋钻、正循环旋转钻、反循环旋转钻、潜水钻等。其中人工推钻、机动推钻和螺旋钻的工作原理、适用土层相同，均无水作业，不需要泥浆，但有地下水的地区不能使用。在桥梁工程中以正、反循环回转钻使用较普遍。

（1）正循环旋转钻孔。泥浆由泥浆泵以高压从泥浆池输进钻杆内腔，经钻头的出浆口射出。底部的钻头在旋转时将土层搅松成为钻渣，被泥浆悬浮，随泥浆上升而溢出，流到井外的泥浆溜槽，经过沉浆池沉淀净化，泥浆再循环使用，如图 3.25 所示。井孔壁靠水头和泥浆保护。钻渣靠泥浆悬浮才能上升携带排出孔外，因而对泥浆的质量要求较高。

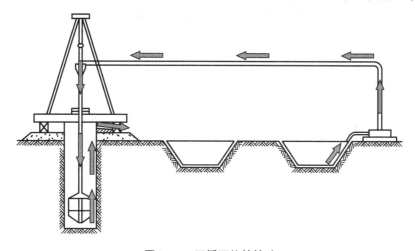

图 3.25 正循环旋转钻孔

正循环钻孔的钻头均带有刀刃，旋转时切削土层，其形式有刺猬钻头、鱼尾钻头等。刺猬钻头钻顶直径等于设计钻孔直径，钻头高度为直径的 1.2 倍。该钻头阻力较大，只适用于孔深 50m 以内的黏性土、砂类土和夹有粒径在 25mm 以下的砾石土层。鱼尾钻头用厚 50mm 的钢板制成，此种钻头在砂卵石或风化岩层中，有较高的钻进效果，但在黏土层中容易包钻，不宜使用。国产正循环旋转钻机的钻孔直径为 40~250cm，钻孔深度一般为 40~60m。

正循环钻孔的施工要点：安装钻机时，钻杆位置偏差不得大于2cm。开始钻孔时，应稍提钻杆，在护筒内旋转造浆，开动泥浆泵进行循环。泥浆均匀后以低挡慢速开始钻进，使护筒脚处有牢固的泥皮护壁。钻至护筒脚下1.0m后，方可按正常速度钻进。在钻进过程中，应注意地层变化，采用不同的钻速、钻压、泥浆相对密度和泥浆量。成孔速度一般为每班进尺5m左右。

（2）反循环旋转钻孔。反循环与正循环泥浆运行方向相反，如图3.26所示。泥浆由泥浆池流入钻孔内，同钻渣混合。在真空泵抽吸力作用下，混合物进入钻头的进渣口，经过钻杆内腔，泥石泵和出浆控制阀排泄到沉淀池中净化，再供使用。由于钻杆内径较井孔直径小得多，故钻杆内泥水上升比正循环快得多，即使是清水也可把钻渣带上钻杆顶端流到泥浆沉淀池。本法泥浆起护壁作用，其质量要求较低。反循环靠风压排渣，故钻孔一般比正循环快4～5倍，动力消耗也较小。反循环钻孔的钻头，常用三翼空心单尖钻头和牙轮钻头。国产反循环回转钻机的钻孔直径为40～800cm，钻孔深度一般为40～100m。

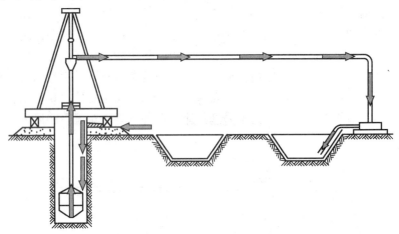

图3.26 反循环旋转钻孔

反循环钻孔的施工要点：钻具装妥放入护筒水中后，为防止堵塞钻头吸渣口，应将钻头提高距孔底20～30cm。初钻时，先启动泥浆和钻盘，使之空转，待泥浆进入孔后再钻进，可用Ⅰ挡转速。在普通黏土或砂黏土中钻进时，可用Ⅱ、Ⅲ挡转速。遇大量地下水和易坍的粉砂土时，宜低挡慢速前进，减少对土搅动，同时提高水头，加大泥浆相对密度。当泥浆相对密度大于1.3时，泥泵的抽吸能力降低，以采用1.1为宜。

4）钻孔事故

常见的钻孔事故有坍孔、钻孔漏浆、弯孔、糊钻（吸锥）、缩孔、梅花孔、卡钻和掉钻。为了预防坍孔，在松散粉砂土、淤泥层或流砂中钻进时，应控制进尺，选用较大相对密度、黏度、胶体率的优质泥浆护壁。如孔口坍塌，可回填后再钻，或下钢护筒至未坍塌处以下至少1.0m。孔内坍塌可回填砂石和黏土混合物后再钻。钻孔漏浆是稀泥浆向孔外漏失，严重漏浆会导致坍塌孔，应及时处理。弯孔是钻孔偏斜引起的，严重时会影响钢筋笼的安装和桩的质量。钻孔进尺快，钻渣大或泥浆相对密度和黏度太大，出浆口堵塞出口，易造成糊钻。当地层中夹有塑性土壤，遇水膨胀后会使孔径缩小造成缩孔现象，一般可采用上下反复扫孔的方法予以扩大。梅花孔是冲击钻孔常遇到的事故，一般用强度高于基岩或探头石的碎石或片石回填重钻。发生卡钻时，不宜强提，不可盲动。遇有掉钻应摸清情况，采用各种方法捞出。

3. 清孔

1) 目的和方法

钻孔至设计高程经检查后，应立即进行清孔。其目的在于使沉淀层尽可能减少，提高孔底承载力。浇筑水下混凝土前，允许沉渣，厚度应符合设计要求，设计未规定时：柱桩不大于 10cm；摩擦桩不大于 30cm。

清孔可采用下列方法：

(1) 抽渣法：适用于冲击钻机或冲抓钻机造孔。终孔后用抽渣筒清孔，直至泥浆中无 2~3mm 大的颗粒，且其相对密度在规定指标之内时为止。

(2) 吸泥法：适用于冲击钻机造孔，不适用于土质松软，孔壁容易坍塌的井孔。它是将高压空气经风管射入孔底，使翻动的泥浆和沉淀物随着强大的气流经吸泥管排出孔外。

(3) 换浆法：适宜于正反循环钻孔。终孔后，将钻头提离孔底 10~20cm 空转，保持泥浆正常循环，把孔内相对密度大的泥浆换出。换浆时间一般为 4~6h。

2) 施工要点

终孔检查后，应及时清孔，避免隔时过长泥浆沉淀引起坍孔（即为一次清孔）。抽渣或吸泥时，应及时向孔内注入清水或新鲜泥浆，保持孔内水位，避免坍孔。

柱桩在下放钢筋笼后浇筑水下混凝土前，应射水（或射风）冲射孔底 3~5min，翻动沉淀物（即为二次清孔），然后立即浇筑水下混凝土。射水（或风）的压力，应比孔底压力大 0.05MPa。不得用加深孔底深度的方法代替清孔。

4. 灌筑水下混凝土

1) 钢筋骨架的制作、运输及吊装就位的技术要求

(1) 钢筋骨架的制作应符合设计要求。

(2) 长桩骨架宜分段制作，分段长度应根据吊装条件确定，应确保不变形，接头应错开。

(3) 应在骨架外侧设置控制保护层厚度的垫块，其间距竖向为 2m，横向圆周不得少于 4 处。骨架顶端应设置吊环。

(4) 骨架入孔一般用吊机，无吊机时，可采用钻机钻架、灌筑塔架。起吊应按骨架长度的编号入孔，如图 3.27 所示。

2) 灌筑水下混凝土时应配备的主要设备及备用设备

(1) 灌筑水下混凝土的搅拌机能力，应能满足桩孔在规定时间内灌筑完毕。灌筑时间不得长于首批混凝土初凝时间。若估计灌筑时间长于首批混凝土初凝时间，则应掺入缓凝剂。

(2) 水下灌筑混凝土的泵送机具宜采用混凝土泵，距离稍远的宜采用混凝土搅拌运输车。

(3) 水下混凝土一般用钢导管灌筑，导管内径为 200~350mm，视桩径大小而定，如图 3.28 所示。

图 3.27 起吊钢筋笼入孔

图 3.28 钢导管

3) 水下混凝土配制

(1) 可采用火山灰水泥、粉煤灰水泥、普通硅酸盐水泥或硅酸盐水泥，使用矿渣水泥时应采取防离析措施。水泥的初凝时间不宜少于 2.5h，水泥的强度等级不宜低于 42.5。

(2) 粗集料宜优先选用卵石，如采用碎石宜适当增加混凝土配合比的含砂率。集料的最大粒径不应大于导管内径的 1/8～1/6 和钢筋最小净距的 1/4，同时不应大于 40mm。

(3) 细集料宜采用级配良好的中砂。

(4) 混凝土配合比的含砂率宜采用 0.4～0.5，水灰比宜采用 0.5～0.6。

(5) 混凝土拌和物应有良好的和易性，在运输和灌筑过程中应无显著离析、泌水现象。灌筑时应保持足够的流动性，其坍落度宜为 180～220mm。混凝土拌和物中宜掺用外加剂、粉煤灰等材料，其技术条件及掺用量可参照相关规定办理。

(6) 每立方米水下混凝土的水泥用量不宜小于 350kg，当掺有适宜数量的减水缓凝剂或粉煤灰时，可少于 300kg。

(7) 对沿海地区（包括有盐碱腐蚀性地下水地区）应配制腐蚀混凝土。

4) 灌筑水下混凝土的技术要求

(1) 首批灌筑混凝土的数量应能满足导管首次埋置深度（≥1.0m）和填充导管底部的需要，并应连续灌筑。

(2) 混凝土拌和物运至灌筑地点时，应检查其均匀性和坍落度等，如不符合要求，应进行第二次拌和，二次拌和后仍不符合要求时，不得使用。

(3) 在灌筑过程中，特别是潮汐地区和有承压力地下水地区，应注意保持孔内水头，导管的埋置深度宜控制在 2～6m。

(4) 在灌筑过程中，应经常测探井孔内混凝土面的位置，及时调整导管埋深。

(5) 为防止钢筋骨架上浮，当灌筑的混凝土顶面距钢筋骨架底部 1m 左右时，应降低混凝土的灌筑速度。当混凝土拌和物上升到骨架底口 4m 以上时，提升导管，使其底口高于骨架底部 2m 以上，即可恢复正常灌筑速度。

(6) 灌筑的桩顶高程应比设计的高出一定高度，一般为 0.5～1.0m，以保证混凝土强度，多余部分接桩前必须凿除，残余桩头应无松散层。

(7) 在灌筑过程中，应将孔内溢出的水或泥浆引流至适当地点处理，不得随意排放，污染环境及河流。

5. 钻孔灌注桩的事故处理

1) 坍孔事故的原因及处理

在钻孔过程中如发现井孔护筒内水(泥浆)位忽然上升溢出护筒，随即骤降并冒出气泡，出渣量显著增加而不见进尺，钻机负荷显著增加，应怀疑是坍孔征象，可用测深仪探头或测深锤探测，工地现场一般采用测深锤。若在混凝土灌筑中，原停留在孔内的测深锤不能上拔或放入测深锤，测得的孔深与原孔深相差较大，可证实属坍孔。

坍孔原因可能是泥浆性能不符合要求，护筒底脚周围漏水，孔内水位降低，或在潮汐河流中涨潮时，孔内外水位差减小，不能保证原有的落水压力，或者施工操作不当，如提钻头、下钢筋笼时碰撞孔壁，或者在松软砂砾层中钻孔，进尺太快，以及由于护筒周围堆放重物或机械振动等，均有可能引起坍孔。

发生坍孔后，应查明原因，采取如保持或加大水头、移开重物、排除振动等相应措施以防继续坍孔。对少量坍孔，如不继续坍孔，可恢复正常钻进。坍孔不严重时，可回填土到坍孔位以上，并采取改善泥浆、加高水头、深埋护筒等措施，继续钻进；坍孔严重时，应立即将钻孔全部用砂类土或砾石土回填，无上述土类时，可采用黏性土并掺入5%～8%的水泥砂浆，应等待数日回填土沉实后，重新钻孔。此次钻进要吸取上次教训，采取相应措施，如改善泥浆浓度、减缓钻进速度等。坍孔部位不深时，可采取深埋护筒法，将护筒填土夯实，重新钻孔。

2) 断桩事故的处理

(1) 浇筑时间不长，混凝土数量不大时，将孔中混凝土及泥石全部清除，重新灌筑。

(2) 在距地面深度较浅时(小于15m)，可用完整钢(钢筋混凝土)护筒的办法，抽干泥浆，凿出新混凝土面，再按无水混凝土浇筑至设计高程。对钢护筒，可边浇边拔护筒。

(3) 在距地面较深时，应分析原因，采取相应的措施，对于计划重做的桩，要立即拔出钢筋笼，提出导管，重新钻孔，按新孔进行混凝土浇筑。

(4) 对浇筑完成后才发现的断桩，要采取补桩的方案。方案要通过计算，并上报有关部门，一般采用扁担桩、压浆补强等办法来处理。

6. 钻孔灌注桩的质量检验

桩的检验：一是了解其承载力大小，二是检验桩本身混凝土质量是否符合要求。水下混凝土质量应符合以下要求：强度必须符合要求；无夹层断桩；桩身无混凝土离析层；桩底不高于设计高程；桩底沉淀厚度不大于设计规定等。

检测方法：每根灌注桩都应按规范要求，检查一定数量的试件。结构重要或地质条件较差、桩长超过50m的桩，可预埋3或4根检测管，对水下混凝土质量做超声波检测。根据声波在有缺陷混凝土中传播时振幅减小、波速降低、波形畸变，检测混凝土桩的完整性。在无条件使用无破损法检测时，应采用钻孔取芯样检测法。

灌注桩承载力检测方法一般分两大类：静力试桩和动力试桩。相比之下后者费用低、速度快、设备轻便,是承载力检测技术的主要发展方向。目前,确定桩承载力的动力试桩方法只能采用高应变法(作用在桩顶上的能量足以使桩身产生 2.5mm 以上的贯入度)。用高应变试桩法确定桩的承载力的方法也很多。

3.5.2 挖孔桩基础

挖孔桩基础适用于无地下水或有少量地下水的土层和风化软质岩层。挖孔成方形或圆形,边长或直径一般不宜小于 1.2m,最大 3.5m。孔深一般不宜超过 15m。

挖孔桩的施工要点:

(1) 同一墩身各桩开挖顺序可对角开挖。当桩孔为梅花式布置时,宜先挖中孔,再开挖其他各孔。

(2) 孔口的平面位置与设计桩位偏差不得大于 5cm。挖孔过程中,孔的中轴线偏斜不得大于孔深的 0.5%。

(3) 当孔深超过 10m,或二氧化碳浓度超过 0.3%时,应设置通风设备。

(4) 挖孔时必须采取孔壁支护,如图 3.29 所示,支护应高出地面。

(5) 孔内爆破应采用浅眼爆破。

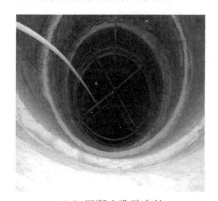
(a) 混凝土孔壁支护

(b) 孔壁支护高出地面30cm

图 3.29 挖孔桩孔壁支护

任务 3.6 沉井施工

3.6.1 概述

1. 沉井的作用及适用条件

沉井是一种带刃脚的井筒状构造物,如图 3.30(a)所示。它利用人工或机械方法清除井内土石,借助自重克服井壁摩阻力逐节下沉至设计标高,再浇筑混凝土封底并填塞井孔,成为结构物的基础,如图 3.30(b)所示。

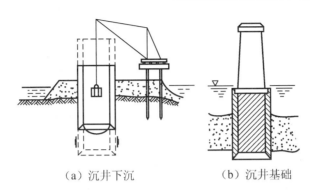

(a) 沉井下沉　　　(b) 沉井基础

图 3.30　沉井基础示意图

沉井的特点是埋置深度较大，整体性强，稳定性好，具有较大的承载面积，能承受较大的垂直和水平荷载。

沉井最适合在不太透水的土层中下沉，其易于控制沉井下沉方向，避免倾斜。一般下列情况可考虑采用沉井基础：

（1）上部荷载较大，表层地基土承载力不足，而在一定深度下有较好的持力层，且与其他基础方案相比较为经济合理。

（2）在山区河流中，虽土质较好，但冲刷大，或河中有较大卵石，不便桩基础施工。

（3）岩层表面较平坦且覆盖层薄，但河水较深，采用扩大基础施工围堰有困难。

2．沉井的分类

（1）按施工的方法不同，沉井可分为一般沉井和浮运沉井。一般沉井直接在基础设计的位置上制造，然后挖土，依靠沉井自重下沉，若基础位于水中，则先人工筑岛，再在岛上筑井下沉。浮运沉井先在岸边制造，再浮运就位下沉的沉井。通常在深水地区（如水深大于10m），或水流流速大，有通航要求，人工筑岛困难或不经济时，可采用浮运沉井。

（2）按制造沉井的材料可分为混凝土沉井、钢筋混凝土沉井和钢沉井。混凝土沉井因抗压强度高，抗拉强度低，多做成圆形，且仅适用于下沉深度不大（4～7m）的松软土层。钢筋混凝土沉井抗压抗拉强度高，下沉深度大（可达数十米以上），可做成重型或薄壁就地制造下沉的沉井，也可做成薄壁浮运沉井及钢丝网水泥沉井等，在工程中应用最广。钢沉井由钢材制作，其强度高、质量小、易于拼装，适于制造空心浮运沉井，但用钢量大，国内较少采用。此外，根据工程条件也可选用木沉井和砌石圬工沉井等。

（3）按沉井的平面形状可分为圆形、矩形和圆端形3种基本类型，根据井孔的布置方式，又可分为单孔、双孔及多孔沉井，如图3.31所示。

（4）按沉井的立面形状可分为柱形、阶梯形和锥形沉井。柱形沉井受周围土体约束较均衡，下沉过程中不易发生倾斜，井壁接长较简单，模板可重复利用，但井壁侧阻力较大，当土体密实，下沉深度较大时，易出现下部悬空，造成井壁拉裂，故一般用于入土不深或土质较松软的情况。阶梯形沉井和锥形沉井可以减小土与井壁的摩阻力，井壁抗侧压力性能较为合理，但施工较复杂，消耗模板多，沉井下沉过程中易发生倾斜。多用于土质较密实，沉井下沉深度大，且要求沉井自重不太大的情况。通常锥形沉井井壁坡度为 1/40～1/20，阶梯形井壁的台阶宽为 100～200mm。

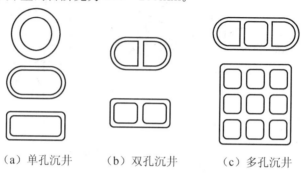

图 3.31　沉井的平面形状

3. 沉井基础的构造

沉井一般由井壁、刃脚、隔墙、井孔、凹槽、封底和顶板等组成，如图 3.32 所示。有时井壁中还预埋射水管组等其他部分。

1）井壁

沉井的外壁是沉井的主体部分，在沉井下沉过程中起挡土、挡水及利用本身自重克服土与井壁间摩阻力下沉的作用。井壁必须具有足够的强度和一定的厚度，并根据施工过程中的受力情况配置竖向及水平向钢筋。一般壁厚为 0.80～1.50m。最薄不宜小于 0.4m，混凝土强度等级不低于 C15。

2）刃脚

刃脚即井壁下端形如楔状的部分，其作用是利于沉井切土下沉。刃脚底面（踏面）宽度一般不大于 150mm，软土可适当放宽。若下沉深度大，土质较硬，刃脚底面应以型钢（角钢或槽钢）加强，如图 3.33 所示，以防刃脚损坏。刃脚内侧斜面与水平面夹角不宜小于 45°。刃脚高度视井壁厚度、便于抽除垫木而定，一般大于 1.0m，混凝土强度等级宜大于 C20。

3）隔墙

沉井的内壁，其作用是将沉井空腔分隔成多个井孔，便于控制挖土下沉，防止或纠正倾斜和偏移，并加强沉井刚度，减小井壁挠曲应力。隔墙厚度一般小于井壁，为 0.5～1.0m。隔墙底面应高出刃脚底面 0.5m 以上，避免被土搁住而妨碍下沉。如为人工挖土，还应在隔墙下端设置过人孔，以便工作人员在井孔间往来。

4）井孔

井孔为挖土排土的工作场所和通道。其尺寸应满足施工要求，最小边长不宜小于 3m。井孔应对称布置，以便对称挖土，保证沉井均匀下沉。

5）凹槽

凹槽位于刃脚内侧上方，用于沉井封底时使井壁与封底混凝土较好地结合，使封底混凝土底面反力更好地传给井壁。凹槽高约 1.0m，深度一般为 150～300mm。

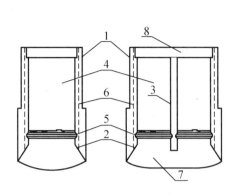

图 3.32 沉井的一般构造
1—井壁；2—刃脚；3—隔墙；4—井孔；
5—凹槽；6—射水管组；7—封底混凝土；8—顶板

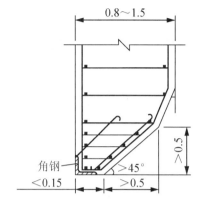

图 3.33 刃脚构造(单位：m)

6) 射水管

当沉井下沉较深，土阻力较大，估计下沉困难时，可在井壁中预埋射水管组。射水管应均匀布置，以利于控制水压和水量来调整下沉方向。一般水压不小于 600kPa。如使用泥浆润滑套施工方法，应有预埋的压射泥浆管路。

7) 封底

沉井沉至设计标高进行清基后，便在刃脚踏面以上至凹槽处浇筑混凝土形成封底。封底可防止地下水涌入井内，其底面承受地基土和水的反力，封底混凝土顶面应高出凹槽 0.5m，其厚度可由应力验算决定，根据经验也可取不小于井孔最小边长的 1.5 倍。混凝土强度等级一般不低于 C15，井孔内填充的混凝土强度等级不低于 C10。

8) 顶板

沉井封底后，若条件允许，为节省圬工量，减轻基础自重，在井孔内可不填充任何东西，做成空心沉井基础，或仅填以砂石，此时须在井顶设置钢筋混凝土顶板。以承托上部结构的全部荷载。顶板厚度一般为 1.5～2.0m，钢筋配置由计算确定。

3.6.2 沉井的施工

沉井基础施工一般可分为旱地施工、水中筑岛及浮运沉井 3 种。施工前应详细了解场地的地质和水文条件。水中施工应做好河流汛期、河床冲刷、通航及漂流物等的调查研究，充分利用枯水季节，制订出详细的施工计划及必要的措施，确保施工安全。

1. 旱地沉井施工

旱地沉井施工可分为就地制造、除土下沉、封底、充填井孔及浇筑顶板等，如图 3.34 所示，其一般工序如下。

1) 清整场地

要求施工场地平整干净，若天然地面土质较硬，只需将地表杂物清净并整平，即可在其上制造沉井。否则应换土或在基坑处铺填一不小于 0.5m 厚夯实的砂或砂砾垫层，防止沉井在混凝土浇筑之初因地面沉降不均产生裂缝。为减小下沉深度，也可挖一个浅坑，在坑底制做沉井，但坑底应高出地下水面 0.5～1.0m。

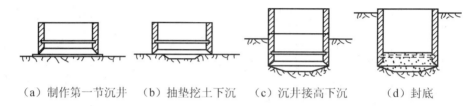

（a）制作第一节沉井　　（b）抽垫挖土下沉　　（c）沉井接高下沉　　（d）封底

图 3.34　沉井施工顺序示意图

2）制作第一节沉井

制造沉井前，应先在刃脚处对称铺满垫木，如图 3.35 所示，以支承第一节沉井的重量，并按垫木定位立模板以绑扎钢筋。垫木数量可按垫木底面压力不大于 100kPa 计算，其布置应考虑抽垫方便。垫木一般为枕木或方木（200mm×200mm），其下垫一层厚约 0.3m 的砂，垫木间间隙用砂填实（填到半高即可）。然后在刃脚位置处放上刃脚角钢，竖立内模，绑扎钢筋，再立外模浇筑第一节沉井。模板应有较大刚度，以免挠曲变形。当场地土质较好时也可采用土模。

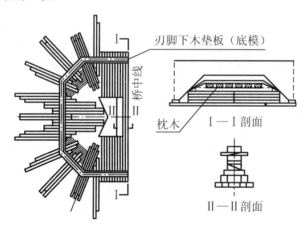

图 3.35　垫木布置实例

3）拆模及抽垫

当沉井混凝土强度达设计强度 70% 时可拆除模板，达设计强度后方可抽撤垫木。抽垫应分区、依次、对称、同步地向沉井外抽出。其顺序为：先内壁下，再短边，最后长边。长边下垫木隔一根抽一根，以固定垫木为中心，由远而近对称地抽，最后抽除固定垫木，并随抽随用砂土回填捣实，以免沉井开裂、移动或偏斜。

4）除土下沉

沉井宜采用不排水除土下沉，在稳定的土层中，也可采用排水除土下沉。除土方法可采用人工或机械除土，排水下沉常用人工除土。人工除土可使沉井均匀下沉和易于清除井内障碍物，但应有安全措施。不排水下沉时，可使用空气吸泥机、抓土斗、水力吸石筒、水力吸泥机等除土。通过黏土、胶结层除土困难时，可采用高压射水破坏土层。

沉井正常下沉时，应自中间向刃脚处均匀对称除土，排水下沉时应严格控制设计支承点土的排除，并随时注意沉井正位，保持竖直下沉，无特殊情况不宜采用爆破施工。

5）接高沉井

当第一节沉井下沉至一定深度（井顶露出地面不小于0.5m，或露出水面不小于1.5m）时，停止挖土，接筑下节沉井。接筑前刃脚不得掏空，并应尽量纠正上节沉井的倾斜，凿毛顶面，立模，然后对称均匀浇筑混凝土，待强度达设计要求后再拆模继续下沉。

6）设置井顶防水围堰

若沉井顶面低于地面或水面，应在井顶接筑临时性防水围堰，围堰的平面尺寸略小于沉井，其下端与井顶上预埋锚杆相连。井顶防水围堰应因地制宜，合理选用，常见的有土围堰、砖围堰和钢板桩围堰。若水深流急，围堰高度大于5.0m时，宜采用钢板桩围堰。

7）基底检验和处理

沉井沉至设计标高后，应检验基底地质情况是否与设计相符。排水下沉时可直接检验；不排水下沉则应进行水下检验，必要时可用钻机取样进行检验。

当基底达设计要求后，应对地基进行必要的处理。砂类土或黏性土地基，一般可在井底铺一层砾石或碎石至刃脚底面以上200mm。未风化岩石地基，应凿除风化岩层，若岩层倾斜，还应凿成阶梯形。要确保井底浮土、软土清除干净，封底混凝土、沉井与地基结合紧密。

8）沉井封底

基底检验合格后应及时封底。排水下沉时，如渗水量上升速度小于或等于6mm/min，可采用普通混凝土封底；否则宜用水下混凝土封底。若沉井面积大，可采用多导管先外后内、先低后高依次浇筑。封底一般采用素混凝土，但必须与地基紧密结合，不得存在有害的夹层、夹缝。

9）井孔填充和顶板浇筑

封底混凝土达设计强度后，再排干井孔中水，填充井内圬工。如井孔中不填料或仅填砾石，则井顶应浇筑钢筋混凝土顶板，以支承上部结构，且应保持无水施工。然后砌筑井上构筑物，并随后拆除临时性的井顶围堰。

2. 水中沉井施工

1）水中筑岛

当水深小于3m，流速小于或等于1.5m/s时，可采用砂或砾石在水中筑岛，如图3.36(a)所示，周围用草袋围护；当水深或流速加大，可采用围堤防护筑岛，如图3.36(b)所示；当水深较大（通常小于15m）或流速较大时，宜采用钢板桩围堰筑岛，如图3.36(c)所示。

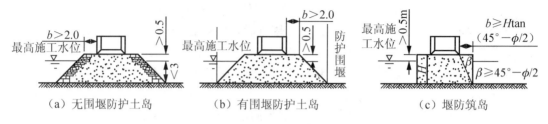

图 3.36 水中筑岛下沉沉井(单位：m)

2) 浮运沉井

若水深(如大于 10m)，人工筑岛困难或不经济时，可采用浮运法施工。即将沉井在岸边作成空体结构，或采用其他措施(如带钢气筒等)使沉井浮于水上，利用在岸边铺成的滑道滑入水中，如图 3.37 所示，然后用绳索牵引至设计位置。在悬浮状态下，逐步将水或混凝土注入空体中，使沉井徐徐下沉至河底。若沉井较高，需分段制造，在悬浮状态下逐节接长下沉至河底，但整个过程应保证沉井本身稳定。当刃脚切入河床一定深度后，即可按一般沉井下沉方法施工。

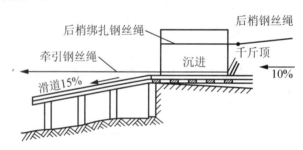

图 3.37 浮运沉井下水示意图

3. 泥浆套和空气幕下沉沉井施工

当沉井深度很大，井侧土质较好时，井壁与土层间的摩阻力很大，若采用增加井壁厚度或压重等办法受限时，通常可设置泥浆润滑套和空气幕来减小井壁摩阻力。

1) 用泥浆套下沉沉井

泥浆套下沉法是借助泥浆泵和输送管道将特制的泥浆压入沉井外壁与土层之间，在沉井外围形成有一定厚度的泥浆层，该泥浆层把土与井壁隔开，并起润滑作用，从而大大降低沉井下沉中的摩阻力，减少井壁圬工数量，加速沉井下沉，并具有良好的稳定性。

泥浆通常由膨润土、水和碳酸钠分散剂配置而成，具有良好的固壁性、触变性和胶体稳定性。泥浆润滑套的构造主要包括射口挡板、地表围圈及压浆管。

射口挡板可用角钢或钢板弯制，置于每个泥浆射出口处并固定在井壁台阶上，其作用是防止压浆管射出的泥浆直冲土壁，以免土壁局部坍落堵塞射浆口。

地表围圈用木板或钢板制成，埋设在沉井周围。其作用是防止沉井下沉时土壁坍落，为沉井下沉过程中新造成的空隙补充泥浆，及调整各压浆管出浆的不均衡。其宽度与沉井台阶相同,高 1.5~2.0m,顶面高出地面或岛面 0.5m,圈顶面宜加盖。

压浆管可分为内管法(厚壁沉井)和外管法(薄壁沉井)两种,通常用 $\phi 38\sim \phi 50$ mm 的钢管制成,沿井周边每 3~4m 布置一根。

下沉过程中要勤补浆,勤观测,发现倾斜、漏浆等问题要及时纠正。若基底为一般土质,易出现边清基边下沉现象,此时应压入水泥砂浆换置泥浆,以增大井壁摩阻力。此外,该法不宜用于卵石土、砾石土层。

2) 用空气幕下沉沉井

空气幕下沉是一种减少下沉时井壁摩阻力的有效方法。它是通过向沿井壁四周预埋的气管中压入高压气流,气流沿喷气孔射出再沿沉井外壁上升,在沉井周围形成一空气"帷幕"(即空气幕),使井壁周围土松动或液化,摩阻力减小,促使沉井下沉。

如图 3.38 所示,空气幕沉井在构造上增加了一套压气系统,该系统由气斗、井壁中的气管、压缩空气机、贮气筒及输气管等组成。

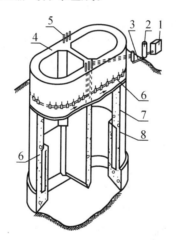

图 3.38 空气幕下沉沉井压气系统构造
1—压缩空气机;2—贮气筒;3—输气管路;4—沉井;
5—竖管;6—水平喷气管;7—气斗;8—喷气孔

气斗是沉井外壁上凹槽及槽中的喷气孔,凹槽的作用是保护喷气孔,使喷出的高压气流有一扩散空间,然后较均匀地沿井壁上升,形成气幕。气斗应布设简单、不易堵塞、便于喷气,目前多用棱锥形(150mm×150mm),其数量根据每个气斗所作用的有效面积确定。喷气孔直径为 1mm,可按等距离分布,上下交错排列布置。

气管有水平管和竖管两种,可采用内径 25mm 的硬质聚氯乙烯管。水平管连接各层气斗,每 1/4 周或 1/2 周设一根,以便纠偏;每根竖管连接两根水平管,并伸出井顶。

由压缩空气机输出的压缩空气应先输入贮气筒,再由地面输气管送至沉井,以防止压气时压力骤然降低而影响压气效果。

在整个下沉过程中,应先在井内除土,消除刃脚下土的抗力后再压气,但也不得过分除土而不压气,一般除土面低于刃脚 0.5~1.0m 时,即应压气下沉。压气时间不宜过长,一般不超过 5min/次。压气顺序应先上后下，以形成沿沉井外壁上喷的气流。气压不应小于喷气孔最深处理论水压的 1.4~1.6 倍，并尽可能使用风压机的最大值。

停气时应先停下部气斗，依次向上，最后停上部气斗，并应缓慢减压，不得将高压空气突然停止，防止造成瞬时负压，使喷气孔内吸入泥沙而被堵塞。空气幕下沉沉井适应于砂类土、粉质土及黏性土地层，对于卵石土、砾类土及风化岩等地层不宜使用。

4. 沉井下沉过程中遇到的问题及处理

1) 偏斜

沉井偏斜大多发生在下沉不深时。导致偏斜的主要原因：①土岛表面松软，制作场地或河底高低不平，软硬不均；②刃脚制作质量差，井壁与刃脚中线不重合；③抽垫方法欠妥，回填不及时；④除土不均匀对称，下沉时有突沉和停沉现象；⑤刃脚遇障碍物顶住而未及时发现，排土堆放不合理，或单侧受水流冲击淘空等导致沉井受力不对称。

纠正偏斜，通常可用除土、压重、顶部施加水平力或刃脚下支垫等方法处理，空气幕下沉沉井也可采用单侧压气纠偏。若沉井倾斜，可在高侧集中除土，加重物，或用高压射水冲松土层，低侧回填砂石，必要时在井顶施加水平力扶正。若中心偏移则先除土，使井底中心向设计中心倾斜，然后在对侧除土，使沉井恢复竖直，如此反复至沉井逐步移近设计中心。当刃脚遇障碍物时，须先清除再下沉。如遇树根、大孤石或钢料铁件，排水施工时可人工排除，必要时用少量炸药(少于 0.2kg)炸碎。不排水施工时，可由潜水工进行水下切割或爆破。

2) 难沉

难沉即沉井下沉过慢或停沉。导致难沉的主要原因：①开挖面深度不够，正面阻力大；②偏斜，或刃脚下遇到障碍物、坚硬岩层和土层；③井壁摩阻力大于沉井自重；④井壁无减阻措施或泥浆套、空气幕等遭到破坏。

解决难沉的措施主要是增加压重和减少井壁摩阻力。增加压重的方法有：①提前接筑下节沉井，增加沉井自重；②在井顶加压沙袋、钢轨等重物迫使沉井下沉；③不排水下沉时，可井内抽水，减少浮力，迫使下沉，但需保证土体不产生流砂现象。减小井壁摩阻力的方法有：①将沉井设计成阶梯形、钟形，或使外壁光滑；②井壁内埋设高压射水管组，射水辅助下沉；③利用泥浆套或空气幕辅助下沉；④增大开挖范围和深度，必要时还可采用 0.1~0.2kg 炸药起爆助沉，但同一沉井每次只能起爆一次，且需适当控制炮振次数。

3) 突沉

突沉常发生于软土地区，容易使沉井产生较大的倾斜或超沉。引起突沉的主要原因是井壁摩阻力较小，当刃脚下土被挖除时，沉井支承削弱，或排水过多、挖土太深、出现塑流等。防止突沉的措施一般是控制均匀挖土，在刃脚处挖土不宜过深。此外，在设计时可采用增大刃脚踏面宽度或增设底梁的措施提高刃脚阻力。

4) 流砂

在粉、细砂层中下沉沉井，经常出现流砂现象，若不采取适当措施将造成沉井严重倾斜。产生流砂的主要原因是土中动水压力的水头梯度大于临界值。

项目 3 桥梁基础构造与施工

防止流砂的措施:①排水下沉时发生流砂可向井内灌水,采取不排水除土,减小水头梯度;②采用井点,或深井和深井泵降水,降低井外水位,改变水头梯度方向使土层稳定,防止流砂发生。

小 结

本项目阐述了轻型井点、喷射井点、电渗井点和管井井点等人工降低地下水位的方法;基坑排水常用的明示排水法;基坑土方开挖与回填;明挖扩大基础、预制桩、钻孔桩、挖孔桩与沉井基础等。

具体内容包括:基坑降排水的各种施工方法和施工原理,基坑采用人工和机械开挖土方的标准及土方回填的要求,基坑支护与水中围堰施工工艺,预制桩施工的流程和标准,钻孔桩及挖孔桩施工标准和工艺过程,沉井基础的施工特点及应用。

本项目的教学目标是使学生掌握基坑降排水的原理,熟悉基坑土方开挖与回填的标准,会结合地形和土质情况,组织实施明挖扩大基础支护施工、预制桩施工、钻孔桩及挖孔桩施工及沉井施工。

思考与练习

1. 为什么要进行基坑降排水?
2. 试述基坑降水方法,并指出其适用范围。
3. 试述土方的填筑材料的要求。
4. 试述明挖基坑围堰的种类和要求。
5. 试述钢筋混凝土预制桩的制作、起吊、运输、堆放等环节的工艺要求。
6. 钻孔桩灌注桩泥浆起什么作用?
7. 试述钻孔桩灌注桩的施工过程和工艺流程。
8. 什么是沉井?沉井一般由哪几个部分组成?各部分的作用是什么?
9. 试述沉井基础的施工过程和工艺流程。

项目 4　桥梁墩台构造与施工

教学目标

通过对墩台构造和尺寸认知、轻型墩台认知的学习，了解桥梁墩台的构造和尺寸，熟悉墩台的各部位名称，掌握不同类型桥梁墩台的构造和形式；通过对混凝土墩台施工模板类型与构造、桥墩钢筋混凝土施工、顶帽及支承垫石施工的学习，了解施工模板的类型与用途，掌握桥墩混凝土施工的方法和注意事项；通过对高墩施工、拼装式墩台施工、砌体墩台施工的学习，掌握高墩施工的滑模等施工方法。

教学要求

知识要点	能力要求	相关知识
墩台构造和尺寸认知	了解桥梁墩台的构造和尺寸，熟悉墩台的各部位名称	桥涵设计规范
轻型墩台认知	了解轻型桥梁墩台的构造，熟悉使用柔性墩的条件	
桥梁附属设备认知	熟悉附属于墩台上的防火、检查支架、通信支架、接触网支架的布置与形式，掌握锥坡的施工放样及施工注意事项	
混凝土墩台施工模板类型与构造认知	熟悉桥墩施工各种模板的类型与构造，能根据不同桥梁选择施工模板	土木工程模板施工计算手册
桥墩钢筋混凝土施工	掌握桥墩钢筋加工和混凝土施工的方法和施工流程	土木工程钢筋混凝土施工计算手册
高墩施工	掌握滑模、翻模、爬模 3 种施工工艺流程和施工注意事项	钢结构制作与施工

项目 4 桥梁墩台构造与施工

引子

桥梁墩台身是桥梁的主要结构之一。桥梁墩台有很多种形式,也可以采用多种施工方法。

桥墩一般由支承垫石、顶帽、托盘(盖梁)、墩身组成。墩身水平截面形状主要有圆形、圆端形、矩形。

桥台由台顶、台身及防排水、检查台阶和锥体护坡等附属设备组成。

铁路圆端形桥墩

海口世纪大桥的宝塔形桥墩

任务 4.1 墩台的构造和尺寸认知

4.1.1 概述

桥台、桥墩及其基础是桥梁的下部结构,图 4.1 是一座铁路桥梁立面简图。

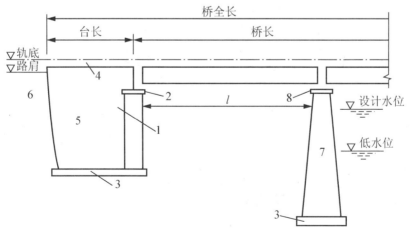

图 4.1 桥梁立面图

1—台身;2—台帽;3—基础;4—道砟槽;5—锥体护坡;6—路堤;7—墩身;8—墩帽

桥墩一般由顶帽、墩身及基础3部分组成。墩身水平截面形状主要取决于水文、通航、地质及线路情况等因素。

桥台由台顶、台身及基础3部分组成，其中台顶包括道砟槽及台帽。道砟槽承托道砟、轨枕、钢轨等。此外，桥台还有防排水、检查台阶和锥体护坡等附属设备，如图4.2所示。桥台的结构形式决定于路堤填土高度、上部构造、水文、地质、地形地貌等因素。

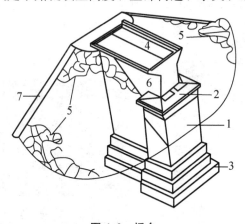

图4.2 桥台

1—台身；2—台帽；3—基础；4—道砟槽；5—锥体护坡；6—台顶；7—检查台阶

在选定墩、台位置与形式时，还必须考虑到施工和养护的要求。

4.1.2 桥墩

桥墩按自重可分为重力式桥墩和轻型桥墩；按体型可分为实体桥墩和空心桥墩；按墩身材料可分为砌石桥墩、混凝土(或片石混凝土)墩和钢筋混凝土桥墩；按墩顶所承受水平力的不同分配情况，可分为刚性桥墩和柔性桥墩。下文以实体桥墩来说明桥梁桥墩形式。

实体桥墩的墩身截面形状常用的有以下4种，如图4.3所示。

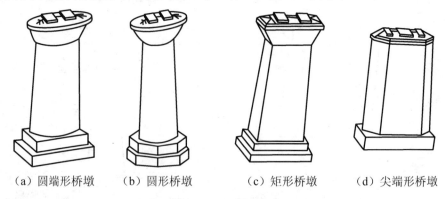

(a) 圆端形桥墩　　(b) 圆形桥墩　　(c) 矩形桥墩　　(d) 尖端形桥墩

图4.3 常见的几种实体桥墩

1. 圆端形桥墩

圆端形桥墩是在有水河流中使用最广泛的一种桥墩,特点是具有较大的截面模量,并有利于减轻桥墩周围的局部冲刷,适用于水流斜交角度不大于15°的水中桥墩。

2. 圆形桥墩

圆形桥墩适用于河流急弯、流向不固定、与水流斜交角度大于15°的桥梁中;不宜用于斜交角度小于5°的桥,亦不适用于下承式梁部结构的桥梁。为减小圬工体积,一般在桥墩顶部设有托盘。

3. 矩形桥墩

矩形桥墩具有圬工量较省、施工方便的优点,缺点是对水流阻力较大,故矩形桥墩一般适用于无水或静水处。

4. 尖端形桥墩

尖端形桥墩曾用于水流方向与桥梁法线的斜交角度小于5°及河床不允许有严重冲刷的小跨度桥中。这种桥墩因其尖端部分施工麻烦,现已很少采用。

4.1.3 桥台

常用的桥台有U形[图4.4(a)]、T形(图4.2)、埋式[图4.4(b)]、耳墙式[图4.4(c)]等类型。

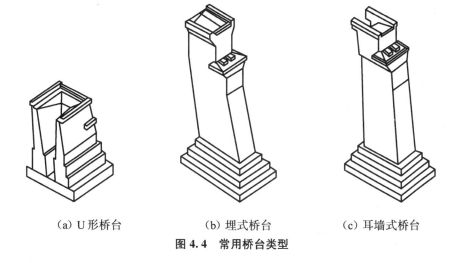

(a) U形桥台　　　　(b) 埋式桥台　　　　(c) 耳墙式桥台

图 4.4　常用桥台类型

1. U形桥台

U形桥台由支承桥跨的前墙与连接路堤的两翼墙所组成,适用于小跨度(8.0m以下)、低填土(单线6.0m或双线4.0m以下),故为一般小桥常用。车站内多线桥,有时亦采用此种形式作特别设计,避免分建多个T形桥台。

U形桥台的特点是节省圬工,台身较轻,基底应力低;主要缺点是U形中间填土部分容易积水，受冻结膨胀及填土压力的作用，易使墙身产生裂纹，影响使用寿命；构造复杂，棱角较多，施工困难。

2. T形桥台

这是一般大中桥使用最广泛的一种桥台形式，此种桥台的特点是节省圬工，并克服了U形桥台中间积水的缺点，但道砟槽需要钢筋较多，台身长度也随着填土高度增加，当填土较高时，圬工量较大。它适用于中等高度填土，一般用于填土高度在 $4\sim12\mathrm{m}$，跨度为 $5.0\sim20.0\mathrm{m}$ 的钢筋混凝土梁及跨度为 $8.0\sim32.0\mathrm{m}$ 的预应力混凝土梁。

3. 埋式桥台

遇路基填土较高时，可使部分台身埋入锥体，压缩桥孔，缩短桥台长度，此种桥台称为埋式桥台。当路基填土很高，并且桥跨结构为上承式时，可考虑采用埋式桥台。埋式桥台台身为矩形，结构简单，节省圬工，可做成较高的桥台，适用于地面坡度很缓而填土较高之处。

埋式桥台的缺点：锥体侵入桥孔，减少过水面积，锥体填土和铺砌的数量很大，护坡易受水流冲刷，增大养护难度，故常用于跨越深谷的高桥上。

4. 耳墙式桥台

为了缩短台长节省圬工，避免锥体过多侵入桥孔，可采用两片耳墙代替一部分台尾与路堤相连接，此种桥台称为耳墙式桥台。它适用于中等高度填土，其优点是节省圬工，缺点是耳墙施工较困难，并且需要较多的钢筋；当填土较高时，锥体坡脚伸出前墙，需加固坡脚或加设挡土墙；桥台基底应力较大。

4.1.4 桥墩的构造与尺寸

1. 顶帽

顶帽有两种形式，即飞檐式顶帽[图 4.5(a)]和托盘式顶帽[图 4.5(b)]。因架梁和维修的需要，顶帽横向尺寸较大。顶帽一般由支座锚栓、支承垫石、墩帽和托盘等组成。

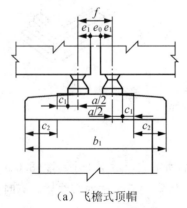

(a) 飞檐式顶帽　　　　　　　　(b) 托盘式顶帽

图 4.5　顶帽尺寸

1）墩帽

墩帽应采用不低于C20的混凝土，一般均设置钢筋。钢筋混凝土梁的实体墩台帽有下列情况之一时，可不设置钢筋：①无支座；②整体灌筑的混凝土墩台，当用在雨水极少或最冷月份里平均气温高于5℃的地区，厚度大于或等于60cm且不带托盘。

墩帽厚度不应小于40cm，并应设有不小于3%的排水坡及突出墩身10～20cm的飞檐，以便排除墩帽上的雨水，并增加美观效果。墩帽的最小尺寸必须满足安放支座的需要。

2）托盘

当墩帽横向宽度较大，而墩身顶面宽度较小时，为节省圬工，一般在墩帽下设置托盘过渡，这种顶帽称为托盘式顶帽。

托盘式顶帽，缩颈处的横向宽度B不得小于支座下座板外缘的间距b。托盘的高度和坡度线视墩帽宽度而定，应符合下列要求，如图4.6所示。

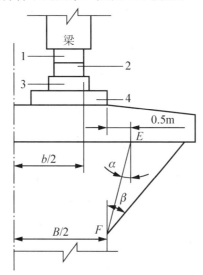

图4.6 托盘式顶帽

1—上支座板；2—下支座板；3—垫板；4—支承垫石

（1）托盘坡度线与铅垂线间的夹角$β$不得大于45°。

（2）在支承垫石边缘外侧0.5m处，墩帽下缘点（即图4.6中E点）与墩颈边缘点（即F点）的连线（即线EF），应与铅垂线的夹角$α$不大于30°。

在地震区，一般不采用托盘式顶帽，因缩颈处形成一薄弱面，对抗震不利。

按上述原则拟定尺寸的托盘，除在缩颈处设置构造钢筋外，其余可不设钢筋。托盘及托盘下一小段墩身混凝土等级与墩帽相同。

托盘式顶帽的构造实例如图4.7所示。

3）支承垫石

墩帽顶面在安装支座的地方做成平台，称为支承垫石，其顶部设一层网状钢筋，钢筋直径一般是10mm，间距是10cm。支承垫石的顶面应高出墩帽排水坡的上棱，其尺寸比支座底板每边加大 15～20cm，如图 4.5 中 c_1 的要求所示。

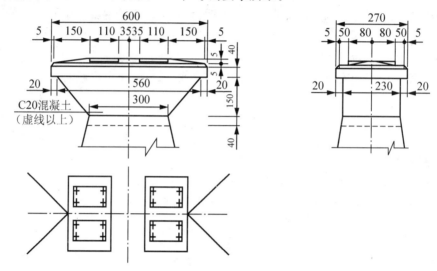

图 4.7 托盘式顶帽构造(直线矩形桥墩，单位：cm)

4）支座锚栓

支座锚栓是锚固在支承垫石上的支座螺栓，起固定上下支座的作用。施工时一般先预留孔位，架梁时再固定，以保证位置准确。

5）曲线上的桥墩

曲线上的桥墩，由于离心力产生较大力矩，为了减少桥墩所承受的弯矩，节约圬工，曲线桥可将桥墩中心线向曲线外侧移动一定距离，使梁中心线对桥墩中心线有一偏心，称为预偏心，一般为 35～50cm。预偏心的作用在于使梁重及竖向活载对构造桥墩中心线产生力矩，以抵消一部分离心力的弯矩。故梁在曲线上，墩帽的构造与梁在直线上有所不同。

6）异形墩帽

如桥墩上相邻两跨的建筑高度不同时（例如，两边跨度不相等，或者一边为上承式另一边为下承式），桥墩顶帽可采用如图 4.8 所示的异形墩帽。为使两个不相等跨度梁支座反力的合力尽可能接近桥墩中心轴线，以减少垂直力的偏心，宜将大跨的支座靠近桥的中心线。顶帽（包括支墩加高部分）均应设置钢筋。

2. 墩身

墩身侧面一般均做成斜坡，但如果高度不大，即在 6m 以内时，为了施工方便，也可不设坡度。墩高很大的桥墩，也可分段做成台阶状。

4.1.5 桥台的构造与尺寸

1. 桥台的构造

1）台顶

桥台顶帽底面线以上部分叫台顶，由台帽和道砟槽组成。

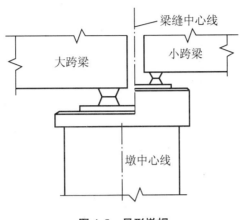

图 4.8 异形墩帽

(1) 台帽：台帽直接承受梁传下来的荷载，并把它传到台身。台帽平面尺寸除需满足放置支座和传力的要求外，还应考虑架梁和桥梁养护工作的要求，有时做成托盘式顶帽。

(2) 道砟槽：道砟槽是铁路桥台顶铺设道砟的地方，其顶面应做成斜坡以利排水。道砟槽两侧有挡砟墙，挡砟墙内预埋 U 形螺栓，以便设置栏杆。道砟槽前端的挡碴墙又称为胸墙。胸墙至道砟槽后端（台尾）的距离称为台长（或桥台长）。道砟槽顶宽不应小于 3.9m，轨底至少应高出挡砟墙顶 20cm。轨底道砟厚度不应小于 25cm。

2) 台身

台身指桥台顶帽底面线以下，基础顶面以上的部分。因为桥台两侧有锥体填土，可以帮助抵抗横向的荷载，故台身的侧面常做成竖直的。在纵向上，台身后面稍向后仰；台身前面称为前墙，一般都是竖直的，但有时由于受力的要求而做成斜坡，以加大台身底部面积。

3) 桥台的附属设备

(1) 防水层：为了避免圬工受到侵蚀，桥台道砟槽顶面和台身被土掩埋的表面，应按规定铺设防水层或做适当处理。

钢筋混凝土道砟槽上的防水层如图 4.9 所示。首先用素混凝土铺设垫层，做成流水坡，然后在垫层上涂沥青漆两次。防水层为两层石棉沥青中间夹一层沥青浸制的麻布。在防水层上再铺 30mm 厚沥青混凝土或 10mm 厚的沥青砂浆作为保护层。而在雨水极少的地区，可仅在垫层上铺一层 10mm 厚沥青砂浆，不做其他处理。

无钢筋的道砟槽，仅在垫层上铺一层 10mm 厚的沥青砂浆。

(2) 锥体填土及其护坡：路基前方填土伸入桥台部分呈锥体形状，称为桥台锥体填土，其作用是加强桥台和路基的连接并包裹桥台，增加桥台的横向稳定性。锥体填土宜用渗水土填筑。锥体填方的坡面，一般以全高防护，并根据流水、流冰等情况，决定防护标准。

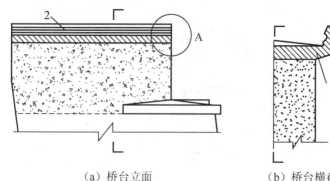
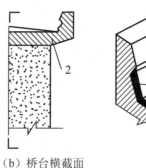
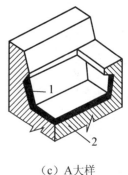

（a）桥台立面　　　　　（b）桥台横截面　　　　（c）A大样

图 4.9　道砟槽防水层

1—防水层；2—C10 混凝土垫层

（3）检查台阶：当填土大于 4m 时，为便于检查桥台及护坡，在桥台台尾路堤与锥体填土交界处的边坡上修筑检查台阶，台阶可用混凝土或浆砌片石砌筑。

2. 台后排水

为排除台后积水，保证桥台稳定，锥体及台后填方(下方不小于 2m，上方不小于 2m 加桥台高度范围)内原则上均应以渗水土填筑。

3. 桥台的主要尺寸

桥台的主要尺寸如图 4.10 所示。

1）顶帽

桥台顶帽在纵向的尺寸为：

$$c \geqslant a/2 + e_1 + e_0 + c_1 + c_2$$

桥台顶帽的横向尺寸应不小于两支承垫石外侧之间的距离加上 c_2'。

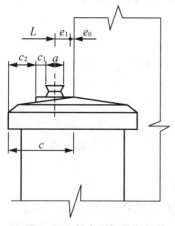

图 4.10　桥台顶帽纵向尺寸

2）台身

台身纵向尺寸的拟定应满足下述要求：

（1）台尾上部伸入路肩至少为 0.75m，以保证路堤与桥台的良好连接。

（2）自支承垫石顶面的后缘至锥体坡面的垂直距离不应小于 0.3m。

（3）除埋式桥台外，锥体的坡脚不得超出桥台的前缘。

（4）埋式桥台锥体坡脚可伸出桥台前缘，但坡面与台身前缘相交处应高出设计水位不少于 0.25m。

4.1.6　墩、台标准图的应用

一般情况下，桥梁墩台均可套用标准图进行设计和施工。

1. 桥墩

(1) 根据桥墩处的轨底高程及桥跨的建筑高度(轨底至墩顶高),确定桥墩支承垫石面高程,如图 4.11 所示。

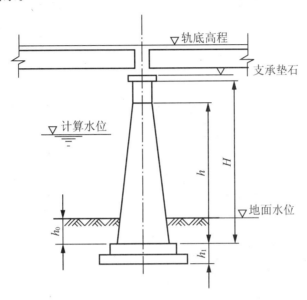

图 4.11 桥墩高度的拟定

(2) 根据桥跨的跨度选用顶帽的形式和尺寸。

(3) 根据水文和地质等资料及基础最小埋深的要求,拟定基底高程。为了直接套用标准设计图,在确定基底高程时,应使墩身高度 h 与基础厚度 h_1 之和为整米数。

(4) 根据桥梁的跨度、线路情况(直线或曲线)、地基土的类型(岩石或非岩石)、墩身高度、基础厚度、地基的容许承载力等资料,查有关标准图,选用基础尺寸及墩身尺寸。对于非岩石地基和较差岩石地基的基础尺寸,可根据基底最大应力小于或等于地基容许承载力的原则来选用。对于硬质岩石的基础尺寸,可根据墩身高度来选用。

(5) 尺寸确定后,从有关标准图中查得桥墩工程数量,并绘制桥墩设计图。

2. 桥台

以铁路桥 T 形桥台为例,标准图图号为叁桥 4025,如图 4.12 所示。

(1) 确定填土高度(H):标准图中填土高度一般以 0.5m 为单位。

(2) 确定桥台长度(d_1):填土高度确定之后,即可算出 d_1,具体为

当 $H \leqslant 6m$ 时,$d_1 = 0.75 + H - d_0$。

当 $6m < H \leqslant 12.5m$ 时,$d_1 = 6.75 + 1.25(H - 6.0) - d_0$。

式中,d_0 为桥台胸墙至前墙的距离,d_0 及 d_1 均可从标准图中查得。

(3) 确定埋置深度及地面至基底的总深度 h。确定埋深之后,就可以计算出设计地面至基底的总深度 h(h 应以锥体护坡与前墙的交点算起)。

桥梁施工与维护

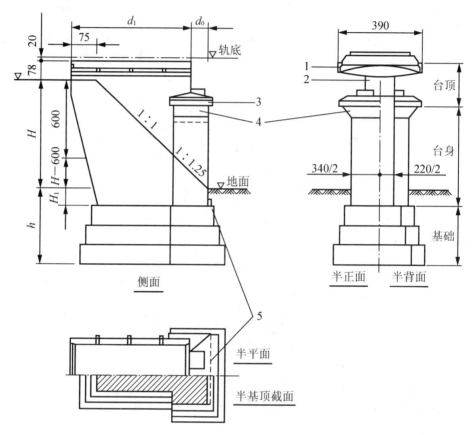

图 4.12 T 形桥台(单位：cm)
1—道砟槽；2—台顶；3—台帽；4—托盘；5—台前加台部分

(4) 确定基础尺寸及台身入土深度 H_1：根据桥梁跨度 L，填土高度 H，地面至基底深度 h 及地基土的容许承载力，由标准图查得基础的层数和尺寸(应使基底最大应力 $\sigma_{max} \leqslant [\sigma]$)。在确定基础层数及尺寸的同时，也就决定了台身入土深度 H_1。

(5) 根据填土高度，台身入土高度 H_1 和桥梁跨度 L，可由标准图查得台身尺寸。

(6) 顶帽部分及台顶部分尺寸：在标准图中可查得各种跨度的有关顶帽尺寸及其他各部分细节尺寸。

(7) 防护工程：主要是锥体护坡及河床加固。

(8) 工程数量：根据选定的台身尺寸及基础尺寸，可在标准图中查出相应的工程数量。

4.1.7 墩台抗震措施

在地震区，桥梁须按抗震要求进行设计。抗震设计的方针应以预防为主，并按桥梁的重要性和修复难易程度区别对待。对于主干线的桥梁，抗震设计建成后，要求在遭受相当于设计烈度的地震影响时，不致产生大的结构性破坏(如桥梁坠落、墩台倒毁或折断等严重破

· 134 ·

坏),稍加整修即可正常使用;对于一般线路桥梁,要求做到短期抢修后,即可恢复正常。

我国发生烈度为7度、8度、9度地震的区域较广,结合我国国民经济条件,规定设防范围为7度、8度、9度。即位于7度以上地震区的桥梁,须按地震区桥梁设计,并设置防震措施。

地震区的桥孔宜按等跨布置,并避免采用受斜向土压的桥墩,桥台宜采用T形或U形桥台。

特大桥、大中桥若遇可液化土及软土地基时,应适当增加桥长,将桥台放在稳定的河岸上。在主河槽与河滩分界的地形突变处,不宜设置桥墩。

当桥梁跨越断层带时,桥墩台基础不应设置在严重破碎带上。

位于饱和粉细砂及饱和黏砂土上的桥梁,地震时,部分地基液化失效,这些地区的桥梁应加强基础,采用桩基或沉井穿过可能液化的粉细砂层,并尽可能埋入较稳定密实的土层内。必要时,桩基桥台宜设置斜桩或在桥台附近的墩台基础间加设支撑等加强措施。

无护面钢筋的墩台,应尽量减少施工缝。施工缝上(特别是基顶与墩台身连接处)应设置接头钢筋,并采取措施保证接缝处混凝土的整体性。

在地震区的桥梁,一旦发生落梁,则修复十分困难,拖长中断行车时间。因此,桥梁支座的锚栓、销钉、防震板等应有足够的抗震强度,并应采取措施防止落梁。简支钢梁端采用钢板把梁铰接起来。简支钢筋混凝土梁,在端横隔板上预留螺栓孔,架梁后用螺栓将相邻梁端连接在一起。螺帽下垫弹性海绵垫圈,不影响正常使用;或在墩帽上梁端横隔板处,做一个防止落梁的钢筋混凝土支墩;或从主梁上预留出头钢筋,架梁后锚固在墩台帽上,等等。

对深水、高墩、大跨等修复困难的桥梁,为了避免梁跨坠落桥下,也为了方便抢修工作,缩短修复时间,墩台帽应适当加宽20~35cm。

拼装式墩台的接头,应予以加强,设计烈度为9度时,接头设计宜经过试验研究确定。

在地震区主干线上,应估计到地震引起的次生灾害。桥梁孔径和净高均应适当加大。

涵洞的抗震性能比小桥好,应尽量采用。设计烈度为8度、9度的土质地基上的涵洞,其出入口宜采用翼墙式。涵洞基础不宜设计在路堤填方上。

任务4.2 轻型墩台认知

由实体重型向空心轻型转变,这是桥梁墩台的发展方向。按施工方法及形状的不同,可以分为柔性桥墩、空心桥墩、双柱式桥墩、锚定板桥台及拼装装配式桥墩台等。

4.2.1 柔性桥墩

1. 概述

柔性桥墩是桥墩轻型化的一种结构形式,图4.13所示为板壁式柔性桥墩。

一般重型桥墩截面较大的原因是墩顶承受较大的水平力。因此减小墩顶水平力,是桥墩向轻型化发展的有效措施。柔性桥墩把大部分桥墩的支座改为固定支座,通过梁和刚性墩（台）串联以后，形成一个共同受力体系，则作用在桥上的纵向水平力，将按各墩台的抗剪刚度来分配。刚性墩台承受了大部分的纵向水平力柔性墩台只随了3%以下的微小水平力，这就大大改善了桥墩受力条件。柔性桥墩主要承受竖向荷载，可使混凝土的受压强度得以充分发挥。

图4.14为柔性墩桥式布置的示意图。在两个刚性墩台之间设置若干个柔性墩，把简支梁两端均用固定支座与墩台联结起来，为了消除梁内温度应力及其他因素引起的梁长变化影响，在两个刚性墩台之间保留一个活动支座。两活动支座之间和第1个活动支座与刚性桥台之间的墩、台、梁组成一联，形成一个共同受力体系，如图4.14所示，AB、BC各为一联。

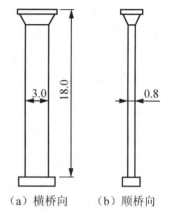

图4.13　板壁式柔性桥墩（单位：m）

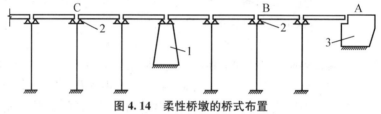

图4.14　柔性桥墩的桥式布置

1—刚性墩；2—活动支座；3—刚性桥台

2.使用柔性墩的条件

1）梁

柔性墩的梁部结构，以钢筋混凝土梁为宜，不宜采用钢板梁，更不宜采用桁梁。

2）刚性墩台

应尽可能将刚性墩台置于地基较好并且墩台较低处。刚性墩一般用实体墩，当高度较大时，也可用空心墩或普通桥台。

3）柔性墩

为使纵向水平力尽量传递至刚桩性墩台，在保证结构刚度、稳定及架梁安全的前提下，应尽量减少柔性墩的纵向抗剪刚度，布置墩位时，一般应置于墩身较高处。

4）基础

由于柔性墩所受纵向水平力很小，基础受力条件大为改善，基底面积可相应缩小，不仅节省圬工，减少挖基数量，而且对位于陡坡上的桥墩，使其基底面积缩小，可以提高基底高程，对降低建筑物高度有利。一般桥墩可用两根桩，比起普通桥墩大大减少了桩的根数。

柔性墩有节省圬工和钢筋、施工简捷、结构坚固等优点，可因地制宜用在各级铁路线上，现已有钢筋混凝土和预应力混凝土梁的柔性墩参考图。但限于实践经验的不足，目前在高速铁路和无缝线路地段的桥梁暂不使用。

4.2.2 空心桥墩

1. 概述

桥墩轻型化的另一种途径,是将重力式墩改为空心墩,以达到减轻重量,节省圬工的目的。特别是高墩,空心墩就更具有优势,因此空心高墩得到迅速发展,近年建成的侯月线海子沟大桥,最高的桥墩达 81m。

2. 分类与构造

按建筑材料类型,空心墩可分为素混凝土空心墩和钢筋混凝土空心墩。素混凝土空心墩一般用于墩高在 50m 以下的桥墩,墩壁厚度一般要求不小于 50cm;钢筋混凝土空心墩的壁厚,应根据设计而定,一般要求不小于 30cm。

按截面形式,空心墩可分为圆形、圆端形和矩形,为了便于滑动模板施工,宜采用圆形或圆端形空心截面桥墩。墩身立面形状可做成直坡形、台阶形与斜坡形;一般宜采用斜坡式变截面空心墩,以适应桥墩的受力特点,并能节约圬工。

空心墩的外形与实体桥墩大致相同,顶帽、托盘的尺寸也与实体桥墩大致相同。空心墩顶帽受力比较复杂,顶帽下宜设实体过渡段,以均匀传递压力和减小列车竖向动力作用;墩身与基础连接处,也设有实体过渡段。实体段连接处,均应增设补充钢筋或设置牛腿。

为了承受局部应力和温度应力,混凝土空心墩墩身外侧宜设护面钢筋。为了调节桥墩内外温差,减小施工中混凝土水化热对墩内温度的影响,应在墩身周围交错设置通风孔。圆形通风孔对墩壁应力分布有利。通风孔离地面不宜低于 5m,并应高出设计频率水位,且应有安全防护设施。为排除墩内积水,可在墩下部过渡段顶部设置排水孔。

为了便于进入空心墩内检查和维修,在墩顶应设置带门的进入洞,以及相应的固定或活动的检查设备,墩身内壁可设固定检查梯。

任务 4.3 桥梁附属设备认知

4.3.1 铁路桥防火设备

为桥上发生火灾时能及时抢救,有巡守工的铁路明桥面钢桥应设置防火水桶及砂箱。防火水桶可放在桥头、避车台或特制的防火设备台上。

钢梁基本轨之间的桥面,应全部或部分铺设防火碎石层或镀锌铁皮。桥下和上下游各 30m 范围内,应将干枯树枝及易燃物扫除干净。

长大与重要的桥梁,视实际情况再装备化学灭火器、水枪、抽水机等防火用具。

4.3.2 检查设备

为了保证维修养护人员的正常工作及操作安全,桥涵应设置必要的检查设备。

(1) 为了便于到涵洞、锥体护坡、桥下进行检查,当桥涵处路堤高度超过 3m 时,应在路堤边坡上设置简易台阶。

(2)当梁跨大于10m,墩台顶帽面至地面的高度大于4m,或墩台处于经常有水的河流中,墩台顶应设围栏、吊篮(桥墩设双侧),如图4.15所示。桥面下到墩台顶应设梯子。如墩台处设有避车台,可利用避车台的支柱设置检查梯。

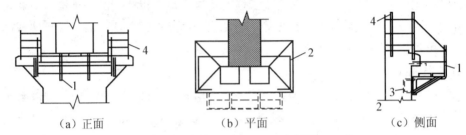

图 4.15 桥台检查设备(适用于台帽宽 6m 时)

1—吊篮;2—围栏;3—预埋 U 形螺栓;4—梯子

(3)钢梁、圬工梁、拱等,应根据结构形式和需要,分别安装吊篮、检查板、活动检查小车、栏杆和梯子等。

4.3.3 通信支架

跨河通信线的杆距大于150m,应在桥上设置通信支架。桥上通信支架应设在桥墩台上。在特殊困难情况下,方可将个别支架架在钢梁上,但不宜设在钢筋混凝土梁或预应力混凝土梁上。原则上应使通信线路成直线通过。

设在桥墩上的通信支架,根据桁架的形式,可分为立体桁架和单片桁架。立体桁架考虑了因偶然事故有20%电线折断时所产生的不平衡拉力作用,单片桁架则不考虑因偶然事故而发生的电线折断的影响。立体桁架支架间距不超过150m,单片桁架支架间距一般为50m。

4.3.4 铁路桥接触网支架

在电力牵引或预定为电力牵引的铁路桥梁上,当桥长在40m以上时,应在桥墩台上设置或预留设置接触网支架的位置,如图4.16所示。

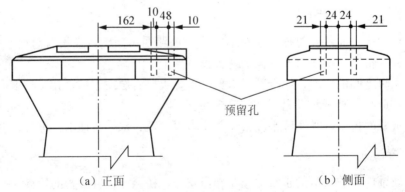

图 4.16 接触网支架预留孔(单位:cm)

项目 4 桥梁墩台构造与施工

曲线地段一般设在外侧;直线地段,根据桥梁两端连接情况确定其左右侧。

接触网支架最大跨距,根据线路曲线半径及风力作用,及受电弓中心容许风力偏移量的大小等因素而定,其最大间距根据现有气象条件,一般采用表 4-1 所列值。

表 4-1 接触网支架最大间距

线路曲线半径/m	300	400	500	600	600	≥1000	直线
支架最大间距/m	42	47	52	57	62	65	65

任务 4.4 混凝土墩台施工模板类型与构造认知

桥梁墩台施工的方法有两类:一类是就地浇筑与石砌;一类是拼装预制混凝土砌块、钢筋混凝土与预应力混凝土构件。大多数是采用前者,但施工期限较长,且耗费较多的人力与物力。近年来,随着重型机械、运输机械的发展,采用拼装预制构件,建造实心、空心墩台的施工方法有所进展,不仅可以保证施工质量、减轻劳动强度,而且可以加快施工进度,提高施工效益,尤其对缺少沙石的地区、对沙漠缺水地区建造墩台有着重要意义。

4.4.1 模板的构造要求

墩台轮廓尺寸和表面的光洁通过模板来保证,模板的设计与施工必须符合以下要求:
(1) 尺寸准确,构造简单,便于制作、安装和拆卸。
(2) 具有足够的强度和刚度,能够承受混凝土的重量和侧压力及在施工过程中可能出现的荷载和振动作用。
(3) 模板板面之间应平整,接缝严密,不漏浆,保证结构物外露面美观。
(4) 使用胶合板和钢模板,以节约木材,提高模板的适应性和周转率。

模板的结构还要便于钢筋的布置和混凝土灌筑,必要时应在适当位置安设活动挡板或窗口,支撑模板的支柱和其他构件,也应便于安装和拆卸,并能多次重复使用。因此,对于重要结构的模板均应进行模板设计。

4.4.2 模板的类型

桥梁墩台的模板类型有固定式模板、拼装式模板、组合钢模板、整体吊装模板及滑升模板等。

钢模是用钢材加工制作的,需用 2.5~4mm 厚的薄钢板并以型钢作为骨架,可重复使用,装拆方便,节约材料,成本较低,一般在组合钢模、滑模、爬模等类模板中采用。

1. 固定式模板

固定式模板也称零拼模板,它是采用预先制备的模板构件到工地安装而成的。模板由紧贴混凝土的面板、支承面板的肋木、立柱、拉条(或钢箍)、铁件等组成,如图 4.17 所示。

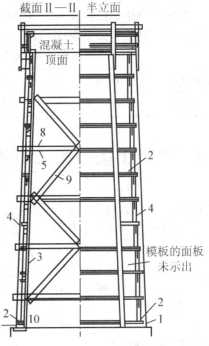

图 4.17 固定式模板

1—肋木；2—弧形肋木；3—面板；4—立柱；5—拉条；6—纵轴拉条；
7—辐向拉条；8—横撑；9—斜撑；10—短木条

安装时，先拼骨架(图 4.18)，后钉壳板。先将立柱安装在承台顶部的枕梁(底肋木)上，肋木固定在立柱上，在立柱两端用钢拉条拉紧并加强连接(可临时加横撑和斜撑)，形成骨架。若桥墩较高，应加设斜撑、横撑和抗风拉索等，如图 4.19 所示。

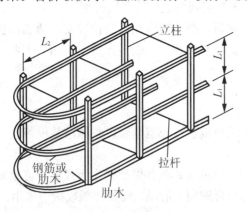

图 4.18 模板骨架

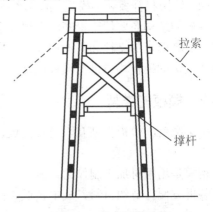

图 4.19 稳定桥墩模板

在桥墩曲面处，应根据曲度采用较窄木板。圆锥形模板的面板则应做成梯形。与混凝土接触的面板,一般应刨光,拼缝应严密不漏浆,多在模板表面铺塑料薄膜,钉胶合板或薄铁皮等。

2. 拼装式模板

拼装式模板将墩台表面划分成若干尺寸相同的板块,按板块尺寸预先将模板制成板扇,然后由各种尺寸的板扇利用销钉连接并与拉杆、加劲构件等组成墩台所要求的模板。拼装式模板适宜在高大桥墩或同类型墩台较多时使用,其特点是当混凝土达到拆模强度后,可整块拆下,直接或略加修整后重复周转使用。

拼装式模板在划分板块时,应尽量使板扇尺寸相同,以减少板扇类型。板扇高度可与墩台分节灌筑的高度相同,为3~6m,宽可为1~2m,可依墩台尺寸与起吊条件而定。单块板扇可用木材、钢材或钢木组合加工而成。如图4.20所示。

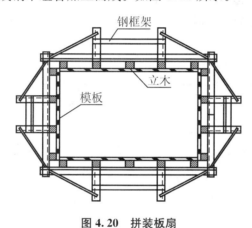

图 4.20　拼装板扇

3. 组合式定型钢模板

组合式定型钢模板是桥梁施工中常用的模板之一。铁路、公路施工部门均颁布过有关的组合钢模板技术规则,为桥梁墩台施工中应用组合钢模板提供了技术依据。还可以按照常见的墩台形式按一定模数设计制造组合钢模板,其优点是可以进行常规尺寸的拼装,以达到节省材料、重复利用的目的。常用的组合式定型钢模板组成部件见表4-2。

表4-2　常用钢模板组成部件表

序号	部件名称	所用材料	规格尺寸	使用部件
1	平面模板	A3钢板	面板厚2.3mm或2.5mm;宽100~300mm,按50mm级进;长有1500mm、1200mm、900mm、750mm、600mm、450mm六种;肋高有55mm,厚2.3mm、2.5mm、2.8mm三种	墩、台平面位置

续表

序号	部件名称	所用材料	规格尺寸	使用部件
2	转角模板	A3钢板	阴角模板：横断面高×宽有150mm×150mm、100mm×100mm，长度同平面模板。 阳角模板：横断面高×宽有100mm×100mm、50mm×50mm，长度同平面模板。 连接角模：横断面高×宽有50mm×50mm，长度同平面模板。	墩、台转角部位
3	倒棱模板	A3钢板	角棱模板：宽有17mm及45mm两种。 圆棱模板：半径有20mm及35mm两种，长度均同平面模板。	墩、台倒棱部位
4	加肋模板	A3钢板	横断面高×宽有50mm×150mm、50mm×100mm，长度同平面模板	墩、台加肋部位
5	柔性模板	A3钢板	宽度100mm，长度同平面模板	墩、台圆形曲面部位
6	可调模板	A3钢板	宽度80mm，长度同平面模板，断面形状为L形，仅一边设肋条	拼装模板面尺寸小于50mm的补齐部位
7	嵌补模板	A3钢板	长有300mm、200mm、150mm、100mm四种。 宽有平面嵌板有200mm、150mm、100mm三种。 阴角嵌板——100mm×150mm； 阳角嵌板——150mm×100mm； 连接角模——50mm×50mm	用于墩、台的接头部位，形状同平面模板及转角模板

注：表中各种模板的肋条高度均为55mm。

组合钢模板具有强度高、刚度大、拆装方便、通用性强、周转次数多、能大量节约材料等优点。

4．整体吊装模板

将墩台模板沿高度水平分成若干节，每一节的模板预先组装成一个整体，在地面拼装后吊装就位。整体吊装模板常用钢板和型钢加工而成，节段高度可视墩台尺寸、模板数量、起吊能力及灌筑混凝土的能力而定，一般为3～5m。模板安装完后在灌筑第1层混凝土时，应在墩、台身内预埋支承螺栓，以支承第2层模板和安装脚手架。

整体吊装模板的优点：大大缩短工期，灌筑完下节混凝土后，即可将已拼装好的上节模板整体吊装就位，继续灌筑而不留工作缝；模板拼装可在地面进行，有利于施工安全；利用模板外框架作简易脚手架，不需另搭施工脚手架；模板刚性大，可少设或不设拉条；结构简单，装拆方便。缺点是起吊重量较大。

5．滑升模板

滑升模板是模板工程中适宜于机械化施工的较为先进的一种形式。它是利用一套滑动提升装置,将安装在桥墩承台位置处整体模板连同工作平台、脚手架等,随着混凝土的灌筑,沿着已灌筑好的墩身慢慢向上提升,不断地灌筑混凝土直至墩顶。用滑升模板施工,速度快、结构整体性好,适用于竖立式而断面变化较小的高耸结构,如桥墩、电视塔、水塔、立柱、墙壁等。

滑升模板都用钢材制作,其构造依据桥墩类型、提升工具的不同而稍有不同,但其主要组成部分和作用则大致相同,一般由模板系统、提升系统、操作平台系统3部分组成。具体见高墩施工有关内容。

任务 4.5 桥墩钢筋混凝土施工

4.5.1 钢筋工程

建筑物钢筋混凝土构件,一般使用Ⅰ级(HPB235)和Ⅱ级(HRB335)热轧钢筋。

1. 检验和保管

钢筋均应附有出厂合格证明或试验报告单,并经工地现场作二次复试,质量合格方能使用。如发现钢筋有脆断、焊接或力学性能不正常时,应取样试验或作必要的化学成分分析。

堆放钢筋应在工地设库房或料棚,按钢号、类型、直径等分别存放,钢筋必须离开地面不小于20cm。Ⅱ~Ⅳ级的钢筋,其外形极为相像,但强度差别很大。因此,对钢筋的品种牌号必须分清,应采用挂牌制。

堆存钢筋的库棚及工作房不能存放酸性物质和油、盐一类的物品,并远离有害气体,以免污染或腐蚀钢筋。库房或料棚的四周应挖掘排水沟,经常保持库棚内地面干燥,以防钢筋锈蚀。

2. 代用

应按设计文件要求使用钢筋。个别特殊情况必须代用者,应按相关规定进行检算并办理相关手续。

3. 钢筋加工

1) 钢筋调直

钢筋在使用前必须调直。直径在10mm以下的钢筋,一般卷成圆盘,称为盘条;直径在10mm以上的钢筋,长度为6~12m,大多弯成U形以便运输装卸。

盘条可用绞磨或绞车拉直;较粗的钢筋,可放在扳柱铁板上用扳子将硬弯大致扳直,然后在工作平台上用手锤整直所有慢弯,直至钢筋在工作台上可以来回滚动方为合格;也可采用功率较大的慢速卷扬机拉直慢弯,但应控制钢筋的伸长率不得超过0.1%。

2) 除锈

氧化作用会引起钢筋表面生锈。初期现象为黄褐色斑点或斑痕叫作水锈或色斑,这种斑锈在焊接部位应清除干净,其余可不处理。但当斑痕已成为一层锈皮,用锤击就能剥落时,就会影响混凝土与钢筋的粘结,这种锈皮必须清除干净。预应力混凝土构件中的钢筋除锈则要求更严,钢筋或钢丝带有色斑、锈皮均应清除。

钢筋除锈方法，简单的有钢丝刷或砂盘除锈，也可以采用机械喷砂等方法除锈。

3）配料

钢筋配料工作，就是根据设计图样和施工规范的要求，计算出每种规格钢筋的根数和长度，按钢筋规格、数量汇总成表据以统筹安排进行配料，力求避免浪费。

（1）下料长度。一般情况下，受拉的光面钢筋的末端应弯成180°的半圆形弯钩，如图4.21所示。设计图样上标注钢筋尺寸时，对于有弯钩的钢筋，都注明至钢筋端点的尺寸。因此，在计算下料长度时，必须算出钢筋弯钩增加的长度。一般情况下，钢筋弯钩增加的长度为：180°弯钩——弯钩增加值为 $6.25d$；90°弯钩——弯钩增值为 $4.2d$。

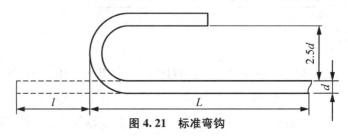

图 4.21 标准弯钩

钢筋经过弯曲，因塑性变形引起的长度增加，称为钢筋弯曲伸长值，一般情况下45°、90°、180°弯曲的伸长值分别为 $0.5d$，$1.0d$，$1.5d$。但伸长值与钢筋材质、直径、弯曲度及加工方式有关，采用时宜通过试弯校核。计算下料长度时应减去钢筋弯曲伸长值。

即钢筋的下料长度＝钢筋的直线段长度＋弯钩增加值－弯曲伸长度

（2）接头。钢筋的接头应按施工规范要求布置。焊接接头，一般是先焊接后下料，只需考虑其部位问题；绑扎接头要考虑其搭接长度。

4）钢筋的切断

（1）手工切断：手工可切断直径6～32mm的钢筋。盘条可用断丝钳，较粗的钢筋可用钢筋切断机切断。此法劳动强度大，工效低。

（2）手动切断机：利用杠杆原理来切断钢筋，一般只能切断直径19mm以下的钢筋。

（3）电动切断机：电动切断机效率高，适用于工程量较大的工地，可以切断直径6～40mm的钢筋，直径较小的钢筋可一次切断数根，如图1.60所示。

5）钢筋弯曲成形

将已切断的钢筋弯成所要求的尺寸形状，是钢筋加工中的主要工序之一。如钢筋弯曲成形不正确，或翘曲不平，将使绑扎、安装困难，甚至造成质量事故。

钢筋的弯曲成形可分为机械及手工两种方法：

（1）机械弯筋，即使用钢筋弯曲机（如图1.61所示）进行弯制，工效较高，劳动强度低，适用于大型建筑工地，可弯直径6～40mm的钢筋。

（2）人工弯钢筋通常采用扳手在硬木工作台上进行，弯筋器具底盘固定在工作台上，底盘上安设扳柱（直径22mm以上的圆钢）。其中，四柱式适用于弯制较粗的钢筋，三柱式对大小钢筋均适用。要进行弯制钢筋工作，应准备大小不同规格的一套扳手。

4. 钢筋的接头

钢筋接头的形式有绑扎、焊接、机械连接3种。

1) 绑扎接头

绑扎接头是把钢筋按规定搭接起来,在搭接部分的中心和两端用铅丝扎紧,如图4.22所示。绑扎接头依靠钢筋搭接部分锚固在混凝土中来传力,钢筋直径超过25mm时不应采用绑扎接头。

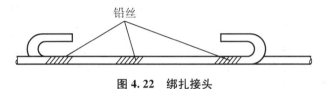

图4.22 绑扎接头

绑扎接头操作方便,但其缺点是:①不如焊接接头牢固可靠,特别是钢筋直径较大的情况;②要消耗较多的钢材;③搭接占地方大,用于钢筋密集的结构时,浇筑混凝土有困难;④工效低,进度慢。

受力钢筋的绑扎接头,不应集中在同一截面内(按规定凡两根钢筋的绑扎接头中心间距小于施工规范值时,即看作在同一截面)。按钢筋横截面面积计算,在同一截面内,受拉区只允许有25%的接头,受压区只允许有50%的接头。绑扎接头应布置在受力较小处(如简支梁不应把接头放在梁的中间,可放在靠近两端1/3范围内);距钢筋弯曲处10d范围之内,也应避免设置绑扎接头。

2) 焊接接头

焊接接头有节约钢材、提高工程质量、缩短工期的优点,特别适用于钢筋工程量较大的建筑工地。焊接接头分接触对焊和电弧焊两种。

(1) 接触对焊:这是一种成本低、质量好、效率高的接头方式。其工作原理是使钢筋的端面接触,通电发热到一定程度,再加压顶锻,把两根钢筋对接成一体。接触对焊又分为电阻对焊和闪光对焊两种。

① 电阻对焊要求对焊机有较大功率,钢筋的端头面必须加工铣平且与钢筋轴线垂直。此种接头可能含有部分金属氧化物,质量不够理想,耗电量大,一般较少采用。

② 闪光对焊有很多优点:质量较好,焊接点平整牢固;用电省,只需电阻对焊1/3～1/2的功率;生产效率高,平均20s左右接头一次,而电阻对焊一个接头需50s左右;焊件端头不需加工铣平。

(2) 电弧焊:包括交流、直流两类电焊机。其工作原理是利用电弧产生的热能,把钢筋末端和焊条(或帮条和焊条)熔化,冷却凝固后便形成焊接接头。

电弧焊焊条应选用低碳、低合金、高强度钢焊条,并符合国家标准。焊条的型号、直径和钢筋直径与焊接形式有关,应按规定选用。

3) 机械连接接头

钢筋机械连接常有套筒挤压连接、锥螺纹套筒连接、直螺纹套筒连接3种形式,是近年来大直径钢筋现场连接的主要方法。

(1) 钢筋套筒挤压连接:亦称钢筋套筒冷压连接。它是将需连接的带肋钢筋插入特制钢套筒内，利用液压驱动的挤压机进行侧向加压数道，使钢套筒产生塑性变形，套筒塑性变形后即与带肋钢筋紧密咬合达到连接的效果。它适用于竖向、横向及其他方向的较大直径带肋钢筋的连接。与焊接相比，套筒挤压连接的接头强度高，质量稳定可靠，是目前各类钢筋接头中性能最好、质量最稳定的接头形式。

（2）钢筋锥螺纹套筒连接：利用锥形螺纹套筒将两根钢筋端头对接在一起，利用螺纹的机械咬合力传递拉力或压力。

（3）钢筋直螺纹套筒连接：将钢筋待连接的端头用滚轧加工工艺滚轧成规整的直螺纹，再用相配套的直螺纹套筒将两钢筋相对拧紧，实现连接。

5. 钢筋的安装

钢筋的安装是钢筋工程中最后一道工序。原则上应尽量减少单根就地绑扎，尽可能采用整体或半整体安装。

1) 钢筋的现场绑扎

较复杂的结构应结合具体情况预先研究好绑扎顺序，特别是在一些钢筋种类多、数量大、形状复杂的结构中，必须避免错绑、漏绑或钢筋穿不进去，造成返工。一般先使长的主钢筋就位，再套上箍筋，初步绑成骨架，然后穿短的次要的钢筋，最后完成各个绑扎点。

2) 预制钢筋网的绑扎

预制钢筋网（骨架）比起现场就地绑扎有许多优点：工效高、进度快、工期短（基本上可以不占建筑物主体施工的工期），并且本身刚度大，在运输安装和灌筑混凝土时，不易发生变形和损坏。

预制钢筋网的绑扎方法和在工地现场进行单根绑扎基本相同，可在地坪上划线进行。较大的钢筋网可采用加劲钢筋加固，预制钢筋的主要交接点，宜用点焊机点焊牢固。其他交接点可用绑扎。

吊运较短小的钢筋网（架），可采用两端带有小挂钩的吊索，在距钢筋网两端1/4处兜系吊运。吊运较长的钢筋网，则应多用几根吊索或利用平衡梁使每根吊索均匀受力，以避免钢筋网受到挤压而变形。

3) 混凝土保护层

为了保证钢筋混凝土保护层厚度，应按设计尺寸，预先制造一些保护层垫块与钢筋同时安装。一般用水泥砂浆或小卵石（碎石）混凝土制成，垫块中埋入18～22号铅丝，用铅丝把垫块固定在钢筋上，以免垫块移动影响保护层厚度。此外，也可使用钢筋耳环或其他措施。

4.5.2 混凝土施工

1. 混凝土的拌制

混凝土的拌制就是将水泥、水、砂石骨料和外加剂等原材料在一起均匀拌和的过程。搅拌后的混凝土要求均质，且达到设计要求的和易性与强度。

拌制混凝土配料时，必须严格按照施工配料单进行。各项材料允许的配料误差为：水泥及外掺混合材料±2%，水及附加剂溶液±2%，粗细骨料±5%。

1) 搅拌机的分类

混凝土的拌制方法有人工与机械两种，一般采用机械拌制，只有零星小工程方可采用人工拌制。混凝土机械拌制，一般使用混凝土搅拌机。搅拌机分自落式与强制式两种，自落式搅拌机适用于塑性混凝土，强制式搅拌机适用于干硬性混凝土。

2) 影响搅拌机工作的因素

为了获得均匀优质的混凝土拌和物，除合理选择搅拌机型号外，还必须正确确定搅拌机的转速、装料容积、投料顺序和搅拌时间等。

(1) 搅拌机的转速。当转速过高时，自落式搅拌机的混凝土拌和料会在离心力作用下吸附于筒壁不能自由下落；若转速过低，则既不能充分拌和，又会降低搅拌机的生产率。

强制式搅拌机虽不受重力和离心力的影响，但其转速也不能过大，否则将会加速机械的磨损，同时也易使混凝土拌和物出现分层离析的现象。所以强制式搅拌机叶片转轴的转速一般为 30r/min，鼓筒的转速为 6~7r/min。

(2) 装料容积。不同类型的搅拌机具有不同的装料容积，装料容积是指搅拌一罐混凝土所需各种原材料松散体积之和。一般来说，装料容积是搅拌机拌筒几何容积的 1/3~1/2，强制式搅拌机可取上限，自落式搅拌机可取下限。

搅拌完毕后混凝土的体积称为出料容积，一般为搅拌机装料容积的 55%~75%。目前，搅拌机上标明的容积一般为出料容积。

(3) 投料顺序。在确定混凝土各种原材料的投料顺序时，应考虑到如何才能保证混凝土的搅拌质量，减少机械磨损和水泥飞扬，减少混凝土的粘罐现象，降低能耗和提高劳动生产率等。目前采用的装料顺序有一次投料法、二次投料法等。

① 一次投料法：将砂、石、水泥依次放入料斗后再和水一起进入搅拌筒进行搅拌。当采用自落式搅拌机时常用的加料顺序是先倒石子，再加水泥，最后加砂。这种加料顺序的优点是水泥位于砂石之间，进入拌筒时可减少水泥飞扬，同时，砂和水泥先进入拌筒形成砂浆，可缩短包裹石子的时间，也避免了水对石子表面的不良影响，可提高搅拌质量。

② 二次投料法：该法又可分为预拌水泥砂浆法和预拌水泥净浆法。预拌水泥砂浆法是将水泥、砂和水投入拌筒搅拌 1~1.5min 后，加入石子再搅拌 1~1.5min。预拌水泥净浆法是先将水和水泥投入拌筒搅拌 1/2 搅拌时间，再加入砂石搅拌到规定时间。实验表明，由于预拌水泥砂浆或水泥净浆对水泥有一种活化作用，因而搅拌质量明显高于一次加料法。若水泥用量不变，混凝土强度可提高 15%左右，或在混凝土强度相同的情况下，可减少水泥用量约 15%~20%。

当采用强制式搅拌机搅拌轻骨料混凝土时，若轻骨料在搅拌前已经预湿，则合理的加料顺序应是，先加粗细骨料和水泥搅拌 30s，再加水继续搅拌到规定时间。若在搅拌前轻骨料未经预湿，则先加粗、细骨料和总用水量的 1/2 搅拌 60s，或再加水泥和剩余 1/2 用水量搅拌到规定时间。

(4) 搅拌时间。搅拌时间指的是从全部原材料装入拌筒时起，到开始卸料时为止的时间。超过一定限度后，混凝土的强度不再随着搅拌时间的增加而增加，而且时间过长，将导致混凝土出现离析现象,多耗电能,增加机械磨损,降低搅拌机生产效率。我国规范规定不同情况下搅拌混凝土的最短时间见表4-3。

表4-3 混凝土搅拌的最短时间(单位:s)

混凝土坍落度/mm	搅拌机机型	搅拌机出料量/L			混凝土坍落度/mm	搅拌机机型	搅拌机出料量/L		
		<250	250~500	>500			<250	250~500	>500
≤30	强制式	60	90	120	>30	强制式	60	60	90
	自落式	90	120	150		自落式	90	90	120

2. 混凝土拌和物的运输

混凝土自搅拌机卸出后,应及时送到浇筑地点。其运输方案的选择,应根据建筑结构的特点、混凝土的工程量、运输距离、地形、道路和气候条件及现有设备等综合考虑。

混凝土拌和物在运输过程中应保证其均匀性,不得有漏浆、泌水、离析、坍落度减小等现象。运输时间应尽量压缩并应减少不必要的翻装倒运,尤其是在不允许留施工缝的情况下,混凝土运输必须保证其浇筑工作能够连续进行。另外,还必须在水泥初凝前灌筑完毕。

运输有水平及竖直两种情况。水平运输一般采用手推车、汽车或采用带有搅拌设备的专用汽车。竖直运输,可将混凝土拌和物装入吊斗,采用扒杆或井架提升。既有水平运距又有竖直运输时,可采用皮带运输机或缆索吊车。混凝土泵是近年来发展起来的一种较好的水平兼竖直运输工具,适应性强,适用于施工困难、结构复杂的钢筋混凝土工程和较高墩台的混凝土灌筑。

3. 混凝土的灌筑和捣固

1) 混凝土的灌筑

灌筑和捣固是混凝土施工的重要工序,对混凝土质量起着关键作用。灌筑前必须仔细检查模板尺寸是否正确、支撑是否牢固,并对照设计图样认真检查钢筋和预埋铁件、管道的规格、数量及位置;将模板和钢筋上的泥污杂物清除干净,木模板应洒水使之湿润,但不得有积水;准备和检查材料、机具等,注意天气预报,在雨雪天气不宜浇筑混凝土;此外,做好施工组织工作和技术、安全交底工作。

灌筑混凝土的自由倾落高度一般不得超过2m,如落差较大应设溜槽、串筒,降低自由高度,以免产生离析。混凝土应水平分层灌筑,并应边灌筑边捣固,分层厚度主要由捣固能力而定,混凝土施工规范中有明确规定。灌筑混凝土必须连续进行,不得间断,如确需间断应控制间断时间,必须在前层混凝土开始凝结前把次层混凝土灌筑完毕。如超过间歇时间,不得继续施工,必须按施工缝处理。

2) 混凝土的捣固

混凝土入模时呈疏松状,里面含有大量的空洞和气泡,必须采用适当的方法在初凝之前对混凝土振捣实,才能使构件或结构满足使用要求。下面主要介绍振捣法进行混凝土捣固的相关知识。

目前使用较普遍的振动机械有内部振动器、表面振动器、外部振动器和振动台等，它们各有自己的工作特点和适用范围，需根据工程实际情况进行选用。

(1) 内部振动器又称为插入式振动器。插入式振动器的适用范围广泛，可用于大体积混凝土、基础、柱、梁、墙、厚度较大的板及预制构件的捣实工作。当结构配筋稠密或厚度较薄时，不宜采用插入式振动器。

根据工作原理的不同，可把插入式振动器分为偏心式和行星式两种。

偏心式的工作原理是在振动棒中心安装具有偏心质量的转轴，偏心转轴在电动机作用下高速旋转时产生的离心力通过轴承传给振动棒外壳，从而使整个棒体处于振动状态。

行星式的工作原理是在振动棒内部安一个转向轴，转轴下部带有一个滚锥，转轴在由电动机带动自转时，带动下部滚锥沿滚道公转，从而形成滚锥体的行星运动，而使棒体产生振动。同偏心式相比，其具有尺寸小、质量小、功率高、机械磨损小、易于操作等优点，因而应用普遍。

插入式振动器的振捣方法有垂直振捣和斜向振捣两种，可根据具体情况采用，一般以采用垂直振捣为多。垂直振捣容易插点均匀，控制插入深度（不得超过振动棒长度的1.25倍）；不易产生漏振，不易触及钢筋和模板；其混凝土受振后能自然沉实、均匀密实。而斜向振捣是将振动棒与混凝土表面成40°～45°插入，操作省力、效率高、出浆快，易于排除空气，不会发生严重的离析现象，振动棒拔出时不会形成孔洞。

使用插入式振动器垂直振捣的操作要点：直上直下、快插慢拔，插点均匀、切勿漏插，掌握时间、层层扣搭。

其中，"快插"是为了防止将表面混凝土振实而无法振捣下部混凝土，与下部混凝土出现分层离析现象；"慢拔"是为了让混凝土有充足时间填满振动棒抽出时形成的孔洞。振动过程中，宜将振动棒上下略为抽动，以使混凝土振捣均匀。

分层振捣混凝土时，每层厚度不应超过振动棒的1.25倍（振动棒的作用半径一般为300～400mm）；在振捣上一层时，应插入下层不少于50mm，以消除两层之间的接缝；同时必须在下层混凝土初凝以前完成上层混凝土的浇筑。

振动时间要掌握适当，时间过短混凝土不易被捣实，过长又可能使混凝土出现离析。一般每个插入点的振捣时间为20～30s，而且以混凝土表面呈现浮浆、不再出现气泡、表面不再沉落为准。

振动时插点排列要均匀，可采用"行列式"或"交错式"（图4.23）的次序移动，且不得混用，以免漏振。每次移动间距，对于普通混凝土不宜大于振动作用半径的1.5倍，对于轻料混凝土不宜大于其作用半径。布置插点时，振动器与模板的距离不应大于振动器作用半径的0.5倍，并应避免碰撞模板、钢筋、芯管、吊环、预埋件或空心胶囊等。

(2) 表面振动器又称为平板式振动器。其振动作用深度较小，仅适用于厚度较薄而表面外露较大的结构，如平板、楼地面、屋面等构件。

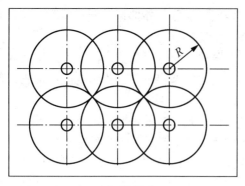
(a) 行列式

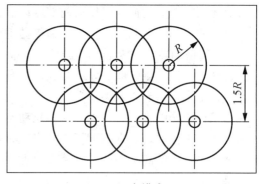
(b) 交错式

图 4.23　插入式振捣棒的插点排列

表面振动器在使用时，在每一位置应连续振动一定时间，一般为 25～40s，以混凝土表面出现浆液、不再下沉为准。移动时的有效作用深度，在无筋或单筋平板中约为 200mm，在双筋平板中约为 120mm。在振动倾斜混凝土表面时，应由低处逐渐向高处移动，以保证混凝土振实。

（3）外部振动器又称为附着式振动器。外部振动器的振动作用不太远，仅适用于振捣钢筋较密、厚度较小等不宜使用插入式振动器的结构。

（4）振动台主要用于混凝土制品厂预制构件的振捣，具有生产效率高、振捣效果好等优点。使用振动台时需注意：混凝土构件厚度小于 200mm 时，可将混凝土一次装满振捣；如厚度大于 200mm，则需分层浇筑，每层厚度不大于 200mm，或随浇随振，振捣时间根据实际情况决定，一般以混凝土表面呈水平、不再冒气泡、表面出现浮浆时为准。当振实干硬性混凝土或轻骨料混凝土时，宜采用加压振动的方法，压力为 1～3kN/m。

3）大体积混凝土施工

大体积混凝土的浇筑方案需根据结构大小、混凝土供应等实际情况决定，一般有全面分层、分段分层和斜面分层 3 种方案，如图 4.24 所示。

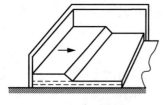
(a) 全面分层

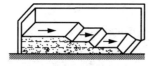
(b) 分段分层

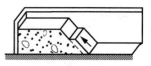
(c) 斜面分层

图 4.24　大体积混凝土浇筑方案

（1）全面分层：当结构平面面积不大时，可将整个结构分为若干层进行浇筑，即第 1 层全部浇筑完毕后，再浇筑第 2 层，如此逐层连续浇筑，直至结束。施工时从短边开始，沿长边进行，必要时亦可从中间向两端或从两端向中间同时进行。为保证结构的整体性，要求次层混凝土在前层混凝土初凝前浇筑完毕。

项目4 桥梁墩台构造与施工

(2) 分段分层：如采用全面分层浇筑方案，混凝土的浇筑强度太高，施工难以满足时，则可采用分段分层浇筑方案。它是将结构从平面上分成几个施工段，厚度上分成几个施工层，先浇筑第1段各层，然后浇筑第2段各层，如此逐段逐层连续浇筑，直至结束。施工时要求在第1段第1层末端混凝土初凝前，开始第2段第1浇筑层的施工，以保证混凝土接触结合良好。该方案适用于厚度不大而面积或长度较大的结构。

(3) 斜面分层：当结构的长度超过厚度的3倍，而混凝土的流动性较大时，宜采用斜面分层浇筑方案。因混凝土流动性较大，采用分层分段时，不能形成稳定的分层踏步，故采用斜面分层，也就是一次将混凝土浇筑到顶，让混凝土自然流淌，形成一定的斜面，只需在下一段混凝土施工时上一段混凝土尚未初凝即可。混凝土的振捣需从下端开始，逐渐上移，以保证混凝土的施工质量。

4. 接缝处理

由于各种原因如混凝土工厂生产率不能保证灌筑的连续性，或因模板安装及偶然事故等要中断混凝土的灌筑，且间歇时间超过规定时，混凝土交接面应作接缝处理。接缝处理的办法为，在已灌筑层混凝土强度达到1.2MPa后（常温条件下2~3昼夜），进行后一层混凝土灌筑的准备工作。先将表面水泥浆膜、松弱层凿除并用水冲洗，铺灌一层厚15~20mm的水泥砂浆（成分可与混凝土中砂浆成分相同），而后立即灌筑上一层的混凝土。最好在接缝层周边预埋直径不小于16mm的钢筋，加强其整体性，钢筋间距不大于直径的20倍，埋于露出长度不少于直径的30倍处。

5. 混凝土的养护与拆模

混凝土成形后，为保证水泥水化作用能正常进行，应及时进行养护。养护的目的是保证混凝土凝结和硬化必需的湿度和适宜的温度，促使水泥水化作用充分发展。实验表明，未养护的混凝土与经充分养护的混凝土相比，其28d抗压强度将降低30%左右，1年后的抗压强度降低5%左右，由此可见，养护对混凝土工程的重要性。

混凝土养护常用方法主要有自然养护、加热养护和蓄热养护。其中蓄热养护多用于冬季施工，加热养护可用于冬季施工和预制构件的生产。

1) 自然养护

自然养护是指在自然气温条件下（高于5℃），对混凝土采取的覆盖、浇水润湿、挡风、保温等养护措施。自然养护又可分为覆盖浇水养护和塑料薄膜养护两种。

(1) 覆盖浇水养护：根据外界气温一般应在混凝土浇筑完毕后3~12h内用草帘、芦席、麻袋、锯末、湿土或湿砂等适当材料将混凝土加以覆盖，并经常浇水保持湿润。混凝土浇水养护日期，对硅酸盐水泥、普通水泥和矿渣水泥拌制的混凝土不得少于7昼夜；掺用缓凝剂型外加剂或有抗渗性要求的混凝土，不得少于14昼夜；当用矾土水泥时，不得少于3昼夜。每日浇水次数以能保持混凝土具有足够的湿润状态为宜，一般气温在15℃以上时，在混凝土浇筑后初3d内，白天至少每3h浇水1次，夜间也应浇水2次；在以后的养护中，每昼夜应浇水3次左右；在干燥气候条件下，浇水次数应适当增加。

对大面积结构，如地坪、楼层面板等可采用蓄水养护；对储水池一类工程可于拆除内模，混凝土强度达到一定强度后注水养护；对一些地下结构或基础，可在其表面涂刷沥青乳液或用土回填以代替洒水养护。

（2）塑料薄膜养护：此方法以塑料薄膜为覆盖物，使混凝土与空气隔绝，水分不再蒸发，水泥靠混凝土中的水分完成水化作用而凝结硬化。塑料薄膜养护有两种做法。

① 直接覆盖法，是将塑料薄膜直接覆盖在混凝土构件上，最好是用两层薄膜，下层用黑色，上层用透明的，周围压严，以达到不用浇水也能保持湿度并提高养护温度的目的。这种方法较覆盖浇水养护混凝土可提高 10～20℃。

② 喷洒塑料薄膜养护剂法，是将塑料溶液喷洒在混凝土表面上，待溶液挥发后，在混凝土表面结合成一层塑料薄膜，使混凝土表面与空气隔绝，封闭混凝土中的水分不再被蒸发，而完成水化作用。这种养护方法一般适用于表面积大的混凝土施工或浇水养护困难的情况。

常用塑料薄膜养护剂有氧乙烯-偏氯乙烯和氯乙烯树脂塑料薄膜。前者为市售成品，后者为多种原料现用现配，配方有两种。

粗苯做溶剂（质量分数）：溶剂油 87.5%，过氯乙烯树脂 10%，苯二甲酸二丁酯 4%，丙酮 0.5%。

溶剂油做溶剂（质量分数）：溶剂油 87.5%，过氟乙烯树脂 10%，苯二甲酸二丁酯 2.5%。

上述两种配合比，可根据材料性质及喷洒工具作适当调整。

主要喷洒设备有空压机、高压容罐，喷具可用喷漆枪或农药枪。喷洒时压力以空压机工作压力 0.4～0.5N/mm 为宜。压力过小不易形成雾状，过大则会破坏混凝土表面，喷洒时喷头应离混凝土表面 50cm 为宜。

喷洒时间应视混凝土泌水蒸发情况而定，当表面不见浮水，手指轻按无指痕时即可喷洒。若过早喷洒，会影响塑料薄膜与混凝土表面结合；过迟则会影响混凝土强度。喷洒厚度以 $2.5m^2/kg$ 为宜，厚度要均匀一致。薄膜形成后严禁在上面行走或划破表面薄膜，若有损坏应立即补救。

喷洒塑料薄膜养护的缺点是 28d 混凝土强度偏低 8% 左右；同时，由于成膜很薄，起不到隔热防冻的作用。故夏季薄膜成形以后要加防晒设施（不少于 24h），否则易发生丝状裂缝。

自然养护成本低、效果较好，但养护周期长。为了缩短养护期，提高模板的周转率和场地利用率，一般在生产预制构件时，宜用加热养护。

2）加热养护

加热养护是通过对混凝土加热来加速其强度的增长。加热养护方法很多，常用的有蒸汽室养护、热膜养护，其他方法可参见冬季施工。

（1）蒸汽室养护：将混凝土构件放在充有蒸汽的养护室内，使混凝土在较高温度条件下，迅速达到要求的强度。

蒸汽养护过程分为静停、升温、恒温和降温 4 个阶段。

静停阶段：是将浇筑成型的混凝土放在室温条件下静停 2～6h（干硬性混凝土为 1h），避免蒸汽养护时在构件表面出现裂缝和疏松现象。

升温阶段：通入蒸汽，使混凝土原始温度上升到恒温度。升温速度不宜过快，以免混凝土内外温差过大而产生裂缝。升温速度一般为10~25℃/h(干硬性混凝土为35~40℃/h)。

恒温阶段：升温至要求的温度后，保持温度不变的持续养护时间。恒温阶段是混凝土强度增长最快的阶段。恒温的温度与水泥品种有关，对普通水泥一般不超过80℃，矿渣水泥、火山灰水泥可提高到90~95℃。如温度再高，虽然可使混凝土硬化速度加快，但会降低其后期强度。恒温时间一般为5~8h，应保持90%~100%的相对湿度。

降温阶段：在恒温时间段，取出混凝土试件试验达到混凝土脱模强度后，停止供气降温。

(2) 热模养护：热模养护也属蒸汽养护，蒸汽不与混凝土接触，而是喷射到模板上加热模板，热量通过模板与刚成形的混凝土进行热交换。此法养护用汽少，加热均匀，既可用于预制构件，又可用于现浇墙体。

(3) 蓄热养护：利用混凝土原材料预热提高混凝土入模温度，利用水泥的水化热和加强保温措施，使新混凝土在一定时间内保持增温，使其混凝土温度在温度降至零度前达到抗冻临界强度。

新灌筑的混凝土达到一定强度即可拆模，拆模的时间应掌握适宜。过早则混凝土尚未达到一定强度，在自重作用下有可能发生变形；过晚则影响模板周转和工程造价。拆模时间由混凝土强度的增长与模板承重情况而定，原则上，气温低、混凝土强度增长慢则模板应迟拆；承重的底模比不承重的侧模应迟拆。具体的拆模时间见有关规范。

为了提早拆模，必要时可采取蒸汽养护，可大大缩短养护时间。

6. 混凝土的质量检查与缺陷修补

混凝土施工中应随时进行质量检查，以便提早发现问题及时处理。首先应在施工前仔细检查施工准备工作：检查前一层圬工表面处理情况(凿毛、洒水湿润、清除杂物计税)；检查模板、钢筋及预埋铁件等的规格、数量、位置；检查运输道路、机具材料准备情况；检查混凝土配合比、坍落度与衡器等。必须一切就绪才能进行下一步工序。混凝土灌筑过程中，应随时检查混凝土配料的准确性；测定粗细骨料的含水率，如有必要应及时调整施工配合比；检查拌和物的坍落度；检查混凝土拌和、运输、灌筑、捣固的质量；检查模板、支撑、脚手架的稳定性；按规定制作混凝土强度检查试件。

混凝土表面应平整无缺，发现有缺陷时应加以修补。如有蜂窝麻面应先清除松软层，探明蜂窝深度。对较浅的蜂窝，可在清理浮渣并用高压水冲洗使之湿润(但应清除积水)后，用较浓的砂浆填补抹平；对较深的蜂窝，可用细粒混凝土填补捣实，并在外面用木板挡住；较严重者，考虑采用膨胀水泥。蜂窝修补后应加强养护。如发现混凝土有裂缝，应先探明深度：如裂缝不深，可压注水泥浆或环氧树脂修补；如裂缝较深影响受力状况时，应报请上级会同有关部门研究处理，绝对不可以在表面涂抹水泥砂浆掩盖，造成隐患，这会威胁建筑物安全，十分危险。

4.5.3 顶帽及支承垫石施工

墩台顶帽是用以支承桥跨结构的，其位置、高程及垫石表面平整度等均应符合设计要求，以避免桥跨结构安装困难，或使顶帽、垫石等出现碎裂缝影响墩台的正常使用功能与耐久性。下面简单介绍一下墩台顶帽施工的主要工序。

1. 墩台帽放样

墩台混凝土(或砌石)灌筑至离墩台帽底下 30~50cm 时，即需测出墩台纵横中心轴线，并开始竖立墩台帽模板，安装锚栓孔或安装预埋支座垫板、绑扎钢筋等。台帽放样时，应注意不要以基础中心线作为台帽背墙线。模板立好后，墩台帽浇筑前均应复测核实，以确保墩台帽中心、支座、垫石等位置方向与水平高程等不出差错。

2. 墩台帽混凝土浇筑

墩台帽是支承上部结构的重要部分，其尺寸位置和水平高程的准确度要求较严，混凝土应从墩台帽下 30~50cm 处至墩台顶面一次浇筑，以保证墩台帽底有足够厚度的紧密混凝土。

3. 预埋件安设

墩台的预埋件一般有支座预埋件(支座锚栓和支座垫板)，防振锚栓，供运营阶段使用的扶手、检查平台和栏杆，防震挡块的预埋钢筋等。

墩台帽上支座垫板的安设一般采用预埋支座垫板和预留锚栓孔的方法。前者需在绑扎墩台帽和支座垫石钢筋时，将焊有锚固钢筋的钢垫板安设在支座的准确位置上，即将锚固钢筋和墩台帽骨架钢筋焊接固定，同时采取措施将钢垫板固定在墩台帽模板上。此法在施工时垫板位置不易准确，应经常检查与校正。后者需在安装墩台帽模板时，安装好预留孔模板，在绑扎钢筋时注意将预留孔位置留出。此法安装支座施工方便，支座垫板位置准确。

预埋件安装时应注意以下几点：

(1) 为保证预埋件的位置准确，应对预埋件采取固定措施，以免振捣混凝土时预埋件发生移动。

(2) 预埋件下面及附近的混凝土要注意振捣密实。

(3) 预埋件在墩台帽上的外露部分要有明显标志。

任务 4.6 高墩施工

公路或铁路桥梁通过深沟宽谷或大型水库时采用高桥墩，能使桥梁更为经济合理，不仅可以缩短线路，节省造价，而且可以提高营运效益，减少日常维护工作。我国内昆铁路上的李子沟大桥桥墩身高即达 107m(图 4.25)。高桥墩可分为实体墩、空心墩(图 4.26)与刚架墩。自 20 世纪 70 年代以后，较高的桥墩一般采用空心墩。

图 4.25 内昆铁路李子沟大桥

图 4.26 空心墩

高桥墩的特点是墩高、圬工数量多而工作面积小，施工条件差，因此需要有独特的高墩施工工艺。

高桥墩的施工设备与一般桥墩虽大体相同，但其模板却另有特色，一般有滑升模板、翻板式模板、爬升模板等。这些模板都是依附于已灌筑的混凝土墩壁上，随着墩身的逐步加高而向上升高。

4.6.1 滑升模板施工

滑升模板由一节模板（约 1.2m）、配套钢结构平台吊架、支撑圆钢、多台液压穿心式千斤顶和提升混凝土等设备组成。施工时充分利用混凝土初期（4～8h）强度，脱模后在混凝土保持自立而不发生塑性变形的情况下使滑模得以连续滑升。

滑模的连续滑升能加快施工进度、缩短工期、节省劳力，从而可以取得较好的效果。但由于滑模是在混凝土强度还较低的情况下脱模的，故能使混凝土表面出现变形或环向沟缝，有时会因水平力的作用使得滑模产生旋转。滑模在动态下灌筑混凝土，提升操作频繁，因而对中线的水平控制要求严格，施工中稍有不当就会发生总线水平偏差。由于滑模脱模快，对混凝土防冻十分不利，故一般不适宜冬季施工。

滑升模板适用于较高的墩台和吊桥、斜拉桥的索塔施工。

1. 滑升模板的构造

由于桥墩和提升工具的类型不同，滑升模板的构造也稍有差异，但其主要部件与功能则大致相同。一般可分为顶架、辐射梁、内外围圈、内外支架、模板、工作平台及吊篮等。

1）顶架

顶架的作用是将模板重量及施工临时荷载传递到千斤顶上，并用以固定内外模板。顶架由上下横梁及立柱组成，轮廓尺寸应按墩壁厚度、坡度、提升千斤顶类型等因素决定。千斤顶一般多固定在下横梁上。带有坡度的桥墩，顶架应设计成能在辐射梁上滑动的结构。

2）辐射梁与内外围圈

辐射梁为滑动模板的平面骨架，从滑模中心向四周辐射，与顶架或支架组合起来承受荷载，又作为施工操作平台。内外围圈用来固定辐射梁两端的相对位置。

3）内外支架

支架一般固定在辐射梁上，用调模螺栓来移动模板，模板上端则吊在辐射梁上移动。也可设计能在辐射梁上用调径螺栓来移动的支架。

4）模板

滑动模板用 2～3mm 钢板制作，高度一般为 1.1～1.5m。每块内模宽约 0.5m，外模宽约 0.6m，以适应不同尺寸的桥墩。收坡桥墩模板分固定模板与活动模板，活动模板又有边板与心板之分。固定模板应安装在顶架立柱或内外支架上，而活动模板则依靠上下横带悬挂在左右固定模板的横带上。

5）工作平台及吊篮

工作平台是供施工人员操作、存放小工具及混凝土分配盘用。即在辐射梁上安设钢制或木制盖板。吊篮设在顶架或支架下面，供调节收坡螺丝杆、修补混凝土表面及养护等需要，宽度为 0.6～0.8m。

图 4.27 为滑模构造示意图。

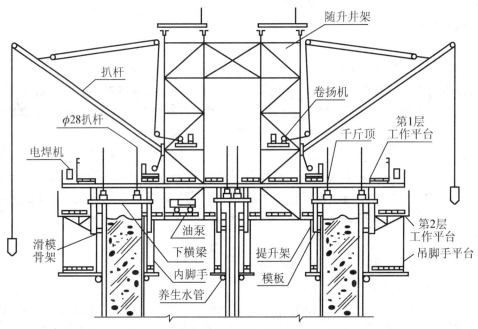

图 4.27 某大桥主墩用滑升模板构造示意图

2. 滑升模板提升设备

滑升模板提升设备主要有提升千斤顶、液压控制装置及支承顶杆几部分。

提升千斤顶常用的有螺丝杆千斤顶和液压千斤顶。液压控制装置是用来控制液压千斤顶提升和下降的机械，分为液压系统及电控系统两大部分。支承顶杆一端埋置于墩、台结构的混凝土中，一端穿过千斤顶心孔，承受滑模及施工过程中平台上的全部荷载。支承顶杆多用 A3 或 A5 圆钢制作。

3. 井架

混凝土的垂直运输多采用井架提升混凝土，或者以井架为杆，另安装扒杆来吊送混凝土，如图4.28和图4.29所示。也可以不用井架，利用滑模本身携带的扒杆提升混凝土。井架可用型钢或万能杆件组装。

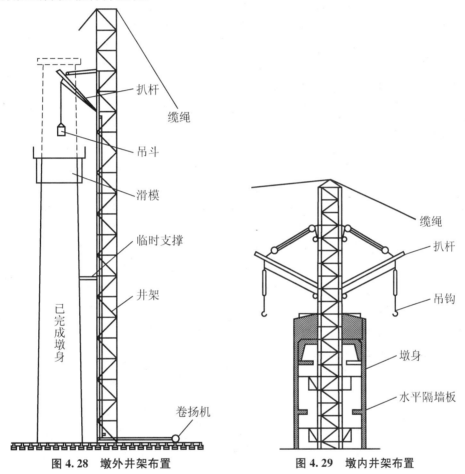

图4.28 墩外井架布置　　　图4.29 墩内井架布置

4. 滑模浇筑混凝土施工要点

滑模在墩位上就地进行组装时，安装步骤如下。

(1) 在基础顶面搭枕木垛，定出桥墩中心线。在枕木垛上先安装内钢环，并准确定位，再依次安装辐射梁、外钢环、立柱、顶杆、千斤顶、模板等；提升整个装置，撤去枕木垛，再将模板落下就位，随后安装余下的设施；内外吊架模板滑升至一定高度，及时安装；组装完毕后，必须按设计要求及组装质量标准进行全面检查，并及时纠正偏差。

(2) 灌筑混凝土。滑模宜灌筑低流动度或半干硬性混凝土，灌筑时应分层、分段对称地进行，分层厚度以20～30cm为宜，灌筑后混凝土表面距模板上缘宜有不小于10cm的距离。混凝土灌筑的其他注意事项如本章前面所述。脱模后8h左右开始养护，用吊在下吊架上的环绕墩身的带小孔的水管来进行。养护水管一般以设在距模板下缘 1.8~2.0m 处效果较好。

（3）提升与收坡。整个桥墩灌筑过程可分为初次滑升、正常滑升和最后滑升 3 个阶段。从开始灌筑混凝土到模板首次试升为初次滑升阶段，初灌混凝土的高度一般为 60~70cm，分 3 次灌注，在底层混凝土强度达到 0.2~0.4MPa 时即可试升。将所有千斤顶同时缓慢起升 5cm，以观察底层混凝土的凝固情况。现场鉴定可用手指按刚脱模的混凝土表面，基本按不动，但留有指痕，砂浆不沾手，用指甲划过有痕，滑升时能耳闻"沙沙"摩擦声，这些表明混凝土已具有必要的脱模强度，可以开始再缓慢提升 20cm 左右。初升后，经全面检查设备，即可进入正常滑升阶段。即每灌筑一层混凝土，滑模提升一次，使每次灌筑的厚度与每次提升的高度基本一致。在正常气温条件下，提升时间不宜超过 1h。最后滑升阶段是混凝土已经灌筑到需要高度，不再继续灌筑，但模板尚需继续滑升的阶段。灌完最后一层混凝土后，每隔 1~2h 将模板提升 5~10cm，滑动 2~3 次后即可避免混凝土与模板粘合。滑模提升时应做到垂直、均衡一致，顶架间高差不大于 20mm，顶架横梁水平高差不大于 5mm。

随着模板提升，应转动收坡丝杆，调整墩壁曲面的半径，使之符合设计要求的收坡坡度。

（4）接长顶杆、绑扎钢筋。模板每提升至一定高度后，就需要穿插进行接长顶杆、绑扎钢筋等工作。为不影响提升的时间，钢筋接头均应事先配好，并注意将接头错开。对预埋件及预埋的接头钢筋，滑模抽离后，要及时清理，不使之外露。

（5）混凝土停工后的处理。在整个施工过程中，由于工序的改变，或发生意外事故，使混凝土的灌筑工作停止较长时间，即需要进行停工处理。例如，每隔 0.5h 左右稍微提升模板一次，以免黏结；停工时在混凝土表面要插入短钢筋等，以加强新老混凝土的黏结；复工时按施工缝处理规定办。

4.6.2 翻板式模板施工

翻板式模板施工的特点是一般配置多节模板（2 节或 3 节）组成一个基本单元，每节为 1.5~3m。当浇筑完上节模板的混凝土后，将最下节模板拆除翻上来，拼装成即将浇筑部分混凝土的模板，以此类推，循环施工。翻板式模板施工根据模板翻升的工艺不同又可分为滑升翻模和提升翻模等。

1. 滑升翻模

滑升翻模近年来在一些高桥墩和斜拉桥、悬索桥的索塔施工中使用较多。此种模板保留了滑升模板和大模板施工的优点，又克服了滑模的不足。主要用于不变坡的方形高墩和索塔。

滑升翻模是在塔柱的一个大面模板的背面上设置竖向轨道，轨距 2m，作为竖向桁架的爬升轨道。竖向桁架滑升带动水平桁架摇头扒杆及作业平台整体上升。桁架由万能杆件组拼，竖向桁架作为起重扒杆的中心立柱，与摇头扒杆共同受力。

一个配 3 节模板的滑升翻模的施工程序如下。

（1）灌筑完两节混凝土并安装桁架及起重设备。

（2）用起重设备安装第 3 节模板并灌筑混凝土。

(3)混凝土强度达到10~15MPa后，安装提升桁架设备，并将桁架及起重设备滑升1层高度(2.5m)。

(4)把竖向桁架固定在第2节和第3节模板背面的竖向轨道上，锁定后即可拆除第1节模板。

(5)用扒杆起吊安装第4节模板。

至此，便完成了一个滑升翻模的施工循环。

滑升翻模兼有滑升模板施工与普通模板施工的优点，既像滑升模板那样有提升平台和模板提升系统，又像普通模板那样分节分段进行安装定位，可根据模板的安装能力制定模板的分块尺寸。

2. 提升翻模

因支承滑升架的需要，滑升翻模更适宜采用大板式模板，所以主要用于不变坡的方形塔柱施工，对于变坡的或者弧形截面的塔墩，应用提升翻模可能更为方便。

提升翻模的特点是模板没有滑升架，模板也可由大板改成小块模板，以适应墩身变坡和随着墩高变化而引起的直径曲率变化。模板和物料的提升依靠其他起重运输机械协同工作，如缆索吊车、塔吊(图4.30)等。

侯月线海子沟大桥高桥墩是最早采用提升翻模施工的，如图4.30(a)所示。广东虎门大桥悬索桥东塔采用提升翻模施工，塔身高度达147.55m。外模分上下两节，每节由6块模板用螺栓拼合而成。每节模板高度为4.55m。内模采用组合钢模拼装，高度与外模一致。安装和拆卸模板、提升工作平台以及钢筋等物品的垂直运输均由2台QTSOEA塔吊完成，在两塔柱外侧各设一台施工电梯，用于人员的运送。详细情况可参考相关文献。

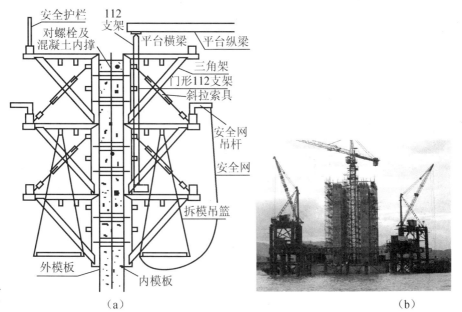

图4.30 提升翻模构造示意图

4.6.3 爬升模板施工

滑升模板存在一定的局限性，如墩、台施工必须昼夜进行，需要劳动力较多，混凝土表面及内部质量不稳定，支承杆件用钢量大，滑升高度受到限制，施工精度较低等。20世纪70年代初出现了一种新型模板体系——爬升模板，特别适宜于空心高桥墩的施工。此种模板具有设备投资较省、节约劳动力、降低劳动强度、适用范围较广和易于保证质量等优点。

1. 工艺原理

以空心墩已凝固的混凝土墩壁为承力主体，以上下爬架及液压顶升油缸为爬升设备的主体。通过油缸活塞与缸体间一个固定一个上升，上下爬架间也是一个固定一个作相对运动，从而达到上爬架和外套架，下爬架和内套架交替爬升，最后形成爬模结构整体的上升。

2. 爬模结构组成示例

图4.31为爬模构造示意图。其主要组成部分简介如下：

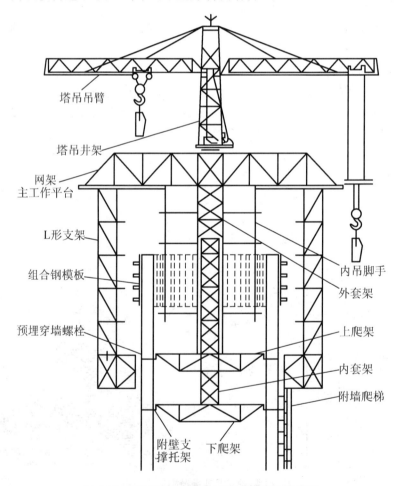

图4.31 用于某高桥墩的液压爬模构造示意图

(1)网架工作平台。网架工作平台采用空间网架结构。其上安装中心塔吊,下面安装顶升爬架,四周安装 L 形支架,中间安装各种操纵控制、配电设备。其主要作用是承担上面塔吊重力和吊料时的冲击力及下面液压缸通过外套架的顶升力和四周支架的支撑反力。网架平台采用万能角铁杆件和几种联板用螺栓连接组成,方便运输与装拆。

(2)中心塔吊。中心塔吊安装在网架平台中心处,随着整个爬模的上升而上升。采用双悬臂双吊钩形式以减少配重,可双向上料并能旋转。

(3)L 形支架。L 形支架上部连接于网架平台四周,下部与已凝固的墩壁混凝土连接,以增加整体爬模的稳定性,并可作为墩身施工过程的脚手架。采用型钢杆件和连接板拼接而成。

(4)内外套架。内外套架是顶升传力机构。靠内外套架相对运动而使爬模不断爬升。为保持升降平稳,在内外套架间设有导向轮,采用 306 轴承,调整、滚动均较方便。

(5)内爬支架机构。即上下爬架。是整体爬模设备的爬升机构,依靠上下爬架的交替上升,从而达到爬模的升高。爬架可用箱形结构。

(6)液压顶升机构。液压顶升机构为爬升模板的动力设备。采用单泵、双油缸并联的定量系统。既可完成提升作业,又可将整个内外套架、内爬架沿壁逐级爬下,以便在墩底拆卸。

(7)模板体系。一般采用专用的大模板,以加快支拆速度,提高墩身混凝土表面质量。也可采用组合钢模板。

3. 爬模施工工艺流程

(1)爬模组装。可在地面拼装成几组大件,利用辅助起重设备在基础上进行组拼,也可将单构件在基础上拼装。

(2)爬升工艺。配置两层大模板或组合钢模,一个循环施工一节模板。当上一节模板灌筑完毕,经过 10h 左右养护,便可开始爬升,爬升就位后拆除下一节模板,同时进行钢筋绑扎,并把拆下的模板立在上节模板之上,再进行混凝土灌筑、养护、爬模爬升等工序。按此循环,两节模板连续倒用,直到浇筑完整个墩身。

(3)墩帽施工。当网架工作平台的上平面高于墩顶 30cm 时停止爬升。在墩壁的适当位置预埋连接螺栓,将墩壁内模拆除,并把 L 形外挂支架顶部杆件连接在预埋螺栓上,以此搭设墩帽外模板。将内爬井架的外套架的一节杆件嵌入桥墩帽里,并利用空心墩顶端内爬井架结构及墩壁预埋螺栓支设实墩的底模,仍用爬模本身的塔吊完成墩顶实心段和墩帽的施工。

(4)爬模拆卸。爬模拆卸程序根据爬模构成不同而不同,本书不作介绍,读者可参考相关文献。

爬模工艺是一种正在发展中的工艺,其种类很多,但都是在模板、支架、吊运方法及爬升等方面略有不同,各有其特点。

桥梁施工与维护

小　结

本项目对各种类型桥梁墩台的构造和尺寸、桥梁附属设备、施工模板、桥墩钢筋混凝土、高墩施工、做了较详细的阐述。

具体内容包括：一般墩台的构造和尺寸、轻型墩台的构造和尺寸形式、桥梁附属设备；混凝土墩台施工模板的类型与构造、桥墩钢筋加工与安装、墩身混凝土施工；高墩的几种施工模式。

本项目的教学目标是使学生了解桥梁墩台的构造和尺寸，熟悉墩台的各部位名称，掌握不同类型桥梁墩台的构造和形式；了解墩台施工模板的类型与用途，掌握桥墩钢筋加工和安装的常用方法，混凝土施工的方法和注意事项；掌握高墩施工的滑模等施工方法。

思考与练习

1. 试述桥墩、台的组成。
2. 常用的桥墩、台有哪些形式？分析各自的适用范围。
3. 为什么曲线桥的桥墩常设预偏心？
4. 什么是异形桥墩？略述其构造。
5. 什么是空心墩？它有哪些优越性？
6. 什么是柔性墩？它的构造有哪些特点？有什么优越性？
7. 桥梁检查设备主要有哪些？
8. 简述桥梁墩台的模板类型。
9. 滑升模板构造有哪些？
10. 综述滑模浇筑混凝土施工要点。
11. 翻板式模板施工的特点是什么？
12. 比较滑升翻模和提升翻模的优缺点。

项目 5 预应力混凝土简支梁构造与施工

教学目标

通过对预应力混凝土简支梁构造的学习,了解先张法和后张法简支梁的标准设计,熟悉其基本构造对和主要技术特征;通过对预应力混凝土施工的学习,了解预应力混凝土结构的特点,熟悉各种预应力混凝土结构的材料,掌握施加预应力的方法和一般规定;通过对预应力先张法施工、预应力后张法施工的学习,了解台座的布置形式、预留孔道,熟悉穿束、压浆和封锚的内容,掌握张拉的基本程序、张拉力的计算;通过对预制梁安装施工的学习,了解不同型号的架梁设备,熟悉不同的架梁方法;通过对简支梁现浇施工的学习,了解现浇支架的布置,熟悉现浇梁的工艺流程,掌握施工预拱度的概念和计算;通过对桥梁支座施工的学习,了解支座的形式和布置,熟悉各种类型支座的构造和应用。

教学要求

知识要点	能力要求	相关知识
预应力混凝土简支梁构造	了解先张法和后张法简支梁的标准设计,熟悉其基本构造和主要技术特征	桥涵设计规范
预应力混凝土施工	了解预应力混凝土结构的特点,熟悉各种预应力混凝土结构的材料,掌握施加预应力的方法和一般规定	土木工程钢筋混凝土施工计算手册 预应力混凝土用钢绞线
预应力先张法施工	了解台座的布置形式,掌握张拉的基本程序	
预应力后张法施工	了解预留孔道,熟悉穿束、压浆和封锚的内容,掌握张拉的基本程序、张拉力的计算	
预制梁安装施工	了解不同型号的架梁设备,熟悉不同的架梁方法	桥梁上部结构预制与安装
简支梁现浇施工	了解现浇支架的布置,熟悉现浇梁的工艺流程,掌握施工预拱度的概念和计算	土木工程钢筋混凝土施工计算手册
桥梁支座施工	了解支座的形式和布置,熟悉各种类型支座的构造和应用	桥梁支座维护与保养

引子

预应力混凝土结构除了具有普通钢筋混凝土结构的优点外,还有减小截面、降低自重、增大跨越能力、节省钢材、能全截面参与工作等优点。

预应力混凝土已得到广泛采用,目前桥梁厂一般生产预应力混凝土梁,而不再生产普通钢筋混凝土简支梁。常用的简支梁跨度有16m、20m、24m、32m。

预应力混凝土简支梁有先张法梁和后张法梁。24～32m跨度的铁路简支梁均采用预应力混凝土后张梁。

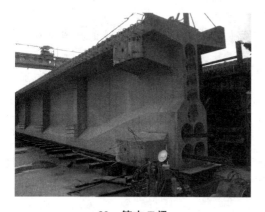

32m 简支 T 梁

32m 简支箱梁

任务 5.1 预应力混凝土简支梁构造

混凝土是一种抗压强度较高而抗拉强度极低的建筑材料。在钢筋混凝土构件中,由于荷载作用,受拉区混凝土必然产生裂缝。如果裂缝开展过大,不仅导致构件刚度下降很多,而且也会影响构件的耐久性。预应力混凝土梁和钢筋混凝土梁相比有如下优点:

(1)预加力大大提高梁的抗裂性,从而增加了梁的耐久性。

(2)采用高强钢材,可节省钢材用量20%～40%。

(3)由于采用高强混凝土,截面尺寸减小,梁体自重减轻,可以提高跨越能力,也有利于梁的运输和架设。

(4)混凝土全截面受压,提高了梁的刚度。

5.1.1 预应力混凝土简支梁的构造

1. 先张法预应力混凝土简支梁的构造

先张法预应力混凝土梁,是在灌筑混凝土前利用张拉台座等设备先张预应力钢筋(钢丝或钢绞线)使其达到设计应力后,临时锚固在台座上,随后灌筑混凝土,待混凝土达到一定强度后,放松预应力钢筋,通过钢筋与混凝土之间的黏结力或通过预设于混凝土内的锚具将预应力传给混凝土,如图5.1所示。

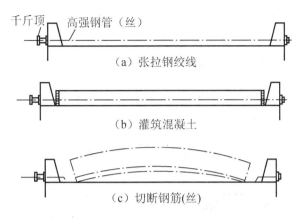

图 5.1 先张法施工过程示意图

根据多年来对先张法预应力混凝土梁进行的试验、试制和试用的经验，国内已编制了几套小跨度先张法预应力混凝土梁的通用图。如铁路上的先张法预应力混凝土梁的通用图有叁标桥 2017，属低高度先张梁；叁标桥 2022，属普通高度的先张梁。其有关技术指标见表 5-1。

表 5-1 先张法梁的主要尺寸

图号	叁标桥 2022				叁标桥 2020	叁标桥 2017			
跨度/m	8.0	10.0	12.0	16.0	16.0	8.0	10.0	12.0	16.0
梁全长/m	8.5	10.5	12.5	16.5	16.5	8.5	10.5	12.5	16.5
截面形式	工形	工形	工形	工形	工形	板式	空心板式	工形	工形
梁高/m	1.25	1.40	1.55	1.90	1.60	0.55	0.70	0.85	1.10

由表 5-1 可看出：普通高度先张法梁均采用工字形截面（每孔梁分为两片，架设就位后，将横隔板连接成整体）；对于低高度先张梁，跨度 8m 者采用板式，跨度 10m 者采用板式挖洞，跨度 12m 和 16m 者采用工字形截面。

钢绞线强度高，质量稳定，自锚可靠，虽有松弛损失率大的缺点，但可采取措施克服。因此预应力钢筋大多采用 7 根 ϕ5mm 钢绞线，公称抗拉强度为 1860MPa。

预应力钢筋配制有两种办法：直线配筋和折线配筋。从结构合理性来说，以折线配筋为宜。但折线配筋使张拉设备复杂，施工麻烦。标准设计是采用直线配筋，利用钢筋与混凝土间的黏结力自锚于混凝土中。为适应荷载弯矩沿梁跨的变化情况，避免梁上缘混凝土因预应力作用而开裂，在跨度 1/4 左右至梁端有不同数量的钢绞线分批进行绝缘，即用内径 19mm、外径 25mm 的硬质塑料管将钢筋与混凝土隔离开来，以消除绝缘段钢筋的预应力。以上 3 种通用图设计按整体张拉工艺考虑，未计入锚头变形、钢丝回缩及锚圈口摩阻力引起的应力损失。

2. 后张法预应力混凝土简支梁的构造

后张法预应力混凝土梁，是先灌筑梁的混凝土，并在混凝土中预留管道，待混凝土达到设计强度后,在管道中穿进预应力钢筋进行张拉。张拉至设计应力后,在钢筋两端用锚具锚住,阻止预应力钢筋回缩。然后撤去张拉设备,在孔道内压浆,如图5.2所示。后张法中的预应力靠设置在钢筋两端的锚固装置传递到混凝土中。

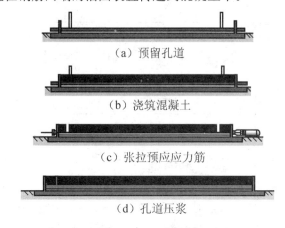

图5.2 后张法施加预应力过程示意图

我国1975年编制的拉丝式体系预应力混凝土梁标准设计,图号为叁标桥2018、叁标桥2019,计算跨度有16m、20m、24m及32m四种。包括直线梁和曲线梁,并考虑适用于站线和牵出线。下面对各种体系预应力混凝土梁标准设计作简要介绍。

梁的跨度采用标准跨度,梁高考虑与旧梁互换而确定。为满足架设要求,每孔梁分为两片,安装就位后将两片梁的横隔板连接成整孔。每片梁采用工字形截面。为方便施工,简化模板,直线梁和曲线梁采用同样截面尺寸,并且各种跨度梁的截面尺寸,除梁高外,其余基本相同。

图5.3为跨度32m的预应力混凝土梁概图。梁高2.5m,约为计算跨度的1/12.8。

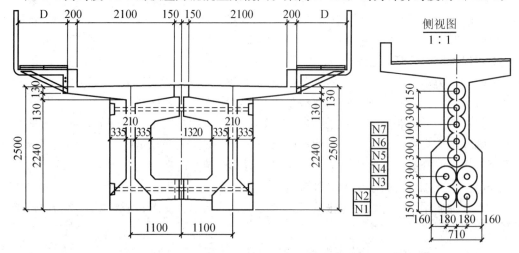

图5.3 跨度32m的预应力混凝土梁概图

5.1.2 其他形式的预应力混凝土简支梁

目前，跨度为24m的预应力简支梁普遍采用分片式结构，工厂集中预制，运输至桥位后由架桥机架设，这存在以下两方面问题：①工厂制造，现场安装，产品运距大，运输费用昂贵；②当架桥不能满足铺轨速度时，问题更为突出。目前相关人员正试图将分片式梁改为整孔运送架设；或采用横向分块预制的串联梁，在新线沿线设点预制，汽车短途运至桥位，在铺轨前进行预架。下面简要介绍一些这方面的情况。

1. 整孔无砟无枕预应力梁

道砟桥面梁因受梁重道砟槽构造限制，难于整孔输送和整孔架设。无砟桥面梁的优点是：桥上不用道砟，桥面宽度由原来的3.9m减小至2.3～2.5m，符合运输限制要求。梁重也相应减轻。跨度24m的整孔无砟无枕梁，整孔质量仅87.8t(道砟桥面分片式梁每片质量78.4t)；32m梁整孔质量约为120t(道砟桥面梁每片的质量为111.37t)，可以满足架桥机的起吊能力。整孔无砟无枕预应力混凝土梁截面形式有Ⅱ形和箱形两种。

2. 串联式预应力混凝土梁

我国1966年修建成昆铁路时，第1次试制成功的23.8m跨度的串联梁，是将梁片分段，在预制场预制，用汽车运至桥位便梁上，用环氧树脂胶剂粘接，通过预应力钢筋串联成整梁，最后用简易架桥机架梁或桥位上移梁就位的。

现就成昆线的串联梁做一些介绍：梁部结构纵向分成两片，截面形式为工字形，横向分为17块，两端块长1.05m，其余15块长1.5m，每块质量不超过4t，梁高2.1m，便于相应跨度的梁更换。混凝土用C50级。预应力钢筋采用7φ4钢绞线，其公称抗拉强度为1600MPa。为了加强梁块的接缝砂浆层，在接缝处梁块端面各布置一层钢筋网。

串联梁与厂制整体式预应力混凝土梁比较，主要区别在于前者有16条横向胶接缝。通过试验证明，胶接缝对梁体破损强度毫无影响，而对梁的抗裂性能稍有影响，其原因不在于胶接缝本身，而在于胶接缝邻近的砂浆薄层。胶接模拟梁的动载疲劳实验表明，胶接梁经过200万次反复荷载作用后，胶缝工作状态仍然良好。多年来运营考验及动静载试验证实了串联梁整体性能良好，纵横刚度和强度均满足运营要求。

我国铁路桥梁领域首次采用拼装移动式加强型支架造桥机(简称支架式造桥机)施工的56m预应力混凝土简支箱梁，于1996年2月成功地架设在南昆铁路大桥上。它是当时最大跨度和最大张拉吨位的预应力混凝土简支梁。

任务5.2 预应力混凝土施工

5.2.1 预应力混凝土结构的特点

普通钢筋混凝土结构受弯构件在正常使用条件下，其受拉区是开裂的，影响构件的正常使用和耐久性，并限制了高强材料的应用。另外，普通钢筋混凝土结构的自重大，增加了施工的难度，大大限制了桥梁的跨越能力。随着桥梁跨度的增大，预应力混凝土结构将更具优势。因为预应力混凝土结构除了具有普通钢筋混凝土结构的优点外，还有以下特点：

(1) 能最有效地利用高强钢筋、高强混凝土，减小截面，降低自重，增大跨越能力。

(2) 与普通钢筋混凝土桥梁相比，一般可节省钢材 30%～40%，跨径愈大，节省愈多。

(3) 预应力混凝土梁在正常使用条件下不出现裂缝，鉴于能全截面参与工作。故可显著减小建筑高度，使大跨径桥梁做得轻柔美观，扩大了对各种桥型的适应性，提高了结构的耐久性。

(4) 预应力技术的采用，为现代装配式结构提供了最有效的装配、拼装手段。

当然，预应力混凝土结构要有作为预应力筋的优质高强钢材和要可靠保证高强混凝土的制备质量，同时要有一整套专门的预应力张拉设备和材质好、精度高的锚具，并要掌握复杂的施工工艺。

5.2.2 施加预应力的方法

施加预应力一般是靠张拉在混凝土中配置的高强度钢筋来实现的。目前，在桥梁工程中常用的方法有先张法和后张法两种。

1. 先张法

先张法生产工序少、效率高，适宜工厂化大批量生产。张拉钢筋时，只需夹具，无需锚具，预应力筋自锚于混凝土之中。但先张法需要专门的张拉台座，构件中钢筋一般只能采用直线配筋，施加的应力较小，一般只适合于制作跨径在 25m 内的中小跨径梁。

2. 后张法

后张法的张拉设备简单，不需要专门台座，便于在现场施工，预应力筋可布置成直线和曲线，施加的力较大，适合预制大型构件。后张法是一种极有效的拼装手段，在大跨度桥梁施工中广泛应用。但需要大量锚具且不能重复使用，施工工序多，工艺复杂。

5.2.3 预应力混凝土结构的材料

采用高强度等级混凝土和高强度钢材是预应力混凝土结构的典型特点。

1. 混凝土

桥梁预应力混凝土构件的混凝土强度等级不宜低于 C30；当采用碳素钢丝、钢绞线、热处理钢筋作预应力钢筋时，混凝土强度等级不宜低于 C40、C50，而普通钢筋混凝土结构常用的是 C25、C30 混凝土。

用于预应力混凝土结构的混凝土，不仅要求高强度，而且要求有很高的早期强度，以便能早日施加预应力，从而提高构件的生产效率和设备的利用率。

2. 钢材

预应力混凝土结构中的钢材常用的有冷拉钢筋、高强钢丝、冷拔低碳钢丝和钢绞线。

1) 冷拉钢筋

目前,使用较多的是冷拉Ⅳ级钢筋,冷拉Ⅲ级钢筋大多用作竖向及横向预应力钢筋,冷拉Ⅱ级钢筋因其强度较低,较少使用。需要注意的是冷拉Ⅳ级钢筋虽使用性能良好,但可焊性能较差,在使用时必须有合理的焊接工艺。Ⅴ级钢筋(热处理钢筋)强度较高,可直接用作预应力钢筋。

2) 高强钢丝

在预应力混凝土结构中,常用的高强钢丝有碳素钢丝和刻痕钢丝。我国生产的高强钢丝有直径为 2.5mm、3.0mm、4.0mm 和 5.0mm 四种,直径愈细强度愈高,其中直径 2.5mm 的钢丝强度最高。

3) 冷拔低碳钢丝

冷拔低碳钢丝是由Ⅰ级钢筋(多为小直径的盘圆)经多次冷拔后得到的钢筋,有直径为 3mm、4mm、5mm 三种。由于冷拔低碳钢丝材性不稳定、分散性大,所以仅用于次要结构或小型构件中。

4) 钢绞线

钢绞线是把多根平行的高强钢丝围绕一根中心芯线用绞盘绞捻成束而形成。我国生产的钢绞线的规格有 7ϕ2.5、7ϕ3.0、7ϕ4.0、7ϕ5.0 四种。如 7ϕ5.0 钢绞线系由六根直径为 5mm 的钢丝围绕一根直径为 5.15~5.20mm 的钢丝扭结后,经低温回火处理而成。

预应力混凝土用热处理钢筋应符合《预应力混凝土钢棒》(GB/T 5223.3—2005)的要求;预应力混凝土用钢丝应符合《预应力混凝土用钢丝》(GB/T 5223—2002/XG 2—2008)的要求;预应力混凝土用钢绞线应符合《预应力混凝土用钢绞线》(GB/T 5224—2003/XG 1—2008)的要求。

5.2.4 夹具、锚具与张拉机具

夹具是在张拉阶段和混凝土成形过程中夹持预应力筋的工具,可重复使用,一般用于先张法。锚具是在预应力混凝土构件上永久锚固预应力筋的工具,它与构件联成一体共同受力,不再取下,一般用于后张法。有些锚夹具既可作为锚具也可作为夹具使用,故有时也将夹具统称为锚具。

1. 夹具

夹具一般分圆锥形夹具和螺杆销片夹具两类。

1) 圆锥形夹具

圆锥形夹具有钢丝用的、钢筋用的和钢绞线用的 3 种。

(1) 钢丝用的圆锥形夹具,由套筒与销子两部分组成,适用于张拉碳素钢丝或冷拔钢丝。

(2)钢筋用的圆锥形夹具,是由套筒与圆锥形夹片组成,套筒内壁呈圆锥形,与夹片锥度吻合。夹片为两个或三个圆片,圆片的圆心部分形成半圆形凹槽,并刻有细齿,钢筋就夹紧在夹片中的凹槽内。这种夹具适用于锚固直径12~16mm的冷拉Ⅱ、Ⅲ、Ⅳ级钢筋。

(3)钢绞线用的圆锥形夹具,由套筒与三片式圆锥形夹片组成。

2)螺杆销片夹具

螺杆销片夹具在后张自锚工艺或先张工艺中,用于成束张拉和临时锚固直径为12mm、14mm的冷拉Ⅱ、Ⅲ、Ⅳ级钢筋。它由锚板、销片、螺杆、螺母组成,如图5.4所示。锚板有6、8、10孔的3种,以适应不同根数的钢筋束。销片为两个半圆片,中部开有半圆形凹槽,钢筋即是被锚夹于两销片中间。

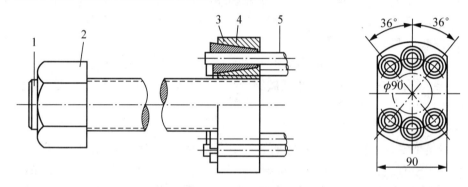

图 5.4　螺杆销片夹具
1—钢筋；2—锚板；3—销片；4—螺杆

2. 锚具

常用的锚具主要有镦头锚具、JM 锚具、扁锚、楔片式锚具、锥形锚具。具体内容详见任务 1.6 施工设备。

3. 张拉机具

张拉机具是制作预应力构件的专用设备,它主要由张拉千斤顶、高压油泵和压力表3部分组成。具体内容详见任务 1.6 施工设备。

5.2.5　预应力筋制作

1. 预应力筋下料

(1)预应力筋的下料长度应通过计算确定,计算时应考虑结构的孔道长度或台座长度、锚夹具厚度、千斤顶长度、焊接接头或镦头预留量、冷拉伸长值、弹性回缩值、张拉伸长值和外露长度等因素。

钢丝束两端采用镦头锚具时,同一束中各根钢丝下料长度的相对差值,当钢丝束长度小于或等于20m时,不宜大于1/3000;当钢丝束长度大于20m时,不宜大于1/5000,且不大于5mm。长度不大于6m的先张构件,当钢丝成组张拉时,同组钢丝下料长度的相对差值不得大于2mm。

(2) 钢丝、钢绞线、热处理钢筋、冷拉Ⅳ级钢筋、冷拔低碳钢丝及精轧螺纹钢筋的切断,宜采用切断机或砂轮锯,不得采用电弧切割。

2. 冷拉钢筋接头

(1) 冷拉钢筋的接头,应在钢筋冷拉前采用一次闪光顶锻法进行对焊,对焊后应进行热处理,以提高焊接质量。钢筋焊接后其轴线偏差不得大于钢筋直径的1/10,且不得大于2mm,轴线曲折的角度不得超过4°。采用后张法张拉的钢筋,焊接后尚应敲除毛刺,但不得减损钢筋截面面积。

(2) 预应力筋有对焊接头时,除非设计另有规定,宜将接头设置在受力较小处,在结构受拉区及在相当于预应力筋直径30倍长度的区段(不小于500mm)范围内,对焊接头的预应力筋截面面积不得超过该区段预应力筋总截面面积的25%。

(3) 冷拉钢筋采用螺钉端杆锚具时,应在冷拉前焊接螺钉端杆,并应在冷拉时将螺母置于端杆端部。

3. 预应力筋镦粗头

预应力筋镦头锚固时,对于高强钢丝,宜采用液压冷镦;对于冷拔低碳钢丝,可采用冷冲镦粗;对于钢筋,宜采用电热镦粗,但Ⅳ级钢筋镦粗后应进行电热处理。冷拉钢筋端头的镦粗及处理工作,应在钢筋冷拉之前进行,否则应对镦头逐个进行张拉检查,检查时的控制应力应不小于钢筋冷拉的控制应力。

4. 预应力筋的冷拉

预应力筋的冷拉,可采用控制应力或控制冷拉率的方法。但对不能分清炉批号的热轧钢筋,不应采取控制冷拉率的方法。

(1) 当采用控制应力方法冷拉钢筋时,其冷拉控制应力下的最大冷拉率,应符合表5-2的规定。冷拉时应检查钢筋的冷拉率,当超过表中的规定时,应进行力学性能检验。

(2) 当采用控制冷拉率方法冷拉钢筋时,冷拉率必须由试验确定。测定同炉批钢筋冷拉率时,其试样不少于4个,并取其平均值作为该批钢筋实际采用的冷拉率。测定冷拉率钢筋的冷拉应力应符合表5-3的规定。

表5-2 冷拉控制应力及最大冷拉率

钢筋级别	钢筋直径/mm	冷拉控制应力/MPa	最大冷拉率
Ⅳ级	10~28	700	4.0

表5-3 测定冷拉率时钢筋的冷拉应力

钢筋级别	钢筋直径/mm	冷拉应力/MPa
Ⅳ级	10~28	730

(3) 钢筋的冷拉速度不宜过快，宜控制在 5MPa/s 左右。冷拉至规定的控制应力（或冷拉率）后，应停置 1～2min 再放松。冷拉后，有条件时宜进行时效处理。应按冷拉率大小分组堆放，以备编束时选料。冷拉钢筋时应做记录。

当采用控制应力方法冷拉钢筋时，对使用的测力计应经常进行校验。

5. 预应力筋的冷拔

预应力筋采用冷拔低碳钢丝时，应采用 6～8mm 的 I 级热轧钢筋盘条拔制。拔丝模孔为盘条原直径的 0.85～0.9，拔制次数一般不超过 3 次，超过 3 次时应将拔丝退火处理。拉拔总压缩率应控制在 60%～80%，平均拔丝速度应为 50～70m/min。冷拔达到要求直径后，应按有关规定进行检验，以决定其组别和力学性能（包括伸长率）。

6. 预应力筋编束

预应力筋由多根钢丝或钢绞线组成时，同束内应采用强度相等的预应力钢材。编束时，应逐根理顺，绑扎牢固，防止互相缠绕。

5.2.6 滑丝、断丝的原因和处理

预应力筋（钢丝、钢绞线、钢筋）在张拉与锚固时，由于各种原因，不可避免地产生个别力筋滑移和断裂现象。

1. 滑丝的原因

滑丝一般发生在退顶后，有时张拉结束后半天至一天内发生。

滑丝的原因很多，一般是锚圈锥孔与夹片之间有夹杂物；力筋和千斤顶卡盘内有油污；锚下垫板喇叭口内有混凝土和其他残渣；锚具偏离锚下垫板止口；锚具（锚圈、锚塞、夹片）质量存在问题，由于其硬度不足不匀而产生变形。此外，回油过猛，力筋粗细不一致也是滑丝产生的因素之一。

2. 断丝的原因

钢材材质不均匀或严重锈蚀；锚圈口处分丝时交叉重叠；操作过程中没有做到孔道、锚圈、千斤顶三对中，造成钢丝偏中，受力不匀，个别钢丝应力集中；油压表失灵，造成张拉力过大；千斤顶未按规定校验。

3. 滑丝、断丝的处理原则

在预应力张拉过程中或锚固时，预应力筋滑丝、断丝数量超过设计或表 5-4 和表 5-5 的规定，应予以处理。

表 5-4 先张法预应力筋断丝限制

项次	类别	检查项目	控制数
1	钢丝、钢绞线	同一构件内断丝数不得超过钢丝总数的比例	1%
2	钢筋	断筋	不容许

表 5-5 后张法预应力筋断丝、滑丝限制（钢丝、钢绞线、钢筋）

项次	类别	检查项目	控制数
1	钢丝束钢绞线束	每束钢丝断丝或滑丝	1根
		每束钢绞线断丝或滑丝	1丝
		每个断面断丝之和不超过该断面钢丝总数的比例	1%
2	单根钢筋	断筋或滑移	不允许

注：① 钢绞线断丝是指钢绞线内钢丝的断丝。
② 断丝包括滑丝失效的钢丝。
③ 滑移量是指张拉完毕锚固后部分钢丝或钢绞线向孔道内滑移的长度。

4．滑丝的处理

张拉完成后应及时在钢丝（或钢绞线）上做好醒目的标记，如发现滑丝，解决的措施一般是，采用YC122千斤顶和卸荷座，将卸荷座支承在锚具上，用YC122千斤顶张拉滑丝钢绞线，直至将滑丝夹片取出，换上新夹片，张拉至设计应力即可。如遇严重滑丝或在滑丝过程中钢绞线受到严重伤害，则应将锚具上的所有钢绞线全部卸荷，找出原因并解决，再重新张拉。

5．断丝的处理

断丝的处理，常用的方法有：①提高其他钢丝束的控制张拉力作为补偿。②换束。卸荷、松锚、换束、重新张拉至设计应力值。③启用备用束。对于一些重要的结构，设计时往往留有备用孔道或备用束，当施工过程中发生严重断丝特殊情况时，即启用备用束。

滑丝与断丝现象发生在顶锚以后，还可采用如下处理方法。

(1) 钢丝束放松。将千斤顶按张拉状态装好，并将钢丝在夹盘内楔紧。一端张拉，当钢丝受力伸长时，锚塞稍被带出。这时立即用钢钎卡住锚塞螺纹（钢钎可用5mm的钢丝、端部磨尖制成，长20～30cm）。然后主缸缓慢回油，钢丝内缩，锚塞因被卡住而不能与钢丝同时内缩。主缸再次进油，张拉钢丝，锚塞又被带出。再用钢钎卡住，并使主缸回油，如此反复进行至锚塞退出为止。然后拉出钢丝束更换新的钢丝束和锚具。

(2) 单根滑丝单根补拉。将滑进的钢丝楔紧在卡盘上，张拉达到应力后顶压楔紧。

(3) 人工滑丝放松钢丝束。安装好千斤顶并楔紧各根钢丝。在钢丝束的一端张拉到钢丝的控制应力仍拉不出锚塞时，打掉一个千斤顶卡盘上钢丝的楔子，迫使1～2根钢丝产生抽丝。这时锚塞与锚圈的锚固力就减小了，再次拉锚塞就较易拉出。

5.2.7 施加预应力的一般规定

(1) 张拉机具应与锚具配套使用，在进场时进行检查和校验。千斤顶与压力表应配套校验，以确定张拉力与压力表读数之间的关系曲线。张拉机具应由专人使用和保管，并经常维护，定期校验。

(2) 预应力钢材及所有锚具、夹具应有出厂合格证书，进场时应按有关要求分批进行检验。

(3)预应力筋的张拉控制应力应符合规定。

(4)张拉时应采用应力和伸长值双控制,实际伸长值与理论伸长值相比较,应控制在±6%以内,否则应暂停张拉,待查明原因并采取措施加以调整后,方可继续张拉。

任务 5.3 预应力先张法施工

先张法的制梁工艺是在浇筑混凝土前张拉预应力筋,将其临时锚固在张拉台座上,然后立模浇筑混凝土,待混凝土达到规定的强度后,逐渐将预应力筋放松,这样就因预应力筋的弹性回缩通过其与混凝土之间的黏结作用,使混凝土获得预压应力。

5.3.1 台座

1. 台座的组成

(1)底板:有整体式混凝土台面和装配式台面两种,作为预制构件的底模。

(2)承力架或支承架:台座的主要受力结构。其形式很多,如框架式、墩式、槽式等。

(3)横梁:将预应力筋的张拉力传给承力架的横向构件。常用型钢或钢筋混凝土制作。

(4)定位板:用来固定预应力筋的位置。

(5)固定端装置:用于固定力筋位置并在梁预制完成后放松力筋。它设在非张拉端,仅用于一端张拉的先张台座。

2. 台座的类型

(1)框架式台座。由纵梁(压柱)、横梁、横系梁组成框架承受张拉力,一般采用钢筋混凝土在现场整体浇筑。

(2)墩式台座。墩式台座一般分重力式和桩式两类,如图 5.5 所示。横梁直接和墩或桩基连成整体共同承受张拉力。墩式台座构造简单、造价较低;缺点是稳定性较差、变形较大,同时必须具有足够的强度和刚度,并且其抗倾覆安全系数应不小于 1.5,抗滑移系数应不小于 1.3。

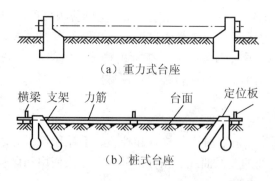

图 5.5 墩式台座

（3）拼装式钢管混凝土台座。以钢管混凝土作为压柱，压柱两端采用型钢立柱和型钢框架装片石压重的平衡体，与压柱连接组成台座承力架。此类台座具有施工迅速方便、可重复使用、节省造价的特点，常用于铁路桥梁。

5.3.2 模板与预应力筋制作要求

1. 模板制作要求

（1）将先张台座的混凝土底板作为预制构件的底模（图5.6），要求地基不产生非均匀沉陷，底板制作必须平整光滑、排水畅通。

图 5.6 先张台座混凝土底板

（2）端模预应力筋孔的位置要准确，安装后与定位板上对应的力筋孔要均在一条中心线上。

（3）考虑到预应力筋放松后梁体的压缩量，为保证梁体外形尺寸，侧模制作要增长0.1%。

2. 预应力筋制作要求

（1）预应力筋下料长度按计算长度、工作长度和原材料试验数据确定。长度不大于6m的先张构件，当钢丝成组张拉时，同组钢丝下料长度的相对差值不得大于2mm。

（2）先张法预应力的粗钢筋，在冷拉或张拉时可采用镦头钢筋和开孔的垫板，代替锚具或夹具。

（3）先张法镦头锚的钢丝镦头强度不应低于钢丝标准抗拉强度的90%。

（4）将下好料的钢绞线运到台座的一端，后张梁的钢绞线是用拉束的方法穿孔，而先张梁钢绞线是用向前推的方法穿孔。当预应力筋为粗钢筋时，该粗钢筋可在绑扎钢筋骨架的同时放入梁体。

5.3.3 预应力筋张拉程序与操作

1. 张拉前的准备工作

张拉前先安装定位板，检查定位板的力筋孔位置和孔径大小是否符合设计要求，然后将定位板固定在横梁上。在检查预应力筋数量、位置、张拉设备和锚具后，方可进行张拉。

2. 张拉工艺

(1) 单根张拉和多根张拉。

(2) 单向张拉和双向张拉。

(3) 张拉程序：预应力筋的张拉应符合设计要求，设计无规定时，其张拉程序可按表5-6的规定进行。

表 5-6　先张法预应力筋张拉程序

预应力筋种类	张拉程序
钢筋	0—初应力—1.05σ_{con}（持荷2min）—0.9σ_{con}—σ_{con}（锚固）
钢丝、钢绞线	0—初应力—1.05σ_{con}（持荷2min）—0—σ_{con}（锚固） 对于夹片式等具有自锚性能的锚具： 普通松弛力筋：0—初应力—1.03σ_{con}（锚固） 低松弛力筋：0—初应力—σ_{con}（持荷2min锚固）

注：σ_{con}为张拉时的控制应力值，包括预应力损失值。

(4) 断丝、断筋：张拉时，预应力筋的断丝数量不得超过表5-4的规定。

3. 一般操作

(1) 调整预应力筋长度。

(2) 初始张拉。

(3) 正式张拉：①一端固定，一端单根张拉；②一端固定，一端多根张拉；③一端单根张拉，一端多根张拉。

(4) 持荷。

(5) 锚固。

同时张拉多根预应力筋时，应预先调整其初应力，使相互之间的应力一致；张拉过程中，应使活动横梁与固定横梁始终保持平行，并应抽查力筋的预应力值，其偏差的绝对值不得超过按一个构件全部力筋预应力总值的5%。预应力筋张拉完毕后，与设计位置的偏差不得大于5mm，同时不得大于构件最短边长的4%。

5.3.4　预应力混凝土配料与浇筑

1. 预应力混凝土配料

(1) 配制高强度等级混凝土应选择级配优良的配合比。在构件截面尺寸和配筋允许下，尽量采用粒径大、强度高的集料；含砂率不超过0.41；水泥用量不宜超过500kg/m³，特殊情况下不应超过550kg/m³；水灰比不超过0.45。一般可采用低塑性混凝土，坍落度不大于30mm，以减少因收缩、徐变引起的预应力损失。

(2) 拌和中可掺入适量的减水剂，但不得掺入氯化钙、氯化钠等氯盐。从各种组成材料引进混凝土中的氯离子总含量（折合氯化物含量），不宜超过水泥用量的0.06%，当超过

0.06%时，宜采取掺加阻锈剂、增加保护层厚度、提高混凝土密实度等防锈措施；对于干燥环境中的小型构件，氯离子含量可提高1倍。

（3）水、水泥、减水剂用量应准确到±1%，集料用量准确到±2%。

（4）预应力混凝土所用的一切材料，必须全面检查，各项指标均应合格。

（5）预应力混凝土的发展方向——改性混凝土，包括纤维混凝土和聚合物混凝土。

2. 预应力混凝土浇筑

（1）尽量采用侧模振捣工艺。

（2）浇筑混凝土时，对先张构件应避免振动器碰撞预应力筋，并不得触及充气胶管。浇筑混凝土时防止充气胶管上浮和偏位。

（3）混凝土浇筑完成并初凝后，应立即开始养护。用蒸汽养护时，温度应按设计规定执行，且不得超过60℃。

5.3.5 预应力筋放松

1. 放松的方法

（1）砂箱放松法，如图5.7所示。

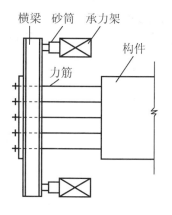
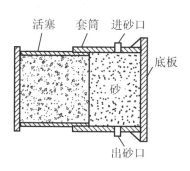

图 5.7 砂箱放松法

（2）千斤顶放松法。

（3）张拉放松法。

（4）滑楔放松法。

（5）手工法。

2. 放松的规定

（1）预应力筋放松时的混凝土强度需符合设计规定，设计未规定时，不得低于设计混凝土强度等级值的75%。

（2）预应力筋的放张顺序应符合设计要求，设计未规定时，应分阶段、对称、相互交错地放松。在力筋放松之前，应将限制位移的侧模、翼缘模板或内模拆除。

(3) 多根整批预应力筋的放松，可采用砂箱法或千斤顶法。用砂箱放松时，放砂速度应均匀一致；用千斤顶放松时，放松宜分数次完成。单根钢筋采用拧松螺母的方法放松时，宜先两侧后中间，并不得一次将一根力筋放松。

(4) 钢筋放松后，可用乙炔—氧气切割，但应采取措施防止烧坏钢筋端部。钢丝放松后，可用切割、锯断或剪断的方法切断；钢绞线放松后，可用砂轮锯切断。

(5) 长线台座上预应力筋的切断顺序，应由放松端开始，逐次切向另一端。

任务 5.4　预应力后张法施工

后张法施工工艺是先浇筑留有预应力筋孔道的梁体，待混凝土达到规定的强度后，再在预留孔道内穿入预应力筋进行张拉锚固（有时预留孔道内已事先埋束，待混凝土达到规定的强度后，再进行预应力筋张拉锚固），最后进行孔道压浆并浇筑梁端封头混凝土。

5.4.1　预应力钢筋加工

(1) 预应力粗钢筋的加工。

① 下料：应按钢筋的计算长度、工作长度和原材料的试验数据确定下料长度。

② 对焊：目前多采用二次闪光对焊，对焊的轴线偏差不得大于 2mm 或钢筋直径的 1/10。

③ 冷拉：采用"双控"。

④ 时效：人工时效或自然时效。

⑤ 端头镦粗或轧丝。

(2) 高强钢筋的使用。

直径为 6～10mm 的高强钢筋，以盘圆供应，施工中可免去冷拉工序和对焊接长等加工工作，有利于施工。

(3) 将高强钢丝和钢绞线成束。

5.4.2　预留孔道

无论采用何种制孔器，所有管道均应设压浆孔，还应在最高点设排气孔及需要时在最低点设排水孔。

1. 埋置式制孔器

埋置式制孔器在梁体制成后留在梁内，形成孔道壁，对预应力筋的摩阻力小，但加工成本高，不能重复使用，金属材料耗用量大。埋置式制孔器主要有两类：铁皮管式和铝合金波纹管式。

2. 抽拔式制孔器

在梁体混凝土浇筑前，安放在力筋的设计位置上，等终凝后将其拔出，梁体内即具有孔道。抽拔式制孔器能够周转使用,省料而经济。

(1)抽拔式制孔器的种类：

① 橡胶抽拔管(图5.8)。

② 金属伸缩抽拔管。

③ 钢管。

(2)抽拔顺序：

① 先拔下层胶管,后拔上层胶管。

② 先拔早浇筑的半根梁,后拔晚浇筑的半根梁。

③ 先拔芯棒,后拔管。

(3)抽拔时间：

① 在混凝土初凝之后与终凝之前,待其抗压强度达到4～8MPa时方可抽拔制孔器。

图5.8 橡胶抽拔管

② 根据经验,制孔器的抽拔时间可参考表5-7。

表5-7 制孔器的抽拔时间

环境温度/℃	抽拔时间/h
30以上	3
20～30	3～5
10～20	5～8
10以下	8～12

5.4.3 穿束

预应力筋可在浇筑混凝土之前或之后穿入管道,穿束前应检查锚垫板和孔道,锚垫板应位置准确,孔道内应畅通,无水和其他杂物。采用的方法有：人工直接穿束；机械穿束,包括卷扬机穿束和穿束机穿束。

5.4.4 力筋的张拉

1. 张拉前的准备工作

对力筋施加预应力之前,必须对千斤顶和油压表进行校验,计算与张拉吨位相应的油压表读数和钢丝伸长量,确定张拉顺序和清孔、穿束等工作,应对构件进行检验,外观和尺寸应符合质量标准要求。张拉时,构件的混凝土强度应符合设计要求,设计未规定时,不应低于设计强度等级值的75%。

2. 张拉程序

后张预应力筋的张拉应符合设计要求,设计无规定时,其张拉程序可参照表5-8进行。

表 5-8 后张法预应力筋张拉程序

预应力筋		张拉程序
钢筋、钢筋束		0—初应力—1.05σ_{con}(持荷 2min)—σ_{con}(锚固)
钢绞线束	对于夹片式等具有自锚性能的锚具	普通松弛力筋：0—初应力—1.03σ_{con}(锚固) 低松弛力筋：0—初应力—σ_{con}(持荷 2min 锚固)
	其他锚具	初应力—1.05σ_{con}(持荷 22min)—σ_{con}(锚固)
钢丝束	对于夹片式等具有自锚性能的锚具	普通松弛力筋：0—初应力—1.03σ_{con}(锚固) 低松弛力筋：0—初应力—σ_{con}(持荷 2min 锚固)
	其他锚具	0—初应力—1.05σ_{con}(持荷 2min)—0—σ_{con}(锚固)
精轧螺纹钢筋	直线配筋时	0—初应力—σ_{con}(持荷 2min 锚固)
	曲线配筋时	0—σ_{con}(持荷 2min)—0(上述程序可反复几次)—初应力—σ_{con}(持荷 2min 锚固)

注：表中 σ_{con} 为张拉时的控制应力值，包括预应力损失值。

3. 两次张拉工艺

(1) 预应力梁在混凝土强度达到设计强度之前(如达到设计强度的 60％以上时)，先张拉一部分力筋，对梁体施加较低的预压应力，使梁体能承受自重荷载，提前将梁移出生产梁位。

(2) 预制梁移出生产台座后，继续进行养护，待达到混凝土设计强度后，进行其他力筋的张拉工作。

4. 张拉要点

(1) 预应力筋的张拉顺序应符合设计要求，当设计未规定时，可采取分批、分阶段对称张拉。

(2) 对曲线预应力筋或长度大于等于 25m 的直线预应力筋，宜在两端张拉；对长度小于 25m 的直线预应力筋，可在一端张拉。

5. 滑丝和断丝处理

后张预应力筋断丝及滑移不得超过表 5-5 中的控制数。

(1) 加强对设备、锚具、预应力筋的检查。

(2) 严格执行张拉工艺，防止滑丝、断丝。

(3) 滑丝与断丝的处理：

① 钢丝束放松。

② 单根滑丝单根补拉。

③ 人工滑丝放松钢丝束。

5.4.5 孔道压浆和封锚

1. 压浆目的

压浆的目的是使梁内预应力筋免于锈蚀,水泥浆应具有以下适当的性质:并使力筋与混凝土梁体相黏结而形成整体(图5.9)。

(1) 为使灌浆作业容易进行,灰浆应具有适当的稠度。

(2) 没有收缩,而应具有适当的膨胀性。

(3) 应具有规定的抗压强度和黏结强度。

2. 压浆工艺

(1) 压浆前,应对孔道进行清洁处理。

(2) 压浆时,对曲线孔道和竖向孔道应从最低点的压浆孔压入,由最高点的排气孔排气和泌水。压浆顺序宜先压注下层孔道。

(3) 压浆应使用活塞式压浆泵,不得使用压缩空气。压浆应达到孔道另一端饱满和出浆,并应达到排气孔排出与规定稠度相同的水泥浆为止。

(4) 压浆过程中及压浆后48h内,结构混凝土的温度不得低于50℃,否则应采取保温措施。当气温高于35℃时,压浆宜在夜间进行。

(5) 压浆后应从检查孔抽查压浆的密实情况,如有不实,应及时处理和纠正。

3. 压浆注意事项

(1) 浇筑之前管道应畅通、不塌陷、不堵塞。

(2) 拌和水泥浆应注意检查配合比、计量的准确性、材料往拌和机掺放的顺序、拌和时间及水泥浆的流动性。

(3) 水泥浆进入压浆泵之前应过筛,压浆应缓慢进行,检查排气孔的水泥浆浓度,尤其在排气孔关闭之后,泵压应达到0.5MPa以上,并要保持一定时间。

(4) 压浆作业不能中断,应连续进行。

(5) 寒冷季节压浆时,做到压浆前管道周围的温度在5℃以上,水泥浆的温度在10~20℃,尽量减小水灰比。

(6) 为了避免高温引起水泥浆的温度上升和硬化,应掺加缓凝剂并尽快结束压浆作业,一般夏季中午不得进行压浆施工。

4. 封锚

压浆后应先将其周围冲洗干净并对梁端混凝土凿毛,然后设置钢筋网浇筑封锚混凝土(图5.10)。封锚混凝土的强度应符合设计规定,一般不宜低于构件混凝土强度等级值的80%。必须严格控制封锚后的梁体长度。长期外露的锚具,应采取防锈措施。

图 5.9 压浆

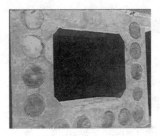
图 5.10 封锚

5.4.6 张拉力的计算

1. 计算公式

（1）压力与压强基本公式为 $P=F/S$，同理，张拉力的公式为

$$F=P\times S$$

式中，F——张拉力，N；

　　　P——锚下控制应力，Pa；

　　　S——钢绞线截面积，m^2。

（2）案例：已知某桥梁预应力施工，钢绞线强度为 1860MPa，设计锚下控制应力 1302MPa，钢绞线为 15－ϕ15.25mm（每根钢绞线截面积为 140mm^2），试计算张拉力。

（3）计算：

1302MPa＝1302×10^6Pa

140mm^2＝140×$10^{-6}$$m^2$

$F=P\times S=1302\times 10^6\times 15\times 140\times 10^{-6}$N

　＝2 734 200N

　＝2 734.2kN

2. 油表读数回归方程

油表检校后，实验室会给出油表的检校回归方程并以此计算得出对应拉力时的油表读数。如上例检校回归方程＝0.033 33X＋0.206（检验时得出）。

10％拉力读数＝0.033 33×2734.2×0.10＋0.206＝9.32。

100％拉力读数＝0.033 33×2734.2＋0.206＝91.34。

105％拉力读数＝0.033 33×2734.2×1.05＋0.206＝95.89。

任务 5.5　预制梁安装施工

我国新建公路、铁路的中小跨度普通钢筋混凝土梁和预应力混凝土梁，多采用工厂预制、现场架设的方法。预制混凝土简支梁的架设，包括起吊、纵移、横移、落梁等工序。铁路梁更多地采用专用架桥机架设；公路梁自重相对小一些，除专用架桥机外，另有多种灵活、简便的架设方法。

项目 5　预应力混凝土简支梁构造与施工

从架梁的工艺类别来分,有陆地架设、浮吊架设和利用安装导梁或塔架、缆索的高空架设等。每一类架设工艺中,按起重、吊装等机具的不同,又可分成各种独具特色的架设方法。

预制梁(板)的安装是预制装配式混凝土梁桥施工中的关键性工序,应结合施工现场条件、工程规模、桥梁跨径、工期条件、架设安装的机械设备条件等具体情况,以安全可靠、经济简单和加快施工速度等为原则,合理选择架梁的方法。

5.5.1　架桥机架梁

由于大型预制构件的大量应用,架桥机在铁路、公路中的应用十分普遍。架桥机架梁速度快,不受桥高、水深的影响。架桥机架梁时,一般需要专用的运梁设备,将梁由预制场地或桥头临时存梁地点运至架桥机尾部,但运架一体式架桥机除外。

目前,在我国使用的架桥机类型很多。既有 20 世纪 60~70 年代研制并逐渐改进的传统架桥机,也有 20 世纪 90 年代以后研制的新型、大吨位架桥机;既有国外产品,也有国内厂商研制的产品。

公路架桥机早期以联合架桥机、拼装式双梁架桥机为主。近年来也发展了若干专用架桥机,如 DFⅢ型系列架桥机、JQL 架桥机等。另外,用于铁路的架桥机稍加改进也可架设公路梁。以下介绍几种铁路、公路常用架桥机的特点及架梁步骤。

1. 穿巷式架桥机架梁

架设公路的多片简支 T 形梁,在桥高、水深,尤其是桥较长的情况下,可用穿巷式架桥机(或称闸门式架桥机)架梁。架桥机主要由两根分离布置的安装梁,两根起重横梁和可伸缩的钢支腿 3 部分组成。安装梁用 4 片钢桁架或贝雷桁架拼组而成。下设移梁平车,可沿铺在已架设梁顶面的轨道行走。两根型钢组成的起重横梁,支承在能沿安装梁顶面轨道行走的平车上。横梁上设有不带复式滑车的起重小车。根据穿巷式架桥机安装梁主桁架间净距的大小,可分为窄、宽两种。窄穿巷式架桥机的安装梁主桁架净距小于 T 形梁肋之间的距离。因此,边梁要先吊放在墩顶托板上,然后再横移就位。宽穿巷式架桥机可以进行边梁的起吊,并横移就位。宽穿巷式架桥机如图 5.11 所示。

宽穿巷式架桥机架梁步骤如下:

(1)一孔架完后,前后横梁移至尾部做平衡重。

(2)架桥机沿梁顶轨道向前移动一孔位置,并使前支腿支撑在墩顶上。

(3)前横梁吊起 T 形梁,梁的后端仍放在运梁平车上,继续前移。

(4)后横梁也吊起 T 形梁,缓慢前移,对准纵向梁位后,先固定前后横梁,再用横梁上的吊梁小车横移梁就位。

图 5.11　宽穿巷式架桥机架梁

2. 联合架桥机架梁

架设中、小跨度公路简支梁时，常用联合架桥机架梁(蝴蝶架架梁)，如图 5.12 所示。此法架设过程中不影响桥下通航、通车，预制梁的纵移、起吊、横移、就位都较方便。缺点是架设设备用钢量较多，但可周转使用。

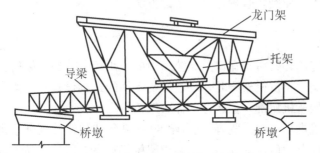
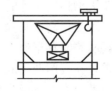

（a）主梁纵移图　　　　　　（b）主梁横移安装图

图 5.12　联合架桥机架梁

联合架桥机由一根两跨长的钢导梁，两套门式吊机和一个托架(又称蝴蝶架)3 部分组成。导梁顶面铺设运梁平车和托架行走的轨道。门式吊车顶横梁上，设有吊梁用的行走小车。为了不影响架梁的净空位置，其立柱底部还可做成在横向内倾斜的小斜腿。这样的吊车俗称拐脚龙门架。钢导梁由贝雷梁装配。门式吊机由工字梁组成。蝴蝶架是专门用来托运门式吊机转移的，它由角钢组成。

联合架桥机架梁顺序如下：

（1）在桥头拼装钢导梁，梁顶铺设钢轨，并用绞车纵向拖拉导梁就位。

（2）拼装蝴蝶架和门式吊机，用蝴蝶架将两个门式吊机移运至架梁孔的桥墩(台)上。

（3）由平车轨道运送预制梁至架梁孔位，将导梁两侧可以安装的预制梁用两个门式吊机吊起，横移并落梁就位。

（4）将导梁所占位置的预制梁临时安放在已架设好的梁上。

（5）用绞车纵向拖拉导梁至下一孔后，将临时安放的梁由门式吊机架设就位，完成一个孔梁的架设工作，并用电焊将各梁连接起来。

（6）在已架设的梁上铺接钢轨，再用蝴蝶架顺序将两个门式吊机托起并运至前一孔的桥墩上。

如此反复，直至将各孔梁全部架设好为止。

3. 轮胎运架一体式架桥机架梁

轮胎运架一体式架桥机是集吊、运、架梁为一体的多功能桥梁施工设备。它主要由运架梁机和导梁两大部分组成。运架梁机的两组轮胎可以纵横向移动，解决了在预制场内将箱梁从存梁场(或直接从制梁台座)吊出横行的问题。轮胎运架一体式架桥机如图 5.13 所示。

轮胎运架一体式架桥机的架梁过程如下：

运架梁机在制梁场取梁→运架梁机运梁→运架梁机前行走轮组驶到导梁滚动小车上托

梁→导梁与桥墩锚固，运架梁机携梁沿导梁前行就位→稳固运架梁机，导梁前行至下一墩位→腾出落梁位置→安装桥梁支座→落梁就位→导梁后移一段距离→运架梁机前轮组驶下导梁→运架梁机退出→进行下一个循环。

4. 下导梁式架桥机架梁

下导梁式架桥机由下梁、上梁、前支腿、后支腿、喂梁支腿、起重小车等组成如图5.14所示。其中，下梁为导梁，上梁为吊装梁（主梁）。架设时，运梁车从后部行驶至两梁之间，此时上梁的后支腿先向上折起，然后落下后支腿于已架好的梁体上。利用钢下导梁作运输通道，用运梁车将混凝土梁运到被架桥跨上方，通过靠近支腿位置的起重小车将混凝土梁提离运梁车，运梁车退出后将下导梁往前纵移一跨，让出梁体位置，上梁吊梁小车再将梁准确落到正式支座上。

图 5.13 轮胎运架一体式架桥机

图 5.14 下导梁式架桥机架梁

5.5.2 陆地架梁法

1. 自行式吊车架梁

在桥不高，场内又可设置行车便道的情况下，用自行式吊车（汽车吊车或履带吊车）架设中、小跨径的桥梁十分方便。大型的自行式吊机逐渐普及，且自行式吊机本身有动力，架设迅速、可缩短工期，不需要架设桥梁用的临时动力设备，不必进行任何架设设备的准备工作，不需要如其他方法架梁时所具备的技术工种，因此，一般中小跨径的预制梁（板）的架设安装越来越多地采用自行式吊机。此法视吊装重量不同，可以采用一台吊机架设、两台吊机架设、吊机和绞车配合架设等方法。

当预制梁重量不大，而吊机又有相当的起重能力，河床坚实无水或少水，允许吊机行驶、停搁时，可用一台吊机架设安装，如图5.15所示。

用两台吊机架设，是用两台自行式吊机各吊住梁（板）的一端，将梁（板）吊起并架设安装。此法应注意两台吊机的互相配合。

吊机和绞车配合架梁时，预制梁一端用拖履、滚筒支垫，另一端用吊机吊起，前方用绞车或绞盘牵引预制梁前进。梁前进时，吊机起重臂随之转动。梁前端就位后，吊机行驶到后端，提起后端取出拖履、滚筒，再将梁放下就位。

2. 跨墩门式吊车架梁

对于桥不太高，架梁孔数又多，沿桥墩两侧铺设轨道不困难的情况下，可以采用一台或两台跨墩门式吊车架梁。此时，除了吊车行走轨道外，在其内侧还应铺设运梁轨道，或者设便道用拖车运梁。梁运到后，就用门式吊车起吊、横移，并安装在预定位置，如图5.16所示。

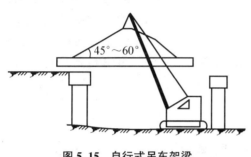

图 5.15　自行式吊车架梁

图 5.16　跨墩门式吊车架梁

3. 摆动式支架架梁

本法是将预制梁（板）沿路基牵引到桥台上并稍悬出一段，悬出距离根据梁的截面尺寸和配筋确定。从桥孔中心河床上悬出的梁（板）端底下设置人字扒杆或木支架，前方扒杆或木支架，如图5.17所示。前方用牵引绞车牵引梁（板）端。此时支架随之摆动而到对岸。为防止摆动过快，应在梁（板）的后端用制动绞车牵引制动。

摆动式支架架梁法较适宜于桥梁高跨比稍大的场合。当河中有水时也可用此法架梁，但需在水中设一个简单小墩，以供设立木支架用。

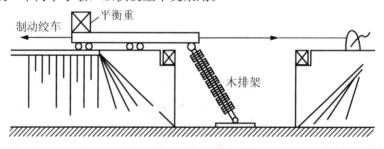

图 5.17　摆动式支架架梁

4. 移动式支架架梁

在架设孔的地面上，顺桥轴线方向铺设轨道，其上设置可移动支架，预制梁的前端搭在支架上，通过移动支架将梁移运到要求的位置后，再用龙门架或人字扒杆吊装；或者在桥墩上设枕木垛，用千斤顶卸下，再将梁横移就位，如图5.18所示。

利用移动支架架设，设备较简单，但可安装重型的预制梁；无动力设备时，可使用手摇卷扬机或绞盘移动支架进行架设。但不宜在桥孔下有水、地基过于松软的情况下使用，为保证架设安全，一般也不适宜桥墩过高的场合。

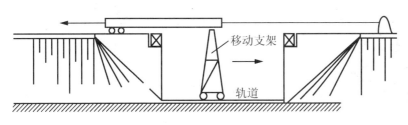

图 5.18 移动式支架架梁

5.5.3 浮吊架设法

1. 浮吊船架梁

在海上和深水大河上修建桥梁时，用可回转的伸臂式浮吊架梁比较方便，如图 5.19 所示。这种架梁方法高空作业少，施工比较安全，吊装能力也大，工效也高，但需要大型浮吊。鉴于浮吊船来回运梁航行时间长，要增加费用，故一般采取用装梁船储梁后成批一起架设的方法。

浮吊架梁时需在岸边设置临时码头移运预制梁。架梁时，浮吊要认真锚固。如流速不大，则可用预先抛入河中的混凝土锚作为锚固点。

2. 固定式悬臂浮吊架梁

在缺乏大型伸臂式浮吊时，也可用钢制万能杆件或贝雷钢架拼装固定式的悬臂浮吊进行架梁。

5.5.4 高空架设法

架桥机架梁也属于高空架设法。

1. 自行式吊车桥上架梁法

在此简介架桥机以外的高空架设法工艺特点。

在预制梁跨径不大、自重较小且梁能运抵桥头引道上时，可直接用自行式伸臂吊车（汽车吊或履带吊）架梁，如图 5.20 所示。对于架桥孔的主梁，当横向尚未连成整体时，必须核算吊车通行和架梁工作时的承载能力。此种架梁方法简单方便，几乎不需要任何辅助设备。

2. 扒杆纵向"钓鱼"法架梁

此法是用立在安装孔墩台上的两副人字扒杆，配合运梁设备，以绞车互相牵吊。在梁下无支架、导梁支托的情况下，把梁悬空吊过桥孔，再横移落梁、就位安装的架梁法，如图 5.21 所示。

图 5.19 浮吊船架梁

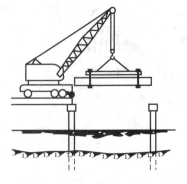

图 5.20 自行式吊车桥上架梁

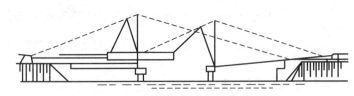

图 5.21 扒杆纵向"钓鱼"法架梁

用此法架梁时,必须根据预制梁的自重和墩台间跨径,在竖立扒杆、放倒扒杆、转移扒杆或架梁或吊着梁进行横移等各个工作阶段,对扒杆、牵引绳、控制绳、卷扬机、锚碇和其他附属零件进行受力分析和应力计算,以确保设备的安全。并且还需对各阶段的操作安全性进行检查。

本法不受架设孔墩台高度和桥孔下地基、河流水文等条件影响;不需要导梁、龙门吊机等重型吊装设备;扒杆的安装移动简单,梁在吊着状态时横移容易,也较安全,故总的架设速度快。但不宜用于不能设置缆索锚碇和梁上方有障碍物处。

任务 5.6 简支梁现浇施工

5.6.1 支架类型及构造

就地浇筑混凝土梁桥的上部结构,首先应在桥孔位置搭设支架,以支承模板和浇筑的钢筋混凝土,以及其他施工荷载的重力。支架按形式不同分主要有支柱式支架、梁式支架、梁柱式支架等,如图 5.22 所示。

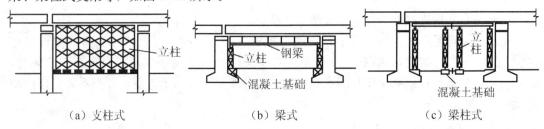

(a) 支柱式　　　　　　　(b) 梁式　　　　　　　(c) 梁柱式

图 5.22 支架构造形式

1. 满布式支架

满布式支架常用于陆地或不通航的河道,或桥墩不高,桥位处水位不深的桥梁。其形式可根据支架所需跨径的大小等条件,采用排架式、人字撑式或八字撑式,如图 5.23 所示。排架式为最简单的满布式支架,主要由排架及纵梁等部件构成,其纵梁为抗弯构件。因此,需在浇筑混凝土时适当安排浇筑程序和保持均匀、对称地进行,以防发生较大变形。

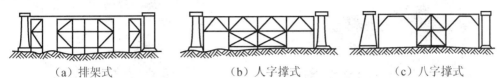

(a) 排架式　　　　　(b) 人字撑式　　　　　(c) 八字撑式

图 5.23　满布式支架示意图

满布式木支架的排架,可设置在枕木上或桩基上,基础必须坚实可靠,以保证排架的沉陷值不超过规定。当排架较高时,为保证支架横向的稳定,除在排架上设置撑木外,还需在排架两端外侧设置斜撑木或斜立桩。满布式支架的卸落设备一般采用木楔、木马或砂筒等,可设置在纵梁支点处或桩顶帽木上面。

2. 钢木混合支架

为加大支架跨径,减少排架数量,支架的纵梁可采用工字钢,其跨径可达 10m。但在这种情况下,支架多改用木框架结构,以加强支架的承载力及稳定性。

3. 万能杆件拼装支架

用万能杆件可拼装成各种跨度和高度的支架,其跨度必须与杆件本身长度成倍数。用万能杆件拼装的桁架的高度,可达 2m、4m、6m 或 6m 以上。当高度为 2m 时,腹杆拼为三角形;高度为 4m 时,腹杆拼为菱形;高度超过 6m 时,则拼成多斜杆的形式,如图 1.41 所示。

用万能杆件拼装的支架,在荷重作用下的变形较大,而且难以预计其数值。因此,应考虑预加压重,预压重力相当于灌筑的混凝土的重力。

4. 装配式公路钢桥桁节拼装支架

用装配式公路钢桥桁节可拼装成桁架梁和塔架。为加大桁架梁孔径和利用墩台作支承,也可拼成八字斜撑以支撑桁架梁。桁架梁与桁架梁之间,应用抗风拉杆和木斜撑等进行横向联结,以保证桁架梁的稳定。

5. 轻型钢支架

桥下地面较平坦,有一定承载力的梁桥,为节省木料,宜采用轻型钢支架(图 5.24)。轻型钢支架的梁和柱,以工字钢、槽钢或钢管为主要材料,斜撑、联结系等可采用角钢。构件应制成统一规格和标准;排架应预先拼装成片或组,并以混凝土、钢筋混凝土枕木或木板作为支承基底。为了防止冲刷,支承基底须埋入地面以下适当的深度。为适应桥下高度,排架下应垫以一定厚度的枕木或木楔等。为便于支架和模板的拆卸,纵梁支点处应设置木楔。

6. 墩台自承式支架

在墩台上留下预埋件,上面安装横梁及架设适宜长度的工字钢或槽钢,即构成模板的支架。这种支架适用于跨径不大的梁桥,但支立时仍需考虑梁的预拱度,支架梁的伸缩及支架和模板的卸落等所需条件,如图 5.25 所示。

图5.24 轻型钢支架

图5.25 自承式支架

7. 模板车式支架

模板车式支架适用于跨径不大、桥墩为立桩式的多跨梁桥的施工。在墩柱施工完毕后即可立即铺设轨道，拖进孔间，进行模板的安装，这种方法可简化安装工序并节省安装时间。

5.6.2 施工预拱度和弹性变形

1. 确定预拱度时应考虑的因素

在支架上浇筑梁式上部构造时，在施工时和卸架后，上部构造要发生一定的下沉和产生一定的挠度。因此，为使上部构造在卸架后能满意地获得设计规定的外形，需在施工时设置一定数值的预拱度。在确定预拱度时应考虑下列因素：

(1) 卸架后上部构造本身及活载一半所产生的竖向挠度。

(2) 支架在荷载作用下的弹性压缩。

(3) 支架在荷载作用下的非弹性变形。

(4) 支架基底在荷载作用下的非弹性沉陷。

(5) 由混凝土收缩及温度变化而引起的挠度。

2. 预拱度的设置

根据梁的挠度和支架的变形所得的预拱度之和为预拱度的最高值，应设置在梁的跨径中点处。其他各点的预拱度，应以中间点为最高值，以梁的两端为零，按直线或二次抛物线比例进行分配。

3. 弹性变形的确定

支架体系在梁体荷载下，会产生非弹性变形和弹性变形。目前，各项变形值大都通过预压法消除和确定：

(1) 支架拼装完成后，测得原始标高 H_1。

(2) 按梁体自重、施工模板和施工机具自重、其他荷载之和（辅以一定的安全系数），用水箱、砂袋或其他物体，分级加载到支架上，此时测得加载后标高 H_2。

(3) 加载后稳定一段时间之后进行卸载，此时测得卸载后标高 H_3。则：

非弹性变形值 $= H_3 - H_1$，此值已通过加载预压消除。

弹性变形值 $= H_1 - H_3$，即为支架在灌筑混凝土前应设置的预留沉降高度。

(4) 支架基底的沉陷,可通过试验确定或参考表 5-9 估算。

表 5-9 支架基底的沉陷　　　单位:cm

土壤	枕梁	柱	
		当柱上有极限荷载时	柱的支承能力不充分利用时
砂土	0.5~1.0	0.5	0.5
黏土	1.5~2.0	1.0	0.5

5.6.3 模板的构造

1. 模板的构造要求

模板虽然是施工中的临时性结构,但对于梁体的制作十分重要。模板不仅控制着梁体尺寸的精度,直接影响施工进度和混凝土的灌筑质量,而且关系到施工安全。模板的构造要求同任务 4.5 所述。

2. 梁体模板的分类

梁体模板按成形时的作用分为内模、外模、侧模、底模等;按模板的材料不同分为木模板、钢模板、钢木模板、胶合板模板、钢竹模板、塑料模板、玻璃钢模板、铝合金模板等。桥梁施工常用的模板有木模、钢模和钢木组合模板。

按就地浇筑梁桥的目的不同,常用木模板和钢模板。对预制安装构件,除钢、木模板外,也可采用钢木组合模板、土模、砖模和钢筋混凝土模板等。模板形式的选择,主要取决于同类桥跨结构的数量和模板材料的供应。当建造单跨或多跨不同桥跨节后,一般采用木模;当有多跨同样的结构,为了经济可采用大型模板块件组装或用钢模。

1) 木模

木模包括胶合板木模,可采用整体定型的大型块件,它可按结构要求预先制作,然后在支架上用连接件迅速拼装。木模板的基本构造包括:紧贴混凝土表面的壳板(又称面板)、支承壳板的肋木和立柱或横挡。壳板可以竖直拼装或水平拼装,当采用平缝拼接时,应在拼缝处衬压塑料薄膜或水泥袋纸以防漏浆。为了增加木模的周转次数并方便脱模,往往在壳板面上加钉一层薄铁皮。

常用分片装拆式 T 形梁木制模板的结构如图 5.26 所示。相邻横隔板之间的模板,形成一个柜箱。在柜箱内的横挡上,可安装附着式振捣器。梁体两侧的一对柜箱,用顶部横木和穿通梁肋的螺栓拉杆来固定,并借柱底的木楔进行装、拆调整。

图 5.27 所示是常用于空心板梁的木制芯模构造。芯模是形成空心所必需的特殊模板。其结构形式直接影响到制作是否简便经济、装拆是否方便、周转率是否高的问题。为了便于搬运装拆,每根梁的模板分成两节。木壳板的侧面装置铰链,使壳板可以转动。芯模的骨架和活动撑板,每隔约 70cm 一道。撑板下端的半边朝梁端一侧,用铰链与壳板连接。安装时借榫头顶紧壳板纵面的上下斜缝,并在撑板上部设置直径 20mm 的拉杆。撑板将壳

板撑实后,在模壳外用铅丝捆扎,以防散开或变形。拆模时只需用拉杆将撑板从顶部拉脱,并借铰链先松左半模板,取出后再脱右半模板。上述芯模也可改用特制的充气橡胶管完成,在国外,还采用混凝土管、纸管等做成不抽拔的芯模。

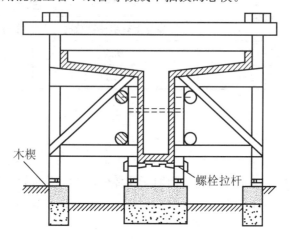

图 5.26 分片装拆式 T 形梁木模构造

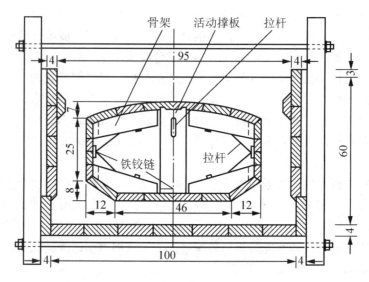

图 5.27 空心板梁芯模构造

2) 钢模

桥梁用钢模一般做成大型块件,长 3~8m。图 5.28 为一种分片装拆式 T 形梁钢模板的结构组成。侧模由厚度一般为 4~8mm 的钢壳板,角钢做成的水平肋和竖向肋,支托竖向肋的直撑、斜撑,固定侧模用的顶横杆和底部拉杆,以及安装在壳板上的振捣架等构成。底模通常用 6~12 mm 厚的钢板制成,它通过垫木支承在底部钢横梁上。在拼装钢模板时,所有紧贴混凝土的接缝内部,都用止浆垫使接缝密闭不漏浆。止浆垫一般采用柔软、耐用和弹性沫塑料。

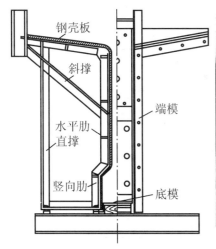

图 5.28　分片装拆式 T 形梁钢模板

图 5.29 为一种箱形截面钢模板的结构组成。内模在竖向分为上、下两部分，上下部在横向又分成两半，中线处上下部都用铰连接。上下部在竖向连接处做成斜面，便于脱模。拆除内模时，将可伸缩撑杆缩短，上部两侧内模绕上部铰转动即进行脱模，利用设在内模下部顶面轨道上的小车可将内模上部运出梁体外。然后将可伸缩撑杆换装到内模下部两侧的连接角钢上，缩短撑杆，使内模下部两侧绕下部铰转动即进行脱模，再滑移托出梁体。

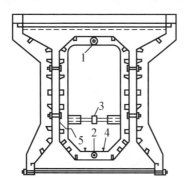

图 5.29　箱形截面钢模板
1—上铰；2—下铰；3—伸缩杆；4—轨道；5—接缝

5.6.4　就地浇筑钢筋混凝土简支梁施工工序

就地浇筑钢筋混凝土简支梁施工工序如图 5.30 所示。

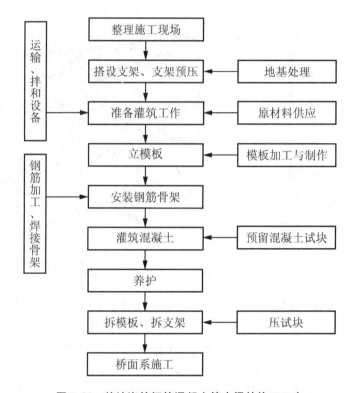

图 5.30 就地浇筑钢筋混凝土简支梁的施工工序

5.6.5 钢筋骨架的安装

钢筋混凝土结构中，常用钢筋的直径一般为 6~40mm。钢筋一般先在钢筋车间加工，然后运至现场安装或绑扎。钢筋的加工过程一般有调直、除锈、时效、下料、弯钩、焊接、绑扎等工序(详见任务 4.6)，这里主要介绍钢筋骨架的安装。

1. 骨架制作

在支架上浇筑钢筋混凝土梁时，为减少在支架上的钢筋安装工作，梁内的钢筋宜预先在工厂或桥梁工地制成平面或立体骨架。当梁的跨径较大时，可预先分段制成骨架；当不能预先制成骨架时，则钢筋的接长应尽可能预先进行。制作钢筋骨架时，必须焊扎坚固，以防在运输和吊装过程中变形。

多层钢筋焊接时，可采用侧面焊缝，使之形成平面骨架，焊接缝设在弯起钢筋的弯起点处。如斜筋弯起点之间的距离较大，应在中间部分适当增加短段焊缝，以便有效地固定各层主钢筋。

2. 钢筋接头

详见任务 4.6。

3. 钢筋骨架的拼装

用焊接的方法拼接骨架时，应用样板严格控制骨架位置。骨架的施焊顺序，宜由骨架的中间到两边，对称地向两端进行，并应先焊下部后焊上部，每条焊缝应一次成活，相邻的焊缝应分区对称地跳焊，不可顺方向连续施焊。

为保证混凝土保护层的厚度，应在钢筋骨架与模板之间错开放置适当数量的水泥砂浆垫块、混凝土垫块或钢筋头垫块，骨架侧面的垫块应绑扎牢固。

4. 钢筋骨架的运输和吊装

运输预制钢筋骨架时，骨架可放在平车上或在骨架下面垫以滚轴，用绞车拖拉。运输道路可根据现场条件，或设在桥上或设在桥侧面，孔数较多时，以设在桥侧面为宜。由桥侧面运进和吊装时，侧面模板应在骨架入横后再安装。用起重机吊装骨架时，为防骨架弯曲变形，宜加设扁担梁。

5. 钢筋骨架的质量要求

钢筋骨架除应按规定对加工质量、焊接质量及各项机械性能进行检验外，并应检查其焊扎和安装的正确性，其允许偏差参见施工规范的规定。

5.6.6 混凝土工程

混凝土搅拌、运输、浇筑及养护的基本要求详见任务 4.6，此处重点介绍梁体混凝土工程施工需注意的内容。

1. 混凝土的运输

混凝土应以最少的转运次数、最短的距离迅速地从拌制地点运往灌筑地点，避免发生离析、泌水和灰浆流失现象，坍落度前后相差不得超过 30%，否则应进行二次拌制。混凝土运输时间不宜超过时间限制允许值。

（1）在桥面上运输。对于跨径不大的桥梁，可在上部结构模板上运送混凝土。用手推车或小型机动斗车运送时，需在模板上铺跳板和马凳，并随着浇筑工作的推进逐一撤除。用轻轨斗车运送时，模板上必须放置混凝土短柱或铁支架，上搁纵梁、横木、面板，再铺铁轨。混凝土短柱和铁支架可留在混凝土体内。

（2）索道吊机和运输。索道吊机一般沿顺桥方向跨越全部桥跨设置，可设一条或两条索道，在桥的横向可用牵引的方法或搭设平台分送混凝土。此法适用于河谷较深或水流湍急的桥梁。

（3）在河滩上运输。当桥下为较平坦韵河滩时，可用汽车或轻轨斗车进行水平运输，用吊机进行垂直和横向运输。进行水平运输(顺桥向)和垂直运输(上、下方向)时，宜用同一活底吊斗装载混凝土并将其送入模板，避免倒料。如不得已需要先将料放在平台上，然后进行分送时，应经过重新拌和后再分送与浇筑。

（4）水上运输。在较大、可通航的河流上，可在浮船上设置水上混凝土工厂和吊机以供应混凝土并将其运送到浇筑部位。当需另用小船运送混凝土时，应尽可能使用同一装载混凝土的工具。

2. 混凝土的浇筑

在正式浇筑前,应对灌筑的各种机具设备进行试运转,以防在使用中发生故障。要规划好浇筑顺序,布置好振捣设备,检查螺帽紧固的可靠程度。对大型就地浇筑施工结构,必须准备备用的机械、动力。

浇筑前应会同监理工程师对模板、钢筋及预埋件位置进行检查,检查内容包括以下几点:

(1) 混凝土的浇筑速度。为了保证浇筑混凝土的整体性,防止在浇筑上层混凝土时破坏下层混凝土,浇筑层次的增加必须有一定的速度,必须使次一层的浇筑能在先浇筑的一层混凝土初凝以前完成。

(2) 混凝土的浇筑顺序。在考虑主梁混凝土的浇筑顺序时,不应使模板和支架产生有害的下沉;为了使混凝土振捣密实,应采用相应的分层浇筑,如图5.31所示;当在斜面或曲面上浇筑混凝土时,一般应从低处开始。

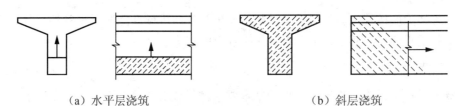

(a) 水平层浇筑　　　　　　　　(b) 斜层浇筑

图5.31　分层浇筑混凝土

① 水平分层浇筑。对于跨径不大的简支梁桥,可在钢筋全部扎好以后,将梁和板沿一跨全长内水平分层浇筑,在跨中合龙。分层的厚度视振捣器的能力而定,一般为0.15~0.3m;当采用人工捣实时可采用0.15~0.2m。为避免支架不均匀沉陷的影响,浇筑工作应尽量快速进行,以便在混凝土失去塑性以前完成。

② 斜层浇筑。跨径不大的简支梁桥混凝土的浇筑,还可用斜层法从主梁两端对称向跨中进行,并在跨中合龙。T梁和箱梁采用斜层浇筑的顺序如图5.32(a)所示。当采用梁式支架,支点不设在跨中时,应在支架下沉量大的位置先浇筑混凝土,使应该发生的支架变形及早完成。其浇筑顺序如图5.32(b)所示。采用斜层浇筑时,混凝土的倾斜角与混凝土的稠度有关,一般为20°~25°。

较大跨径的简支梁桥,可用水平分层或斜层法先浇筑纵横梁,待纵横梁浇筑完毕后,再沿桥的全宽浇筑桥面板混凝土。在桥面板与纵横梁间应按设置工作缝处理。

③ 单元浇筑。当桥面较宽且混凝土数量大时,可分成若干纵向单元分别浇筑。每个单元的纵横梁可沿其长度方向水平分层浇筑或用斜层法浇筑,在纵梁间的横梁上设置工作缝,并在纵横梁浇筑完成后填缝连接。此后桥面板可沿桥全宽全面积一次浇筑完成,不设工作缝。桥面板与纵横梁间设置水平工作缝。

项目 5 预应力混凝土简支梁构造与施工

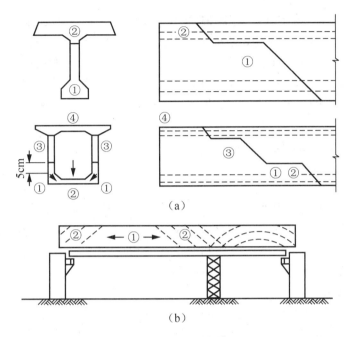

图 5.32 简支梁桥支架浇筑顺序

在施工缝处开始继续浇筑混凝土的时间不能过早,以免已凝固的混凝土受到振动而破坏,必须待已浇筑混凝土的抗压强度不小于 1.2MPa 时才可进行。在施工缝处继续浇筑前,为解决新旧混凝土的结合问题,应按规定对已硬化的施工缝表面进行处理,主要包括:清除表层的水泥薄膜和松动石子及软弱混凝土层,必要时还要加以凿毛;清除钢筋上的油污、水泥砂浆及浮锈等杂物。然后用水冲洗干净,并保持充分湿润,且不得积水。在浇筑前,宜先在施工缝处铺一层水泥砂浆或与混凝土成分相同的水泥砂浆等。

任务 5.7 桥梁支座施工

5.7.1 支座的作用和布置

支座是桥跨结构的支承部分。它的作用是将桥跨结构的支承反力传递给墩台,并保证桥跨结构在荷载的作用和温度变化的影响下,具有设计要求的静力条件,对于梁式桥,支承处要能自由伸缩和自由转动,且反力集中。在满足上述要求的同时,还需保证桥跨结构在墩台上的位置充分固定,不致滑落。

按照静力图式,简支梁应在每跨的一端设置固定支座,另一端设置活动支座。固定支座既要固定主梁在墩台上的位置并传递竖向压力和水平力,又要保证主梁发生挠曲时在支承处能自由转动。活动支座只传递竖向压力,但它要保证主梁在支承处既能自由转动又能水平移动。

固定支座与活动支座的布置应根据以下原则确定:①对桥跨结构而言,最好使梁的下缘在制动力的作用下受压,以抵消一部分竖向荷载在下缘产生的拉力;②对桥墩而言,最好让制动力的作用方向指向桥墩中心，使墩顶圬工在制动力作用下受压而不受拉；③对桥台而言，最好让制动力的作用方向指向河岸，使桥台顶部圬工受压，并能平衡一部分台后填土压力。

根据上述原则，固定支座应按下列要求布置：①在坡道上，设在较低的一端；②在车站附近，设在近车站一端；③在区间平道上，设在重车方向的前端。在上述条件互相抵触时，应先满足坡道上的要求。此外，还规定除特殊情况外，不许将相邻两孔的固定支座设在同一个桥墩上。另外，铁路桥梁一般桥面较窄，支座横向变位很小，一般只需设置单向活动支座（即纵向活动支座）。

5.7.2 支座的类型和构造

支座类型的选择应根据桥跨径、支点反力、梁体变形及支座结构高度等具体情况而定。目前，我国钢筋混凝土和预应力混凝土铁路桥梁使用的支座，按使用材料的不同，可分为简易垫层支座、钢支座、橡胶支座和混凝土支座四大类。下面介绍钢筋混凝土和预应力混凝土铁路桥梁常用的几种支座。

1. 简易垫层支座

对于跨度≤6m的梁桥，为简单起见，可不设专门的支座结构，只需在支承处垫上一层石棉板或油毛毡。在固定的一端，要加设套在铁管中的锚钉，锚钉预先埋设在墩台顶帽内。为防止墩、台顶部前缘被压裂并避免上部结构端部和墩、台顶可能被拉裂，通常应将墩、台顶部的前缘削成斜角，并最好在板梁底部及墩台顶部内增设钢筋网予以加强。

2. 钢支座

根据桥梁跨长度与载重不同，常用的钢支座有几种类型：平板支座、弧形支座、摇轴支座。

1）平板支座

平板支座是桥梁支座中最早而又最简单的一种形式，由上、下两块平面钢板组成。固定支座的上下板间用钢销固定，活动支座只将上平板销孔改成圆形。这种支座构造简单、加工容易，但位移量有限，只适应桥梁跨度小于或等于8m的钢筋混凝土桥。目前平板支座大部分已被板式橡胶支座代替。

2）弧形支座

弧形支座是将平板支座上、下两块钢板的平面接触改为弧面接触，其他全同平板支座。这样梁端能自由转动，但伸缩时仍要克服较大的摩阻力，所以只适应于桥梁跨度大于8m小于20m的钢筋混凝土桥梁。目前不少桥梁的弧形支座已被板式橡胶支座代替。

3）摇轴支座

桥梁跨度大于或小于20m时，可采用铸钢摇轴支座。摇轴支座有活动支座和固定支座之分。活动支座由底板、摇轴和直接与梁底相连的顶板组成，其摇轴的顶面和底面均做成圆曲面形，能自由转动，并由摇轴转动顶面、底面的位移差，以适应梁体位移的需要；固定支座由顶板、摇轴两部分组成，而摇轴的底面改为水平面，直接和墩台连接，因此支座只能转动，不能位移。

3. 橡胶支座

1) 板式橡胶支座

(1) 板式橡胶支座的结构及性能。桥梁板式橡胶支座由多层橡胶片与薄钢板硫化粘合而成，它有足够的竖向刚度，能将上部构造的反力可靠地传递给墩台，有良好的弹性，以适应梁端的转动；又有较大的剪切变形能力，以满足上部构造的水平位移要求。

板式橡胶支座表面粘附一层1.5~3mm的聚四氟乙烯板，以制造成聚四氟乙烯滑板式橡胶支座。它除了竖向刚度与弹性变形能承受垂直荷载及适应梁端转动外，聚四氟乙烯板的低摩擦因数可使梁端在聚四氟乙烯板表面向内滑动，水平位移不受限制。特别适宜中、小荷载，大位移量的桥梁使用。

板式橡胶支座不仅技术性能优良，还具有构造简单、价格低廉、无需养护、易于更换、缓冲隔震、建筑高度低等优点，因而在桥梁界颇受欢迎，被广泛应用。

(2) 板式橡胶支座的分类及表示方法。其结构形式分类见表5-10。

表5-10 板式橡胶支座的结构形式分类

板式橡胶支座	普通板式橡胶支座	矩形普通板式橡胶支座
		圆形普通板式橡胶支座
		球冠形普通板式橡胶支座
	四氟板式橡胶支座	矩形四氟板式橡胶支座
		圆形四氟板式橡胶支座
		球冠形四氟板式橡胶支座

支座代号表示方法为：a—b—c—d。

a——名称代号（如GJZ表示公路桥梁矩形支座，GYZ表示公路桥梁圆形支座，TBZ表示铁路桥梁板式支座）。

b——形式代号（如F4表示四氟滑板支座，不加代号为普通支座）。

c——外形尺寸（如矩形 $La \times Lb \times \delta$，圆形 $d \times \delta$，尺寸单位为mm）。

d——橡胶分类（如氯丁橡胶、天然橡胶、三元乙丙橡胶）。

(3) 板式橡胶支座的适用范围。普通板式橡胶支座适用于跨度小于30m且位移量较小的桥梁，不同的平面形状适用于不同的桥跨结构：正交桥梁用矩形支座；曲线桥、斜交桥及圆柱墩桥用圆形支座。

四氟板式橡胶支座适用于大跨度、多跨连续、简支梁连续板等结构的大位移量桥梁。它还可用作连续梁顶推及T形梁横移中的滑块。矩形、圆形四氟板式橡胶支座的应用分别与矩形、圆形普通板式橡胶支座相同。

2) 盆式橡胶支座

(1) TPZ-I系列铁路桥梁盆式橡胶支座。

① 支座分类：纵向活动支座，代号为ZX；横向活动支座，代号为HX；多向活动支

座,代号为 DX;固定支座,代号为 GD。

② 适用温度范围:常温型支座,适用于-25~+60℃;耐寒型支座,适用于-40~+60℃,代号为 F。

③ 技术性能:

支座竖向转角——不小于 40°。

支座设计摩擦因数 μ——聚四氟乙烯板在加 5201 硅脂润滑时,常温支座 $\mu=0.03$,耐寒性支座 $\mu=0.05$。

支座可承受的水平力 GD 支座所承受的水平力和 ZX 纵向活动支座横桥向所承受的水平力不小于竖向承载力的 10%,GD-Z 固定支座所承受的水平力不小于竖向承载力的 20%。

(2) TPZ 系列铁路桥梁盆式橡胶支座。TPZ 系列盆式橡胶支座是为铁路标准梁专门设计,适用于 8 度地震区以下(含 8 度)和柔性桥墩的铁路标准梁。

① 支座分类:纵向活动支座,代号为 ZX;固定支座,代号为 GD。

② 适用温度范围:常温型支座,适用于-25~+60℃;耐寒型支座,适用于-40~+60℃,代号为 F。

③技术性能:

支座转角$\geqslant 0.02$rad。

摩擦因数 μ:常温型 $\mu \leqslant 0.03$;耐寒型 $\mu \leqslant 0.06$。

支座压缩变形值,不得大于支座总高度的 2%;盆环的径向变形,不得大于盆环外径的 0.5%。

(3) JHPZ 高速铁路桥梁盆式橡胶支座。JHPZ 系列盆式橡胶支座是为高速铁路桥梁专门设计的,按其使用性能分为固定支座和纵向活动支座。适用于行车速度为 300km/h 的高速铁路桥梁,也可用于普通铁路桥梁,JHPZ 系列盆式橡胶支座适用于 7 度及 7 度以下地震区的桥梁。

该支座依据铁道行业标准《铁路桥梁盆式橡胶支座》(TB/T 2331—2004)、《铁路桥涵设计基本规范(附条文说明)》(TB 10002.1—2005),参照欧洲标准 PrEN1337-5《盆式橡胶支座》草案设计。

其技术性能:

① 支座反力(竖向承载力)分为 18 级;2500~30 000kN。

② 支座可承受的水平力,多向活动支座为支座反力的 3%,纵向活动支座在顺桥方向为支座反力的 3%,固定支座在各方向均为支座反力的 10%。

小 结

本项目对预应力混凝土简支梁构造、预应力混凝土、先张法、后张法、预制梁安装、简支梁现浇、桥梁支座方面的内容做了较详细的阐述。

项目5 预应力混凝土简支梁构造与施工

具体内容包括：预应力混凝土简支梁的构造、标准设计、构造示例和主要技术特征；预应力混凝土结构的特点，钢绞线、锚具、施加预应力的方法和一般规定；先张法台座的布置形式、张拉的基本程序；后张法预留孔道、穿束、压浆和封锚，张拉力的计算；不同型号的架梁设备和不同的架梁方法；现浇支架的布置、现浇梁的工艺流程和施工预拱度的计算；支座的形式、布置、构造和应用。

本项目的教学目标是使学生了解先张法和后张法简支梁的标准设计，熟悉其基本构造和主要技术特征；了解预应力混凝土结构的特点，熟悉各种预应力混凝土结构的材料，掌握施加预应力的方法和一般规定；了解先张法和后张法台座的布置、预留孔道，熟悉穿束、压浆和封锚的内容，掌握张拉的基本程序；了解各种架梁设备，熟悉不同的架梁方法；了解现浇支架的布置，熟悉现浇梁的工艺流程，掌握施工预拱度的概念；了解支座的形式和布置，熟悉各种类型支座的构造和应用。

思考与练习

1. 简支梁一般适用的跨度范围如何？现行标准设计有哪些跨度？
2. 装配式梁为何要分片？彼此是否需要联结？有哪些联结方式？
3. 装配式梁主梁有哪些截面形式？它们各有哪些优缺点？
4. 什么是普通高度梁和低高度梁？低高度梁有哪些优缺点？低高度梁一般用于什么场合？它的梁高一般由什么条件决定？
5. 就地浇筑混凝土简支梁桥的上部结构，其支架类型有哪些？
6. 确定预拱度时应考虑哪些因素？
7. 简述就地浇筑钢筋混凝土简支梁的施工工序。
8. 先张法张拉台座的类型有哪些？
9. 综述先张法张拉程序及注意事项。
10. 综述后张法张拉程序及注意事项。
11. 已知：某桥梁预应力施工，钢绞线强度为1860MPa，设计锚下控制应力1395MPa，钢绞线为$7-\phi15.25mm$（每根钢绞线横截面积为$140mm^2$），计算其张拉力。若油表检校所得到的回归方程$=0.03611X+0.221$，计算10%、100%、105%拉力时对应的油表读数。
12. 某简支梁施工支架和底模，在安装好支架和底模后进行预压。技术人员对预压进行了观测，其标高分别为：预压前$H_1=108.126m$，预压后$H_2=108.063m$，卸压后$H_3=108.092m$。

(1) 计算出弹性变形和非弹性变形值。
(2) 若梁底设计标高为108.10m，请计算出梁底的立模标高。

项目6　预应力混凝土连续梁构造与施工

教学目标

通过对预应力混凝土连续梁的基本构造的学习，了解各部位的构造与作用，掌握预应力钢绞线在梁体的设置；通过对悬臂浇筑法施工的学习，熟悉施工挂篮的构造与应用，掌握悬臂浇筑的施工程序和主要工序施工注意事项；通过对悬臂拼装法施工的学习，了解悬臂拼装法的梁段制作与运输，熟悉其拼装程序；通过对移动模架法施工的学习，了解移动模架的构造，熟悉移动模架制梁的工序；通过对顶推法施工的学习，了解顶推法的特点，熟悉顶推设备，掌握顶推施工的工序与施工注意事项；通过对逐孔架设法施工的学习，了解逐孔架设的工艺过程，熟悉逐孔架设施工的几种典型方法。

教学要求

知识要点	能力要求	相关知识
预应力混凝土连续梁的基本构造	了解连续梁桥的内力分布，熟悉各部位的构造与作用，掌握预应力钢绞线在梁体的设置	桥涵设计规范
悬臂浇筑法施工	熟悉施工挂篮的构造与应用，掌握悬臂浇筑的施工程序和主要工序施工注意事项	预应力混凝土构件设计与施工规程
悬臂拼装法施工	了解悬臂拼装法的梁段制作与运输，熟悉其拼装程序	
移动模架法施工	了解移动模架的构造，熟悉移动模架制梁的工序	
顶推法施工	了解顶推法的特点，熟悉顶推设备，掌握顶推施工的工序与施工注意事项	
逐孔架设法施工	了解逐孔架设的工艺过程，熟悉逐孔架设施工的几种典型方法	

项目 6 预应力混凝土连续梁构造与施工

引子

当预应力混凝土简支梁桥简支体系跨径超过 40～50m 时，跨中恒载弯矩和活载弯矩迅速增大，致使梁的截面尺寸和自重显著增加，不但材料耗用量大，并且施工困难。因此，对于较大跨径的桥梁，宜采用在内力分布方面较为合理的其他结构体系，如连续梁桥、拱桥、悬臂梁桥等。

黎南复线邕江特大桥

国内最大跨度预应力混凝土连续
刚构——虎门大桥航道桥

任务 6.1 预应力混凝土连续梁的基本构造

图 6.1 为连续梁桥在荷载作用下产生的梁体截面内力。从恒载弯矩图来分析，当跨径 L 和恒载集度 q 相同的情况下，连续梁内力的分布要比同跨度的简支梁合理。这是由于连续梁支点负弯矩的存在，使跨中正弯矩值显著减小。

预应力混凝土不仅能采用顶推、悬臂施工等先进的施工工艺，而且具有结构刚度大、利于行车等优点，连续梁刚度大，对活载产生的动力影响小；连续梁对结构物整体的纵向及横向稳定性也是有利的；连续梁减小了伸缩缝的数目，对于桥梁的养护工作也比较方便。目前，最大伸缩缝长度已达 660mm，梁体连续长度已达 1000m 以上。

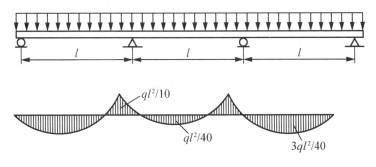

图 6.1 连续梁弯矩

预应力混凝土连续梁的主要缺点是预应力钢筋的布置难于发挥预加力的优点。因为在梁的大部分截面内既有正弯矩，也有负弯矩，这就使预应力钢筋合力的偏心不得不靠近截面中心轴，从而降低了预加力的作用，并且影响到梁的极限强度。

在我国铁路桥梁建设中，1966年在成昆线用悬臂拼装法建成了第一座预应力混凝土铰接悬臂梁桥——旧庄河1号桥，跨度为96m(24m+48m+24m)。1970年又用悬臂灌筑法建成结构形式相同的成昆线孙水河5号桥，跨度为129.8m(32.6m+64.6m+32.6m)。1975年建成的北京枢纽东北环线通惠河桥，是我国第一座预应力混凝土连续梁桥，它是在支架上施工的，跨度为94.1m(26.7m+40.7m+26.7m)。1977年建成的西延线狄家河桥，是我国第一座顶推法施工的预应力混凝土连续梁桥，跨度为160m(4×40m)。

公路桥梁的发展要比铁路快些，目前已建成多座连续梁桥，跨径超过百米的大桥已有数十座。

6.1.1 预应力混凝土连续梁的构造

当桥梁的设计方案选定预应力混凝土连续梁桥后，首先要进行桥梁的总体布置和确定结构构造。预应力混凝土连续梁桥的布置与构造，除考虑桥梁的技术经济指标、跨越性质和水文、地质等条件外，还应考虑施工方法和施工条件。不同的施工方法和施工设备，对桥梁的上、下部构造和预应力钢筋的布置有不同的要求。

桥梁的平面造型取决于线路的方向与河道或立交线路的方向，并受桥址地形和地物的制约，通常有正交、斜交、单向曲线和反向曲线桥梁等平面造型。正交桥最为常见，其桥墩台位置与主梁中线垂直，因而桥梁的造型也最简单。当线路方向与河道或桥下交通斜交时，斜交的布置应同时满足桥梁上、下交通的需要。曲线桥的墩台方向在总体布置中通常选用径向排列。

连续梁是由若干跨梁组成一联，桥梁可由一联或多联构成，常见的连续梁桥每联由4～8跨组成，如果跨数增加，将使桥梁的计算与施工难度加大，温度变化及混凝土收缩、徐变所需伸缩缝的宽度就大。但增加每联的跨数对梁的受力和行车是有利的，能使行车平稳，减少噪声和便于养护。当前，随着科学技术的发展，电子计算机逐步普及使用，施工技术和施工精度的提高及大型支座和伸缩缝的应用，连续梁桥一联的跨数和长度都有了明显的增加，如我国钱塘江二桥为18跨一联预应力混凝土连续梁桥，中跨径80m，全长1340m。当然，对于一联应选用几跨为宜，需依据桥梁的具体情况确定。

6.1.2 立面布置

预应力混凝土连续梁桥立面布置，按照桥梁跨径相互关系可分为等跨连续梁和不等跨连续梁。按照梁高变化可分为等高度连续梁和变高度连续梁桥。按照下部结构的支承形式分为普通的单式桥墩、V形桥墩和双薄壁柱式桥墩。按照主梁梁身的构造分为实腹式主梁和空腹式的桁架结构。按照主梁与下部结构的关系分为墩梁分离的连续梁和墩梁固接的连续-T构桥。

1. 等截面连续梁

由于等截面连续梁结构简单、施工方便，采用顶推法、移动模架和就地浇筑法施工的连续梁一般都采用等截面连续梁。等截面连续梁除具有简化施工的优点外，在顶推法施工过程中还便于布置顶推和滑移设备及模板的周转。

等截面连续梁可采用等跨和不等跨布置。若采用等跨布置，结构简单，模式统一，但等跨布置时，连续梁中内力分布不是很合理。等跨布置的跨径大小主要取决于经济分孔和施工设备条件。

为减少等跨布置时边跨及中跨跨中正弯矩，可将连续梁设置成不等跨形式，一般边跨与中跨跨径之比取 0.5～0.8，采用不等跨布置时，为保证桥梁纵向线形，常不改变支点处梁高，而通过增加预应力束筋用量来抵抗支点处较大的负弯矩，钢材用量较费，这是其主要缺点。

等截面连续梁的梁高，在选定时应参考有关资料，一般取跨径的 1/26～1/16，采用顶推法施工时，一般取跨径的 1/15～1/12 为宜。

2. 变截面连续梁桥

大跨度预应力混凝土连续梁桥以采用变截面为主。从已建实例的统计资料分析，跨径大于 100m 的预应力混凝土连续梁桥有 90% 以上选用变截面梁。大跨桥梁在外载和自重作用下，支点截面将出现较大的负弯矩，从绝对值来看，支点截面的负弯矩大于跨中截面的正弯矩，因此，采用变截面梁能与梁的内力状态相吻合。在跨径布置上，为减少边跨跨中正弯矩，宜选用不等跨布置，这样安排也便于悬臂对称施工。另外，变高度梁使梁体外形和谐，节约材料并增大桥下净空。此外，有些采用有支架施工和预制装配施工的大跨径连续梁桥，也因梁的受力需要选用变截面梁。

3. 桁架连续梁桥

桁架连续梁的截面形式可以采用等截面，也可以采用变截面，腹杆体系可选用双斜杆、单斜杆及三角式腹杆。桁架连续梁具有自重小、节约钢材和水泥、受力明确、跨越能力大等优点，因此在桥梁建设中这种结构形式常被采用。

我国 1968 年建成的南京长江大桥是公铁两用双层钢桁架连续梁桥，如图 6.2 所示。

4. V 形支撑连续梁桥

具有连续梁桥和斜腿刚架的受力特点。V 形墩连续梁桥与同跨径的一般连续梁桥相比，由于斜腿减小了主梁的建筑跨度，梁的弯矩峰值明显降低，使梁的建筑高度得以减小。与墩梁固结连续梁相比，减小了跨中正弯矩和支点负弯矩。

我国南昆铁路八渡南盘江特大桥采用 V 形支撑，如图 6.3 所示。该桥设计为 4 孔

图 6.2　南京长江大桥

32mPC 简支梁＋(54m＋2×90m＋54m)PPC V 形支撑连续梁＋3 孔 32mPC 简支梁，全长 530.18m。V 形支撑斜腿为实心矩形钢筋混凝土构件，V 形斜撑与主梁固结，支座设在斜撑底部，斜腿范围 24m，与水平夹角呈 60°。主桥横断面如图 6.4 所示，主桥纵断面如图 6.5。南盘江桥墩高近 75m，V 形支撑近 23m，又是连续梁，墩顶设置盆式橡胶支座。这种结构和施工条件，在国内尚属首次。也是世界 V 撑铁路桥的最高记录，有"高墩 V 撑第一桥"之称。

图 6.3 八渡南盘江大桥

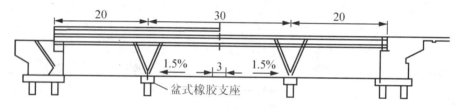

图 6.4 南盘江桥主桥横断面(单位：cm)

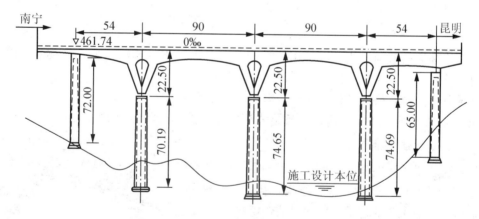

图 6.5 南盘江桥主桥纵断面(单位：m)

5. 双柱式桥墩连续梁

在一个墩位上设置两个薄壁墩柱与主梁铰接或刚接，如图 6.6 所示。与双柱式墩和 V 形墩一样，同样可减少墩顶负弯矩，减少主梁跨径，节省工程材料，在外观上显得轻巧美观。

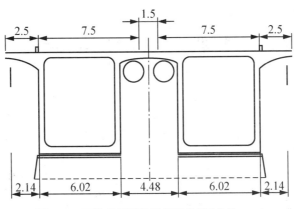

图 6.6 双柱式桥墩连续梁桥构造(单位：m)

6. 连续-刚构桥

连续-刚构桥是墩梁固接的连续梁桥，如图 6.7 所示。连续-刚构桥也分跨中无铰和跨中带铰两种类型，两者一般均采用变高度梁。带铰的连续-刚构桥，由于跨中的铰可以满足一部分纵向位移，所以桥墩的刚度可以比不设铰的连续-刚构桥大一些。桥梁的伸缩缝设在连续梁两端的桥台处，长桥也可设置在铰处。

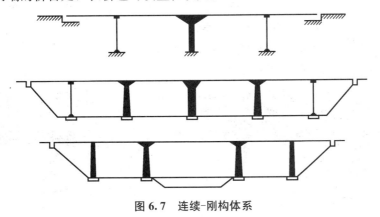

图 6.7 连续-刚构体系

6.1.3 主梁横截面

目前，预应力混凝土连续梁的横截面形式常用的有板式、肋式和箱形截面三大类。

横截面形式既要便于施工，又要考虑施工费用。在特殊情况下，如风景区和城市桥梁，还要考虑美观要求。另外，横截面的选取还要考虑桥面宽度、桥梁跨径及梁支承形式等。

1. 板式截面

用于连续梁的板式截面有整体式矩形实心板、异形板及矩形空心板等几类。

矩形实心板目前已很少采用。异形板常用于 20～30m 的预应力混凝土连续板桥，这种横截面常与柱形桥墩配合，造型美观。但采用现场浇筑施工时，模板设置较复杂。矩形空心板截面也常用于跨径 20～30m 的连续梁桥，板厚可取 0.8～1.2m。

2. 肋式截面

整体式肋式截面常采用预制架设先简支后连续的施工方法，常用于跨径 25～60m 的连续梁桥，梁高一般取 1.6～2.5m。

3. 箱形截面

目前，在已建成的大跨径预应力混凝土桥中，跨径超过 60m 后其截面大多为箱形。箱形截面形式与桥面宽度、墩台构造及施工要求有关，常见的箱形截面形式有单箱单室、双箱单室、单箱多室等。

(1) 单箱单室截面受力明确、施工方便，能节省材料用量，但常用于桥宽 16m 左右的桥梁。如桥面宽度较大（如 20～30m），仍采用单箱单室截面，则需要在截面构造上采取一定的措施，如在悬臂上设置加劲横梁，并在横梁上施加横向预应力，以增大悬臂板的抗弯刚度。有些单箱单室则采用斜撑或斜板以加强单箱单室截面。也有不采用加强悬臂板的，但在桥面板内设置横向预应力筋。单箱单室截面的梁高可为 1.5～5.0m。

(2) 双箱单室适用于桥宽 20m 左右，梁高常取 1～2m。单箱双室截面适用于 25m 左右，梁高 1.5～5.0m。

(3) 桥宽较大时可采用单箱多室，也可采用分离式箱梁。单箱多室箱形截面施工不便，而分离式箱形截面施工、构造都较简单，两个箱梁分别支承在一排独立的桥墩上，悬臂施工时可分箱进行，施工较单箱多室方便；这种分离的箱形截面荷载分布系数较小，单室箱梁不加加劲横梁，桥宽可做到 40m 左右。

箱形梁的横截面与纵截面如图 6.8 所示。

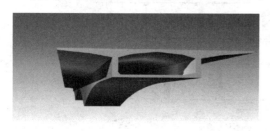
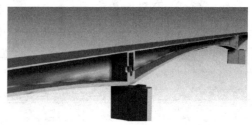

图 6.8　箱形梁的横截面与纵截面

(4) 箱形截面的优点有以下几个方面：具有良好的抗弯和抗扭性能，适合悬臂法施工；同高度的矩形、T 形和箱形截面中，箱形截面的核心半径最大，因此在布置预应力筋时，可使力筋的力臂最大而不使截面边缘出现拉应力，能充分发挥预应力的作用；其顶板和底板具有较大的面积，能有效抵抗正负弯矩，满足配筋要求。另外箱形截面具有良好的动力特性。

4. 横隔梁

横隔梁的主要作用是将主梁连成整体，保证各主梁共同工作。采用 T 形或 I 形主梁时，由于其抗扭刚度较小，一般均设置端横隔梁及中横隔梁，以增加主梁的刚度，保证在荷载作用下各主梁的刚度,保证在荷载作用下各主梁能更好地协同工作。中横隔梁的数目及位置应根据主梁的构造和桥梁的跨径确定。对简支梁,一般在跨中、1/4 跨各设一道横隔梁。设置横隔梁时,横隔梁钢筋的接头焊接往往要在设于桥下的专门的支架上进行,施工比较麻烦。

横隔梁的肋宽常取 100～200mm,为方便脱模,横隔梁预制时常做成上宽下窄和内宽外窄的楔形。

箱形截面梁桥的抗扭刚度很大,所以横隔梁对纵向应力和横向弯矩的分布影响很小,活载横向弯矩的增加很少超过 8%,而恒载弯矩又不受横隔板的影响,因此,许多国家认为可少设或不设中横隔梁。例如,我国重庆长江大桥,主跨 174m,悬臂长 69.5m,在悬臂中间仅设置一道横隔梁,边跨悬臂长 51.5m,中间则不设横隔梁。

6.1.4 预应力筋的布置

1. 预应力筋的接长

预应力混凝土结构中所采用的预应力筋分为 3 类:预应力钢绞线、高强度碳素钢丝及冷拉高强度粗钢筋。钢绞线和高强钢丝常作为纵向及横向预应力筋,冷拉高强粗钢筋常作为竖向预应力筋。

在预应力混凝土连续梁采用悬臂施工及逐孔施工时,纵向预应力筋往往需要接长,接长时常采用连接器。用高强钢丝接长时,我国常采用如图 6.9 所示的方法。

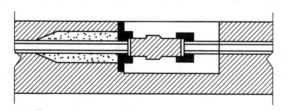

图 6.9 高强钢丝的接长

钢绞线的接长有两种情况:一种是用于已张拉锚固的钢绞线,另一种是用于接长未张拉锚固的钢绞线。第一种情况我国常采用 XZL 连接器,用于接长 $7\phi5$ 钢绞线,其尺寸参数见表 6-1。

表 6-1 XZL 连接器尺寸参数　　　　　　　　单位:mm

XZL15	3	4	5	6、7	8	9	10	12	19
A	170	180	195	215	225	235	255	265	300
B	400	450	520	570	600	660	700	670	760
C	57	57	61	2	75	78	81	90	118

国内的 XZL 连接器与 WSL 体系 V 形连接器构造相似。后者用于接长每束 22 根,每

根直径为 12.7mm 的 7 股钢绞线，其尺寸及构造如图 6.10 所示。

用于接长未张拉、锚固的钢绞线时，V 体系采用 KC 型连接器。

每种连接器的外面均应套上铁皮套管，并设置压浆孔道，以便在张拉完成后进行压浆。对于 KC 型连接器，其铁皮套管上的长度要根据张拉钢束的引伸量长度确定，以免发生连接器与套管在张拉过程时碰撞。

2. 纵向预应力筋的布置

预应力混凝土连续梁中预应力筋布置分纵向、横向及竖向，同时布置有三种力筋的称为三向预应力体系(图 6.11)，同时布置有纵向及竖向或横向的称为双向预应力体系。沿桥跨方向的纵向预应力筋的数量及布置要根据使用荷载作用下及施工阶段的受力确定，因此称为主筋。

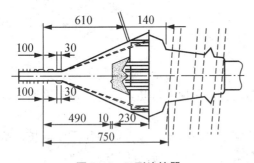

图 6.10　V 形连接器

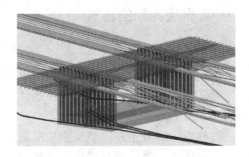

图 6.11　三向预应力体系

1) 临时索

有时在施工阶段需要的主筋在使用荷载作用下将产生不利的影响，如保留这些力筋，对使用荷载作用下的梁的受力不利。目前常采用在施工时利用临时索及控制张拉应力等措施消除其不利影响。

我国临时索常用做法是将临时筋与永久筋用连接器接长张拉，施工期间临时索不压浆，待施工结束后割断连接器与临时筋的锚头。这种处理方法必须预留临时索孔道及临时张拉锚固，施工较复杂。有时为简化施工，将临时索设置在箱内体外，在箱梁内临时锚固，这样张拉、锚固及拆除临时索都比较方便。

此外，还可用控制张拉力的方法满足使用阶段和施工阶段的不同需求，力筋的张拉力先按施工要求张拉，施工完成后张拉到设计吨位。这样做的优点是便于布索，同时满足各阶段的受力要求，但张拉工艺较复杂，在施工阶段不能压浆，还必须选择力筋和锚头边与重复张拉的类型。对于施工期较长的桥梁，还需考虑力筋的防锈问题。此外，当施工阶段的受力大于使用阶段的受力时，或施工阶段与使用阶段的力筋用量相差甚大时，不宜采取此法。

2) 纵向预应力主筋的布置

预应力混凝土连续梁中纵向预应力主筋的布置形式，与桥梁的施工方法有着密切的关系，下面结合几种施工方法就纵向预应力筋的布置做一介绍。

(1)顶推法施工。顶推法施工的连续梁,施工过程中梁各截面都会出现最大的正负弯矩。为保证顶推过程中各截面有足够的抗弯强度,常沿梁顶、梁底布置通长预应力筋,待顶推完毕后,在跨中底部和支点顶部增加局部顶力筋,以满足使用荷载作用下的内力要求。有时除顶推时在上下缘布置通长直应力筋外,顶推完毕后还在腹板内设置并张拉弯筋,在支点的顶部及跨中的底部设置直线短筋。施工时设置的束筋称为前期力筋,后期力筋则指按使用阶段需求需补充设置的力筋,显然前面所介绍的两种配筋形式中,前期力筋为通长直线预筋,后期力筋为弯筋和直线短筋。由于顶推法施工时采用逐段预制,逐段顶推、分段张拉力筋的施工方法,前期通长力筋常采用逐段接长使用连接器,接长长度一般选用两个梁段,间隔排列,即在每个施工面上有半数力筋通过,半数力筋接长,这样可减少连接器数量,改善主梁受力,简化施工。

(2)就地浇筑法施工。采用满布支架就地灌筑等截面连续梁,如连续梁跨度不大常采用图6.12所示的连续曲线布筋,如梁的跨度较大而仍采用连续曲线布置,摩阻损失可能较大,此时可采用曲线交叉用配筋,在支点处梁顶设置凹槽,凹槽内设置锚具,凹槽在张拉、灌浆后封端。

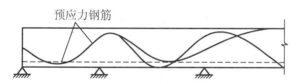

图6.12 就地浇筑法施工的等截面连续梁配筋方式

如就地浇筑采用变高连续梁,跨度较小时可在下缘按直线布筋,支点截面上布置帽筋,如图6.13(a)所示。若连续梁跨度较大,可采用曲线布筋,由于变高度梁的截面重心线是曲线形的,预应力钢筋的曲率不用太大,就可得到较大的偏心距,如图6.13(b)所示。

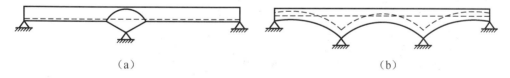

图6.13 变高度梁布筋形式

(3)简支-连续施工法。采用这种施工方法时,可采用的配筋方式为,待墩顶接缝混凝土达到张拉强度后,用设置在接缝的局部预应力筋建立结构的连续性;连续梁从一端向另一端逐跨顺序浇筑混凝土、张拉钢筋,在接缝处用连接器把已张拉的钢筋和尚未张拉的钢筋连接起来;中小跨径的连续梁也可采用在支点顶部设置非预应力钢筋,现浇接缝混凝土而形成连续结构;在连续梁跨径不大时,也可采用在支点处设置帽筋,把相邻两跨连成连续结构。必须指出,帽筋曲线较大,虽然长度很短,但为减小预应力损失,仍需在两端同时张拉,帽筋张拉在梁底进行,施工较麻烦,而前3种布筋方式张拉、锚固均在梁顶进行，施工较布置帽筋简单，设计时可根据具体情况采用。

任务6.2 悬臂浇筑法施工

悬臂浇筑施工是将墩柱部位的上部结构浇筑完成后，在专供悬臂浇筑用的活动脚手架（称为挂篮）上，向墩柱两边对称平衡地逐段浇筑悬臂梁段，每浇筑完一对梁段并待混凝土达到强度后张拉预应力束，待浇筑部分可以受力时向前移动挂篮，再进行下一梁段的施工，一直推进到悬臂端为止。下面就施工挂篮、悬臂浇筑施工程序及施工控制3个方面进行介绍。

6.2.1 施工挂篮

挂篮是悬臂浇筑施工的主要机具。挂篮是一个能沿着轨道行走的活动脚手架，挂篮悬挂在已经张拉锚固的箱梁梁段上，悬臂浇筑时箱梁梁段的模板安装、钢筋绑扎、管道安装、混凝土浇筑、预应力张拉、压浆等工作均在挂篮上进行。当一个梁段的施工程序完成后，挂篮解除后锚，移向下一梁段施工。所以挂篮既是空间的施工设备，又是预应力筋未张拉前梁段的承重结构。

1. 挂篮的形式

1) 挂篮分类

随着施工技术的不断改进，挂篮已由过去的压重平衡式发展成现在通用的自锚平衡式。自锚式施工挂篮结构的形式主要有桁架式、斜拉式两类。

（1）桁架式挂篮按其构成部件的不同，可分为万能杆件挂篮、贝雷梁或装配式公路钢桁梁组合式挂篮、型钢组合桁架组合式等。按桁架构成形状的不同，又可分为平行桁架式、平弦无平衡重式、三角形组梁式、弓弦式、菱形式等多种，如图6.14所示。

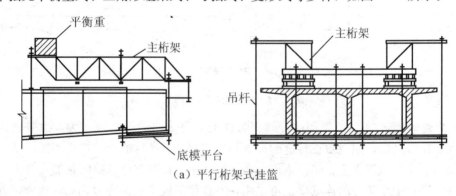

(a) 平行桁架式挂篮

图6.14 常用桁架式挂篮类型

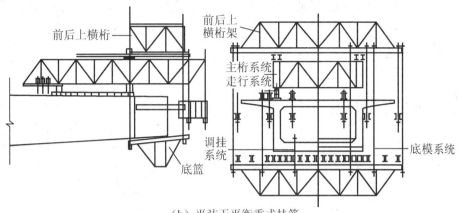

(b) 平弦无平衡重式挂篮

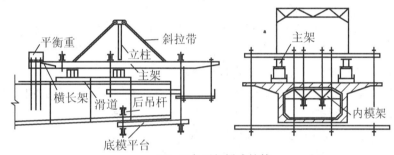

(c) 三角形组梁式挂篮

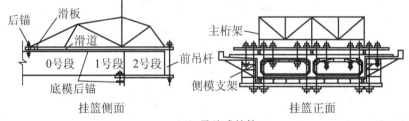

(d) 弓弦式挂篮

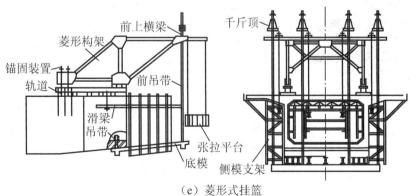

(e) 菱形式挂篮

图 6.14 常用桁架式挂篮类型(续)

(2) 斜拉式挂篮也叫轻型挂篮。随着桥梁跨径越来越大，为了减轻挂篮自重，以达到减少施工节段增加的临时钢丝束，在桁架式挂篮的基础上研制了斜拉式挂篮。

2) 挂篮的主要构造

挂篮的主要构造如图6.15所示。

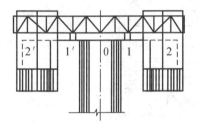
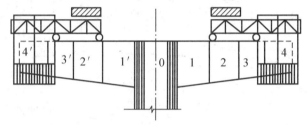

图6.15 挂篮的主要构造

(1) 承重结构：挂篮的主要受力构件，可用万能杆件或贝雷梁拼装的钢桁或大号型钢制成。

(2) 悬吊系统：可采用钻有销孔的扁钢或两端有螺纹的圆钢组成，其作用是将底模架、张拉工作平台的自重及其上面的荷重传递到承重结构上。

(3) 锚固系统装置及平衡重：防止挂篮在行走状态及浇筑混凝土梁段时倾覆失稳。

(4) 行走系统：挂篮整体纵移采用电动卷扬机牵引，挂篮上设上滑道，梁上铺设下滑道，中间可用滚轴，也可用聚四氟乙烯板做滑道。

(5) 工作平台：设于挂篮承重结构的前端，用于张拉预应力束、压浆等操作用的脚手架。

(6) 底模架：底模架是供立模板、绑扎钢筋、浇筑混凝土、混凝土养生等工序用。

初始几个梁段用梁式挂篮施工时，由于墩顶位置限制，施工中常将两侧挂篮的承重结构临时联结在一起，待梁段浇筑一定长度后，再将两侧承重结构分开，如图6.16所示。

图6.16 挂篮施工状态

2. 挂篮的安装

(1) 挂篮组拼后，应全面检查安装质量，并做载重试验，以测定其各部位的变形量，并设法消除其永久变形。

(2) 在起步长度内梁段浇筑完成并获得要求的强度后，应在墩顶拼装挂篮。有条件时，应在地面上先进行试拼装，以便在墩顶熟练有序地开展挂篮拼装工作，拼装时应对称进行。

(3) 挂篮的操作平台下应设置安全网，防止物件坠落，以确保施工安全。挂篮应呈全封闭形式，四周设围护，上下应有专用扶梯，方便施工人员上、下挂篮。

(4) 挂篮行走时，必须在挂篮尾部压平衡重，以防倾覆。浇筑混凝土梁段时，必须在挂篮尾部将挂篮与梁进行锚固。

3. 挂篮的试压

为了检验挂篮的性能和安全，并消除结构的非弹性变形，应对挂篮进行试压。试压通常采用试验台加压法和水箱加压法等。

1) 试验台加压法

新加工的挂篮可用试验台加压法检测桁架受力性能和状况。试验台可利用桥台或承台和在岸边梁中预埋的拉力筋锚住主桁梁后端，前端按最大荷载计算值施力，并记录千斤顶逐级加压变化情况，测出挂篮弹性变形和非弹性变形的参数，用作控制悬浇高程的依据。

2) 水箱加压法

对就位待浇混凝土的挂篮，可用水箱加压法检查挂篮的性能和状况。加压的水箱一般设于前吊点处，后吊杆穿过紧靠墩顶梁段边的底篮和纵桁梁，锚固于横桁梁上，或穿过已浇箱梁中的预留孔，锚于梁体，在后吊杆的上端装设带压力表的千斤顶，反压挂篮上横桁梁，计算出前、后施加力后，分级分别进行灌水和顶压，记录全过程挂篮变化情况即可求得控制数据。

6.2.2 悬臂浇筑施工程序

悬臂浇筑施工时，梁体一般要分 4 部分浇筑，如图 6.17 所示。A 为墩顶梁段（0 号段），一般为 5~10m；B 为由 0 号段两侧对称分段悬臂浇筑的部分，根据连续梁的总长可以有很多个梁段，一般每个梁段为 3~5m；C 为边孔在支架上浇筑的部分，可以是 1 个梁段，也可以是 2~3 个梁段，一般为 2~3 个 B 号段长，总长为 6~15m；D 为主梁在中跨和边跨合龙的部分，一般为 1~3m。

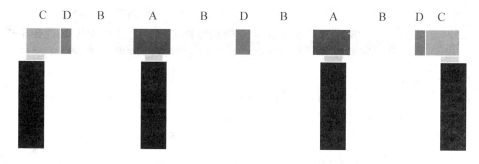

图 6.17 悬臂浇筑分段示意图

A—墩顶 0 号段；B—对称悬臂浇筑段；C—边跨支架现浇梁段；D—合龙梁段

1. 一般施工程序

(1) 在墩顶托架上浇筑 0 号段并在墩梁设置临时固结系统。

(2) 在 0 号段上安装悬臂挂篮，向两侧依次对称地分段浇筑主梁至合龙前段。

(3) 在临时支架或梁端与边墩间的临时托架上支模浇筑梁段。

(4) 合龙段可在改装的简支挂篮托架上浇筑，多跨合龙段浇筑顺序应按设计或施工要求进行。

2. 0号段施工

0号段结构复杂,预埋件、钢筋(束)、孔道、锚具密集交错。视其结构形式及高度,一般分2或3次浇筑,先底板,再肋板,后顶板。由于墩顶位置受限,无法设置挂篮,所以0号段施工通常采用在托架上立模现浇,并在施工过程中设置临时梁墩锚固,使其能承受悬臂施工产生的不平衡力矩。

施工托架可分别支承在墩身、承台或地面上。托架可采用万能杆件、贝雷梁、型钢等构件拼装。常用施工托架有扇形、门式托架等形式,如图6.18所示。在混凝土浇筑以前,应对托架进行试压,以消除其因非弹性变形引起混凝土出现裂缝。试压可反复采用水箱灌水多次加压或用千斤顶张拉加压等方法。

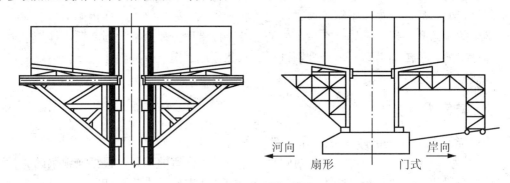

图6.18 常用施工托架

3. 梁墩临时固结措施

采用悬臂法施工时,如结构为T形刚构,因为墩身与梁本身采用刚性连接,所以不存在梁墩临时固结问题,悬臂梁桥及连续梁桥采用悬臂施工时,为了承受施工过程中可能出现的不平衡力矩,就需要采取墩顶0号梁段与桥墩间临时固结或支承措施。临时固结或支承措施有下列几种形式:

(1)将0号块梁段与桥墩钢筋或预应力筋临时固结,待需要解除固结时切断。

(2)在桥墩一侧或两侧加临时支承墩,如图6.19所示。

(3)将0号块梁段临时支承在扇形或门式托架的两侧。

(4)临时支承可用硫黄水泥砂浆块、砂筒或混凝土块等卸落设备,以使体系转换时,较方便地撤除临时支承。

4. 预应力管道的设置

为确保预应力筋布置、穿管、张拉、灌浆的施工质量,必须确保预应力管道的质量,一般采用预埋铁皮管或铁皮波纹管和橡胶抽拔管。三向预应力筋管孔铁皮管或波纹管需由专用设备加工卷制,孔径按设计要求而定,橡胶抽拔管管壁用多层橡胶夹布在专业厂家制作,抽拔时间可见项目5中5.4.2所述。抽拔时用尼龙绳锁住外露胶管,启动卷扬机拖拔,视设置管的长度和阻力一次可抽拔5~8根。为避免抽拔时塌孔,宜将波纹管与胶管相间布置,采用架立钢筋固定管道的坐标位置。浇筑后的铁皮管和抽拔管后的管道,必须用内径小于 10mm 的梭形钢锤清孔，以便清除异物、补救塌孔，保证力筋穿孔畅通。

5. 悬臂段浇筑施工的主要工序

当挂篮安装就位后，即可在其上进行梁段悬臂浇筑的各项作业，其施工工艺流程如图 6.20 所示。图中所示工艺流程是按每一梁段的混凝土分两次浇筑排列的，即先浇筑底板后浇筑肋板及顶板。

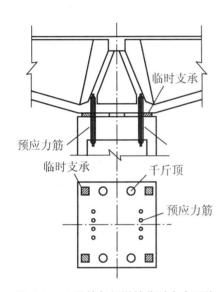

图 6.19　0 号块与桥墩的临时支座固结

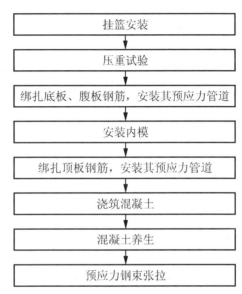

图 6.20　悬臂段浇筑施工主要工序流程

（1）模板安装应核准中心位置及高程，上一节段施工的误差应在模板安装时予以调整。

（2）安装预应力预留管道时，应与前一段预留管道接头严密对准，并用胶布包贴，防止灰浆渗入管道。管道四周应布置足够的定位钢筋，确保预留管道位置正确，线形和顺。

（3）梁段拆模后，应对梁端的混凝土表面进行凿毛处理，以加强接头混凝土的连接。

（4）箱梁梁段分次浇筑混凝土时，为了不使后浇混凝土的重力引起挂篮变形，导致先浇混凝土开裂，应有消除后浇混凝土引起挂篮变形的相应措施。

6. 体系转换

预应力混凝土连续梁及悬臂梁采用悬臂施工时需进行体系转换，即在悬臂施工时，梁墩采取临时固结，结构为 T 形刚构；合龙前，撤销梁墩临时固结，结构呈悬臂梁受力状态；待结构合龙后形成连续梁体系。施工时，梁墩临时锚固的放松应均衡对称进行，确保逐渐均匀地释放。在放松前应测量各梁段的高程，在放松过程中，注意各梁段的高程变化，如有异常情况，应立即停止作业，找出原因。

7. 合龙段施工

合龙段施工时先拆除一个挂篮，用另一个挂篮走行跨过合龙段至另一端悬臂梁段上，形成合龙段施工支架。合龙段施工是悬臂浇筑施工的关键，为减轻温差、混凝土收缩徐变、结构恒载及体系转换等带来的不利影响,需要采取必要措施,以保证合龙段的质量。

(1) 合龙段长度在满足施工操作要求的前提下应尽量缩短,一般多采用1.4～2.0m。

(2) 合龙宜在低温时进行,夏季应在晚上合龙,并用草袋等覆盖,并加强接头混凝土养护。

(3) 合龙段混凝土中宜加入减水剂、早强剂,以便混凝土及早达到设计强度,及时张拉预应力筋。

(4) 合龙段采用临时锁定措施(图6.21),采用劲性型钢或预制的混凝土柱安装在合龙段上部、下部做支撑,然后张拉部分预应力筋,待混凝土达到要求强度后,张拉其余预应力筋,最后再拆除临时锁定装置。

(5) 为保证合龙段施工时混凝土始终处于稳定状态,在浇筑之前各悬臂端应附加与混凝土质量相等的配重(或称压重),加配重要依桥轴线对称加载,按浇筑重量分级卸载。

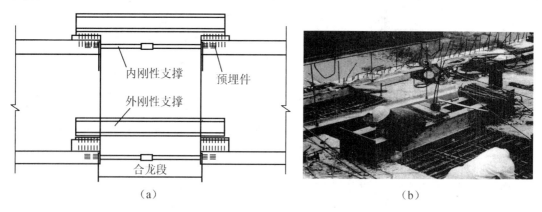

图6.21 合龙段临时锁定

6.2.3 施工控制

1. 高程控制

为保证箱形连续梁结构在跨中的正确位置合龙,符合设计竖曲线高程要求,各箱梁段施工中梁端的高程控制是施工中的关键问题之一。各节段施工高程受以下4个因素控制:

(1) 各箱梁段在自重作用下产生的挠度应符合设计要求,因而各箱梁段浇筑混凝土量应与设计要求相符。

(2) 各节段施加预应力的大小误差应在设计要求范围内,同时注意不要发生同号的累积差。

(3) 各节段在挂篮及施工机具上的重量要严格控制,不宜忽大忽小。

(4) 各节段原设计的竖曲线高程要逐日在温度平均时进行检查,并同设计要求进行核对。

2. 悬臂浇筑箱梁段挂篮施工控制

悬臂箱梁的施工，主跨与边跨应同时对称施工，要求主墩两侧箱梁的施工位置、挂篮停放位置及钢筋、混凝土浇筑等各施工工序必须同步一致；对可能产生的施工工序时间差所造成的不平衡力矩，必须控制在主墩固结及抗不平衡措施所能够提供的抗不平衡力矩范围之内，以确保悬臂挂篮浇筑混凝土施工工艺的安全稳定。

悬臂浇筑箱梁段的各项主要允许偏差值见表 6-2。

表 6-2 悬臂浇筑箱梁段允许偏差值表

序号	检查项目		允许偏差	检查方法和频率
1	混凝土强度		在合格标准内	按验收标准进行检查
2	轴线偏位/mm		10	用经纬仪检查，每跨5处
3	顶面高程/mm		±10	用水准仪检查，每跨5处
4	断面尺寸/mm	高度	+5, -10	检查施工记录 每跨5个断面
		顶宽	±30	
		顶、底腹板厚度	+10, 0	
5	同跨对称点高程差/mm	连续梁、连续刚构	20	用水准仪检查，每跨5处
		带挂梁的T构	25	

任务 6.3 悬臂拼装法施工

悬臂拼装施工是将悬臂梁先分段预制成若干块件，当下部结构完成后，将预制块件运到桥下，用活动吊机向一边或两边逐段起吊、拼装就位、施加预应力，使其逐段对称延伸连接成整体。悬臂拼装的分段主要取决于悬拼吊机的起重能力，一般节段长为 2~5m。在悬臂根部，因截面面积较大，节段长度一般较短，以后向端部逐渐增长。

6.3.1 块件预制

悬臂拼装用的预制块件，要求其各部分尺寸准确，拼装时接缝密贴，预留管道对接顺畅。箱梁块件通常采用长线浇筑或短线浇筑的立式预制方法。

1. 长线预制

长线预制是按桥梁下缘曲线制作固定的底座，在底座上安装底模进行块件预制工作。图 6.22 所示为某 T 形刚构件的箱梁预制底座的构造，台座可靠，梁体线形较好，但占地较大，宜用于具有固定梁底缘形状的多跨桥。

2. 短线预制

短线预制是按箱梁纵断面的变化尺寸设计出单个浇筑单元，在配有纵移及调整底板高度设备的底模上浇筑梁段,如图 6.23 所示,此法也称活动底座法。梁段一端是刚度很大、平整度很好的固定端模,称为封闭模;另一端是已浇筑梁端,称为配合单元。浇筑好的梁段当达到强度时,则从浇筑位置移到配合位置,原来的配合单元即可移到存梁场检修、暂存待装运,所需预制底座只需 3 倍梁段长度即可。

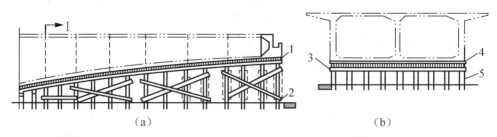

图 6.22 梁块长线预制

1—底板;2—斜撑;3—帽木;4—纵梁;5—木桩

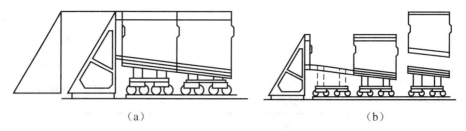

图 6.23 梁块短线预制

短线预制场地相对较小,灌筑模板及设备基本不需移动,可调的底模、侧模便于平曲线梁段和竖曲线梁段的预制,但要求精度高、施工严、周转不便、工期相对较长。

6.3.2 梁段运输

梁体节段自预制底座上出坑后,一般先存放于存梁场,拼装时节段由存梁场移至桥位处的运输方式,一般可分为场内运输、装船和浮运 3 个阶段。梁段运输有水、陆、栈桥及缆吊等各种形式。

1. 场内运输

节段的出坑和运输一般由预制场上的龙门吊机担任,节段上船也可用预制场的龙门吊机。节段的运输,当预制场与栈桥距离较远时,应首先考虑采用平车运输。

当采用无转向架的运梁平车时,运输轨道不得设为平曲线,纵坡一般应为平坡。当受地形条件限制时,最大纵坡也不得大于 1%。

2. 装船

梁段装船在专用码头上进行,码头的主要设施是施工栈桥和节段装船吊机。栈桥起重机的起重能力和主要尺寸(净高和跨度)应与预制场上的吊机相同。栈桥的长度应保证在最低施工水位时驳船能进港起运,栈桥的高度应保证在最高施工水位时栈桥主梁不被水淹,栈桥宽度要考虑到运梁驳船两侧与栈桥之间需要有不小于0.5m的安全距离。

3. 浮运

浮运船只应根据节段重量和高度来选择，可采用铁驳船、坚固的木亘船、水泥驳船或用浮箱装配。为了保证浮运安全，应设法降低浮运重心。开口舱面的船应尽量将节段置于船舱底板，必须置放在甲板面上时，要在舱内压重。

节段的支垫应按底面坡度用碎石子堆成，满铺支垫或加设三角形垫木，以保证节段安放平稳。节段一般较大，还需用缆索将节段系紧固定。

6.3.3 梁段拼装

预制节段的悬臂拼装，可根据现场布置和设备条件采用不同的方法。当靠岸边的桥跨不高且可在陆地或便桥上施工时，可采用自行式起重机（如履带起重机）、门式起重机拼装。对于河中桥孔，也可采用水上浮吊进行安装。如果桥墩很高，或水流湍急而不便在陆上、水上施工时，可利用各种吊机进行高空悬拼施工。

1. 悬臂吊机拼装法

悬臂吊机由纵向主桁架、横向起重桁架、锚固装置、平衡重、起重系、行走系统和工作吊篮等部分组成，如图6.24所示。纵向主桁架为吊机的主要承重结构，可由贝雷架、万能杆件、大型型钢等拼制，一般由若干桁片构成两组，用横向联结系连成整体，前后用两根横梁支承。横向起重桁架是供安装起重卷扬机直接起吊箱梁节段之用的构件，多采用贝雷架、万能杆件及型钢等拼配制作，纵向主桁架的外荷载就是通过横向起重桁架传递的。横向起重桁架支承在轨道平车上，轨道平车搁置于铺设在纵向主桁架上弦的轨道上，起重卷扬机安置在横向起重桁架上弦上。

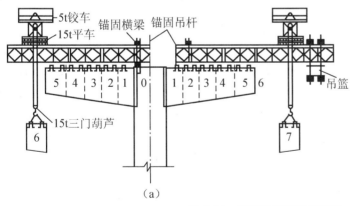
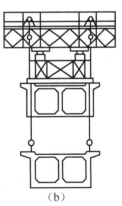

图6.24 悬臂吊机拼装示意图

2. 浮吊拼装法

重型的起重机械装配在船舶上，全套设备在水上作业就位方便，40m的吊高范围内起重力大、辅助设备少、相应的施工速度较快，但台班费用较高。一个对称干接悬拼的工作面1天可完成2~4段的吊拼。

3. 连续桁架拼装法

连续桁架(闸式吊机)悬拼施工可分移动式和固定式两类。移动式连续桁架的长度大于桥的最大跨径。桁架支承在已拼装完成的梁段和待拼墩顶上,由吊车在桁架上移运节段进行悬臂拼装。固定式连续桁架的支点均设在桥墩上,而不增加梁段的施工荷载。移动式连续桁架吊机,其长度大于 2 个跨度,有 3 个支点,这种吊机每移动一次就可以同时拼装两孔桥跨结构。连续桁架拼装如图 6.25 所示。

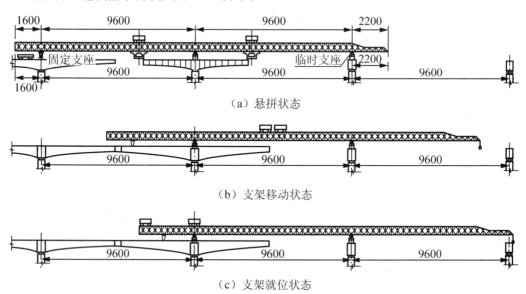

图 6.25　移动式连续桁架拼装示意图

4. 缆索起重机拼装法

缆索起重机(缆吊)无需考虑桥位状况,且吊运结合,机动灵活,作业空间大。在一定设计范围内,缆吊几乎可以承担从下部到上部,从此岸到彼岸的施工作业。因此,缆吊的利用率和工作效率很高。其缺点是一次性投入大,设计跨度和起吊能力有限,一般起吊重力不宜大于 500kN。目前我国使用缆吊悬拼连续梁都是由两个独立单箱单室并列组合的桥型。缆吊进行拼合作业时,增加风缆和临时手拉葫芦,以控制梁段就位的精度。

缆机运吊结合的优势,大大缩短了采用其他运吊方式所需的转运时间,可以将梁段从预制场直接吊至悬拼结合面。施工速度可达每日拼接 2 个作业面 4 段,甚至可达 3 个作业面 6 段。

5. 起重机拼装法

采用伸臂吊机(图 6.26)、龙门吊机、人字扒杆、汽车吊、履带吊、浮吊等起重机进行悬臂拼装。

图 6.26　吊机悬臂吊装钢箱梁

6.3.4　接缝处理

悬臂拼装时预制块件间接缝的处理，可分为干接缝、湿接缝、胶接缝等几种方法。

(1) 干接缝是相邻块件拼装时，将两端面直接贴合，接缝上的内力通过预施力及肋板上的齿形键传递。这种接缝不易保证接缝密合，易受水气侵袭而导致钢筋锈蚀，且容易产生局部应力集中现象。

(2) 湿接缝是在相邻块件间现浇一段 10～20cm 宽的高强度等级的砂浆或小石子混凝土，将块件连接成整体。这种接缝工序复杂，且现浇混凝土需要养生，致使工期延长。因此通常只在悬臂的个别地点(如墩柱顶现浇的 0 号块件与预制的 1 号悬臂块件之间)设置，以保证接缝的密合，并用以调整拼装误差。

(3) 胶接缝是在接缝端面涂一薄层环氧树脂等胶结材料，从而提高相邻接缝端的整体刚度和不透水性。它既具有湿接缝的优点又不影响工期，因此近年来在我国国内较多采用。在采用胶接缝时，应注意胶层的厚薄均匀，一般厚 0.8mm 左右。如悬臂过长，还可在悬臂中部或端部设置湿接缝。

6.3.5　拼装程序

1. 0 号块件施工

0 号块大多采用在墩旁的托架上就地浇筑施工。在后面的悬拼过程中，悬拼吊机必须要有一定的起步长度和工作空间。因此，有时将 0 号块和 1 号块都在墩顶现浇，甚至有将 0～2 号块现浇施工的。

2. 其他块件拼装

其他块件利用悬拼吊机分块对称拼装，其施工程序如图 6.27 所示。1 号块件是悬臂梁的基准块件，是全跨安装质量的关键。因此，必须确保其定位的精度。

3. 合龙段施工

合龙段的施工常采用现浇和拼装两种方法。现浇合龙段预留 1.4～2m，在主梁高程调整后，现场浇筑混凝土合龙。节段拼装合龙对预制和拼装的精度要求较高，但工序简单、施工

简单、施工速度快。合龙时间以在当天低温时为宜,图6.28所示为合龙段施工支架结构。

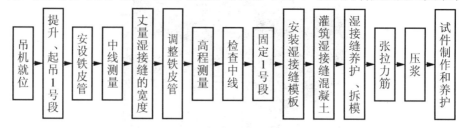

图6.27 梁段湿接缝拼装程序

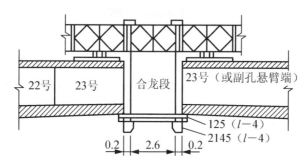

图6.28 合龙段施工支架结构

6.3.6 施工控制

(1)桥位纵轴线的观测:桥梁纵轴线的施工控制是悬拼法的主要控制点之一。因此,在主桥上部结构施工前,应在立桥两端搭设测量三角架,其高度应保证在施工时经纬仪(最好用全站仪)能直视全桥桥面结构表面的各测点,以便随时测量各有关测点的位置是否有偏差。

(2)拼装块件各点的高程应根据浇制块件假定的相对高程值,通过实测逐点计算出各相应点的绝对高程,以便悬拼时控制。

(3)块件的拼装:为便于控制,在预制成形拆模后,在块件两外侧各画一道通长的色线,在块件表面也同样画一道通长墨线,在吊装前操作工人直接控制三线吻合,则可节约测量时间,质量容易掌握。

(4)0号块件与1号块件的测量工作要精益求精,使后期吊装易于控制。

(5)在块件吊装时,如果发生线形误差,最好及时用湿接缝纠正,以免误差加大,造成明显的线形偏差。

任务6.4 移动模架法施工

移动模架法是使用移动式的脚手架和装配式的模板在桥位上逐孔现浇施工,随着施工进程不断移动连续现浇施工,因此移动模架法也称为"活动的桥梁预制厂"和"造桥机"。常用的移动模架可分为移动悬吊模架和活动模架两种。

6.4.1 移动悬吊模架施工

移动悬吊模架的形式很多,其基本结构包括三个部分:承重梁、从承重梁伸出的肋骨状横梁和支承主梁的移动支承,如图1.26和图1.27所示。

承重梁通常采用钢梁,长度大于两倍跨径,是承受施工设备自重、模板系统重力和现浇混凝土重力的主要构件,承重梁的后段通过可移式支承落在已完成的梁段上,它将重量传递给桥墩(或直接坐落在墩顶),承重梁的前端支承在桥墩上,工作状态呈单臂梁。承重梁除了起承重作用外,在一孔梁施工完成后,还作为导梁与悬吊模架一起纵移至下一施工孔,承重梁的移位及内部运输由数组千斤顶或起重机完成,并通过中心控制操作。

从承重梁两侧悬臂的许多横梁覆盖板梁全宽,承重梁上左右各用2或3组钢索拉住横梁,以增加其刚度,横梁的两端垂直向下,到主桥的下端再呈水平状态,形成下端开口的框架并将主梁包在内部,当模板支架处于浇筑混凝土的状态时,模板依靠下端的悬臂梁和锚固在横梁上的吊杆定位,并用千斤顶固定模板浇筑混凝土。当模架需要运送时,放松千斤顶和吊杆,模板固定在下端悬臂上,并转动该梁的前端可动部分,使模架在运送时可顺利地通过桥墩。

6.4.2 活动模架施工

活动模架的构造形式较多,其中的一种构造形式由承重梁、导梁、台车和桥墩托架等构件组成,如图1.27所示。在混凝土箱形梁的两侧各设置一根承重梁支撑模板和承受施工重量,承重梁的长度要大于桥梁跨径,浇筑混凝土时承重梁支承在桥墩托架上。导梁主要用于运送承重梁和活动模架,因此需要有大于两倍桥梁跨径的长度,当一跨梁施工完成后进行脱模卸架,由前方台车(在导梁上移动)和后方台车(在已完成的梁上移动),沿纵向将承重梁和活动模架运送至下一跨,承重梁就位后导梁再向前移动,如图6.29所示。

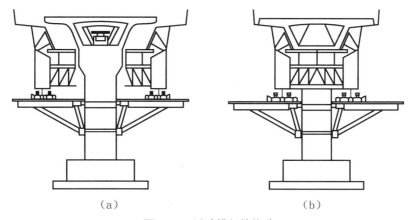

图 6.29 活动模架的构造

活动模架的另一种构造形式是采用两根长度大于两倍跨径的承重梁分设在箱梁面的翼

缘板下方，兼作支承和移支模架的功能。因此不需再设导梁，两根承重梁置于墩顶的临时横梁上，两根承重梁用支承上部结构模板的钢螺栓框架连接起来，移动时为了跨越桥墩前进，需要解除连接杆件，承重梁逐根向前移动。

活动模架施工是从岸跨开始，每次施工接缝设在下一跨的13m处（$L/5$附近）连续施工，当正桥和两岸引桥施工完成后，在主跨锚孔设置临时墩现场浇筑连接段使全桥合龙。

对于每个箱梁的施工采用两次浇筑施工法，当承重梁定位后，用螺旋千斤顶调整外模，浇底板混凝土，然后安装设在轨道上的内模板，浇筑腹板及顶板混凝土。在一跨施工结束需移动模架时，将连接杆件从一个承重梁上松开半撤除纵向缆索后将承重梁逐根纵移。由于附有连接杆和模板的承重梁在移动时不稳定，为了达到平衡，在承重梁的另一侧设有外托架和混凝土平衡梁。每跨桥的施工期在正常情况下为4周。

采用移动模架法施工，无论哪一种形式，其共同的特点在于高度机械化，其模板、钢筋、混凝土和张拉工艺等整套工序均可在模架内完成。同时由于施工作业是按周期进行，且不受气候和外界因素干扰，既便于工程管理，又能提高工程质量、加快施工速度。中等跨径的桥梁采用移动模架法施工较为适宜。

不过，移动模架法需要一整套设备及配件，除耗用大量钢材外，还需有整套机械动力设备和自动装置，一次投资是相当大的。

任务6.5 顶推法施工

我国于1974年首先在狭家河铁路桥采用顶推法施工，该桥为$4\times40m$预应力混凝土连续梁桥；在此之后湖南望城沩水河桥使用柔性墩多点顶推连续梁桥的施工，为我国采用顶推法施工创造了成功的经验，有力地推动了我国预应力混凝土连续梁桥的发展。

6.5.1 概述

分节段预制混凝土梁段，用纵向预应力筋连成整体，将梁逐段顶出去（拖出去），再在空出的制梁台座上继续下一梁段的浇筑，这样反复循环施工的方法即顶推法施工。顶推法施工是在沿桥轴线方向的桥台后设置预制场，设置钢导梁、临时墩、滑道和水平千斤顶施力装置。

顶推法的特点是，不需要支架和大型机械，工程质量容易控制，占用场地少，不受季节影响。但其仅适用于等高度的直线桥或等半径的曲线桥，顶推梁造价比同等跨径简支梁和现浇变截面连续梁要高。

顶推法施工不仅可用于连续梁桥（包括钢桥），也可用于其他桥型，如简支梁桥，也可先连续顶推施工，就位后解除梁跨间的连续；拱桥的拱上纵梁，可在立柱间顶推施工；斜拉桥的主梁采用顶推法施工等。

预应力混凝土连续梁桥的上部结构采用顶推法施工的顺序如图6.30所示，连续梁桥的主梁采用顶推法施工如图 6.31 所示。

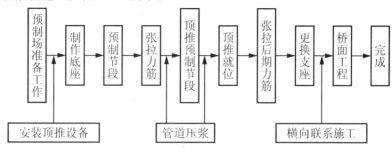

图 6.30 顶推法施工的一般程序

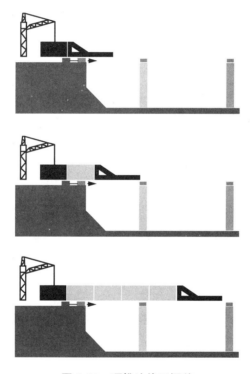

图 6.31 顶推法施工概貌

6.5.2 顶推方法与设备

1. 顶推方法

顶推施工前,应根据主梁长度、设计顶推跨度、桥墩能承受的水平推力、顶推设备和滑动装置等条件,选择适宜的顶推方式。

(1)单点顶推:限用于直线桥、顶推梁段长度较短、桥墩可承受较大水平荷载、后座能提供足够的水平反力时,多数在箱梁两侧安设顶推千斤顶或拉杆牛腿。顶推的装置集中在主梁预制场附近的桥台或桥墩上,在前方墩各支点上设置滑动支承。顶推时,滑块在不锈钢板上滑动，并在前方滑出，通过在滑道后方不断喂入滑块，带动梁身前进。其施工程序为顶梁→推移→落下竖直千斤顶→收回水平千斤顶的活塞杆，如图6.32所示。

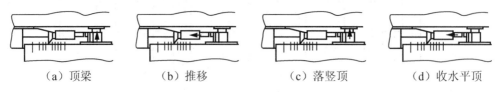

图 6.32　水平千斤顶与垂直千斤顶联用的装置

（2）多点顶推：在每个墩台上设置一对小吨位（400～800kN）的水平千斤顶，将集中的顶推力分散到各墩上。由于利用水平千斤顶传给墩台的反力来平衡梁体滑移时在桥墩上产生的摩阻力，从而使桥墩在顶推过程中承受较小的水平力。同时，多点顶推所需的顶推设备吨位小，容易获得，所以我国近年来用顶推法施工的预应力混凝土连续梁桥，较多地采用了多点顶推法，如图6.33所示。

图 6.33　多点顶推

多点顶推法与单点顶推法相比较，多点顶推法可以免去大规模的顶推设备，能有效地控制顶推梁的偏离，墩身受到的水平推力小，便于在柔性墩上采用。在弯桥采用多点顶推法时，各墩施力均匀。

2. 顶推设备

（1）滑道。如何减小摩阻力是顶推法施工的关键技术问题。施工中通过在梁底、墩顶设置滑道的办法来解决。

滑道由聚四氟乙烯板和镍钢（不锈钢）板组成，滑移面的摩擦因数很小，为0.02～0.04。顶推时，组合的聚四氟乙烯滑块在不锈钢板上滑动，并在前方滑出，通过在滑道后方不断喂入滑块，带动梁身前进。

滑道常用临时支承，由光滑的不锈钢板与组合的聚四氟乙烯滑块组成，其中的滑块由四氟板与具有加劲钢板的橡胶块构成。临时支承搁置在混凝土临时垫块上，待主梁就位后拆除，再更换正式支座（图6.34）。

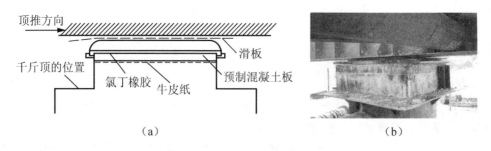

图 6.34　滑道装置示意图

项目 6　预应力混凝土连续梁构造与施工

也可将滑道设置在永久支座上,但为了避免顶推过程中支座损坏,应对支座进行必要的防护。通常的做法是在支座周围设置垫块,使滑道板的压力通过垫块传递给墩台,而不是直接经支座传递,这样可使支座的安装、更换工作更加方便,并提高支座的安装精度,如图 6.35 所示。

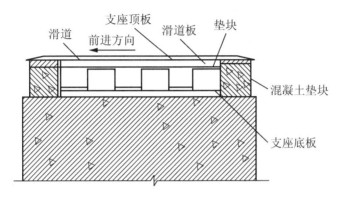

图 6.35　在永久支座上布置滑道

还有一类滑动装置为连续滑动装置,其构造类似于坦克的履带(图 6.36),通过卷绕装置使滑动带连续、循环滑动,从而实现不间断顶推。这种装置在施工完成后即成为永久支座,无须拆除,但支座本身的构造复杂、造价高。

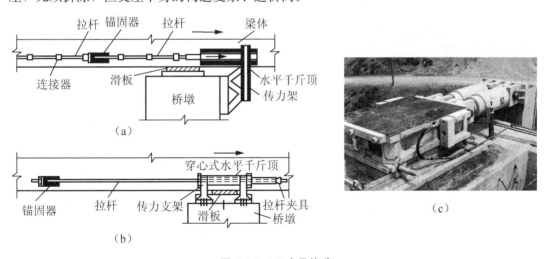

图 6.36　RS 支承构造

(2)千斤顶与油泵。顶推装置集中在主梁预制场附近的桥台或桥墩上,在前方各支点上设置滑动支承。顶推装置分为两种:一种是由水平千斤顶通过箱梁两侧的牵动钢杆给预制梁一个顶推力;另一种是由水平千斤顶与竖直千斤顶配和使用,顶推预制梁前进。当水平千斤顶施顶时,带动箱梁在滑道上向前滑动,拉杆式顶推装置如图 6.37 所示。

保证各个千斤顶同时、同步施力是多点顶推施工的关键。一般采用液压与电路相结合的控制系统，采用集中控制、分级调压的措施，保证其同时启动、同步前进、同时停止。为保证控制系统遇意外情况时及时停止顶推，各机组和观测点上需设置急停按钮，触发任何一个急停按钮，全部机组能同时停止工作。

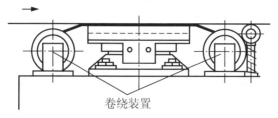

图 6.37　拉杆式顶推装置

3. 临时设施

（1）导梁。导梁设置在主梁的前端，为等截面或变截面的钢桁梁或钢板梁，主梁前端装有预埋件与钢导梁栓接。导梁在外形上，底缘与箱梁底应处于同一平面，前端底缘呈向上圆弧形，以便于顶推时顺利通过桥墩，如图 6.38 所示。钢导梁的作用是减小顶推过程中梁的前端悬臂负弯矩。

（2）临时墩。临时墩的作用与钢导梁相似，通过设置临时墩（图 6.39），减小顶推的标准跨径，从而减小梁顶推过程中交替变化的正弯矩和负弯矩，特别是当建造顶推跨径超过 50m，或者顶推其他形式的桥梁，如斜拉桥、钢管系杆拱桥或连续钢构桥梁时采用。

图 6.38　顶推前导梁

图 6.39　顶推法设置临时墩

临时墩的基础一般采用桩基，墩身结构形式见表 6-3。

表 6-3　临时墩墩身结构形式

结构形式	优　点	缺　点	备　注
钢管临时墩	安装、拆除快，回收价值高	刚度小，温差影响大，一次投入大	适用于水中临时墩

项目 6　预应力混凝土连续梁构造与施工

续表

结构形式	优点	缺点	备注
钢筋混凝土空心墩	刚度大，拆除快	施工麻烦	适用于水中临时墩
钢筋混凝土实心墩	刚度大，造价低	拆除困难	适用于岸上临时墩
薄钢管空心混凝土墩	施工速度快，造价低，拆除快，刚度大		比较合理的临时墩

6.5.3　顶推施工中的几个问题

1. 确定分段长度和预制场布置

顶推法制梁有两种方法：一种是在梁轴线的预制场上连续预制逐段顶推；另一种是在工厂制成预制块件，运送桥位连接后进行顶推。后者必须根据运输条件决定节段的长度和重量(长度一般不超过 5m)，同时增加了接头工作，需要起重设备和运输设备。因此，以现场预制为宜。

预制场(图 6.40)是预制箱梁和顶推过渡的场地，包括主梁节段的浇筑平台和模板、钢筋和钢索的加工场地，混凝土搅拌站及砂、石、水泥的推入和运输路线用地。预制场一般设在桥台后，长度是预制节段长的 3 倍以上。

主梁节段预制完成后，要将节段向前顶推，空出浇筑平台以便继续浇筑下一节段。对于顶出的梁段，要求顶推后无高程变化，梁的尾端不能产生转角。因此在到达主跨之前要设置过渡孔，并通过计算确定分孔和长度。主梁的节段长度划分主要考虑段间的连接处不要设在连续梁受力最大的支点与跨中截面上，同时要考虑其应制作加工容易，尽量减少分段，缩短工期。因此常取每段长 10～30m，连续梁的顶推节段长度应使每跨梁不多于 2 个接缩缝。

2. 节段的预制工作

节段的预制对桥梁施工质量和施工速度起决定作用。由于预制工作固定在一个位置上进行周期性生产，所以完全可以仿照工厂预制桥梁的条件设置临时厂房、吊车，使施工不受气候影响，减轻劳动强度，提高工效。

1) 模板制作——保证预制质量的关键

箱梁模板由底模、侧模和内模组成。一般来说，采用顶推法施工多选用等截面，模板可以多次周转使用。因此最好使用钢模板，以保证预制梁尺寸的准确性。通常预制平台要有一个整体的框架基础，要求总下沉量不超过 5mm，其上是型钢及钢板制作的底模和在腹板位置上的底模滑道。在底模和基础之间设置卸落设备放下时，底模能自动脱模，将节段落在滑道上，如图 6.41 所示。

图 6.40 顶推法的预制场地

图 6.41 顶推法预制模板

2) 预制周期——加快施工速度的关键

目前国内外的预制梁段周期为 7～15 d。

为缩短预制周期,在预制时可以考虑采取以下施工措施:

(1) 组织专业化施工队伍,在统一指挥下实行岗位责任制。

(2) 采用镦头锚、套管连接器,前期钢索采用直索,加快张拉速度。

(3) 在混凝土中加入减水剂,增加施工和易性,提高混凝土的早期强度。

(4) 采用强大振捣,大型模板安装,提高机械化和装配化的程度。

3. 顶推施工中的横向导向

为了使顶推能正确就位,施工中的横向导向是不可少的。通常在桥墩台上主梁的两侧各安置一个横向水平千斤顶,千斤顶的高度与主梁的底板位置平齐,由墩台上的支架固定千斤顶位置。在千斤顶的顶杆与主梁侧面外缘之间放置滑块,顶推时千斤顶的顶杆与滑块的聚四氟乙烯板形成滑动面,顶推时由专人负责不断更换滑块。顶推时的横向导向装置如图 6.42 所示。

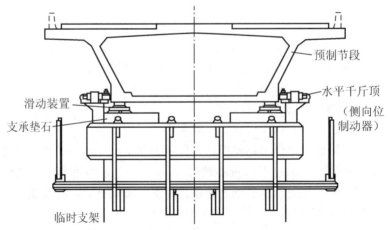

图 6.42 顶推施工的横向导向装置

横向导向千斤顶在顶推施工中一般只控制两个位置,一个是在预制梁段刚刚离开预制场的部位,另一个是在顶推施工最前端的桥墩上,因此梁前端的导向位置将随着顶推梁的前进不断更换位置。施工中发现梁的横向位置有误而需要纠偏时,必须在梁顶推前进的过程中进行调整。对于曲线桥,由于超高而形成单面横坡,横向导向装置应比直线处强劲,且数量要增加,同时应注意在顶推时,内弧和外弧两侧前进的距离不同,要加强控制和观测。

4. 落梁

落梁是将顶推到位的箱梁顶起来,拆除顶推临时滑道装置,安装永久支座,再将梁平稳地降落在支座上。

1) 落梁前的准备工作

(1) 拆除临时索,张拉预应力索,所有管道必须灌浆。

(2) 复测桥墩位的高程,检查桩基是否有沉降,特别是摩阻桩基。

(3) 清理桥墩盖梁平面,解除对梁体的约束。

2) 落梁的方法

因为箱梁是长条形的,所以采取分段落梁方案。例如,每次顶起3个桥墩(台),完成两个桥墩落梁,其中一个桥墩作为高差过渡,相邻两个墩台顶高程(相对设计高程)差控制在10mm以内。

3) 落梁的原则

(1) 充分做好准备工作,尽量使顶起、落梁的时间越短越好。

(2) 确定千斤顶的布置位置,要求纵、横对称,确保桥墩盖梁受力和箱梁梁体受力都处于有利部位。

(3) 竖直千斤顶要求有足够的富余的顶力和工作行程,顶起时,桥墩的垫石与箱梁底必须有保险装置。

(4) 尽量控制梁的顶起高度,注意顶起和降落的顺序,一个墩上千斤顶的起落要同步均匀,纵向桥墩顶起高度要合理分配。

(5) 纵向注意梁的温度伸缩,注意固定墩和伸缩缝桥墩支座的安装。

任务6.6 逐孔架设法施工

逐孔架设法是逐孔装配、逐孔现场浇筑。逐孔施工是中等跨径预应力混凝土梁桥建造中常用的一种施工方法,它使用一套设备从桥梁的一端逐孔施工。

逐孔架设是连续施工的一种方法,在施工过程中,由简支梁或悬臂梁转换为连续梁,逐孔施工的主要特点在于施工能连续操作,可以使桥梁结构选择最佳的施工接头位置和合理的结构形式。连续梁桥采用逐孔施工的另一特点是在施工的过程中,结构的体系将不断转换,这也是逐孔架设法各方法中有共性的特点。

6.6.1 移动支架法

每孔梁分成若干预制节段,使用移动式脚手架临时支承节段自重,待本孔安装就位后,张拉预应力索筋,使安装桥跨就位,然后将脚手架移至前一孔逐孔安装施工。

我国目前用于逐孔施工节段拼装混凝土简支梁的移动支架,主要由带有导梁的长度大于两跨桥长的拼梁桁架、下托梁、叉式梁节升降装置、活动纵梁、梁节移动及调位装置、桁架拖拉滚筒等组成,如图6.43所示。

图 6.43 移动支架逐孔施工

6.6.2 整孔吊装与分段吊装逐孔施工

整孔吊装和分段吊装逐孔施工需要先在工厂或现场预制整孔梁或分段梁,再进行逐孔架设施工。由于预制梁或预制段较长,故需要在预制场先进行第一次预应力筋的张拉,拼装就位后进行二次张拉。因此,在施工过程中也需由简支梁或悬臂梁过渡到连续梁的体系转换。吊装的机具有桁式吊、浮吊、龙门起重机、汽车吊等,图6.44所示为使用桁式吊逐孔架设的施工图示。

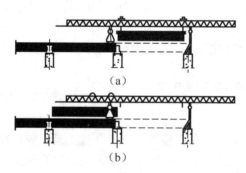

图 6.44 用桁式吊逐孔架设施工

以上逐孔架设施工的共同特点是需要一定的辅助设备或较强大的起重设备。在逐孔施工过程中均要有体系转换,通常由简支梁或悬臂梁转化为连续梁,对于多跨连续梁还要经历不同跨数连续梁的转换。这两种施工方法都有其各自的特点,见表6-4。

项目6 预应力混凝土连续梁构造与施工

表6-4 逐跨架设各种施工方法的比较

施工方法 项目	移动支架逐孔 现浇施工	整孔或分段架设	
		有现浇接头	无现浇接头
临时支架	相对数量较多	可能需要	不需
临时支座	不需要	可能需要	不需要
现浇接头	不需要	可能需要	不需要
二次张拉	不需要	需要	需要
起重能力	无特殊要求	有一定要求 490.3~4903kN	980.7~29420kN
预制要求	要求材料堆放地	场地要大	精度高,场地大
施工难易	比较方便	比较方便	要求较高
施工速度	较慢	较快	最快
对结构要求	等截面梁	宜等截面 T梁、I梁	无特殊要求
桥梁跨越对象	宜跨线	跨河跨线	跨河跨线
适用跨径	<50m	30~60m	30~100m
桥梁长度	宜用于长桥	可用于长桥	宜用于长桥

小 结

本项目对预应力混凝土连续梁的基本构造、悬臂浇筑法施工、悬臂拼装法施工、移动模架法施工、顶推法施工、逐孔架设法施工做了较详细的阐述。

具体内容包括:预应力混凝土连续梁的基本构造、立面及横截面布置、预应力钢绞线的设置;施工挂篮的构造、应用,悬臂浇筑的主要工序、施工注意事项;悬臂拼装法梁段制作、运输、拼装程序;移动模架的构造、制梁工序;顶推法的特点、设备、工序及注意事项;逐孔架设法的工艺、典型方法。

本项目的教学目标是使学生了解连续梁桥各部位的构造与作用,掌握预应力钢绞线在梁体的设置;熟悉施工挂篮的构造与应用,掌握悬臂浇筑的主要工序和施工注意事项;了解悬臂拼装法的梁段制作与运输,熟悉其拼装程序;了解移动模架的构造,熟悉移动模架制梁的工序;了解顶推法的特点,熟悉顶推设备,掌握顶推施工的工序与施工注意事项;了解逐孔架设的工艺过程,熟悉逐孔架设施工的几种典型方法。

思考与练习

1. 简述预应力混凝土连续梁桥的基本构造特点。
2. 连续梁桥比简支梁桥有哪些优越的地方?
3. 简述预应力混凝土变截面连续梁桥的特点。
4. 简述挂篮分类及其主要构造。
5. 简述悬臂浇筑施工工序。
6. 简述悬臂拼装施工的原理。
7. 简述顶推法施工的基本原理及其适用条件。
8. 顶推方法有哪几种?
9. 移动模架法的主要特点是什么?
10. 逐孔架设法的主要特点是什么?

项目 7 桥面系及附属工程构造与施工

教学目标

通过对桥面铺装的学习,了解桥面铺装的类型,熟悉混凝土桥面铺装的工艺;通过对伸缩缝施工的学习,了解伸缩缝的分类,熟悉伸缩缝的施工程序,掌握伸缩缝的锚固工艺;通过对梁间铰接缝施工的学习,熟悉简支梁、先简支后连续梁铰接缝的施工流程;通过对防排水设施的学习,熟悉防水材料,掌握桥梁纵横坡及排水设施的布置;通过对人行道及栏杆的学习,熟悉人行道的构造及设置,掌握栏杆施工的规定。

教学要求

知识要点	能力要求	相关知识
桥面铺装	了解桥面铺装的类型,熟悉混凝土桥面铺装的工艺	桥涵施工规范
伸缩缝施工	了解伸缩缝的分类,熟悉伸缩缝的施工程序,掌握伸缩缝的锚固工艺	
梁间铰接缝施工	熟悉简支梁、先简支后连续梁铰接缝的施工流程	
防排水设施	熟悉防水材料,掌握桥梁纵横坡及排水设施的布置	
人行道及栏杆	熟悉人行道的构造及设置,掌握栏杆施工的规定	

引子

桥面部分包括桥面铺装、防水和排水设施、伸缩及梁间铰结装置、人行道（或安全带）、路缘石、栏杆和灯柱等构造。桥面部分虽然不是主要的承重结构，但它对桥梁功能的正常发挥，对主要构件的保护，对行车的舒适、车辆行人的安全及桥梁的美观等都十分重要。

桥梁伸缩装置是桥梁梁端之间的重要连接部件，对桥梁端部伸缩及防水性能起重要作用，其质量和性能直接影响整座桥梁的耐久性。

武汉天兴洲长江大桥采用了伸缩量为 1000mm 的梁端伸缩装置。

混凝土桥面铺装

武汉天兴洲长江大桥

任务 7.1　公路桥面铺装

公路桥面铺装即行车道铺装。它能保护桥面板，防止车轮、履带的直接磨损，并使桥面板免受雨水的侵蚀，且对车辆轮重的集中荷载起分布作用，如图 7.1 所示。

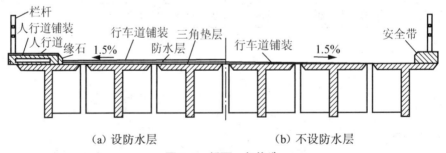

(a) 设防水层　　　　　　　　(b) 不设防水层

图 7.1　桥面一般构造

行车道铺装通常采用水泥混凝土、沥青混凝土、沥青表面处治和泥结碎石等，特大桥、大桥宜采用沥青混凝土桥面铺装，装配式钢筋混凝土、预应力混凝土梁桥常采用水泥混凝土或沥青混凝土桥面铺装。混凝土和沥青混凝土桥面铺装适用范围较广，水泥混凝土铺装的造价低，耐磨性能好，适合重载交通，但其养生期长，日后修补较麻烦；沥青混凝土铺装质量轻，维修省时，养护方便，但易老化和变形；沥青表面处治和泥结碎石铺装，耐久性较差，仅在低等级公路桥梁上使用。

7.1.1 沥青混凝土桥面铺装

桥面铺装宜由黏层、防水层、保护层及沥青面层组成。沥青混凝土铺装的典型结构如下。

(1) 单层式：50mm 中粒式沥青混凝土。

(2) 双层式：上面层 30mm(40mm)细粒式或中粒式沥青混凝土；下面层 40mm(50mm、60mm、70mm)中粒式沥青混凝土。

(3) 三面层：上面层 30mm(40mm)细粒式或中粒式沥青混凝土；中面层 40mm(50mm)中粒式沥青混凝土；下面层 50mm(60mm 或 70mm)粗粒式沥青碎石。

采用沥青混凝土铺筑时，为防止沥青混凝土中的骨料损坏防水层，宜在防水层上先铺一层沥青砂作保护层。

高速公路、一级公路桥梁的沥青混凝土桥面铺装宜采用性能较好的改性沥青混凝土。沥青混合料的级配类型最好与相邻桥头引道上沥青表面层的混合料的级配相同，以便与桥头引道部分连续施工。

7.1.2 水泥混凝土桥面铺装

混凝土桥面铺装层直接承受车辆轮压的作用，既是保护层，又是受力层，因此必须有足够的强度和良好的整体性及抗冲击、耐疲劳的特性，同时还应具有防水性及对温度的适应性。

水泥混凝土桥面铺装层的厚度不宜小于 80mm，对于高速公路和一级公路的桥面铺装层还应适当增加厚度，如图 7.2 所示。钢筋混凝土桥面有两种铺设方式：一种方式是全桥面铺装防水混凝土，其厚度一般为 6～8cm；另一种方式是在桥面铺装上再设置 7cm 厚的防水混凝土。

图 7.2　钢筋混凝土桥面铺装层

7.1.3 桥面铺装施工注意事项

对预应力混凝土梁式桥，不论是预制梁还是现浇梁，由于预应力的作用，在抵消自重影响后，梁体将产生上挠度，之后又因混凝土的徐变收缩、预应力损失、桥面铺装等两部分恒载及活载的作用，对梁体挠度造成一定影响。当上挠度过大时，将导致桥面铺装层在跨中较薄而在支点处较厚，从而不能满足设计厚度的要求。因此，除应在梁体施工时采取有效措施控制过大的上挠度外，还应采取调整桥面高程等措施，以保证铺装层的厚度。

任务 7.2　伸缩缝施工

7.2.1　伸缩缝的基本概念及其分类

伸缩缝是桥梁结构的重要组成部分。为适应材料胀缩变形而在桥梁结构两端设置的间隙称为伸缩缝；为了使车辆平稳通过桥面并满足桥面变形的需要，在桥面伸缩接缝处设置的各种装置统称为伸缩装置。在桥梁结构中，伸缩装置要适应温度的变化、混凝土的徐变及收缩、梁端旋转、梁的挠度等因素引起的伸缩变化等。伸缩装置应能满足梁体的自由伸缩，并要求具有较好的耐久性、行驶的舒适性、良好的防水性及施工的方便性，且维修简便、价格合理。

我国桥梁工程上使用的伸缩装置种类繁多，按其受力方式及构造特点可以分为对接式、钢制支承式、橡胶组合剪切式、模数支承式、无缝式五类，见表 7-1。

表 7-1　桥梁伸缩缝装置分类

类别	形式	种类举例	说明
对接式	填塞对接型	沥青或木板填塞、U 形镀锌铁皮、矩形橡胶条、组合式橡胶条、管形橡胶条	以沥青、木板、麻絮、橡胶等材料填塞缝隙的构造（在任何状态下，都处于压缩状态）
	嵌固对接型	W 型、SW 型、M 型、SDⅡ 型、PG 型、FV 型、GNB 型、GQF-C 型	采用不同形状的钢构件将不同形状橡胶条（带）嵌固，以橡胶条（带）的拉压变形吸收梁变位的构造
钢制支承式	钢制型	钢梳齿板型、钢板叠合型	采用面层钢板或梳齿钢板的构造
橡胶组合剪切式	板式橡胶型	BF 型、JB 型、JH 型、SD 型、SC 型、SB 型、SG 型、SEG 型、SEJ 型、UG 型、BSL 型、CD 型	将橡胶材料与钢件组合，以橡胶的剪切变形吸收梁的伸缩变位，桥面板缝隙支承车轮荷载的构造

续表

类别	形式	种类举例	说明
模数支承式	模数式	TS 型、J-75 型、SSF 型、SG 型、XF 斜向型、GQF-MZL 型	采用异型钢材或钢组焊件与橡胶密封带组合的支承式构造
无缝式	暗缝式	GP 型（桥面连续）、TST 弹塑体、EPBC 弹性体	路面施工前安装的伸缩构造以路面等变形吸收梁体变位的构造

7.2.2 伸缩装置的施工程序与组成

桥面的平整度是一个很重要的指标，而桥梁的伸缩装置是影响桥面平整度的重要部分之一。由于施工程序不合理或施工不慎，在 3m 长度范围内，其高程与桥面铺装的高程有正负误差，严重的则会造成"跳车"，在车辆跳跃的反复冲击下，将很快导致桥梁伸缩装置的损坏。

伸缩装置在安装前应检查异型钢、型钢、钢板等，其外观应光洁、平整，表面不得有大于 0.3mm 的凹坑、麻点、裂纹、结疤、气泡和夹杂，不得有机械损伤，且上下表面应平整，长度大于 5mm 的毛刺应清除。伸缩装置的设置应保证桥梁接缝处的变形自由、协调，车辆能够平稳、安全地通过，并适应接缝周围可能出现的少量错位，不致因此引起伸缩装置部件的受损和脱落。

桥梁伸缩装置的五大类，第 1~4 类的组成如图 7.3 所示，第 5 类的组成如图 7.4 所示。

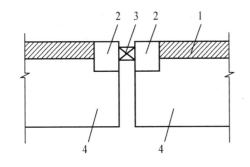

图 7.3 第 1~4 类缩装置示意图
1—桥面铺装；2—伸缩装置的锚固系统；
3—伸缩装置的伸缩体；4—梁(板)体

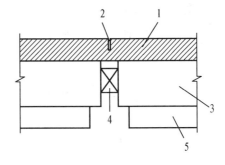

图 7.4 第 5 类伸缩装置示意图
1—桥面铺装；2—锯缝；3—桥面整体化混凝土；
4—伸缩装置的伸缩体；5—梁(板)体

图 7.3 形式的桥梁伸缩装置其施工程序如图 7.5 所示，图 7.4 形式的伸缩装置的施工程序如图 7.6 所示。

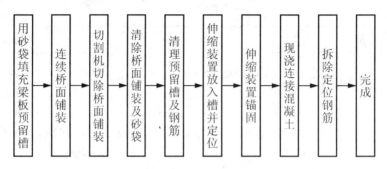

图 7.5 第 1~4 类伸缩装置的施工程序

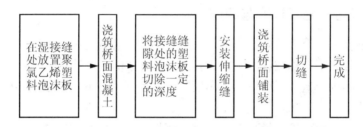

图 7.6 第 5 类伸缩装置的施工程序

7.2.3 伸缩装置的锚固

据调查,桥梁伸缩装置破坏多数与锚固系统有关,锚固系统薄弱,本身容易损坏,锚固系统范围内的高程控制不严,容易造成"跳车",车辆的反复冲击会导致伸缩装置过早损坏。下面以无缝式伸缩装置,填塞对接型伸缩装置为例说明其工艺。

1. 无缝式伸缩装置

无缝式(暗缝式)伸缩装置适用于沥青混凝土桥面且伸缩量小于 5mm 的桥梁,构造如图 7.7 所示。

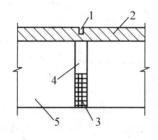 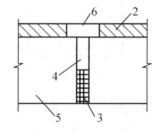

(a) 切割式接缝　　　　　　(b) 暗缝式接缝

图 7.7 无缝式构造示意图

1—锯缝;2—沥青混凝土桥面铺装;3—防水接缝材料;
4—塞入物;5—桥面板;6—浇筑的沥青混合料

施工要求：

(1) 防水接缝材料应具有较强的抗老化性能，较强的黏结力与壁面结合，能适应反复伸缩变形，恢复性能好，并具有一定强度，以抵抗砂石材料的刺破力。

(2) 塞入物需要有足够的可压缩性能，用于防止未固化的接缝材料往下流动，在施工桥面板的现浇层时就把塞入物当作接缝处的模板，如泡沫橡胶或聚乙烯泡沫塑料板等。

2. 填塞对接型伸缩装置

填塞对接型伸缩装置适用伸缩量小于 10～20mm 的桥梁结构。伸缩体所用材料主要有矩形橡胶条、组合式橡胶条、管形橡胶条、M 型橡胶条等，也可采用泡沫塑料板或合成树脂材料等。该装置要求具有适度的压缩性、恢复性和抗老化性，在气温发生变化时不发生硬化和脆化。

1) 施工中的注意事项

(1) 所用的伸缩体产品质量要符合有关规定。

(2) 安装伸缩装置一定要遵循图 7.5 的施工程序，这样才能保证其安装质量。

(3) 在图 7.3 中 2 部分为现浇 C50 混凝土，在混凝土内适当地布置一些钢筋或钢筋网，此钢筋要与梁(板)体钢筋焊接在一起，C50 混凝土的厚度不能小于 12cm，顺桥方向的宽度不小于 30cm。

(4) 安装时一定要保证伸缩体在设计的最低温度时，仍处于压缩状态。

(5) 安装时一定要保证伸缩体与混凝土的可靠黏结(一般采用胶粘剂)。

(6) 伸缩体一定要低于桥面高程，应保证伸缩体在最大压缩状态下也不会高出桥面高程。

2) 胶粘剂

PG-308 聚氨酯胶粘剂，具有可控制固化时间、黏结牢固的特点，与混凝土相黏结的强度大于 2MPa，其使用方法如下。

(1) 配胶：本胶粘剂为双组分，I 型 A、B 两组分比为 100∶10(质量比)，A、B 组分混合搅拌均匀即可使用。

(2) 操作：将接缝处混凝土表面泥土、杂质清除干净，并用钢丝刷刷一遍，用吹灰机将浮土吹尽，保证接合面干燥。

(3) 涂胶和贴合：涂胶层厚度以不小于 1mm 为宜。

(4) 将伸缩体压缩放入接缝缝隙内。

(5) 固化：在常温下，24h 内固化(也可根据需要调整固化时间)。

任务 7.3　梁间铰接缝施工

7.3.1　简支板桥铰接缝施工

简支板桥纵向铰接缝如图 7.8 所示。

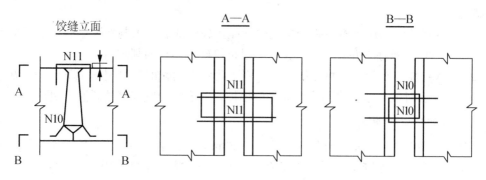

图7.8 简支板桥梁间接缝

7.3.2 简支梁桥梁间接缝施工

常用简支梁桥有T形梁和箱形梁，T形梁的梁间接缝按梁体设计不同有干接缝和湿接缝两种，箱形梁梁间接缝通常采用混凝土现浇湿接缝。

1. 干接缝

干接缝即用钢板或螺栓将相邻两片梁翼板和横隔板焊接起来形成横向联系，其施工方便，焊接后能立即承受荷载。但其耗费钢材较多，需要有现场焊接设备，且有时需在桥下仰焊，整体性稍差一些。T形梁的连接构造如图7.9所示。

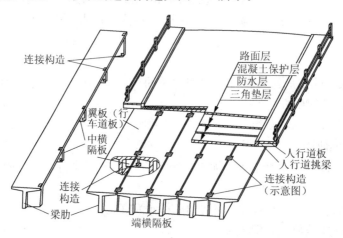

图7.9 T形梁的连接构造

端横隔梁干接缝其施工方法如图7.10所示。

在横隔梁靠近下部边缘的两侧和顶部的翼板内均埋有焊接钢板A和焊接钢板B，焊接钢板则预先与横隔梁的受力钢筋焊接在一起做成安装骨架。当T形梁安装就位后，即在横隔梁的预埋钢板上加焊盖接钢板使其连成整体。相邻横隔梁之间的缝隙最好用水泥砂浆填满，所有的外露钢板也应用水泥浆封盖。

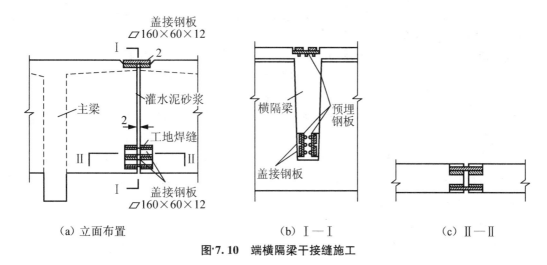

图 7.10 端横隔梁干接缝施工

2. 湿接缝

湿接缝即主梁预制时，将翼板端部预留出一部分，钢筋外伸。梁架设就位后，将相邻两翼板的钢筋焊接相连，然后支撑板现浇接缝混凝土，使各片梁横向连接结形成整体。该方法的优点是节省钢板用量，整体性好；缺点是施工较复杂，接缝混凝土养生达到初期后方能承受荷载。

翼板接缝混凝土施工的方法：先分段安吊装模板，由底梁支撑着模板，其重量靠连接螺杆传递给支承横木，而横木支承在两边的翼缘板上。施工时先用螺杆把底梁与支承横木相连，再在底梁上钉设模板，钉好后上紧连接螺杆上的螺栓，使模板固定牢靠，然后现浇混凝土，如图 7.11 所示。

横隔板的湿接缝施工难度较大，应在翼板接缝之前施工。端横隔板的施工较简单，工人可以站在墩台帽上立模浇筑接缝混凝土。中横隔板接缝施工则较为困难，若条件允许可在下设临时支架或用高空作业车将工人送至预定高度立模浇筑。若桥下有水，则应设法从桥面向下悬吊施工，不仅横板要有悬吊设施，人员也要系安全带从桥面悬吊下去施工，要特别注意安全。

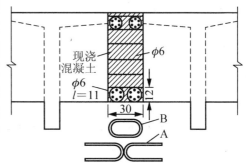

图 7.11 翼板接缝混凝土施工

7.3.3 先简支后连续的梁桥梁端接缝施工

先简支后连续的连续梁桥，在墩顶处的连续有单支座和双支座两种方法，施工工艺和体系转换方法有所不同。

1. 单排支座先简支后连续梁桥

单排支座先简支后连续梁桥建成后在墩顶连续处只有一排支座，内力分配效果好，负弯矩峰值较高，能大幅削减跨中正弯矩，使内力分布均衡，但施工方法较为麻烦，且连续处要设置顶部预应力钢筋，如图 7.12 所示。

预制顶梁时在梁端顶板上预留预应力孔道，并预设齿板，预留工作孔，凡连续一端均不做封锚端，将顶板、底板、腹板普通钢筋伸出梁端，架梁时先设置两排临时支座，使梁呈简支状态。临时支座用硫黄和电热丝制作，既能保证强度，又能在通电加热后熔化。

梁架好后，在墩顶设计位置安放永久性支座及垫石，布置模板，将设计要求的普通钢筋焊接相连，并布设箍筋。在顶部布设与原梁体预留孔道相对应的预应力筋孔道，现浇连接混凝土养生至强度达到90%后拆除模板，自顶板入孔进入穿丝张拉预应力钢筋，并予以锚固。然后给临时支座通电使其受热软化，从而使永久性支座发挥作用，实现体系转化。拆除临时支座时，现浇混凝土封闭入孔即完成连续化施工。

2. 双排支座先简支后连续梁桥

双排支座先简支后连续梁受力接近于简支梁，内力分布不均匀，但由于施工简单，体系转化方便，被广泛采用，如图 7.13 所示。预制大梁时，连续一端的梁端不进行封端处理，将顶板、腹板、底板普通钢筋外伸，梁架设前一次性将两排永久性支座安放牢固，梁架设就位后在梁端底部和两边梁外侧安放模板，中间以端模梁为模，将两架端外留钢筋焊接相连，注意使搭接长度和位置满足规范要求，然后现浇与梁体相同标号的混凝土，养生达到要求后即实现体系转化，完成连续化施工。这种方法不用更换支座，也不在梁顶施加预应力，故简单实用。注意由于连接处墩顶有负弯矩，而又无施加预应力，必然会产生正常裂缝，为防止桥面水从缝中渗入，锈蚀钢筋，需在梁顶前后各4m范围内设置防水层。

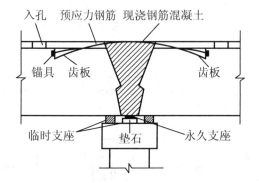

图 7.12 单排支座先简支后连续梁桥施工

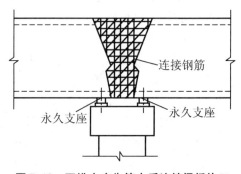

图 7.13 双排支座先简支后连续梁桥施工

任务 7.4 防排水设施

7.4.1 桥面防水层

桥面防水层设置在行车道铺装层下边，将透过铺装层渗下的雨水汇集到排水设施中排出。对防水要求高，或桥面板位于结构受拉区而可能出现裂纹的混凝土梁式桥上，应在铺装层内设置防水层。

项目 7 桥面系及附属工程构造与施工

桥面防水层主要有以下两种类型。

1. 卷材防水层

热铺卷材防水层,应采用石油沥青油毡、沥青玻璃布油毡、再生胶油毡等。铺贴石油沥青卷材,必须使用石油沥青胶结材料;铺贴焦油沥青卷材,必须使用焦油沥青胶结材料。

防水层所用的沥青,其软化点应比基层及防水层周围介质的可能最高温度高出 20~25℃,且不低于 40℃。沥青胶结材料的加热温度应符合国家标准《屋面工程质量验收规范》(GB 50207—2012)的有关规定。耐酸沥青胶应采用角闪石粉、辉绿岩粉、石英粉或其他耐酸矿物粉为填充料;耐碱沥青胶应采用滑石粉、石棉粉、石灰石粉、白云石粉或其他耐碱的矿物粉为填料。

底板卷材防水层可以垫层混凝土或水泥砂浆找平层作为基层,侧墙卷材防水层可用水泥砂浆找平层或直接以钢筋混凝土侧墙作为基层。基层必须牢固、平整、洁净,铺贴卷材前应尽量干燥,基层表面的阴阳角处,均应做成圆弧形或钝角。

铺贴卷材前,表面应用冷底子油满涂铺匀,待冷底子油干燥后方可铺贴卷材。卷材铺贴应符合下列规定:

(1) 在转角处卷材的搭接缝应留置在底面距侧墙不小于 60cm 处。在底板和墙角面处的卷材防水层,应在铺设前先将转角抹成钝角或圆弧形,铺设时并应在防水层上加铺附加层,附加层一般可采用两层同样的油毡或一层沥青玻璃布油毡,铺贴时应按转角处的形状粘贴紧密;当转角由三个不同方向的表面构成时,除附加层外,还应加一层沥青玻璃布油毡或金属片予以加固。

(2) 卷材防水层铺贴时的气温不应低于+5℃,否则应在暖棚中进行。沥青胶的工作温度不低于 150℃。卷材铺贴前应保持干燥,并应将表面的云母、滑石粉等清除干净。

(3) 卷材搭接长度长边不应小于 10cm,短边不应小于 15cm;上下两层和相邻两幅卷材的接缝应相互错开,上下层卷材不得相互垂直。粘贴卷材的沥青胶厚度,一般为 1.5~2.5mm,不得超过 3mm。

(4) 粘贴卷材应展平压实,卷材、基层和各层卷间必须黏结紧密,并将多铺的沥青胶结材料挤出,搭接缝必须封缝严密,防止出现水路;粘贴完最后一层卷材后,表面应再涂一层 1~1.5mm 厚的热沥青胶结材料。

2. 涂料防水层

涂料防水层是在混凝土结构表面上涂刷防水涂料以形成防水层或附加防水层。涂料可使用沥青胶结材料或合成树脂、合成橡胶的乳液或溶液。在较潮湿的基面上涂刷防水涂料时,应采用湿固型涂料或乳化沥青、阳离子氯丁橡胶乳化沥青等亲水性涂料。各层防水涂料之间可放置玻璃纤维布、合成纤维布、麻布或无纺增强布,以形成一种增强涂料防水层。涂料防水层施工前的基层表面必须平整、密实、洁净。

1) 沥青胶结材料防水层施工的规定

(1) 基层表面应满涂冷底子油,并最好使其干燥。

(2) 沥青胶结材料防水层一般涂两层,每层厚 1.5~2.0mm。

(3)沥青胶结材料所用沥青的软化点、加热温度和使用温度，可参照卷材防水层。

(4)沥青胶结材料防水层施工温度不得低于－20℃，如温度过低，必须采取保温措施。在炎热季节施工时，应采取遮阳措施，防止烈日暴晒，沥青流淌。

2)合成树脂或合成橡胶乳液、溶液的防水涂料施工的规定

(1)乳液或溶液防水涂料的配合比应按照设计规定或涂料说明书办理，配制时应搅匀。

(2)防水涂料可用手工抹压、涂刷或喷涂，厚度应均匀一致，每道涂料的厚度应按不同涂料确定，一般为1.0～3.0mm。

(3)第1层涂层涂刷完毕，必须干燥结膜后，方可涂刷下一层，一般涂2～3层。涂刷第1层时必须与混凝土密实结合，不得夹有空隙。

(4)涂料中如配有挥发性溶剂时，应在3～4h内完成。

(5)涂料防水层中夹有玻璃丝布等夹层时，应在涂刷一遍涂料后，逐条紧贴玻璃丝布并扫平、压紧，使胶结料吃透布面。涂贴应均匀，不得有起鼓、翘边、皱折、流淌等现象。玻璃丝布搭接要求，可参照卷材防水层办理。最后一层玻璃丝布上应涂刷一遍胶结材料及一层保护层。

(6)当采用水乳型橡胶沥青时，施工时最低气温不低于＋5℃；雨天及大风天不得施工。

7.4.2 桥面排水设施

钢筋混凝土结构不宜经受时而湿润、时而干晒的交替作用。一方面，渗入混凝土微细裂纹和大孔隙内的水分因严寒而结冰时会导致混凝土发生破坏，并随着冻融的交替作用使结构裂缝不断扩大；另一方面，水分侵袭钢筋也会使其锈蚀。因此，为防止雨水滞积于桥面并渗入梁体而影响桥梁的耐久性，除在桥面铺装内设置防水层外，应使桥上的雨水迅速排出桥外。

通常当桥面纵坡大于2％而桥长小于50m时，雨水可流至桥头从引道上排除，桥上就不必设置专门的泄水孔道。为防止雨水冲刷引道路基，应在桥头引道的两侧设置流水槽。当桥面纵坡大于2％，但桥长超过50m时，宜在桥上每隔12～15m设置一个泄水管；如桥面纵坡小于2％，则宜每隔6～8m设置一个泄水管。泄水管的过水面积通常为每平方米桥面上不少于2～3cm。泄水管可以沿行车道两侧左右对称排列，也可交错排列，与缘石距离为20～50cm。

混凝土梁式桥上的泄水管有下列几种形式。

1. 金属泄水管

图7.14所示为一种构造比较完备的铸铁泄水管。泄水管的内径一般为100～150mm，管下端应伸出行车道板底面以下至少150mm，以防渗湿主梁梁肋表面，其适用于具有防水层的铺装结构。

2. 钢筋混凝土泄水管

钢筋混凝土泄水管在制作时，可将金属栅板直接作为钢筋混凝土管的端模板，并在栅板上焊上短筋锚固于混凝土中。这种预制的泄水管构造比较简单，可以节省钢材。它适用

于不设防水层而采用防水混凝土的桥面铺装上。

3. 横向排水孔道

对于一些跨径小、不设人行道的小桥，为了简化构造，节省材料，可以直接在行车道两侧的安全带或缘石上预留横向孔道，用铁管或竹管等将水排出桥外。管口要伸出构件 0.02～0.03m，以便滴水；但这种做法易于淤塞。

4. 封闭式排水

城市桥梁、立交桥及高速公路上的桥梁，应避免泄水管直接挂在板下，既影响桥梁外观，又妨碍公共卫生。完整的排水系统是将排水管道直接引向地面，使流入泻水管中的雨水汇集在纵向排水管（或排水槽）内，并通过设在墩台处的竖向排水管（落水管）流入地面排水设施中。

图 7.14 铸铁泄水管

7.4.3 桥梁纵横坡

桥面设置纵横坡，有助于雨水迅速排除，防止或减少雨水对铺装层的渗透，从而保护了行车道板，延长了桥梁使用寿命。桥面上设置纵坡，原则是有利于排水，同时，在平原地区，还可以在满足桥下通航净空要求的前提下，降低墩台高程，减少桥头引道土方量，从而节省工程费用。

桥面的纵坡，一般都做成双向的，在桥中心设置曲线，纵坡一般以不超过 3% 为宜；桥面的横坡一般采用 1.5%～3%。

任务 7.5　人行道及栏杆

桥面上设置的护轮安全带、路缘石、防撞护栏、装饰块、人行道、栏杆及照明灯柱等都属于桥面系施工的范畴。

桥面系的施工，不仅要满足桥梁使用功能上的要求，对外观质量也应有较高的要求。在施工中，除应采取合理的工艺控制方法保证预制块件的质量外，安装（或现浇）施工的重点是控制好线形和高程两个方面，使其协调一致、平顺美观。

7.5.1 护轮安全带和路缘

在快速路、主干路、次干路上的桥梁或行人稀少地区的桥梁，若两侧无人行道，则两侧应设安全带，宽度为 0.50～0.75m。近年来，不少桥梁设计中，为了保证行车的安全，安全带的高度已经用到大于或等于 0.4m。

护轮安全带可以做成预制块件安装或与桥面铺装层一起现浇。现浇的安全带宜每隔 2.5～3m 做一个断缝，以避免与主梁收缩不一致而被拉裂（图 7.15）。

(a)　　　　　　　　　　　　　　(b)

图 7.15　现浇的防撞护栏

路缘石一般宽 8～35cm，与安全带相类似，其施工方法和工艺要求也与护轮带相同。

7.5.2　人行道

位于城镇和近郊的桥梁均应设置人行道，其宽度和高度一般根据周围环境和行人的交通量来确定。人行道顶面一般高出桥面 25～30cm，宽度为 0.75m 或 1m，当宽度要求大于 1m 时，应按 0.5m 的倍数增加。人行道板按安装在主梁上的位置分为搁置式和悬臂式两类，如图 7.16 所示。

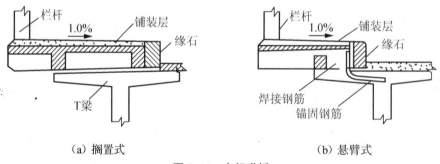

（a）搁置式　　　　　　　　　　（b）悬臂式

图 7.16　人行道板

人行道梁必须采用稠水泥砂浆坐浆安装，并以此来形成人行道顶面的倾向桥面1%～1.5%的横向排水坡，城市桥梁人行道顶面可铺设彩砖，以增加美观。安装悬臂式人行道板时，需注意将构件上设置的钢板与桥面板内的锚栓焊牢，在完成了人行道梁的锚固后，才可安砌或浇筑人行道板，对设计无锚固的人行道梁，人行道板的铺设应按照由里向外的次序操作。人行道应在桥面断缝处做成伸缩缝。

7.5.3　栏杆与护栏

栏杆设置及施工不仅要保证质量满足使用功能的要求，同时还要满足桥梁整体的美观要求。

1. 栏杆的种类

栏杆常用混凝土、钢筋混凝土、金属或金属与混凝土的混合材料制作

按栏杆的使用目的划分，栏杆可分为人行栏杆和防撞栏杆(防撞护栏)两种。人行栏杆只保障行人安全，却不能抵挡意外情况下的机动车辆冲撞，此种栏杆多用于城市桥梁和低等级公路；防撞栏杆(防撞护栏)除能保障行人的安全外，还能在意外情况下，对机动车起阻障作用，抵挡车辆的冲撞，使车辆不致失控而冲出护栏以外发生事故，此种栏杆多用于高速公路。

按形式划分，栏杆可以分为节间式与连接式两种。节间式由立柱、扶手及横挡(或栏杆板)组成，便于预制安装；连续式具有连续的扶手，一般由扶手、栏杆板(柱)及底座组成。

2. 栏杆施工的一般规定和要求

(1) 安装或现浇栏杆(护栏)应在人行道板施工完成后进行，对钢筋混凝土护栏还必须在跨间的支架及脚手架拆除以后，桥跨处于自承的状态下才可进行。

(2) 栏杆(护栏)必须全桥对直、校平(弯桥、坡桥要求平顺)；栏杆(护栏)顶的高程应符合设计要求，使其线形顺适、外表美观，不得有明显的下垂和拱起。竣工后的栏杆(护栏)中线、内外两个侧面及相同部位上的各个杆件等，均应分别在一条直线或一个平面上。

3. 金属护栏施工

(1) 放样前应选择桥梁伸缩缝或胀缝附近的端部立柱作为控制点，并在控制点之间测距定位。

(2) 定位后，在桥面板(或人行道板)上准确地设置预埋件(如锚固螺栓或套筒)，并采取适当措施，保护预埋件在桥梁施工期间免遭损坏。

(3) 安装前应做好施工场地的各项准备工作，安装过程中应特别注意控制螺栓扭矩、焊缝间距、桥梁伸缩缝和胀缝的设置间距。

(4) 横梁和立柱的位置应准确。连接螺栓和拼装螺栓初始不宜过早拧紧，以便在安装过程中充分利用横梁和立柱法兰盘的长圆孔进行调整，使其线形顺适，不出现局部的凹凸现象，最后拧紧螺栓。

(5) 对于焊接的金属护栏，所有外露接头在焊接后应做磨光或补漏的清面工作。

7.5.4 灯柱

灯柱常用钢管或铸铁管架立，一般采用钢筋(或钢板)焊接(或螺栓锚固)在桥面预埋的锚栓上，再用水泥砂浆填缝固定。安装灯柱时，必须在全桥对直和校平，对坡桥、斜桥则要求平顺。

灯柱施工的一般要求：构件符合质量要求才能使用，灯柱按设计的位置准确放样，灯柱的顺桥向、横桥向均不大于10m。

桥梁施工与维护

小 结

本项目对桥面铺装、伸缩缝施工、梁间铰接缝施工、防排水设施、人行道及栏杆做了较详细的阐述。

具体内容包括：桥面铺装的类型，混凝土桥面铺装的工艺；伸缩缝的分类，伸缩缝的施工程序，伸缩缝的锚固工艺；简支梁、先简支后连续梁铰接缝的施工流程；防水材料，桥梁纵横坡及排水设施的布置；人行道的构造及设置，栏杆施工的规定。

本项目的教学目标是使学生了解桥面铺装的类型，熟悉混凝土桥面铺装的工艺；了解伸缩缝的分类，熟悉伸缩缝的施工程序，掌握伸缩缝的锚固工艺；熟悉简支梁、先简支后连续梁铰接缝的施工流程；熟悉防水材料，掌握桥梁纵横坡及排水设施的布置；熟悉人行道的构造及设置，掌握栏杆施工的规定。

思考与练习

1. 简要说明桥面系由哪几部分组成？
2. 桥面常用的伸缩缝类型有哪些？
3. 桥面铺装的作用是什么？桥面铺装常采用哪几种类型？各自的优点和缺点是什么？
4. 桥梁的横坡有哪几种设置形式？是如何设置的？

学习情境 3
其他形式桥涵的构造与施工

案例 南京长江二桥斜拉索的制作及检测

南京长江二桥主航道桥为双塔双索面钢箱梁斜拉索桥，主跨 628m，每一索面由 20 对斜拉索组成，全桥共 80 对，主塔处拉索从左至右的编号为 A20～A1 和 J1～J20。最大索长 333.494m，最小索长 99.219m。全桥斜拉索有五种规格，分别为 SNS/S－7X139、163、199、241、265，一端为张拉端，另一端为固定端。全桥共用钢丝约 2244t。

南京长江二桥

1. 斜拉索

斜拉索采用高强度钢丝，钢丝强度为 1670MPa，低松弛，镀锌后钢丝直径为 7mm。具体技术要求见下表。

7mm 高强度镀锌钢丝技术要求

序号	项目	技术指标
1	直径及偏差	ϕ7.00(+0.08/−0.02)mm
2	椭圆度	≤0.04mm

续表

序号	项目	技术指标
3	公称面积	38.48mm²
4	公称重量	302g/m
5	抗拉强度	≥1670MPa
6	屈服强度	≥1410MPa
7	延伸率	≥4.0%（标距＝250mm）
8	反复弯曲	≥4 次(r=15)
9	缠绕	3D×8 圈不断（D 为钢丝直径）
10	松弛率	≤2.5%(0.7G.U.T.S.，1000h)
11	疲劳应力	360MPa(上限应力 0.45G.U.T.S，2×10⁶ 反复荷载)
12	弹性模量	2.00(+0.10/-0.05)×10⁵ MPa

2. 斜拉索工艺流程图

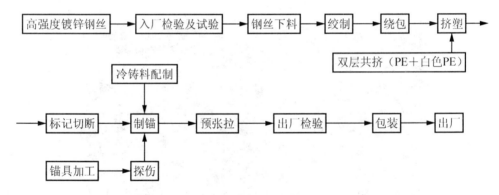

斜拉索工艺流程图

项目 8 拱桥构造与施工

教学目标

通过对拱桥类型与构造的学习,熟悉拱桥的构造与分类,掌握墩台与拱上结构的设置情况;通过对拱桥就地浇筑施工的学习,了解拱架的类型与构造,掌握拱圈的浇筑程序和悬臂浇筑施工方法;通过对装配式拱桥施工的学习,了解缆索吊装的方法,熟悉构件的预制与运输,掌握吊装的程序与合龙方式;通过对转体施工法的学习,了解转体施工的方法,掌握有平衡重、无平衡重的平面转体施工;通过对钢管混凝土拱桥施工的学习,熟悉钢管混凝土拱桥的构造特点,掌握中承式、下承式钢管混凝土拱桥的施工程序及施工要点。

教学要求

知识要点	能力要求	相关知识
拱桥类型与构造	熟悉拱桥的构造与分类,掌握墩台与拱上结构的设置情况	钢结构施工技术缆索吊装施工技术
拱桥就地浇筑施工	了解拱架的类型与构造,掌握拱圈的浇筑程序和悬臂浇筑施工方法	
装配式拱桥施工	了解缆索吊装的方法,熟悉构件的预制与运输,掌握吊装的程序与合龙方式	
转体施工法	了解转体施工的方法,掌握有平衡重、无平衡重的平面转体施工	
钢管混凝土拱桥施工	熟悉钢管混凝土拱桥的构造特点,掌握中承式、下承式钢管混凝土拱桥的施工程序及施工要点	

引子

拱桥是使用广泛的一种桥梁结构形式,外形宏伟、美观且经久耐用。目前在铁路和公路桥梁上大量采用。

拱桥是在竖向荷载作用下,两铰支撑处除有竖向反力外,还产生水平推力的桥梁结构。拱桥的施工方法有就地浇筑施工、装配式拱桥施工、转体施工及钢管混凝土拱桥施工。

京沪高铁南京大胜关长江大桥

广西柳州市广雅大桥

任务 8.1 拱桥的构造

拱桥是常用的一种桥梁形式,其式样之多、数量之大,为各种桥型之冠。因为水平推力的存在,使拱内产生轴向压力,并大大减小了跨中弯矩,增大了拱桥的跨越能力。

同其他桥梁一样,拱桥也是由桥跨结构(即上部结构,包括拱圈和拱上结构)及下部结构组成的。图 8.1 所示为一座单跨石拱桥的组成结构。

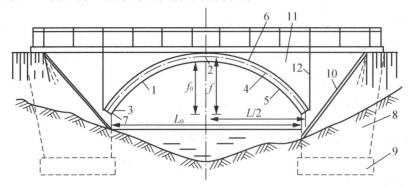

图 8.1 石拱桥的组成

1—主拱圈;2—拱顶;3—拱脚;4—拱轴线;5—拱腹;6—拱背;
7—起拱线;8—墩台;9—基础;10—桥头锥体;11—拱上建筑;12—断缝;
L_0—净跨径;L—计算跨径;f_0—净矢高;f—计算矢高;f/L—矢跨比

8.1.1 基本概念

拱圈是桥跨结构的主要受力部分。拱圈的跨中截面称为拱顶截面,拱圈与墩台连接处的幅向(拱轴半径方向)截面称为拱脚或起拱面,拱圈各幅向截面中心点的连线称为拱轴线,拱圈的上曲面称为拱背,下曲面称为拱腹,起拱面与拱腹相交的直线称为起拱线。

两起拱线间的水平距离称为拱圈的净跨度(L_0)。拱腹最高点至起拱线之间的垂直距离称为拱圈的净矢高(f_0)。拱轴线与两拱脚交点之间的水平距离称为拱圈的计算跨度(又称计算跨径,L)。拱轴线顶点至计算跨度间的垂直距离称为拱圈的计算矢高(f)。矢高 f 与跨度 L 之比称为矢跨比(又称拱度)。$f/L \geqslant 1/4$ 的拱称为陡拱,$f/L \leqslant 1/6$ 的拱称为坦拱。一般,$f/L=1/7 \sim 1/3$。如图 8.1 所示。

8.1.2 分类

1. 按拱圈的建筑材料分类

按拱圈的建筑材料分类,拱桥主要有石拱桥、混凝土拱桥、钢筋混凝土拱桥。

石拱桥可就地取材,养护费用少,外形美观;其缺点是自重较大,施工繁重复杂。石拱桥适用于地基良好、石料来源近而且工期较长的情况。

混凝土拱桥可机械化施工,缩短工期,适用于石料来源较远或人力不足的情况。其主要缺点是由于混凝土自身收缩、温度变化及墩台位移的影响,使得拱圈产生相当大的附加应力,可能导致其产生裂缝,并且水泥及模板用量较大。若采用预制混凝土块砌筑拱桥,可减小上述附加力,并可采用悬砌拱施工方法,使圬工拱桥向预制装配式发展。

2. 按主拱圈的静力图式分类

按主拱圈的静力图式分类,拱桥可分为三铰拱、两铰拱和无铰拱,如图 8.2 所示。

图 8.2 按主拱圈受力形式划分拱桥

(1)三铰拱是静定结构,其整体刚度较低,尤其是挠曲线在拱顶铰处产生折角,致使活载对桥梁的冲击增强,对行车不利;拱顶铰的构造和维护也较复杂。因此,三铰拱除有时用于拱上建筑的腹拱圈外,一般不用作主拱圈。

(2)两铰拱取消了拱顶铰,构造比三铰拱简单,结构整体刚度比三铰拱好,维护也比三铰拱容易,而支座沉降等产生的附加内力比无铰拱小。因此,在地基条件较差和不宜修建无铰拱的地方,可采用两铰拱桥。

(3)无铰拱属三次超静定结构,虽然支座沉降等引起的附加内力较大,但在荷载作用下拱的内力分布比较均匀,且结构的刚度大,构造简单,施工方便。因此,无铰拱是拱桥中,尤其是圬工拱桥和钢筋混凝土拱桥中普遍采用的形式。

3.按主拱圈的构成形式分类

按主拱圈的构成形式分类,拱可分为板拱、肋拱、双曲拱、箱形拱、桁架拱等,如图8.3所示。

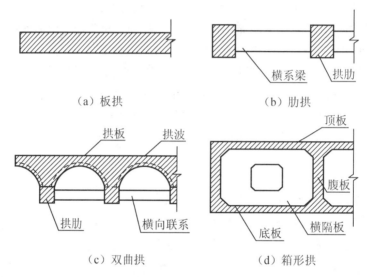

图8.3 按主拱圈构成形式划分拱桥

(1)板拱:拱圈横截面呈矩形实体截面,其横向整体性较好,拱圈截面高度小,构造简单,但抵抗弯矩能力较差,一般用于圬工拱桥。

(2)肋拱:拱圈是由两条或多条拱肋组成,肋与肋之间用横系梁相联系,拱肋形状可以是矩形、工字形、箱形或圆管形,其抗弯能力优于板拱,用料较省,但制作较板拱复杂,多用于钢筋混凝土拱桥或钢拱桥。

(3)双曲拱:在横向除有拱肋外,还有由拱波、拱板等构成的小拱将整个拱圈联结成整体,它在施工时可以将拱肋、拱波预制,安装后再浇筑拱板,减轻吊装重量,并可以不用拱架,或只需用简单支架,为混凝土拱桥提供了一种新的结构形式和简便易行的施工方法。

(4)箱形拱:横截面可为整体多室箱形或分离箱形。混凝土或钢筋混凝土箱形拱也可采用无支架施工。其整体性、横向稳定性和抗扭性能都优于双曲拱,但在中、小跨径时不如双曲拱简便和节省钢材。

(5)桁架拱:拱圈由桁架构成,可做成桁肋拱或肩拱形式,如图8.4所示。

4.按拱上建筑的形式不同分类

图8.4 桁架拱

按拱上建筑的形式不同分类,拱可分为实腹式拱和空腹式拱。实腹式拱是将主拱圈以上至桥面间的空间全部用填料填实,一般用于小跨径的桥梁;空腹式拱则在主拱圈以上设有横桥向贯通的腹孔,一般用于中等以上跨径的桥梁。赵州桥是现存修建最早的空腹式拱桥。

5. 按桥面所在位置不同分类

按桥面所在位置不同分类，拱桥可分为上承式、中承式、下承式3种。上承式拱桥的桥面在拱肋的上方；中承式拱桥的桥面，一部分在拱肋上方，一部分在拱肋下方；下承式拱桥的桥面在拱肋下方，如图8.5所示。

　　（a）上承式拱桥　　　　　　　　（b）中承式拱桥　　　　　　　　（c）下承式拱桥

图 8.5　按桥面位置划分拱桥

下承式拱桥可做成系杆拱，即在拱脚处用一个称为系杆的纵向水平受拉杆件将两拱脚连接起来。此时作用于支座上的水平推力就由系杆承受，支座不再承受水平方向的力。这样做可以减轻地基承受的荷载，特别是在地质状况不良时。

8.1.3　拱上结构

拱圈以上的结构称为拱上结构（或拱上建筑）。拱上结构有实腹式和空腹式两种。

1. 实腹式拱上结构

实腹式拱上结构（图8.1）构造简单，施工方便，但填料数量较多，恒载较重，一般为小跨度拱桥所采用。该结构有两道边墙，其间灌筑低等级片石混凝土（即贫混凝土）或浆砌片石的，称为砌背；也可夯填粗砂、砾石、碎石等，称为填背。砌背便于形成道砟槽，铁路桥中用得较多。在车道两侧设有人行道，人行道外侧设有栏杆（或砌矮墙，称为雉墙）。

拱顶处填料厚度一般不小于1m（不得已时不小于0.7m），以消除或减小车辆冲击力对拱圈的影响，并将活载均匀分布于拱圈；为了便于养护，填料也不宜过厚。

边墙顶面宽度一般为0.5～0.7m。为保护边墙，其顶部应盖上檐石（又称帽石），檐石伸出边墙外不小于10cm，以避免雨水顺边墙流下，并可增加桥的美观。檐石高度应不小于20cm。

温度降低时会引起拱圈及拱上结构下降，并且拱上结构还会产生收缩，从而产生拉力，引起结构开裂。为避免这种现象，在拱上结构和墩台间应设一条横向贯通的伸缩缝，把拱上结构与墩台断开。

2. 空腹式拱上结构

大、中跨度的拱桥，为了减轻自重，节省材料，使桥梁显得轻巧美观，宜采用空腹式拱上结构。拱上结构的小拱称为腹拱，常采用等截面圆弧拱。为使拱上结构可随拱圈自由变形，位于拱脚上方的腹拱应做成三铰拱，铰上边墙应设伸缩缝，如图8.6所示。

图 8.6 空腹式拱上结构

8.1.4 墩台

拱桥墩台除承受拱圈传来的竖直压力外,还要承受水平推力,因此墩台尺寸较大。拱脚一般与水平方向形成 25°～30°夹角,并设有拱座。

铁路石拱桥常用 U 形或带洞的桥台。U 形桥台适用于填土高为 3～9m 时;当填土高为 10～18m 时,可用带洞的桥台,它比 U 形桥台省料,但施工较复杂。

任务 8.2　拱桥就地浇筑施工

当拱桥的跨径不大、拱圈净高较小或孔数不多时,可以采用就地浇筑方法来进行拱圈施工。就地浇筑方法可分为拱架浇筑法和悬臂浇筑法两种。

8.2.1 有支架的拱桥浇筑施工

1. 拱架

拱架是拱桥有支架施工必不可少的辅助结构,在整个施工期间,用以支承全部或部分拱圈和拱上建筑的重量,并保证拱圈的形状符合设计要求。因此,要求拱架具有足够的强度、刚度和稳定性。

1) 拱架的结构类型

拱架的种类很多,按结构形式可分为排架式、撑架式、扇形式、桁架式、组合式、叠桁式、斜拉式等;按其使用材料可分为木拱架、钢拱架、扣件式钢管拱架、斜拉式贝雷平梁拱架、竹拱架、竹木混合拱架、钢木组合拱架及土拱(又名"土牛拱胎")等多种形式。

2) 拱架的构造

(1) 木拱架。木拱架一般有排架式、撑架式、扇形式、叠桁式及木桁架式等。前 4 种在桥孔中间设有或多或少的支架,统称满布式拱架,最后一种可采用三铰木桁架形式,在桥孔中完全不设支架。

以满布立柱式拱架为例。图 8.7 是满布立柱式拱架的一般构造示意图。满布立柱式拱架的优点是施工可靠,技术简单,木材和铁件规格要求较低,但这种支架的立柱数目很多,只适合于桥不太高、跨度不大、洪水期漂浮物少且无通航要求的拱桥施工时采用。

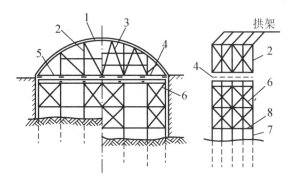

图 8.7　满布立柱式拱架

1—弓形木;2—立柱;3—斜撑;4—卸架设备;5—水平拉杆;
6—斜夹木;7—桩木;8—水平夹木

(2) 钢拱架与钢木组合拱架。

① 工字梁钢拱架。工字梁钢拱架可采用两种形式:一种是有中间木支架的钢木组合拱架;另一种是无中间木支架的活用钢拱架。

钢木组合拱架是在木支架上用工字钢梁代替木斜梁,以加大斜梁的跨度,减少支架用量。工字钢梁顶面可用垫木垫成拱模弧形线。钢木组合拱架的支架常采用框架式,如图 8.8 所示。

工字梁活用钢拱架,构造简单,拼装方便,且可重复使用,如图 8.9 所示。它适用于施工期间需保持通航、墩台较高、河水较深或地质条件较差的桥孔。

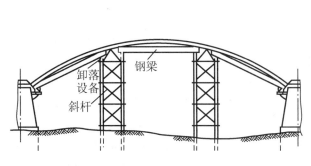

图 8.8　钢木组合拱架

图 8.9　工字梁活用钢拱架

② 钢桁架拱架。钢桁架拱架的结构类型通常包括常备拼装式桁架形拱架、装配式公路钢桁架节段拼装式拱架、万能杆件拼装式拱架、装配式公路钢桁架和万能杆件桁架与木拱盔组合的钢木组合拱架。

③ 扣件式钢管拱架。扣件式钢管拱架一般有满堂式、预留孔满堂式及立柱式扇形等几种。扣件式钢管拱架一般不分支架和拱盔部分，它是一个空间框架结构，一般由立柱（立杆）、小横杆（顺水流向）、大横杆（涵桥轴向）、剪刀撑、斜撑、扣件和缆风索等组成，所有杆件（钢管）通过各种不同形式的扣件实现联结，不需设置卸落拱架。

2. 现浇混凝土拱桥

1) 施工程序

现浇混凝土拱桥施工工序一般分 3 个阶段进行：第一阶段，浇筑拱圈（或拱肋）及拱上立柱的底座；第二阶段，浇筑拱上立柱、联结系及横梁等；第三阶段，浇筑桥面系。

前一阶段的混凝土达到设计强度的 75% 以上才能浇筑下一阶段的混凝土。拱架则在第二阶段或第三阶段混凝土浇筑前拆除，但必须事先对拆除拱架后拱圈的稳定性进行验算。若设计文件对拆除拱架另有规定，应按设计文件执行。

2) 拱圈或拱肋的浇筑

(1) 浇筑流程。满堂式拱架浇筑流程：支架设计→基础处理→拼设支架→安装模板→安装钢筋→浇筑混凝土→养护→拆模→拆除支架。满堂式拱架宜采用钢管脚手架、万能杆件拼设；模板可以采用组合钢模、木模等。

拱式拱架浇筑流程：钢结构拱架设计→拼设拱架→安装模板→安装钢筋→浇筑混凝土→养护→拆模→拆除拱架。拱式拱架一般采用六四式军用梁（三角架）、贝雷架拼设。

(2) 连续浇筑。跨径小于 16m 的拱圈（或拱肋）混凝土，应按拱圈全宽度，自两端拱脚向拱顶对称地连续浇筑，并在拱脚处混凝土初凝前全部完成。如预计不能在限定时间内完成，则需在拱脚处预留一个隔缝，并最后浇筑隔缝混凝土。

薄壳拱的壳体混凝土，一般从四周向中央进行浇筑。

(3) 分段浇筑。大跨径拱桥的拱圈（或拱肋，跨径≥16 m），为避免拱架变形而产生裂缝及减小混凝土的收缩应力，应采用分段浇筑的施工方法。分段长度一般为 6～15m。分段长度应以能使拱架受力对称、均匀和变形小为原则，拱式拱架宜设置在拱架受力反弯点、拱架结点、拱顶及拱脚处，满堂式拱架宜设置在拱顶 $L/4$ 部位、拱脚及拱架节点等处。各段的接缝面应与拱轴线垂直。

分段浇筑程序应符合设计要求，且对称于拱顶进行，使拱架变形保持对称均匀和尽可能的小。填充间隔缝混凝土，应由两拱脚向拱顶对称进行。拱顶及两拱脚间隔缝应在最后封拱时浇筑，间隔缝与拱段的接触面应事先按施工缝进行处理。间隔缝的位置应避开横撑、隔板、吊杆及刚架节点等处。间隔缝的宽度以便于施工操作和钢筋连接为宜，一般为 5～100cm。间隔缝混凝土应在拱圈分段混凝土强度达到 75% 设计强度后进行。

封拱合龙温度应符合设计要求，如设计无规定时，一般宜在接近当地的年平均温度或在5~15℃进行。

(4) 箱形截面拱圈(或拱肋)的浇筑。大跨径拱桥一般采用箱形截面的拱圈(或拱肋)，为减轻拱架负担，一般采取分环、分段浇筑的方法，分段的方法与上述相同。分环的方法一般是分成2环或3环。分2环时，先分段浇筑底板(第1环)，然后分段浇筑肋墙、隔墙与顶板(第2环)；分3环时，先分段浇筑底板(第1环)，然后分段浇筑肋墙脚(第2环)，最后分段浇筑顶板(第3环)。

分环分段浇筑时，可采取分环填充间隔缝合龙和全拱完成后最后一次填充间隔缝合龙两种不同的合龙方法。

3) 卸拱架

采用就地浇筑施工的拱架，卸拱架的工作相当关键。拱架拆除必须在拱圈砌筑完成后20~30d，待砂浆砌筑强度达到设计强度的75%后方可拆除。此外还必须考虑拱上建筑、拱背填料、连拱等因素对拱圈受力的影响，尽量选择对拱体产生最小应力的时候卸落拱架。

(1) 卸架设备。为保证拱架能按设计要求均匀下落，必须采用专门的卸架设备。常用的卸架设备有砂筒、木模和千斤顶。

① 砂筒。砂筒一般用钢板制成，筒内装以烘干的砂子，上部插入活塞(木制或混凝土制)。图8.10为砂筒构造图。

② 木楔。木楔有简单木楔和组合木楔等不同构造。

③ 千斤顶。采用千斤顶拆除拱架常与拱圈调整内力同时进行。

(2) 卸架程序。

① 满布式拱架的卸落。可根据算出和分配的各支点的卸落量，从拱顶开始逐次同时向拱脚对称地卸落。

② 工字梁活用钢拱架的卸落。卸落设备一般放于拱顶，卸落拱架时，先将绞车摇紧，然后将拱顶卸拱设备上的螺栓松两转，即可放绞车，敲松拱顶卸拱木，如此循环松降，直至降落到设定的卸落量。

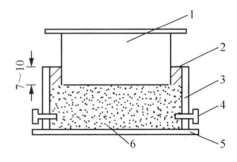

图8.10　砂筒构造

1—顶心；2—沥青；3—钢板筒；
4—泄砂孔；5—垫板；6—砂

③ 钢桁架拱架的卸落。当钢桁架拱架的卸落设备架设于拱顶时，可在系吊或支撑的情况下，逐次松动卸架设备，逐次卸落拱架，直至拱架脱离拱圈后，才将拱架拆除。当卸架设备架设于拱脚时(一般为砂筒)，为防止拱架与墩台顶紧阻碍拱架下降，应在拱脚三角垫与墩台之间设置木楔。卸落拱架时，先松动木模，再逐次对称地泄砂落架。

图8.11所示为拼装式钢桁架的拆除。

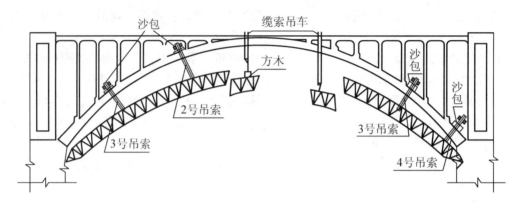

图 8.11　拼装式钢桁架的拆除

3. 拱上建筑浇筑

拱上建筑施工，应对称均衡地进行。施工中浇筑的程序和混凝土数量应符合设计要求。

在拱上建筑施工过程中，应对拱圈的内力和变形及墩台的位移进行观测和控制。

主拱圈拱背以上的结构物称为拱上建筑，它主要有横墙座、横墙、横墙帽或立柱座、立柱、盖梁、腹拱圈或梁(板)、侧墙、拱上结构伸缩缝及变形缝、护拱、拱上防水层、拱腔填料、泄水管、桥面铺装、栏杆系等。

1) 伸缩缝及变形缝的施工

伸缩缝宽 1.5～2cm，要求笔直，两侧对应贯通。现浇混凝土侧墙，须预先安设塑料泡沫板，将侧墙与墩台分开，缝内采用锯末沥青，按 1∶1(质量比)配合制成填料填塞。

变形缝不留缝宽，设缝处现浇混凝土时用油毛毡隔断，以适应主拱圈变形。

当护拱、缘石、人行道、栏杆和混凝土桥面跨越伸缩缝或变形缝时，在相应位置要设置贯通桥面的伸缩缝或变形缝(栏杆扶手一端做成活动的)。

2) 拱上防水设施

(1) 拱圈混凝土自防水。采用优质粗、细集料和优质粉煤灰或硅灰制作高耐久性的混凝土，同时严控施工工艺。

(2) 拱背防水层。小跨径拱桥可采用石灰土防水层。对于具有腹拱的拱腔防水可采用砂浆或小石子混凝土防水层。大型拱桥及冰冻地区的砖石拱桥一般设沥青毡防水层，其做法常为三油两毡或两油一毡。

当防水层经过拱上结构物伸缩缝或变形缝时，要做特殊处理。

3) 拱圈排水处理

拱桥的台后要设排水设施，集中于盲沟或暗沟排出路基外。拱桥的桥面纵向、横向均设坡度，以助于顺畅排水，桥面两侧与护轮带交接处隔 15～20m 设泄水管。拱桥除桥面和台后应设排水设施外,对渗入到拱腹内的水应通过防水层汇积于预埋在拱腹内的泄水管排出。泄水管可采用混凝土管、陶管或 PVC 管。

4) 拱背填充

拱背填充应采用透水性强和安息角较大的材料,一般可用天然砂砾、片石、碎石夹砂混合料及矿渣等材料。填充时应按拱上建筑的顺序和时间,对称而均匀地分层填充并碾压密实,但须防止损坏防水层、排水管和变形缝。

8.2.2 拱桥的悬臂浇筑施工

拱桥就地浇筑施工多采用悬臂浇筑法,主要有塔架斜拉索法和斜吊式悬浇法两种方法。

1. 塔架斜拉索及挂篮浇筑拱圈

塔架斜拉索及挂篮浇筑拱圈的要点:在拱脚墩、台处安装临时钢塔架或钢筋混凝土塔架,用斜拉索(或斜拉粗钢筋)将拱圈(或拱肋)用挂篮浇筑一段系吊一段,从拱脚开始,逐段向拱顶悬臂对称浇筑,直至拱顶合龙。图 8.12 所示为塔架斜拉索法施工工序示意图。

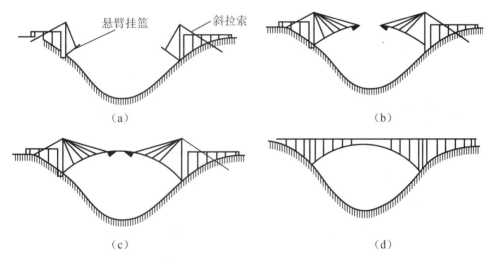

图 8.12 塔架斜拉索法施工工序

2. 斜吊式悬臂浇筑拱圈

斜吊式悬臂浇筑拱圈是借助于专用挂篮,结合使用斜吊钢筋将拱圈、拱上立柱和预应力混凝土桥面板等齐头并进地、边浇筑边构成桁架的悬臂浇筑方法。施工时用预应力钢筋临时作为桁架的斜吊杆和桥面板的临时拉杆,将桁架锚固在后面的桥台(或桥墩)上。其施工程序如图 8.13 所示。

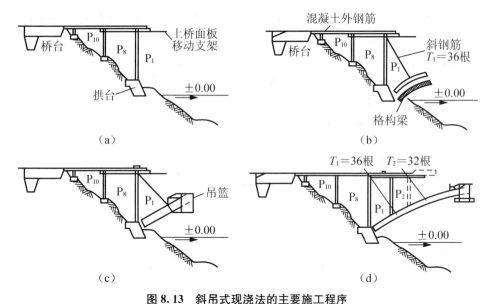

图 8.13 斜吊式现浇法的主要施工程序

任务 8.3 装配式拱桥施工

混凝土装配式拱桥主要包括双曲拱、肋拱、组合箱形拱、悬砌拱、桁架拱、钢管拱、刚架拱和扁壳拱等。

在拱圈(或拱肋)及拱上建筑施工过程中,应经常对拱圈(或拱肋)进行挠度观测,以控制拱轴线的线形。目前在大跨径拱桥中,较多采用箱形截面拱,此处以缆索吊装施工为例介绍拱桥的装配式施工。

8.3.1 缆索吊装的应用

在峡谷或水深流急的河段上,或在通航的河流上需要满足船只的顺利通行,为此拱桥施工广泛使用缆索吊装,如图 8.14 所示。

图 8.14 缆索吊装安装拱部

8.3.2 构件的预制、运输与堆放

1. 预制方法

1）拱肋构件坐标放样

装配式混凝土拱桥拱肋坐标放样与有支架施工拱肋坐标放样相同。

2）拱肋立式预制

采用立式浇筑方法预制拱肋，具有起吊方便、节省木材的优点，尤其适用于大跨径拱桥。

（1）土拱立式预制。填筑土拱时，应分层夯实，表面土中宜掺入适量石灰，并加以拍实，然后用栏板套出圆滑的弧线。该法施工方便，适用性较强。

（2）木架立式预制。当取土及填土不方便时，可采用木支架进行装模和预制，但拆除支架时须注意拱肋的强度和受力状态，防止拱肋发生裂纹。

（3）条石台座立式预制。条石台座由数个条石支墩、底模支架和底模等组成，如图 8.15 所示。

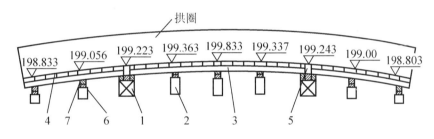

图 8.15 条石支墩布置图

1—滑道支墩；2—条石支墩；3—底模支架；4—底模；5—船形滑板；6—木楔；7—混凝土帽梁

3）拱肋卧式预制

卧式预制，拱肋的形状和尺寸较易控制，特别是空心拱肋，浇筑混凝土时操作方便，且节省木材，但起吊时容易损坏。卧式预制一般有下列几种方法。

（1）木模卧式预制。预制拱肋数量较多时，宜采用木模。浇筑截面为 L 形或倒 T 形时（双曲拱拱肋），拱肋的缺口部分可用黏土砖或其他材料垫砌。

（2）土模卧式预制。在平整好的土地上，根据放样尺寸，挖出与拱肋尺寸大小相同的土槽，然后将土槽壁仔细抹平、拍实，铺上油毛毡或铺筑一层砂浆，便可浇筑拱肋。虽然此法节省材料，但土槽开挖较费工且容易损坏，尺寸也不如木模精确，仅适用于预制少量的中小跨拱桥。

（3）卧式叠浇。采用卧式预制的拱肋混凝土强度达到设计强度的 30% 以后，在其上安装侧模，浇筑下一片拱肋，如此连续浇筑称为卧式叠浇。卧式叠浇一般可达 5 层。浇筑时每层拱肋接触面用油毛毡、塑料布或其他隔离剂将其隔开。卧式叠浇的优点是节省预制场地和模板，但先期预制的拱肋不能取出，影响工期。

2. 拱肋分段与接头

1)拱肋的分段

拱肋跨径在30m以内时,可不分段或仅分两段;在30~80m范围时,可分3段;大于80m时一般分5段。

2)拱肋的接头形式

(1)对接。为方便预制,简化构造,拱肋分两段吊装时多采用对接形式,吊装时先使中段拱肋定位,再将边段拱肋向中段拱肋靠拢,以防中段拱肋搁置在边段拱肋上,增加扣索拉力及中段拱肋搁置弯矩。

(2)搭接。分3段吊装的拱肋,采用边段拱肋与中段拱肋逐渐靠拢的合龙工艺,拱肋通过搭接混凝土接触面的抗压来传递轴向力而快速成拱。分5段安装的拱肋,边段与次边段拱肋的接头也可采用搭接形式。

(3)现浇接头。用简易排架施工的拱肋,可采用主筋焊接或主筋环状套接的现浇接头。

3)接头连接方法及要求

用于拱肋接头的连接材料,有电焊型钢、钢板(或型钢)螺栓、电焊拱肋钢筋、环氧树脂水泥胶等,其优缺点见表8-1。

表8-1 用于拱肋接头连接材料的优缺点

连接材料	优点	缺点
电焊型钢	接头基本固结,强度高	钢材用量多,高空焊接量大,焊固后不能调整高程
钢板(或型钢)螺栓	拱肋合龙时不需要电焊,安装方便,可反复调整,接头能承受部分弯矩	拱肋预制精度要求高
电焊拱肋钢筋	拱肋受力具有连续性,钢材用量少,施工方便	拱肋钢筋未电焊前,接头不能承受拉力
环氧树脂水泥胶	加强接头混凝土接触面的粘结,填补钢结构的空隙	硬化时间不能受力,应严格控制配比,不能单独采取连接措施

3. 拱座

拱肋与墩台的连接称为拱座。拱座主要有图8.16所示的几种形式,其中插入式及方形拱座因其构造简单、钢材用量少、嵌固性能好而被普遍采用。

4. 拱肋起吊、运输及堆放

(1)拱肋脱模、运输、起吊时间的确定。装配式拱桥构件在脱模、移运、堆放、吊装时,混凝土的强度不应低于设计所要求的吊装强度;若无设计要求,一般不得低于设计强度的75%。

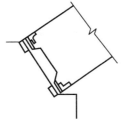
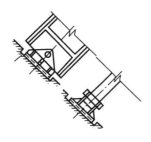

(a) 插入式拱座　　　　　(b) 预埋钢板拱座

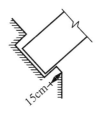
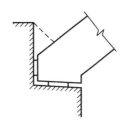

(c) 方形拱座　　　　　(d) 钢铰连接拱座

图 8.16　拱座形式

（2）场内起吊。拱肋移运起吊时的吊点位置应按设计图上的设计位置实行，如设计图上无要求，则应结合拱肋的形状、拱肋截面内的钢筋布置及吊运、搁置过程中的受力情况综合考虑确定，以保证移运过程中的稳定安全。

大跨径拱桥拱肋构件的脱模起吊一般采用龙门架，小跨径拱桥拱肋及小型构件可采用三角扒杆、马凳、吊车等机具进行。

（3）场内运输（包括纵横移）。场内运输可采用龙门架、胶轮平板挂车、汽车平板车、轨道平车或船只等机具进行。

（4）构件堆放。拱肋堆放时应尽可能卧放，特别是矢跨比小的构件（拱肋、拱块）。卧放时应垫 3 点，垫木位置应在拱肋中央及离两端 $0.15L$ 处，3 个垫点应同高度。如必须立放时，应搁放在符合拱肋曲度的弧形支架上，如无此种支架，则应垫搁 3 个支点，其位置应在中央及距两端 $0.2L$ 处，各支点高度应符合拱肋曲度，以免拱肋折断。

8.3.3　吊装程序

根据拱桥的吊装特点，其一般吊装程序为：边段拱肋吊装及悬挂，次边段拱肋吊装及悬挂（对于五段吊装）；中段拱肋吊装及拱肋合龙；拱上构件的吊装或砌筑安装等。

全桥拱肋的安装可按下列原则进行：

（1）对于高墩，应以桥墩的墩顶位移值控制单向推力，位移值应小于 $L/600$。设有制动墩的桥跨，可以制动墩为界分孔吊装，先合龙的拱肋可提前进行拱肋接头、横系梁及拱波等的安装工作。

（2）单孔桥吊装拱肋顺序常由拱肋合龙的横向稳定方案决定；多孔桥吊装应尽可能在

孔合龙几片拱肋后再推进，一般不少于两片拱肋。

（3）采用缆索吊装时，为减少主索的横向移动次数，可将每个主索位置下的拱肋全部吊装完毕后再移动主索。一般将起吊拱肋的桥孔安排在最后吊装，必要时该孔最后几段拱肋可在两肋之间用"穿孔"方法起吊。

（4）为减少扣索往返拖拉次数，可按吊装推进方向，按顺序进行吊装。缆索吊装施工工序：在预制场预制拱肋（箱）和拱上结构→将预制拱肋和拱上结构通过平车等运输设备移运到缆索吊装位置→将分段预制的拱肋吊运至安装位置→利用扣索对分段拱肋进行临时固定→吊装合龙段拱肋→对各段拱肋进行轴线调整→主拱圈合龙→拱上结构安装。

8.3.4 吊装准备工作

1. 预制构件质量检查

预制构件起吊安装前必须进行质量检查，不符合质量标准和设计要求的不准使用，有缺陷的应预先予以修补。

拱肋接头和端头应用样板校验，突出部分应予以凿除，凹陷部分应用环氧树脂砂浆抹平。接头混凝土接触面应凿毛，钢筋应除锈；螺栓孔应用样板套孔，如不合适应适当扩孔。拱肋接头及端头应标出中线。应仔细检测拱肋上下弦长，与设计不符者，应将长度大的弧长凿短。拱肋在安装后如发生接合面张口现象，可在拱座和接头处垫塞钢板。

2. 墩台拱座尺寸检查

墩台拱座混凝土面要修平，水平顶面高程应略低于设计值，预留孔长度应不小于计算值，拱座后端端面应与水平顶面相垂直，并与桥墩中线平行。在拱座面上应标出拱肋安装位置的台口线及中线，用红外线测距仪或钢尺（装拉力计）复核跨径，每个拱座在肋宽范围内左右均应至少丈量两次。用装有拉力计的钢尺丈量时，丈量结果要进行温度和拉力的修正。

3. 跨径与拱肋的误差调整

每段拱肋预制时拱背弧长宜小于设计弧长 0.5～10cm，使拱肋合龙时接合面保留上缘张口，便于嵌塞钢片，调整拱轴线。通过丈量和计算所得的拱肋长度和墩台之间净跨的施工误差，可以在拱座处垫铸铁板来调整。背垫板的厚度一般比计算值增加 1～12cm，以缩短跨径。合龙后，应再次复核接头高程以修正计算中一些未考虑的因素和丈量误差。

8.3.5 缆索设备的检查与试吊

缆索吊装设备在使用前必须进行试拉和试吊。

（1）地锚试拉。一般每一类地锚取一个进行试拉。缆风索的土质地锚要求位移小，因此在有条件时宜全部试拉，使其预先完成一部分位移。可利用地锚相互试拉，受拉值一般为设计荷载的 1.3～1.5 倍。

（2）扣索对拉。扣索是悬挂拱肋的主要设备，因此必须通过试拉来确保其可靠性。可将两岸的扣索用卸甲连在一起,将收紧索收紧进行对拉,这样可全面检查扣索、扣索收紧索、扣索地锚和动力装置等是否达到了要求。

(3) 主索系统试吊。主索系统试吊一般分跑车空载反复运转、静载试吊和吊重运行3个步骤。必须待每一步骤检查、观测工作完成并无异常现象后,方可进行下一步骤。试吊重物可以利用钢筋混凝土预制构件、钢轨和钢梁等,一般按设计吊重的60%、100%、130%,分几次进行。

试吊后应综合各种观测数据和检查情况,对设备的技术状况进行分析和鉴定,然后提出改进措施,确定能否进行正式吊装。

8.3.6 拱肋缆索起吊

拱肋由预制场运到主索下后,一般用起重索直接起吊。当不能直接起吊时,可采用下列方法。

1. 翻身

卧式预制拱肋在吊装前,需要翻身成立式,常使用就地翻身和空中翻身两种方法。

(1) 就地翻身:先用枕木垛将平卧拱肋架至一定高度,使其在翻身后两端头不致碰到地面,然后用一根短千斤顶将拱肋吊点与吊钩相连,边起重拱肋边翻身直立。

(2) 空中翻身:在拱肋的吊点处用一根串有手链滑车的短千斤顶,穿过拱肋吊环,将拱肋兜住,挂在主索吊钩上,然后收紧起重索起吊拱肋,当拱肋起吊至一定高度时,缓慢放松手链滑车,使拱肋翻身为立式。

2. 掉头

为方便拱肋预制,边段拱肋有时采用同一方向预制,这样部分拱肋在安装时,掉头方法常因设备不同而异:

(1) 在河中起吊时,可利用装载拱肋的船进行掉头。

(2) 在平坦场地采用胶轮平车运输时,可将跑车与平车配合起吊将拱肋掉头。

(3) 用一个跑车吊钩将拱肋吊离地面约50cm,再用人工拉动麻绳使拱肋旋转180°掉头放下,当一个跑车承载力不够时,可在两个跑车下另加一个钢扁担起吊,旋转掉头。

3. 吊鱼

如图8.17所示,当拱肋从塔架下面通过后,在塔架前起吊而塔架前场地不足时,可先用一个跑车吊起一个吊点并向前牵出一段距离后,再用另一个跑车吊起第二个吊点。

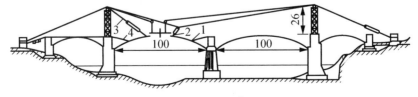

图 8.17 吊鱼

4. 穿孔

拱肋在桥孔中起吊时,最后几段拱肋通常需要在该孔已合龙的拱肋之间穿过,俗称穿孔。

穿孔前应将穿孔范围内的拱肋横夹木暂时拆除,在拱肋两端另加稳定缆风索。穿孔时应防止碰撞已合龙的拱肋,所以主索宜布置在两拱肋中间。

5. 横移起吊

当主索布置在对中拱肋位置,不宜采用穿孔工艺起吊时,可以用横移索帮助拱肋横移起吊。

8.3.7 缆索吊装边段拱肋悬挂方法

在拱肋无支架施工中,边段拱肋及次边段拱肋均用扣索悬挂。按支撑的结构物的位置和扣索本身的特点可将其分为天扣、塔扣、通扣、墩扣等类型,可根据具体情况选用,也可混合使用。边段拱肋悬挂方法如图 8.18 所示。

图 8.18 中 1 号扣索锚固在桥墩上,简称墩扣;2 号扣索是用另一组主索跑车将拱肋悬挂在天线上,简称天扣。

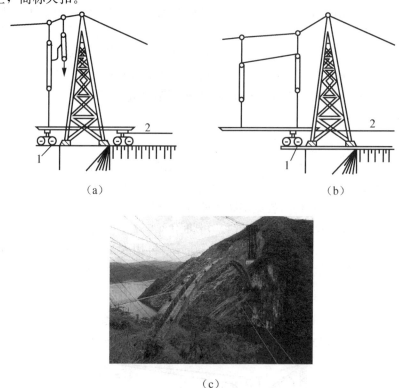

图 8.18 边段拱肋悬挂方法
1—墩扣;2—天扣

扣索一般都设置有 1 对收紧滑轮组。在不同的悬挂方法中,收紧滑轮组的位置也各不相同。在墩扣和天扣中,其设置在拱肋扣点前,在通扣中则设置在地锚前。塔扣中如用粗钢丝绳做扣索,为方便施工,收紧滑轮组设在两岸地锚前;如单孔桥和扣索为细钢丝绳时,则收紧滑轮组应设在塔架和拱肋扣点之间。

在横桥方向,按扣索和主索的相互位置不同,可以有几种不同的悬挂就位方法。在墩扣和通扣中,扣索和主索不在同一高度上,可采用正扣正就位和正扣歪就位的方法施工。在塔扣和天扣中,由于扣索和主索均布置在塔架上,因此都采用正扣歪就位的方法施工。

8.3.8 拱肋缆索吊装合龙方式

边段拱肋悬挂固定后,即可吊运中段拱肋进行合龙,如图 8.19 所示。拱肋合龙后,通过接头、拱座的联结处理,使拱肋由铰接状态逐步成为无铰拱,因此,拱肋合龙是拱桥无支架吊装中一项关键工作。拱肋合龙的方式比较多,主要根据拱肋自身的纵向与横向稳定性、跨位大小、分段多少、地形和机具设备条件等不同情况,选用不同的合龙方式。

1. 单基肋合龙

拱肋整根预制吊装或分两段预制吊装的中小跨径拱桥,当拱肋高度大于 $0.009\sim0.012L$(L 为跨径),拱肋底面宽度为肋高的 $0.6\sim1.0$ 倍,且横向稳定系数不小于 4 时,可以进行单基肋合龙。单基肋合龙的最大优点是所需要的扣索设备少,相互干扰也少,因此也可用在扣索不足的多孔桥跨中。

图 8.19 吊运中段拱肋合龙

2. 悬挂多段拱脚段或次拱脚段拱肋后单基肋合龙

拱肋分 3 段或 5 段预制吊装的大、中跨径拱桥,当拱肋高度不小于跨径的 1/100 且其单肋合龙横向稳定安全系数不小于 4 时,可采用悬扣边段或次边段拱肋,用木夹板临时连接两拱肋后,设置稳定缆风索,单根拱肋合龙,成为基肋。待第 2 根拱肋合龙后,立即安装两肋拱顶段及次边段的横夹木,并拉好第 2 根拱肋的风缆。如横系梁采用预制安装,应将横系梁逐根安上,使两肋及早形成稳定、牢固的基肋。其余拱肋的安装,可依靠与基肋的横向连接达到稳定。

3. 双基肋同时合龙

当拱肋跨径大于或等于 80m 或虽小于 80m,但单肋合龙横向稳定安全系数小于 4 时,应采用"双基肋"合龙的方法。即当第 1 根拱肋合龙并调整轴线,楔紧拱脚及接头缝后,松索压紧接头缝,但不卸掉扣索和起重索,然后将第 2 根拱肋合龙,并使两根拱肋横向连接固定。拉好风缆后,再同时松卸两根拱肋的扣索和起重索,这种方法需要两组主索设备。

4. 留索单肋合龙

在采用两组主索设备吊装而扣索和卷扬机设备不足时,可以先用单肋合龙方式吊装一片拱肋合龙。待合龙的拱肋松索成拱后,将第 1 组主索设备中的牵引索、起重索用卡子固定,抽出卷扬机和扣索移到第 2 组主索中使用。待第 2 片拱肋合龙并将两片拱肋用木夹板横向连接、固定后,再松起重索并将扣索移到第 1 组主索中使用。

8.3.9 拱上构件吊装

主拱圈以上的结构部分均称为拱上构件。拱上构件的砌筑同样应按规定的施工程序对称均衡地进行,以免产生过大的拱圈应力。为了能充分发挥缆索吊装设备的作用,可将拱上构件中的立柱、盖梁、行车道板、腹拱圈等做成预制构件,用缆索吊装施工,以加快施工进度。但因这些构件尺寸小、质量轻、数量多,其吊装方法与吊装拱肋有所不同。常用的吊装方法如下。

1. 运入主索下起吊

运入主索下起吊适用于主索跨度范围内有起吊场地时的起吊,它是将构件从预制场运到主索下,由跑车直接起吊安装。

(1) 墩台上起吊。预制构件只能运到墩、台两旁,先利用辅助机械设备,如摇头扒杆、履带吊车等将构件吊到墩、台上,然后由跑车进行起吊安装。

(2) 横移起吊。当地形和设备都受到限制时,必须在横移索的辅助下将跑车起吊设备横移到桥跨外侧的构件位置上起吊。这种起吊方式对腹拱圈可以直接起吊安装;对其他构件,则必须先吊到墩、台上,然后再起吊安装。

2. "横扁担"吊装法

由于拱上构件数目多,横向安装范围广,为减少构件横移就位工作,加快施工进度,可采用"横扁担"装置进行吊装。

1) 构造形式

"横扁担"装置可以就地取材,采用圆木或型钢等制作。

2) 主索布置

根据拱上构件的吊装特点,主索一般有以下3种布置形式:

(1) 将主索布置在桥的中线位置上,跑车前后布置,并用千斤绳联结。每个跑车的吊点上安装一副"横扁担",如图8.20所示。

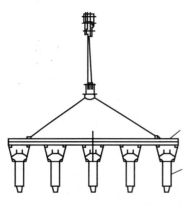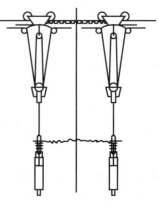

图 8.20 一组主索吊装

(2) 将一根主索分成两组布置,每组主索上安置一个跑车,横向并联起来。"横扁担"装置直接挂在两个跑车的吊点上。这种吊装的稳定性好,吊装构件不一定要求均衡对称,灵活性大,但主索布置工作量稍大,且只能安装一副"横扁担"。

(3) 在双跨缆索吊装中,将两个跑车拆开,每一跨缆索中安装一个,用一根长钢丝绳连接(钢丝绳长度相当于两跨中较大一跨的长度)。这种布置,两个跑车只能平行运行,因此两跨不能同时吊装构件,如图 8.21 所示。

3) 吊装

用"横扁担"吊装时,应根据构件的不同形状和大小,采取不同的吊装方法。对于短立柱,可直接直立吊运;对于长立柱,因受到吊装高度的限制,常需先进行卧式吊运,待运到安装位置后,再竖立起来,放下立柱的下端进行安装;对于盖梁,一般可直接采用卧式吊运和安装的方法;对腹拱圈、行车道板的吊装,为减小立柱所承受的单向推力,应在横桥方向上分组,沿桥跨方向逐次安装。

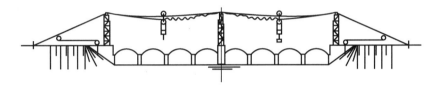

图 8.21 双跨主索单跑车吊运

任务 8.4 转体施工法

8.4.1 概述

转体施工法的基本原理:将拱圈或整个上部结构分为两个半跨,分别在河流两岸利用地形或简单支架现浇或预制装配半拱,然后利用一些机具设备和动力装置将其两半跨拱体转动至桥轴线位置(或设计高程)合龙成拱。采用转体法施工拱桥的特点:结构合理,受力明确,节省施工用材,减少安装架设工序,变复杂的、技术性强的水上高空作业为岸边陆上作业,施工速度快,不但施工安全、质量可靠,而且在通航河道或车辆频繁的跨线立交桥的施工中可不干扰交通,不间断通航,减少对环境的损害,减少施工费用和机具设备,是具有良好的技术经济效益和社会效益的桥梁施工方法之一。近年来,由于钢管混凝土拱桥在国内快速发展,为钢管混凝土拱桥转体法施工创造了有利条件。转体施工法一般适用于单孔或三孔拱桥的施工。

转体的方法可以采用平面转体、竖向转体或平竖结合转体,目前已应用在拱桥、梁桥、斜拉桥、斜腿刚架桥等不同桥型上部结构的施工中。

1. 平面转体

平面转体适用于深谷、河岸较陡峭、预制场地狭窄或无法采用现浇或吊装的施工现场。在桥墩台的上游、下游两侧利用山坡地形的拱脚向河岸方向与桥轴线成一定角度搭设拱架,在拱架上现浇拱(肋)箱或组拼箱段以完成1/2跨拱,其拱顶高程与设计高程相同(应设置预留高度),如图8.22所示。利用转动体系,将两岸拱箱相继旋转合龙就位,要使得拱箱平衡稳定旋转就位,拱箱的平衡是平转法的关键。

图 8.22 平面转体

平面转体可分为有平衡重转体和无平衡重转体两种。有平衡重转体一般以桥台背墙作为平衡重,并作为桥体上部结构转体用拉杆的锚碇反力墙,用以稳定转动体系和调整重心位置。因此,平衡重部分不仅在桥体转动时作为平衡重量,而且也要承受桥梁转体重量的锚固力。无平衡重转体不需要有一个作为平衡重的结构,而是以两岸山体岩土锚洞作为锚碇来锚固半跨桥梁悬臂状态时产生的拉力,并在立柱上端做转轴,下端设转盘,通过转动体系进行平面转体。平面转体主要适用于刚构梁式桥、斜拉桥、钢筋混凝土拱桥及钢管拱桥。

2. 竖向转体

竖向转体适用于桥址地势平坦、桥孔下无水或水浅的情况,在一孔中的两端桥墩、桥台从拱座开始顺桥向各搭设半孔拱架(或土拱胎),在其上现浇或组拼拱箱(肋或钢管肋),利用敷设在两岸桥台(或桥墩)上的扣索(扣索一端系在拱顶端,另一端通过桥台或墩顶进入卷扬机),先收紧一端扣索,拱箱(拱肋)即以拱座铰为中心,竖直旋转,使拱顶达到设计高程,同法收紧另一端扣索,合龙,如图8.23所示。

根据河道情况、桥位地形和自然环境等方面的条件和要求,竖向转体施工有以下两种方式:

(1)竖直向上预制半拱,然后向下转动成拱。其特点是施工占地少,预制可采用滑模施工,工期短,造价低。需注意的是,在预制过程中应尽量保持半拱轴线垂直,以减小新浇混凝土重力对尚未凝结混凝土产生的弯矩,并在浇筑一定高度后加设水平拉杆,以避免因拱形曲率影响而产生较大的弯矩和变形。

图 8.23 竖向转体

(2)在桥面以下俯卧预制半拱,然后向上转动成拱,主要适用于转体自重不大的拱桥或某些桥梁预制部件(塔、斜腿、劲性骨架)。

3. 平竖结合转体

由于受到河岸地形条件的限制,拱桥采用转体施工时,可能遇到既不能按设计高程预制半拱,也不能在桥位竖平面内预制半拱的情况(如在平原区的中承式拱桥)。此时,拱体只能在适当位置预制后既需平转又需竖转才能就位。这种平竖结合转体基本方法与前述相似,但其转轴构造较为复杂。当地形、施工条件适合时,混凝土肋拱、刚架拱、钢管混凝土可选用此法施工。

8.4.2 有平衡重的平面转体施工

有平衡重的平面转体施工的特点是转体重量大，施工的关键是转体。要把数百吨重的转动体系顺利、稳妥地转到设计位置，主要依靠以下两项措施：正确的转体设计；制作灵活可靠的转体装置，并布设牵引驱动系统。目前国内使用的转体装置有两种，都是通过转体实践考验且行之有效的。第一种是以四氟乙烯作为滑板的环道平面承重转体，利用了四氟材料摩擦因数特别小的物理特性，使转体成为可能。第二种是以球面转轴支承辅以滚轮的轴心承重转体，用混凝土球面铰作为轴心承受转动体系重力，四周设保险滚轮，转体设计时要求转动体系的重心落在轴心上。如图 8.24 所示。

(a) 滑板环道平面承重转体

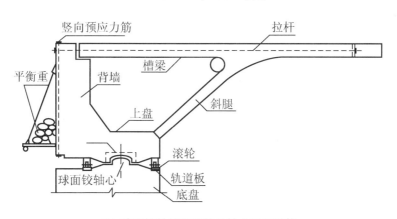

(b) 球面转轴辅以滚轮的轴心承重转体

图 8.24　转动体系的构造

牵引驱动系统通常由卷扬机(绞车)、倒链、滑轮组、普通千斤顶等机具组成。近来又出现了采用自动连续顶推系统作为转体动力设备的实例，其特点是转体能连续同步、匀速、平稳且一次到位，结构紧凑，占地少，施工方便。

1. 转动体系的构造

如图8.25所示，转动体系主要由底盘、上盘、背墙、桥体上部构造、锚扣系统、拉杆(或拉索)、环道等组成。

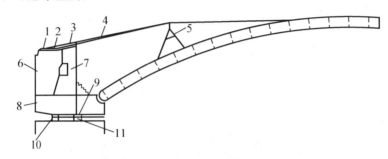

图8.25 外锚扣体系示意图

1—尾索；2—顶梁；3—锚索；4—扣索；5—钢架；6—平衡重；7—墩身；
8—转盘上板；9—轴心；10—环道；11—中心支承

1) 底盘与上盘

底盘和上盘都是桥台基础的一部分，底盘固定，上转盘与转体形成整体并可在底盘上旋转，从而实现拱体转动。通常选用的中心单支承式转盘，底盘和上盘之间设有能使其相互间灵活转动的转体装置，底盘上设置下环道和轴座或者轨道板和球铰，上转盘下方设置上环道和轴帽或者滚轮和铰盖。

2) 背墙

背墙一般是桥台的前墙，它不但是转动体系的平衡重，而且还是转体阶段桥体上制杆的锚碇反力墙。

3) 桥体上部构造

拱体可以是半跨拱肋(箱)，也可以是完成拱上立柱的半跨结构，对桁架拱、刚构拱则是半跨拱片。

4) 锚扣系统

设置锚扣系统的目的是把支承在支架、环道或滚轮上的拱体与上转盘、背墙全部联结成一个转动体系并脱离其周边支承，形成一个支承在转动轴心或铰上的悬空平衡体。

(1) 外锚扣体系。外锚扣体系适用于箱(肋)拱、钢管混凝土拱等，如图8.25所示。该体系在接近拱顶截面中线处设置横梁、上系扣索，以承受半拱水平力。扣索通过设于拱背适当部位的钢支架锚于上转盘顶部顶梁上，顶梁的前方设有锚梁，锚梁借助尾铰锚固于转盘尾部。在锚梁与顶梁之间设有千斤顶，以调整扣索拉力，使半拱脱离支架而呈悬空状。

(2) 内锚扣(上弦预应力钢筋)体系。内锚扣体系适用于桁架拱、刚构拱等，它是以结构本身或在其杆件内部穿入拉杆作为扣杆的。当采用内、外锚扣体系时，应满足施工规范的有关规定。

(3) 自平衡体系。刚构梁式桥、斜拉桥为不需设锚扣的自平衡体系，如图8.26所示。

图 8.26　刚构梁式桥自平衡体系

5) 拉杆(或拉索)

拉杆(或拉索)一般是拱桥的上弦杆(桁架拱、刚架拱),或是临时设置的体外拉杆钢筋(或扣索钢丝绳)。拉杆是保证转体平衡的重要部件,其截面由扣力大小决定。

6) 环道

(1) 聚四氟乙烯滑板环道。这是一种平面承重转体装置,它由设在底盘和上转盘间的轴心和环形滑道组成,其间由扇形板联结,如图 8.24(a)所示。

① 环形滑道是一个以轴心为圆心,直径 7~8m 的圆环形混凝土滑道,宽 0.5m,上、下滑道高度约 0.5m。下环道混凝土表面要既平整又粗糙,以利铺放 80mm 宽的环形四氟板,上环道底面嵌设宽 100mm 的镀铬钢板。最后用扇形预制板把轴帽和上环道连成一体,并浇上转盘混凝土,就形成了一个可以在转轴和环道上灵活转动的上转盘。

这种装置平稳、可靠、承载力大,转动体系的重心与下转盘轴心可以允许有一定数量的偏心值,适用于转体重力大,转动体系重心高的结构。

② 转盘轴心由混凝土轴座、钢轴心和轴帽等组成。轴座是一个直径 1.0m 左右的 C25~C50 钢筋混凝土矮墩,它不但对固定钢轴心起着定位作用,而且支承上转盘部分重力。合金钢轴心直径为 0.1m,长 0.8m,下端 0.6m 固定在混凝土轴座内,上端露出 0.2m 车光镀铬,外套 10mm 厚的聚四氟乙烯管。在轴座顶面铺四氟板,在四氟板上放置直径为 0.6m 的不锈钢板,再套上外钢套。钢套顶端封固,下缘与钢板焊牢,浇筑混凝土轴帽,凝固脱模后轴帽即可绕钢轴心旋转自如。

(2) 球面铰辅以轨道板和钢滚轮(或移动千斤顶)。这是一种以铰为轴心承重的转动装置。它的特点是整个转动体系的重心必须落在轴心铰上,球面铰既起定位作用,又承受全部转体重力,而钢滚轮(或移动千斤顶)只起稳定保险作用。球面铰可以分为半球形钢筋混凝土铰、球缺形钢筋混凝土铰、球缺形钢铰三种。前两种由于直径大,所以能承受较大的转体重力。

2. 拱体预制

拱体预制应按设计桥型、两岸地形情况,设置适当的支架和模板(或土胎模),预制应按施工规范的有关规定进行。同时还应注意以下两点:

(1) 充分利用地形，合理布置场地，使拱体转动角度小，支架或土胎用料少，易于设置转动装置。

(2) 严格控制拱体各部分高程、尺寸，特别要控制好转盘施工精度。

3. 转体拱桥的施工

有平衡重平面转体拱桥的主要施工程序：制作底盘→制作上转盘→试转上转盘到预制轴线位置→浇筑背墙→浇筑主拱圈上部结构→张拉拉杆使上部结构脱离支架，并且和上转盘、背墙形成一个转动体系，通过配重基本把重心调到磨心处→牵引转动体系使半拱平面转动合龙→封上下盘，夯填桥台背土，封拱顶，松拉杆，实现体系转换。

1) 制作底盘

以钢球面铰为例，底盘设有轴心（磨心）和环形轨道板，轴心起定位和承重作用。磨心顶面上的球面形钢铰上盖要加工精细，使接触面达70%以上。钢铰与钢管焊接时，焊缝要交错间断并辅以降温，防止变形。轴心定位要反复核对，轨道板要求高差±1mm。注意板底与混凝土接触密实，不能有空隙。

2) 制作上转盘

在轨道板上按设计位置放好承重滚轮，滚轮下面垫有2~3mm厚的小薄铁片，此铁片当上盘一旦转动后即可取出，这样便可在滚轮与轨道板间形成一个2~3mm的间隙。这个间隙是保证转动体系的重力压在磨心而不压在滚轮上的一个重要措施。它还可以用来判断滚轮与轨道板接触松紧程度，调整重心。滚轮通过小木盒保护定位后，可用砂模或木模作为底模，在滚轮支架顶板面涂以黄油，在钢球铰上涂以二硫化钼作为润滑剂，盖好上铰盖并焊上锚筋，绑扎上盘钢筋，预留灌封盘混凝土的孔洞，即可浇上盘混凝土。

3) 布置牵引系统的锚碇及滑轮，试转上转盘

这要求主牵引索基本在一个平面内。上转盘混凝土强度达到设计要求后，在上转盘前方或后方配临时平衡重，把上盘重心调到轴心处，最后牵引上转盘到预制拼装上部构造的轴线位置。这是一次试转，一方面它可以检查、试验整个转动牵引系统，另一方面也是正式开始预制拼装上部结构前的一道工序。为了使牵引系统能够供正式转体时使用，布置转向轮时，应使其连线通过轴心且与轴心距离相等，这样求得正式转体时牵引力也是一对平行力。此问题在施工设计中还要作进一步介绍。

4) 浇筑背墙

上转盘试转到上部构造预制轴线位置后即可准备浇筑背墙。背墙往往是一个质量很大的实体，为了使新浇筑背墙与原来的上转盘形成一个整体，必须有一个坚固的背墙模板支架。为了保证墙上部截面的抗剪强度（主要指台帽处背墙的横截面），应尽量避免在此处留施工缝。如一定要留，也应使所留斜面往外倾斜；也可另用竖向预应力来确保该截面的抗剪安全。

5) 浇筑主拱圈上部结构

可利用两岸地形作为支架土模，也可采用扣件式钢管作为满堂支架，以节约木材。扣件式钢管能方便地形成所需要的拱底弧形，不必截断钢管，可以重复周转使用。为防止混

凝土收缩和支架不均匀沉降产生的裂缝，浇半跨主拱圈时应按规范留施工缝。

主拱圈也可采用简易支架，用预制构件组装的方法形成。

6) 张拉脱架

当主拱圈混凝土达到设计强度后，即可进行安装拉杆钢筋、张拉脱架等工序。为了确保拉杆的安全可靠，要求每根拉杆钢筋都进行超荷载50%试拉。正式张拉前应先张拉背墙的竖向预应力筋，再张拉拉杆。在实际操作中，应反复张拉2或3次，使各根钢筋受力均匀。为了防止横向失稳，要求两台千斤顶的张拉合力应在拱桥轴线位置，不得有偏心。

通过张拉，要求把支承在支架、滚轮、支墩上的上部结构与上转盘、背墙全部联结成一个转动体系，最后脱离其支承，形成一个悬空的平衡体系支承的轴心铰上。这是一个十分重要的工序，它将检验转体阶段的设计和施工质量。当拱圈全部脱离支架悬空后，上转盘背墙下的支承钢木楔也陆续松脱，根据楔子与滚轮的松紧程度加片石调整重心，或以千斤顶辅助拆除全部支承楔子，让转动体系悬空静置1d，观测各部变形有无异常并检查牵引体系等，均确认无误后，即可开始转体。

7) 转体合龙

把第一次试转时的牵引绳按相反的方向重新穿索、收紧，即可开始正式转体。为使其平稳转体，控制角速度为0.5rad/min。当快合龙时，为防止转体超过轴线位置，宜采用简易的反向收紧绳索系统，用手拉葫芦拉紧后慢慢放松，并在滚轮前微量松动木楔的方法徐徐就位。

轴线对中以后，接着进行拱顶高程调整，误差符合要求，合龙接口允许相对偏差为±1cm，在上下转盘之间用千斤顶能方便地实现拱顶升降，只是应把前后方向的滚轮先拆除，并在上下转盘四周用混凝土预制块或钢楔等瞬时合龙措施将其楔紧、楔稳，以保证轴线位置不再变化。拱顶最后的合龙高程应该考虑桥面荷载及混凝土收缩、徐变等因素产生的挠度，并留够预拱度。当合龙温度与设计要求偏差为3°或影响高程差为±1cm时，应计算温度的影响。轴线与高程调整符合要求后，即可将拱顶钢筋用钢条焊接，以增加稳定性。

8) 封上下盘，封拱顶，松拉杆

封盘混凝土的坍落度宜选用17～20cm，且各边应宽出20cm，要求灌筑的混凝土应从四周溢流，使上下盘间密实。封盘后接着浇筑桥台后座，当后座达到设计要求强度后即可选择夜间气温较低时浇封拱顶接头混凝土，待其达到设计要求后，分批、分级松扣，拆除扣锚索，实现桥梁体系的转化，完成主拱圈的施工。主拱圈完成后，即是常规的拱上建筑施工和桥面铺装。

8.4.3 无平衡重的平面转体施工

与有平衡重的平面转体相比，无平衡重的平面转体施工是把有平衡重的平面转体施工中的拱圈扣索拉力锚在两岸岩体中，从而节省了庞大的平衡重。锚碇拉力是由尾索预加应力传给引桥桥面板(或平撑、斜撑)，以压力的形式储备。无平衡重转体施工需要有一个强大牢固锚碇，因此宜在山区地质条件好或跨越深谷急流处建造大跨桥梁时选用。

根据桥位两岸的地形，无平衡重的平面转体可以把半跨拱圈分为上、下游两个部件，同步对称转体；或在上、下游分别在不对称的位置上预制，转体时先转到对称位置，再对称同步转体，以使扣索产生的横向力互相平衡；或直接做成半跨拱体（桥全宽），一次转体合龙。

1. 无平衡重的平面转体一般构造

拱桥无平衡重的平面转体施工是采用锚固体系代替平衡重平转法施工，利用了锚固、转动、位控三大体系构成平衡的转体系统。

1）锚固体系

锚固体系由锚碇、尾索、平撑、锚梁（或锚块）及立柱组成。锚碇设在引道或边坡岩石中，锚梁（或锚块）支承于立柱上，两个方向的平撑及尾索形成三角形稳定体，稳定锚梁（或锚块）和立柱顶部的上转轴，使其为一个确定的固定点。拱体转至任意角度，由锚固体系平衡拱体扣索力。

2）转动体系

转动体系由上转动构造、下转动构造、拱体及扣索组成。上转动构造由埋入锚梁（或锚块）中的轴套、转轴和环套组成，扣索一端与环套连接，另一端与拱体顶端连接。转轴在轴套与环套间均可转动，如图 8.27 所示。

下转动构造由下转盘、下环道与下转轴构成。拱体通过拱座铰支承在转盘上，马蹄形的转盘中部卡套在下转轴上，并支承在下环道上，转盘下安装了许多聚四氟乙烯蘑菇头（千岛走板），转盘的走板可在下环道上沿下转轴作弧形滑动，转盘与转轴的接触面涂有黄油四氟粉，以使拱体转动，如图 8.28 所示。

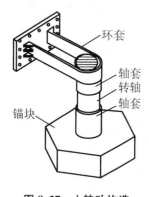

图 8.27 上转动构造

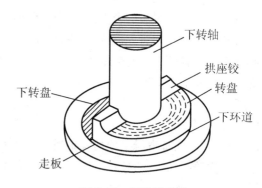

图 8.28 下转动构造

3）位控体系

位控体系由系在拱体顶端扣点的缆风索与转盘牵引系统构成，用以控制在转动过程中转动体的速度和位置。

2. 无平衡重转体施工

拱桥无平衡重转体施工的主要内容和工艺如下。

1)转动体系施工

(1) 安装下转轴、转盘及浇筑下环道。

(2) 浇筑转盘混凝土。

(3) 安装拱脚铰、浇筑铰脚混凝土。

(4) 拼装拱体。

(5) 设必要的支架、模板,设置立柱。

(6) 安装扣索。

(7) 安装锚梁、上转轴、轴套、环套。

这一部分的施工主要保证转轴、转盘、轴套、环套的制作安装精度及环道的水平高差的精度。转轴与轴套应转动灵活,其配合误差应控制在 0.6～1.0mm,环道上的滑道采用固定式,其平整度应控制在±1cm 以内;并要做好安装完毕到转体前的防护工作。

2)锚碇系统施工

(1) 制作桥轴线上的开口地锚。

(2) 设置斜向洞锚。

(3) 安装轴向、斜向平撑。

(4) 尾索张拉。

(5) 扣索张拉。

3)转体施工

正式转体前应再次对桥体各部分进行系统、全面的检查,检查通过后方可转体。拱箱的转体靠上、下转轴预留的偏心值形成的转动力矩来实现。启动时放松外缆风索,转到距桥轴线约 60°时开始收紧内缆风索,索力逐渐增大,但应控制在 20kN 以下,如转不动则应以千斤顶在桥台上顶推马蹄形下转盘。为了使缆风索受力角度合理,可设置两个转向滑轮。缆风索,启动时走速宜选用 0.5～0.6m/min,一般行走时宜选用 0.8～1.0m/min。

4)合龙卸扣施工

拱顶合龙后的高差,通过张紧扣索提升拱顶,放松扣索降低拱顶来调整到设计位置。封拱宜选择低温时进行。先用 8 对钢楔楔紧拱顶,焊接主筋、预埋铁件,然后先封桥台拱座混凝土,再浇封拱顶接头混凝土。当混凝土达到 70%设计强度后,即可卸扣索,卸索应对称、均衡、分级进行。

8.4.4 拱桥竖向转体施工

当桥位处无水或水很少时,可以在桥位将拱肋拼装成半跨,然后用扒杆起吊安装。桥位处水较深时,可以在桥位附近拼装成半跨,浮运至桥轴线位置,再用扒杆起吊安装。

1. 钢管拱肋竖转扒杆吊装的计算

钢管拱肋竖转扒杆吊装的工作内容:将中拱分成两个半拱在地面胎架上焊接完成,经过对焊接质量、几何尺寸、拱轴线形等验收合格后,由竖在两个主墩顶部的两副扒杆分别将其拉起,在空中对接合龙。由于两边拱处地形较高,故边拱拱肋直接由吊车在胎架上就位拼装。扒杆吊装系统设计的主要工作：起吊及平衡系统的计算(含卷扬机、起重索、滑轮、平衡梁、索、吊扣等)；扒杆的计算；扒杆背索及主地锚的计算；设置拱脚旋转装置等。

2. 钢管拱肋竖转吊装

1) 转动体系

转动体系由转动铰、提升体系(动、定滑车组，牵引绳等)、锚固体系(锚索、锚碇等)等组成。

2) 竖转吊装的工作顺序

安装拱肋胎架→安装拱脚旋转装置→安装地锚→安装扒杆及背索→拼装钢管拱肋→安装起吊及平衡系统→起吊两侧半拱→拱肋合龙→拱肋高程调整→焊接合龙接头→拆除扒杆→封固拱脚。图 8.29 所示为竖转旋转铰就位。

图 8.29　竖转旋转铰就位

3) 扒杆安装

为便于安装，扒杆分段接长，立柱钢管以 9m 左右为一节，两节之间用法兰连接。安装时先在地面将两根立柱拼装好，用吊车将其底部吊至墩顶扒杆底座上，并用临时轴销锁定，待另一端安装完扒杆顶部横梁后，由吊车抬起扒杆头至一定高度，再改用扒杆背索的卷扬机收紧钢丝绳将扒杆竖起。

4) 拱肋吊装

起吊采用慢速卷扬机，待拱肋脱离胎架 10cm 左右，停机检查各部分运转是否正常，并根据对扒杆的受力与变形、钢丝绳的行走、卷扬机的电流变化等情况的观测结果，判断能否正常启用。当一切正常时，即进行拱肋竖向转体吊装。拱肋吊装完成后，进行拱肋轴线调整和跨中拱肋接头的焊接。

任务 8.5　钢管混凝土拱桥施工

钢管混凝土拱桥是以钢管为拱圈外壁，在钢管内浇筑混凝土，使其形成由钢管和混凝土组成的拱圈结构。由于管壁内填满混凝土,提高了钢管壁受压稳定性,钢管内的混凝土受钢管的约束,提高了混凝土的抗压强度和延性。近年来,大跨度钢筋混凝土拱桥施工中常采用钢管混凝土结构作为拱圈施工的劲性骨架。

8.5.1 钢管混凝土拱桥构造特点

1. 截面形式

钢管混凝土结构的主要特点之一是钢管对混凝土有套箍作用,使钢管内混凝土处于三向受力状态,提高了混凝土的抗压强度和抗变形能力。当跨度较小时可以采用单圆管;跨度在150m以内,一般均采用两根圆形钢管上下叠置的哑铃形截面,这是已建成的拱桥中采用最多的截面形式,如图8.30(a)所示;当跨径超过150m以后,以采用桁架式截面较合理。在劲性骨架的钢筋混凝土拱桥中多采用桁架式截面,如图8.30(b)所示。

2. 结构形式

中承式肋拱桥是目前钢管混凝土拱桥中应用最多的一种。由于桥面位置在拱的中部穿过可以随引桥两端接线所需的高度上下调整,适应性强。当地质条件较好时,一般均采用有推力的中承式拱桥。当地质条件较差,桥墩不能承受较大水平推力,或受地形条件限制时,可以采用中承式带两个半跨的自锚结构形式。

当地质条件较差,或受城市道路接线高度的限制,往往采用下承式系杆拱结构形式,拱脚的推力由系杆承受。目前下承式钢管混凝土系杆拱桥的系杆形式分为两种:一种是上下部结构采用刚接联结,系杆仅用体外预应力钢束组成的柔性系杆形式;另一种是上部结构以简支形式支承于桥墩的刚性系杆形式。柔性系杆形式结构简单、施工方便,可节省一根尺寸较大的系梁。

(a) 哑铃形截面　　　　　　　　　　(b) 桁架式截面

图8.30　钢管混凝土拱桥截面形式

8.5.2 中承式、下承式钢管混凝土拱桥

图8.31所示为广西柳州市龙屯路立交桥(下承式钢管混凝土拱桥)。

图 8.31 下承式钢管混凝土拱桥

1. 施工程序及要点

1) 施工程序

首先分段制作钢管及加工腹杆、横撑等;其次,在样台上拼接钢管拱肋,应先端段后顶段逐段进行;再次,吊装钢管拱肋就位合龙,从拱顶向拱脚对称施焊,封拱脚使钢管拱肋转为无铰拱,同时,从拱顶向拱脚对称安装肋间横梁、X撑及K撑等结构;然后,按设计程序浇筑钢管内的混凝土;最后,安装吊杆、拱上立柱、纵横梁和桥面板,浇筑桥面混凝土。

2) 施工要点

(1) 用钢板制作钢管时,下料要准确,成管直径误差应控制在±2mm范围内。

(2) 拱肋拼接应在1:1大样的样台上进行,焊接时应采取措施减少焊接变形,并严格保证焊接质量。

(3) 由于钢管直径大,一次浇筑混凝土数量多,为避免浇筑过程中钢管混凝土出现过大的拉应力及保证管内混凝土的浇筑质量,每根钢管混凝土的浇筑应连续进行,上下钢管、相邻钢管内混凝土的浇筑应按一定程序或设计要求进行。

(4) 为保证空间桁架拱肋在施工中的纵横向稳定性,拱肋间应设置横梁、X撑、K撑、八字浪风索,调整管内混凝土的浇筑程序等措施。

(5) 钢管的防锈和柔性吊杆的防护及更换应有一定的措施。

(6) 必须在钢管混凝土达到设计强度后才能进行桥面系的安装。

2. 钢管拱肋制作

钢管混凝土拱桥所用的钢管直径大,材料一般采用A3钢和16Mn钢,钢管由钢板卷制成型,管节长度由钢板宽度确定,一般为120~180cm。采用桁架式截面时,上下弦之间的腹杆由于直径较小,可以直接采用无缝钢管。

1) 钢管卷制和焊接

钢板利用焰割机切割,拱肋及横撑结构外表面均应先喷砂除锈,按一级表面清理。钢板卷制前,应根据要求将板端开好坡口,将钢板送入卷板机卷成直筒体,卷管方向应与钢板压延方向一致。钢板卷制焊接管可采用工厂卷制和工地冷弯卷制。前者卷制质量便于控制,检测手段齐全,为推荐方法。轧制的管筒的失圆度和对口错边偏差应遵守施工规程要求。根据不同的板厚和管径,可采用螺旋焊缝和纵向直焊缝将卷成的钢管焊接成直管。由于钢管对混凝土起套箍作用,宜采用螺旋焊缝。对焊成的直钢管应进行检查和校正,以确保卷制的精度。

2) 拱肋放样

卷制后的成品管通常为 8~12m 长的直管,一般在工地进行接头、弯制、组装,形成拱肋,如图 8.32 所示。首先根据设计图的要求绘制施工详图(包括零件图、单元构件图、节段单元图及组焊、拼装工艺流程图),然后将半跨拱肋在现场平台上按1∶1进行放样,注意考虑温度和焊接变形的影响,放样的精度需达到设计和规范要求。沿放样的拱肋轴线设置胎架,在大样上放出吊杆位置及段间接头位置及混凝土灌注孔位置。拱肋分段的长度应考虑从工厂到工地的运输能力,分段的长度可以适当变化。主要分段接头应避开吊杆孔和混凝土灌筑孔位置。

图 8.32　钢管拱肋预拼

按拱肋加工段长度进行钢管接长。首先应对两管对接端进行校圆,除成品管按相应的国家标准外,失圆度一般不大于 $3D/1000$(D 为钢管直径),达不到要求必须进行调校。接下来进行坡口处理,包括对接端不平度的检查,然后焊接。工地弯管宜采用加热预压方式,加热温度不得超过 800℃。钢管的对接焊缝可采用有衬管的单面坡口焊和无衬管的双面熔透焊。两对接环焊缝的间距应符合设计要求,设计无规定时,直缝焊接管不小于管的直径,螺旋焊接管不小于 3m。对接径向偏差不得超过壁厚的 0.2 倍。纵向焊缝各管节应相错,施工时应严格进行控制,而且要将纵向焊缝全部置于两肋板中间,以免外表面焊缝影响美观。焊接完成后严格按照设计要求对管缝焊接质量进行超声波探伤和 X 光拍片检查。

3) 拱肋段的拼装

(1) 精确放样和下料。

(2) 对管段涂刷油漆作防锈(喷砂)防护处理。

(3) 在 1∶1 放样台止组拼拱肋。先进行组拼,然后做固定性点焊焊接,在拱肋初步形成后,详细检查调校尺寸。

(4) 精度控制。精度控制着眼于节段的制作精度。

(5) 防护。钢管防护的好坏直接影响钢管混凝土拱桥的使用寿命。首先对所有外露面做喷砂除锈处理,达到规定除锈等级后做防护处理,目前一般采用热喷涂,其喷涂工艺及厚度均应符合设计要求。

3. 拱肋安装和拱肋混凝土浇筑

1) 拱肋安装

钢管拱肋的安装,我国已建成的钢管混凝土拱桥中采用最多的施工方法为少支架或无支架缆索吊装、转体施工或斜拉扣索悬拼法施工。转体施工方法在前面章节作了详细叙述，缆索吊装方法在前面章节装配式拱桥施工中也作了详细叙述，在此不再赘述。图8.33所示为拱脚就位，图8.34所示为甬台温铁路奉化江大桥采用支架法进行拱肋安装。

图8.33 拱脚就位

图8.34 支架法拱肋安装

钢管拱肋成拱过程中，应同时安装横向联结系，未安装联结系的不得多于一个节段，否则应采取临时横向稳定措施。节段间环焊缝应对称进行，施焊前需保证节段间有可靠的临时连接并用定位板控制焊缝间隙，不得堆焊。

2) 拱肋混凝土浇筑

钢管拱肋的截面形式及施工设备，钢管混凝土的浇筑可采用以下两种浇筑方法。

(1) 人工浇筑法。这种方法是用索道吊点悬吊活动平台，在钢管拱肋顶部每隔4m开孔作为灌筑孔和振捣孔。混凝土由吊斗运至拱肋灌筑孔，混凝土由人工铲进，插入式和附着式振捣器振捣。

(2) 泵送顶升浇筑法。如图8.35所示。这种方法适用于桁架式钢管拱肋内混凝土的浇筑，也可用于单管、哑铃形等实体形拱肋截面的混凝土浇筑。一般输送泵设于两岸拱脚，对称均衡地一次压筑混凝土。在钢管上应每隔一定距离开设气孔，以减小管内空气压力。泵送混凝土之前，应先用压力水冲洗输送管内壁，再用水泥砂浆通过，然后连续泵送混凝土。

图8.35 泵送顶升浇筑拱肋混凝土

3) 浇筑混凝土的注意事项

钢管混凝土填充的密实度是保证钢管混凝土拱桥承载能力的关键问题。钢管内混凝土是否灌满，混凝土收缩后与钢管壁形成空隙往往是问题所在。质量检测办法以超声波检测为主，人工敲击为辅。其中，采用小铁锤敲击钢管听声音的方法十分简单和有效。通过检测，有空隙部位必须进行钻孔压浆补强。施工中除应按设计要求进行外，还应注意以下几点。

(1) 每根钢管的混凝土必须由拱脚至拱顶一次连续浇筑完成，不得中断，且浇筑完成时间不宜超过第一盘入管混凝土的初凝时间。当钢管直径较大，混凝土初凝时间内不能浇筑完一根钢管时，可设隔板把钢管分为 3 段或 5 段，分段灌筑。隔板钢板厚度应大于 1.5 倍钢管壁厚。下一段开口应紧靠隔板，使两段混凝土通过隔板严密结合。隔板周边应与钢管内壁焊接。

（2）浇筑入口应设在浇筑段根部，应从两拱脚向拱顶对称浇筑。用顶升法浇筑时，严禁从中部或顶部抛灌。

（3）浇筑混凝土的前进方向，应每隔 30m 左右设一个排气孔，有助于排出空气，提高管内混凝土的密实度。

（4）桁式钢管拱肋混凝土的浇筑顺序，一般为先下管后上管，或者上下管和相邻管的混凝土浇筑按一定程序交错进行或按设计要求进行。

（5）浇筑时环境气温应大于 5℃。当环境气温高于 40℃，钢管温度高于 60℃时，应采取措施降低钢管温度。

（6）因浇筑管道较小，要求混凝土有较好的和易性，为减小混凝土凝结时的收缩，施工时应加入适量的减水剂和微膨胀剂，并注意振捣密实。

（7）管内混凝土的配合比及外掺剂等，应通过设计、试验来确定，施工中须严格管理，以确保钢管混凝土的质量。

大跨径钢管混凝土拱桥，混凝土可以分环或分段浇筑，灌筑时应从拱脚向拱顶对称进行。大跨径拱肋灌筑混凝土时应对拱肋变形和应力进行观测，并在拱顶附近配置压重，以保证施工安全。

8.5.3 中承式和下承式系杆施工

1. 系杆的作用和组成

无水平推力的钢管混凝土拱桥均有系杆，下承式系杆预应力钢束锚于拱脚，一般常采用单跨形式。中承式系杆拱一般为 3 跨，两边跨为半跨形式的上承式拱桥，系杆预应力钢束锚于边跨拱肋端部。

下承式系杆拱的系杆一般采用两种形式：一种采用大尺寸的预应力梁组成的系杆，属于刚性拱和刚性系杆体系；另一种采用仅由体外预应力钢束组成的柔性系杆。

采用刚性拱和刚性系杆组成的下承式拱桥，系杆的施工方法与前面就地浇筑下承式钢筋混凝土拱桥基本相同，在此不再叙述。

下承式柔性系杆一般由预应力钢绞线组成，钢绞线防护采用 PE 套。系杆钢束要穿过钢管拱肋，因此拱肋在系杆钢束穿过处需开孔，并在钢束穿过拱肋处应有预留孔道，一般预留孔道做成一只封闭的钢箱。下承式预应力钢束锚于拱脚后面的钢筋混凝土锚固块上。由于下承式柔性系杆于拱肋拱脚与桥墩刚性连接，桥墩需承受弯矩，为加强系杆锚固块的强度，在锚固块的垂直方向应加预应力钢筋。

2. 施工程序及注意事项

1）施工程序

（1）搭架浇筑两边跨半拱。

(2) 拱肋制作、吊装。

(3) 系杆安装。拱肋合龙后安装横撑，穿系杆钢绞线，安装张拉设备，张拉部分系杆，以平衡钢管拱肋产生水平推力。

(4) 浇筑拱肋钢管内混凝土，安装桥面系(吊杆、横梁、纵梁及桥面板)并同步张拉系杆，图8.36所示为广西柳州市龙屯路立交桥进行桥面系安装。

(5) 拆除边跨支架，安装边跨支座。

2) 施工注意事项

(1) 钢管拱肋合龙时，系杆因无法马上张拉，所以主墩必须能承受空钢管拱肋产生的水平推力或采取临时措施使主墩能承受此水平推力；如为单跨系杆拱桥，则在钢管拱肋吊装合龙且安装好横撑后，在封拱脚的同时，浇筑拱脚两端的系杆锚墩，完成主拱拱脚固结。

图 8.36　桥面系安装

(2) 对拱肋加载应与系杆张拉同步进行，施工中应严格控制主墩(或锚墩)的水平位移，以确保施工安全。桥面系施工、吊杆安装程序等应按设计程序对称、均匀地施工。

(3) 应采取措施使吊杆与后浇筑的系杆混凝土隔离。

(4) 加载程序：先灌筑拱肋钢管内混凝土，然后施工桥面系，张拉竖向吊杆及水平向系杆钢束。

8.5.4　钢管混凝土劲性骨架

钢管混凝土结构，由于钢管吊装重量轻，钢管内灌筑混凝土后刚度大，钢管对混凝土的约束作用等提高了混凝土的强度和变形能力。以上这些突出的优点使钢管混凝土结构适宜作为大跨径钢筋混凝土拱桥的施工劲性骨架，这已经成为一个发展趋势。

此法采用不同形状的钢管(如单管形、哑铃形、矩形、三角形或集束形)，或者以无缝钢管作为弦杆，以槽钢、角钢等作为腹杆组成空间桁架结构，先分段制成钢骨架，然后吊装合龙成拱，再利用钢骨架作支架，浇筑钢管内混凝土，待钢管内混凝土达到一定强度后，形成钢管混凝土劲性骨架，然后在其上悬挂模板，按一定浇筑程序分环(层)分段浇筑拱圈混凝土直至形成设计拱圈截面。图8.37所示为四川屏山大岩洞大桥的钢管混凝土劲性骨架，图8.38所示为广南高速公路嘉陵江特大桥劲性骨架成功合龙。

用钢管混凝土劲性骨架浇筑拱圈，施工过程中结构的稳定性是关键。浇筑前应进行加载程序设计，准确计算和分析钢骨架及钢骨架与先期混凝土层联合结构的竖、横向变形，应力和稳定安全度，并在施工过程中进行监控，以确保施工安全。

项目 8　拱桥构造与施工

图 8.37　钢管混凝土劲性骨架

图 8.38　钢管混凝土劲性骨架合龙

小　结

本项目对拱桥类型与构造、拱桥就地浇筑施工、装配式拱桥施工、转体施工法、钢管混凝土拱桥施工做了较为详细的阐述。

具体内容包括：拱桥的构造与分类，墩台与拱上结构的设置情况；拱架的类型与构造，拱圈的浇筑程序和悬臂浇筑施工方法；缆索吊装的方法，构件的预制与运输，吊装的程序与合龙方式；转体施工的方法，有平衡重、无平衡重的平面转体施工；钢管混凝土拱桥的构造特点，中承式、下承式钢管混凝土拱桥的施工程序及施工要点。

本项目的教学目标是使学生熟悉拱桥的构造与分类，掌握墩台与拱上结构的设置情况；了解拱架的类型与构造，掌握拱圈的浇筑程序和悬臂浇筑施工方法；了解缆索吊装的方法，熟悉构件的预制与运输，掌握吊装的程序与合龙方式；了解转体施工的方法，掌握有平衡重、无平衡重的平面转体施工；熟悉钢管混凝土拱桥的构造特点，掌握中承式、下承式钢管混凝土拱桥的施工程序及施工要点。

思考与练习

1. 简述拱桥的定义。
2. 拱桥与梁式桥相比有何特点？
3. 简述拱上结构的类型及其特点。
4. 简述拱桥的类型及其构造。
5. 简述混凝土拱桥的基本特点。
6. 拱架的结构类型有哪几种？
7. 简述拱圈和拱肋的浇筑流程。
8. 简述斜拉索及挂篮浇筑拱圈的施工工序。
9. 简述转体、竖向转体和平竖结合转体的特点。

项目 9　斜拉桥构造与施工

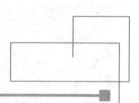

教学目标

通过对斜拉桥分类与构造的学习,了解斜拉桥的分类,熟悉斜拉桥的构造;通过对斜拉桥施工的学习,熟悉拉索的制作、挂索,掌握挂索张拉、主塔施工、主梁施工的流程;通过对斜拉桥施工控制与调整的学习,熟悉施工管理和施工控制的方法。

教学要求

知识要点	能力要求	相关知识
斜拉桥分类与构造	了解斜拉桥的分类,熟悉斜拉桥的构造	桥涵设计与施工规范
斜拉桥施工	熟悉拉索的制作、挂索,掌握挂索张拉、主塔施工、主梁施工的流程	
斜拉桥施工控制与调整	熟悉施工管理和施工控制的方法	

项目 9 斜拉桥构造与施工

引子

在我国的铁路和公路桥梁中，斜拉桥也是一个重要的桥型，斜拉桥以其跨越能力大而闻名。

斜拉桥的优点是：梁体尺寸较小，桥梁的跨越能力较大，受桥下净空和桥面高程的限制少；抗风稳定性比悬索桥好，不需要悬索桥那样的集中锚碇构造，便于采用悬臂施工等。其不足之处是：属于多次超静定结构，设计计算复杂；索与梁或塔的连接构造比较复杂；施工中高空作业较多，且施工控制等技术要求严格。

斜拉桥的施工重点在于拉索、主塔和主梁的施工。

苏通长江大桥主梁施工中

斜拉桥钢箱梁悬臂吊装

任务 9.1 斜拉桥分类与构造

9.1.1 斜拉桥的分类

斜拉桥是一种用斜拉索（或斜拉杆）悬吊桥面的桥梁，是一种桥面体系以主梁受轴向力或受弯为主，支承体系以斜拉索受拉和索塔受压为主的组合体系桥，其主要组成部分是主梁、斜拉索和索塔。

根据主要组成部分的材料、构造形式及支承条件的不同，斜拉桥可以分为不同的类型。

1. 按组成材料分

1）混凝土斜拉桥

混凝土斜拉桥主梁为钢筋混凝土结构和预应力混凝土结构。其主要优点是刚度大、挠度小，抗风稳定性和抗潮湿性能好，后期养护费用较钢斜拉桥少。其缺点是跨越能力不如钢结构大，施工安装速度不如钢结构快。

2）钢斜拉桥

钢斜拉桥主梁及桥面系均为钢结构。其主要优点是跨越能力大，构件可以在工厂预制，质量可靠、施工速度快。缺点是价格高、后期养护工作量大及抗风稳定性差。

3) 钢-混凝土结合梁斜拉桥

钢-混凝土结合梁(叠合梁)斜拉桥主梁为钢结构，桥面系为混凝土结构，主梁与桥面系结合在一起共同受力。除具有与钢主梁斜拉桥相同的优点以外，还能节省钢材用量，且刚度及抗风稳定性均优于钢主梁斜拉桥。

2. 按索塔布置方式分

1) 独塔(单塔)式斜拉桥

当跨越宽度不大或基础、桥墩工程数量不是很大时，可采用独塔式斜拉桥，因为独塔式斜拉桥主孔较短，两侧可用引桥跨越，总造价可降低。广西柳州壶西大桥(图9.1)，1994年8月建成通车，桥长517.4m，宽22m，独塔双跨，是广西第一座道路斜拉桥。

2) 双塔式斜拉桥

桥下净空要求较大时，多采用双塔式斜拉桥。广西柳州三门江大桥(图9.2)，跨江主桥长360m，宽41m，为双塔双索面斜拉桥。海口世纪大桥(图9.3)，其主桥长636.60m，为双塔双索面三跨连续预应力混凝土斜拉桥。

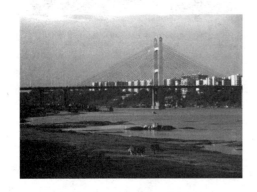
图9.1 柳州壶西大桥

图9.2 柳州三门江大桥

3) 多塔式斜拉桥

在跨越宽阔水面时，由于桥梁长度大，可采用多塔式斜拉桥(三塔及三塔以上)。浙江嘉绍大桥(图9.4)，主桥为六塔独柱七跨斜拉桥。

图9.3 海口世纪大桥

图9.4 浙江嘉绍大桥

9.1.2 斜拉桥的体系

斜拉桥是由上部结构的主梁、拉索、索塔及下部结构的桥墩、桥台5种基本构件组成的组合体系桥梁。根据主梁、拉索、索塔和桥墩的不同结合方式及拉索的锚拉体系的不同，斜拉桥可以形成不同的结构体系。

1. 梁、索、塔、墩的不同结合构成的四种结构体系

1) 塔墩固结、塔梁分离——漂浮体系

主梁除两端有支承外，其余部件由拉索作为支承，成为一根在纵向可稍作浮动的、具有多点弹性支承的单跨梁。

漂浮体系的主要优点：满载时，塔柱处主梁不出现负弯矩峰值；温度及混凝土收缩、徐变内力均较小；在密索情况下，主梁各截面的变形和内力的变化较平缓，受力较均匀；地震时允许全梁纵向摆动，从而起抗震消能的作用。因此，地震烈度较高的地区应优先考虑选择这种体系。例如，我国的武汉长江公路桥、上海南浦大桥(图9.5)和杨浦大桥都采用漂浮体系。

2) 塔墩固结、塔梁分离，在塔墩处、主梁下设置竖向支承——半漂浮体系

半漂浮体系的主梁成为在跨内具有多点弹性支承的连续梁或悬臂梁。主梁可布置成连续体系，也可在中跨跨中设剪力铰或简支挂孔而布置成非连续体系。半漂浮体系的主梁内力在塔墩支承处出现负弯矩峰值，通常需加强支承区段的主梁截面。温度及混凝土收缩、徐变内力也较大。辽宁长兴岛大桥主跨176m的双塔双索面混凝土斜拉桥就是采用半漂浮体系，主梁为连续体系(图9.6)。

图9.5 采用漂浮体系的南浦大桥

图9.6 采用半漂浮体系的长兴岛大桥

3) 塔梁固结、塔墩分离——塔梁固结体系

塔梁固结并支承在桥墩上，这时主梁相当于顶面用拉索加强的一根连续梁或悬臂梁。主梁和塔柱内的内力和挠度直接与主梁和塔柱的弯曲刚度比值有关。塔梁固结体系的主要优点是取消了承受很大弯矩的梁下塔柱部分，而以一般桥墩代之，使塔柱和主梁的温度内力极小，并可显著减少主梁中央段承受的轴向拉力。这种体系常用于小跨径的斜拉桥。

保定桥以独塔斜拉桥桥型跨越海河和海河东路，桥梁跨径布置为(51+120)+(30+30)m，总长度为231m。其中，主桥为独塔单索面塔梁固结体系斜拉桥，主桥长度为171m(图9.7)。

4) 主梁、索塔、桥墩三者互为固结——刚构体系

梁、塔、墩固结,主梁成为在跨中有多点弹性支承的刚构。这种体系的优点是结构刚度大,主梁和塔柱的挠度均较小,不需要大吨位支座,最适合用悬臂法施工。但刚构体系动力性能差,尤其在窄桥时。因此该体系用于地震区及风荷载较大的地区时,应认真进行动力分析研究。刚构体系一般比较适合于独塔双跨式斜拉桥。我国的不对称布置的独塔两跨式混凝土斜拉桥——重庆石门大桥就是采用的这种体系(图9.8)。

图9.7 采用塔梁固结的保定桥

图9.8 采用刚构体系的石门大桥

以上4种结构体系的斜拉桥我国都采用过,但漂浮体系具有充分的刚度,受力较均匀,主梁可作为等截面而简化施工,且抗风、抗震性能也较好,是现代大跨径斜拉桥使用较多的一种体系。

2. 按拉索的锚拉体系不同而形成的3种结构体系

1) 自锚式斜拉桥

自锚式斜拉桥的桥塔前侧拉索分散锚固在主梁梁体上,而塔后侧的拉索除了最后的锚固在主梁端支点处以外,其余的拉索则分散锚固在边跨主梁上,或将一部分拉索集中锚固在端支点附近的主梁上。自锚体系的水平分力由主梁的轴力来平衡。自锚体系中锚固在端支点处的拉索索力最大,一般需要较大的截面,并且它对控制塔顶的变位起重要作用,是最重要的一根拉索,被称为端锚索或背索。宁波外滩大桥即为自锚式斜拉桥,如图9.9(a)所示。

(a) 宁波外滩大桥

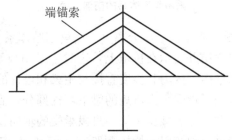

(b) 自锚体系斜拉桥的端锚索

图9.9 自锚式斜拉桥

2)地锚式斜拉桥

单跨式斜拉桥一般采用地锚式,全桥只需一个索塔。由于不存在边跨问题,塔后拉索只能采用地锚形式,这时,由拉索的水平分力引起的梁内水平轴力必须由相应的下部结构即地锚来承担。鄌阳汉江公路大桥是一座主跨为 414.0m 的地锚式斜拉桥,如图 9.10(a)所示。

(a)鄱阳汉江公路大桥　　　　(b)地锚式斜拉桥示意图

图 9.10　地锚式斜拉桥

3)部分地锚式斜拉桥

无论双塔三跨式斜拉桥还是独塔双跨式斜拉桥,由于某种原因边跨相对于主跨很小时,可以将边跨部分的拉索锚固在主梁上,而部分拉索布置成地锚式。部分地锚式体系斜拉桥桥塔两侧拉索的不平衡水平分力直接由边跨主梁传递给桥台(地锚)。

目前国内外已建成的斜拉桥绝大部分采用自锚体系。这种体系主梁处于完全受压状态,对抗压能力高、抗拉性能差的混凝土主梁来说,相当于施加了一定预应力,既能充分发挥高强材料的特性,又提高了梁的抗裂性,对混凝土斜拉桥是十分有利的。而地锚体系对抗拉能力较高的钢主梁较为有利,但不适合于混凝土主梁。半地锚体系主梁材料用量省,随着跨径的增大,半地锚体系上部结构材料节省的用量,有可能抵消下部结构地锚材料的额外增加量,从而具有一定的竞争力。

9.1.3　斜拉桥的构造

1. 拉索

拉索是斜拉桥的主要承重构件之一。斜拉桥桥跨结构的重力和桥上活载,绝大部分(或全部)通过拉索传递到索塔上。所以,斜拉索对整个斜拉桥的结构刚度和经济合理性起着重要的作用。

1)拉索的索面布置

由于桥面宽度的不同,塔、梁、索之间联结方式的不同及索塔和主梁形式的不同,斜拉索索面在空间上可布置成单索面和双索面,而双索面又可分为平行双索面和倾斜双索面,常见的索面位置有单索面、竖向双索面和斜向双索面。宁波外滩大桥(图 9.9)为单索面自锚式斜拉桥,广西柳州三门江大桥(图 9.2)为竖向双索面斜拉桥,海口世纪大桥(图 9.3)为斜向双索面斜拉桥。

2）拉索的索面形式

(1) 扇式。扇式是介于辐射式和竖琴式之间的一种索面形式，一般在塔上和梁上分别按等间距布置。该形式兼顾了以上两种形式的优点。近年来，一些具有代表性的大跨径斜拉桥多采用这种形式，如图9.11(a)所示。

(2) 竖琴式（平行式）。竖琴式的各拉索彼此平行，各索倾角相同。各对拉索分别连接在索塔的不同高度上，索与塔的连接构造易于处理；由于倾角相同，各索的锚固设备构造相同，塔中压力逐段向下加大，有利于塔的稳定性。但是这种形式的索用钢量大；由于各对索拉力的差别，将在塔身各段产生较大的弯矩；由于拉索结构为几何可变体系，对内力及变形的分布较不利，不过可以用边跨内设置辅助墩的办法来加以改善，如图9.11(b)所示。

(3) 辐射式。辐射式布置方法是将全部拉索会集至塔顶，使各根拉索都具有可能的最大倾角。由于该布置方法的索力主要由垂直力的需要而定，故拉索拉力较小。另外，辐射索能使结构形成几何不变体系，对变形及内力分布都有利。该方法的缺点：由于较多数量的拉索会集到塔顶，将使锚头拥挤，构造处理较困难；塔身承受较大的压力，且自由长度较大，塔身刚度应满足压曲稳定的要求。另外，拉索倾角不一，也使锚具垫座的制作与安装稍显复杂，如图9.11(c)所示。

 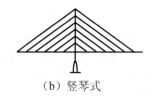 

(a) 扇式　　　　　　　(b) 竖琴式　　　　　　　(c) 辐射式

图9.11　拉索的立面布置形式

在实际中，还有将以上几种形式综合使用的例子，如边跨采用平行形而中跨采用扇形等。

3）拉索的索距选择

根据拉索在主梁上的间距，斜拉索有稀索和密索两类。早期斜拉桥多采用稀索，目前则多采用密索。对于钢梁，稀索间距为30～60m；对于混凝土梁，稀索间距为15～30m。密索间距大约为6～8m。密索体系斜拉桥具有的优点：索间距较短，主梁弯矩减小；每束的拉力较小，锚固点的构造简单；伸臂施工时所需辅助支撑较少，每根拉索的截面较小，每索只用一根在工厂制造的外套PE保护管的钢索；拉索更换较容易。

4）拉索的构造

拉索必须用高强度的钢筋、钢丝或钢绞线制作。主要有3种形式，如图9.12所示。

5）拉索的锚具

目前常用的拉索锚具和项目1所介绍的张拉锚具大致相同，即锥形锚具、镦头锚和夹片群锚，具体参见项目1。

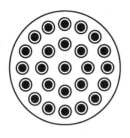 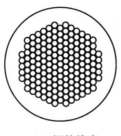 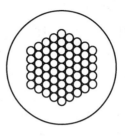

（a）平行钢筋索　　　（b）钢绞线索　　　（c）平行钢丝索

图 9.12　拉索的构造

2. 索塔

塔柱主要承受轴力，除柱底铰支的辐射式斜索布置外，也要承受弯矩。此外，制动力、温度变化、混凝土徐变与收缩等还会增加柱内弯矩。在采用悬臂法施工时，塔柱会受到相当大的不平衡弯矩。对于单面索的独塔情况，塔柱的抗风稳定性就成为突出的问题。

从桥梁的立面看，塔柱主要有独柱式、A 形和倒 Y 形 3 种。从桥梁的横断面看，塔柱的主要形式有独柱式、双柱式、门形、H 形、梯形、A 形、倒 V 形、倒 Y 形、宝石花形等，如图 9.1～图 9.10 所示。

3. 主梁

主梁也是斜拉桥的主要承重构件之一，它与其连接的桥面系共同承受车辆荷载。

斜拉桥常用的主梁形式，按静力体系分有连续梁、悬臂梁和悬臂刚构等。连续梁刚度大，整体性好，对抗风、抗震都有利，且挠曲线平顺，对行车也较好，所以一般宜首先考虑采用。但在设计时应考虑由于徐变、收缩和温度变化引起较大的纵向位移而使塔柱承受相当大的弯矩。早期修建的斜拉桥较多采用带挂梁的悬臂梁或刚构形式，这种主梁体系一般适用于软土地基，但对抗震较不利，目前已基本不用。

混凝土斜拉桥主梁常用的截面形式有板式截面、分离式双箱截面、闭合箱形截面、半封闭箱形截面。

任务 9.2　斜拉桥施工

9.2.1　拉索的施工

1. 拉索的制作

1）制索工艺流程

制索工艺流程一般为：钢丝除锈→调直→应力下料→防护漆→穿锚→镦头→浇锚→烘锚→拉索防护→超张拉→标定。

若采用高密度聚乙烯管作为拉索防护时，应在钢丝成索后即穿套聚乙烯管，然后再穿锚。同索钢丝索须在同一温度下下料，防止温差过大影响钢丝长度的精度。

2) 索长计算

计算索长是为得出制作拉索的钢丝下料长度。首先求出每一根拉索的长度基数 L_0，然后对这一基数进行若干修正，即得到钢丝的下料长度 L。

一般钢丝下料长度计算公式为

$$L = L_0 - \Delta L_e + \Delta L_f + \Delta L_{ML} + \Delta L_{MD} + 2L_D + 3d$$

式中，L——钢丝下料长度；

L_0——每根拉索的长度基数，是该拉索上、下两个索孔出口处在拉索张拉完成后锚固面的空间距离；

ΔL_e——初拉力作用下拉索弹性伸长修正值；

ΔL_f——初拉力作用下拉索垂度修正值；

ΔL_{ML}——张拉端锚具位置修正值，最终位置可设定螺母定位于锚杯的前 1/3 处；

ΔL_{MD}——锚固端锚具位置修正值，可设定螺母定位于锚杯的 1/2 处；

L_D——锚固板厚度；

$3d$——拉索两端所需的钢丝镦头长度，d 为钢丝直径。

对于采用夹片群锚（拉丝式锚具）的拉索，下料长度不计入镦头长度，而应加上满足张拉千斤顶工作所需的拉索操作长度 ΔL_S。

如组成拉索的钢丝下料时的温度和桥梁设计中取定的标准温度不一致，则应加温度修正。如要用应力下料，则还应考虑应力下料修正。温度修正和应力下料修正可根据具体情况考虑决定。

对于大跨径斜拉桥，拉索的制作宜和挂索协调进行，随时注意上一阶段的挂索情况，根据反馈的信息，对下一阶段的拉索长度作出是否需要调整的决定。

2. 挂索

挂索就是将拉索架设到索塔锚固点和主梁锚固点之间的位置上。由于斜拉桥的结构特性，挂索总是从短索进行到长索。根据设计要求，拉索可能是成品索或现制索，挂索的方式也各不相同。

1）成品索挂索

用吊机将拉索起吊，借助卷扬机将拉索两端分别穿入主梁和索塔上的预留索孔，并初步固定在索孔端面的锚板上完成挂索，或者设置临时钢索作为导向缆绳，并用滑轮牵引完成挂索。

施工前应先计算出卷扬机的牵引力及连接杆的长度，根据短索、中索、长索制定不同的挂索方案。挂索过程中还应校验计算值是否符合实际情况，并以先期挂索的实际情况对下一根较长牵引索的牵引力和连接杆长度进行调整。

短索可直接用塔顶吊机放盘，并将拉索张拉端与安置在索塔内的张拉千斤顶的牵引钢绞线连接（索塔处为张拉端时），并在桥面吊机的配合下，将拉索锚固端安装到主梁上。塔顶吊机和卷扬机辅助牵引挂索施工如图 9.13 所示。

(a)　　　　　　　　　　　　(b)

图9.13　塔顶吊机和卷扬机辅助牵引挂索施工

长中索可用在索塔内的卷扬机和滑轮组进行牵引，并与安置在索塔内的拉索张拉千斤顶的牵引钢绞线连拉，完成挂索。

长索挂索仍可用与索塔内拉索张拉千斤顶的牵引钢绞线连接的方法来完成挂索。但由于长索要求的牵引力大，直接用卷扬机将锚具拉出洞口比较困难，为此，可将张拉用的连接杆先安装在拉索锚具上，再用卷扬机拉连接杆，使锚具露出洞口，用螺母固定过后完成挂索。对于更长、质量更大的拉索，由于卷扬机的牵引力有限，连接杆的长度就要相应增长。较长的连接杆可以由几节组成，千斤顶拉出一节就卸去一节，以方便施工。

对特长和质量特大的拉索，为避免卷扬机牵引力不足及连接杆太长，可采用下述方式挂索：先在索塔上的索孔中穿入一束由若干根钢绞线组成的柔性牵引索，并在索塔张拉千斤顶上附设一套钢绞线的牵引装置。卷扬机提升拉过至连接杆，到达塔外索孔进口附近时，就可与钢绞线束连接，并利用千斤顶的力量，将连接杆拉入索孔，完成挂索。

成品索除采用上述方法完成挂索外，还可在塔顶和主梁前端之间设置临时钢索，然后用若干根滑轮吊索来引拉预先已展开的拉索，滑轮吊索的下端将拉索吊起，上端则有滑轮可沿临时钢索向上滑行，直至拉索到达塔上索孔完成挂索。这种方法挂索的缺点是临时钢索随着主梁长度的加大需经常变换位置，挂索效率较低。

2) 现制索挂索

现制索即拉索是在挂索过程中完成制索的。先在拉索上方设置一根粗大的钢缆作为导向索，将拉索的聚乙烯防护套管(或其他拉索防护套管)悬挂在导向索上，然后逐根穿入钢绞线(或高强钢筋)，用单根张拉的小型千斤顶调整好每根钢绞线(或高强钢筋)的初应力，最后用群锚千斤顶整体张拉，完成制索、挂索和张拉全过程。

3. 拉索的张拉

拉索的张拉是在拉索完成挂索施工后导入一定的拉力，使拉索开始受拉而参与工作。通过对拉索的张拉，可以对索力及桥面高程进行调整。所以拉索的张拉工艺、索力及高程的控制是斜拉桥施工的关键，应按设计单位的要求进行，并将施工控制的实际结果迅速反馈给设计单位,以便及时调整,指导下一步的施工。

拉索的张拉包括悬臂架设时最外一根拉索的初次张拉,内侧紧邻一根拉索的二次张拉,主梁合龙后的最终张拉,以及施工中间的调整张拉等。

1) 拉索张拉方法

拉索张拉方法如图 9.14 所示。

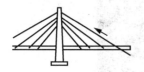 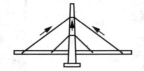 

(a) 用千斤顶直接张拉　　(b) 用临时钢索将主梁前端拉起　　(c) 用千斤顶将鞍座顶起

(d) 将主梁先架设在高于设计标高的位置上　　(e) 在支架上将主梁前端向上顶起

图 9.14　拉索张拉方法

我国一般采用液压千斤顶直接张拉拉索的施工工艺。

2) 索力测量

为了施工中准确控制、调整索力,必须掌握测定索力的方法。由于测量数据会有一定的误差,要求反复多次进行测定。测定索力的方法很多,这里主要介绍采用千斤顶油压表、测力传感器和频率振动法。

(1) 千斤顶油压表。拉索用液压千斤顶张拉时,只要测得油缸的液压即可求出索力。但张拉用的千斤顶油压表要用精密压力表事先标定,求得压力表的液压和千斤顶张拉力之间的关系。用此法测定索力的精度可达 1%～2%。

液压换算索力简单方便,因此这种方法是施工过程中控制索力最实用的一种方法。

(2) 测力传感器。用测力传感器测定索力的原理是,拉索张拉时,千斤顶的张拉力是由连接杆传到拉索锚具的,如果将一个穿心式测力传感器套在连接杆上,则张拉拉索时,在受压后输出电信号,就可在配套的二次仪表上读出千斤顶的张拉力。这类测力传感器常需专门设计,由专业厂生产,方可收到良好效果,其精度一般可达 0.5%～1.0%。

(3) 频率振动法。频率振动法是根据拉索索力和振动频率之间的关系求得索力。

9.2.2　主塔的施工

索塔有钢索塔和混凝土索塔两种。钢索塔具有造价高、施工精度要求高、抗震性好、维护要求高等特点;混凝土索塔则有价格低廉、整体刚度大、施工简便、成桥后一般无需养护和维修的特点。现代斜拉桥中,一般采用混凝土索塔。我国已修建的斜拉桥,绝大多数为混凝土索塔。

项目 9 斜拉桥构造与施工

1. 钢主塔施工

我国的南京长江三桥采用的是钢主塔。钢索塔一般采用预制拼装的施工办法，分为工厂分段预制加工和现场吊装安装两大施工阶段。钢索塔施工，应对垂直运输、吊装高度、起吊吨位等施工方法进行充分考虑。钢索塔应在工厂分段焊接加工，事先进行多段立体试拼装，合格后方可出厂。主塔在现场安装，常常采用现场焊接头、高强度螺栓连接、焊接和螺栓混合连接的方式。经过工厂加工制造和立体试拼装的钢塔，在正式安装时应予以施工测量控制，并及时用填板或对螺栓孔进行扩孔的方法来调整轴线和方位，防止加工误差、受力误差、安装误差、温度误差和测量误差的积累。

钢主塔的防锈蚀措施，可以采用耐候钢材，也可采用喷锌层。但国内外绝大部分钢塔仍采用油漆涂料，其一般可保持使用的年限为 10 年。油漆涂料常采用两层底漆，两层面漆，其中三层由加工厂涂装，最后一道面漆由施工安装单位最终完成。

2. 混凝土主塔施工

混凝土索塔通常由基础、承台、下塔柱、下横梁、中塔柱、上横梁、上塔柱拉索锚固区段及塔顶建筑 8 部分组成。

混凝土索塔的塔柱分为下塔柱、中塔柱和上塔柱 3 部分，一般可采用支架法、滑模法和爬模法分节段施工，常用的施工节段大小划分为 1~6m 不等。在塔柱内，常常设有劲性骨架，劲性骨架在加工厂加工，在现场分段超前拼接，精确定位。劲性骨架安装定位后，可供测量放样，立模、钢筋绑扎，拉索钢套管定位用，也可供施工受力用。

混凝土索塔的下横梁和上横梁一般采用支架法现浇，一般为预应力混凝土结构。在高空中进行大跨度、大断面现浇高强度等级预应力混凝土横梁，其难度很大。施工时要考虑到模板支撑不同的线膨胀系数的影响，日照温差对混凝土、钢的不同时间差效应等产生的不均匀变形的影响，以及相应的变形调节措施。

索塔混凝土的浇筑可采用提升法输送混凝土，有条件时应采用泵送混凝土工艺，一次泵送的混凝土高度为 200m 以上。

3. 索塔拉索锚固区塔柱施工

拉索在塔顶部的锚固形式主要有交叉锚固、钢梁锚固和箱形锚固等。箱形锚固的施工程序为，先架立劲性骨架，绑扎钢筋，再安装套筒，套筒定位，再安装预应力管道及钢束，之后，进行模板安装，混凝土浇筑养护，最后施加预应力，压浆。

4. 索塔施工测量控制

索塔在施工过程中，受施工偏差、混凝土收缩和徐变、基础沉降、风荷载和温度变化等因素的影响，其几何尺寸及平面位置可能发生变化，对结构受力产生不利影响。因此，在施工的全过程中，应采取严格的施工测量控制措施和对索塔施工进行定位指导和监控。除了应保证各部位的几何尺寸正确之外，还应该进行主塔局部测量系统与全桥总体测量系统接轨。

索塔局部测量常采用全站仪三维坐标法或天顶法进行。测量控制的时间一般应选择

22:00～7:00日照之前的时段内,以减少日照对主塔造成的变形影响。此外,随着主塔高度不断升高,也应选择在风力较小的时候进行测量,并对日照和风力影响予以修正。

5. 索塔基础施工

斜拉桥索塔基础常采用的形式有扩大基础、沉井或沉箱基础、管柱基础和桩基础4种。

9.2.3 主梁的施工

斜拉桥的主梁施工方法与前面讲的梁式桥大致相似,一般有顶推法、平转法、支架法、悬臂法4种。参见项目6的相关内容。

现重点介绍悬臂法中的长挂篮施工技术。

长挂篮施工除借用待浇梁段的永久索(也称牵索)作为前支点外,仍保留普通斜拉式挂篮的三角形承重钢构架,并在三角架的前端加设一根前吊杆,与挂篮前端的牵索共同作为前支点受力。浇筑节段混凝土时,悬挂模板平台的前吊杆、后吊杆和借用永久索的两根牵索共同承担节段混凝土的重力。由于模板平台在工作中始终处于简支支承状态,所以平台长度仅为待浇梁段长度的1.5倍,即12m,为常规平台长度的一半,故把这种挂篮称为"短平台复台型牵索挂篮"。每个8m长节段的施工周期为7~10d。长挂篮主梁施工如图9.15所示。

斜拉桥与其他梁桥相比,主梁高跨比较小,梁体十分纤细,抗弯能力差。当采用悬臂施工时,如果仍采用应用于梁式桥的传统的挂篮施工方法,由于挂篮重力大,梁、塔和拉索将由施工内力控制设计,很不经济,有时还很难过关。所以必须充分利用斜拉桥结构本身的特点,在施工阶段就充分发挥斜拉索的效用,尽量减轻施工荷载,使结构在施工阶段和运营阶段的受力状态基本一致。

图9.15 长挂篮主梁施工

斜拉桥主梁在施工过程中要求采取临时固结措施,以抵抗因两侧梁体的荷载不同产生的倾覆力矩,一般临时固结分为加临时支座并锚固主梁和设临时支承两种方式。

任务9.3 斜拉桥施工控制与调整

9.3.1 施工管理

工程实践表明,斜拉桥施工中理论值与实测值偏离的程度不仅与测量、千斤顶张拉存在误差,以及理论计算时所采用弹性模量、徐变系数、结构自重、施工荷载等设计参数与实际工程中表现出来的参数不一致等随机因素有关,而且与施工中是否严格按预定的施工顺序进行架设,施工临时荷载的控制,以及测量时机的选择等人为因素密切相关。

(1)主梁恒载的误差对结构内力和变形的影响较为显著,应在技术上、管理上采取有效的措施将误差减小到最低程度。同时对施工荷载也要严加管理,因为它对结构内力和变形的影响不容忽视。

(2)及时完成各项施工的测试任务,采集的数据应准确、可靠,它们是施工控制的主要依据。

(3)严格按规定的施工程序进行安装架设。施工中如果出现施工荷载或架设方案发生较大变更的情况,则应根据变更后的施工荷载或架设方案重新进行施工计算,以便获得与此相应的施工控制参数的理论值,从而保证理论计算模式与实际施工过程的一致。

1. 施工测量

施工测量是施工控制的重要组成部分,通过测试所获得的斜拉桥在施工各阶段结构内力和变形的第一手资料是施工控制、调整的主要依据,同时它也是监测施工、改进设计及确保在施工过程中结构安全的重要手段。施工测试的内容主要包括以下几个方面:

(1)变形测试,主要观测主梁挠度、主梁轴线偏差和塔柱水平位移的变化情况。通常使用(精密)水准仪、经纬仪、倾角仪等测量仪器。

(2)应力测试,主要测定斜拉索索力、支座反力和主梁、塔柱的应力在施工过程中的变化情况。一般使用千斤顶油压表、荷载传感器或激振法、随机振动法等测定斜拉索的索力,主梁塔柱应力的测试则使用各种应变仪(应变片)或测力计等。

(3)温度测试,主要观测主梁、塔柱和斜拉索的温度(温度场)及主梁挠度、塔柱位移等随气温和时间而变化的规律。斜拉桥的主梁为预制钢梁时,合龙段施工前夕的温度测试,对于合龙温度的选择和合龙段预制钢梁长度的确定具有重要的指导作用。

2. 温度影响

温度变化,特别是日照温差的变化对斜拉桥结构内力和变形的影响是复杂的。施工阶段,日照温差对大跨径斜拉桥主梁挠度和塔柱水平位移的影响尤其显著。温度变化将在一定程度上影响结构变形实测值的真实性。一般应在斜拉桥的施工计算中对结构由于温度变化所产生的内力和变形做定性的分析,并在施工中采取相应措施,最大限度地保证施工测试实测值的真实性。

通过理论计算可发现：

(1) 当斜拉桥整个结构均匀升温或降温时，温度变化对主梁挠度的影响较小。

(2) 日照温差对主梁挠度的影响要比季节温差的影响大得多。随着主梁悬臂施工长度的增加，日照温差的影响愈加显著。一般在一天中日照温差对结构变形影响最小的时候，即在清晨日出之前进行测量。

9.3.2 施工控制的原则

一般来说，斜拉桥施工时，在主梁悬臂架设阶段确保主梁线形平顺、正确是第一位的，施工中以高程控制为主。二期恒载施工时为保证结构的整体内力和变形处于理想的状态，拉索张拉时以索力控制为主。

所谓"高程控制为主"，并非只控制主梁的高程，而不顾及拉索索力的偏差。施工中应根据结构本身的特性和施工方法的不同，采取相应的控制策略。如果主梁刚度较小，斜拉索索力的微小变化将引起悬臂端挠度较大的变化，斜拉索张拉时应以高程测量进行控制。如果主梁刚度较大（或主梁与桥墩联结后结构刚度大为增加），斜拉索索力变化了很多而悬臂端挠度的变化却非常有限，施工中应以拉索张拉吨位进行控制，然后根据高程的实测情况对索力做适当的调整。此时高程、线形的控制主要是通过混凝土浇筑前放样高程的调整（采用悬臂浇筑施工方法时）或预制块件间接缝转角的调整（采用悬臂拼装施工方法时）来加以实现的。

9.3.3 施工控制的方法

在斜拉桥施工的理论计算中，虽然可采用各种计算方法算出各施工阶段（步骤）的索力和相应的挠度、位移值，但是按理论计算所给出的索力进行施工时，结构的实际变形却未必能达到预期的结果。以国外修建的大跨度混凝土斜拉桥为例，美国 P-K 桥跨度为 300m，合龙时偏差为 17cm；法国的 Brotone 桥跨度为 320m，用压重的方法才使大桥合龙。

对于偏差的处理和索力的调整，常用的方法有以下几种。

1. 一次张拉法

在施工过程中每一根斜拉索张拉至设计索力后不再重复张拉。对于施工中出现的梁端挠度和塔顶水平位移偏差不用索力调整，而是任其自由发展，或通过下一块件接缝转角进行调整，直至跨中合龙时挠度的偏差采用压重等方法强迫合龙。一次张拉法简单易行、施工方便，但对构件的制作要求较高。因为对已完成的主梁高程和索力不予调整，主梁线形较难控制，跨中强迫合龙则扰乱了结构理想的恒载内力状态。

2. 多次张拉法

在整个施工过程中对拉索进行分期分批张拉，使施工各阶段的结构内力较为合理，梁塔的受力处于大致平衡的状态，即梁塔仅承受轴向力和数值不大的弯矩。主梁的线形主要通过斜拉索索力在一定范围内的调整而加以控制。

南浦大桥的施工就采用这一控制方法。在每一节段的施工中，当发现架梁线形与设计线形发生一定偏离时,即调整正在安装节段或临近节段上斜拉索的索力,对架梁线形进行局部调整。索力调整的幅度一般在设计值+300kN的范围内。考虑到桥面板与钢架形成叠合梁后主梁刚度增大,不仅线形调整的难度增加,而且索力调整将在刚形成叠合梁的桥面板混凝土中产生附加内力,此时主梁抵抗弯矩的能力较差,索力调整受到一定限制,因此线形调整一般在接缝混凝土浇筑前进行。接缝混凝土养生期间则对主梁线形进行一次全面观测。此外,安装新节段钢梁前,拼接点的高程应符合设计要求,这主要取决于接缝混凝土达到强度后,斜拉索进行第二次张拉,以及桥面吊机移位时的控制、调整。采用上述调索方法后,南浦大桥主梁的线形得到了有效控制。两岸主梁在未进行专门调索的状态下顺利合龙。合龙时两岸上游和下游4个主梁悬臂端点的高差最大为15mm(其余3点的最大高差为3mm)。

3. 设计参数识别、修正法

该方法根据施工中结构的实测值对主要设计参数进行估计,然后将被修正过的设计参数反馈到控制计算中去,重新给出施工中索力和挠度的理论期望值,以消除理论值与实测值中不一致的部分。所选择的设计参数主要有混凝土的收缩徐变系数、主梁抗弯强度和构件自重等。宁波市甬江斜拉桥的施工即采用该方法进行施工控制。

小　结

本项目对斜拉桥分类与构造、斜拉桥施工、斜拉桥施工控制与调整做了较为详细的阐述。

具体内容包括斜拉桥的分类,斜拉桥的构造体系;拉索的制作、挂索、挂索的张拉、主塔施工、主梁施工的流程;施工管理、施工测量、施工控制的方法。

本项目的教学目标是使学生了解斜拉桥的分类,熟悉斜拉桥的构造;熟悉拉索的制作、挂索、张拉、主塔施工、主梁施工的流程;熟悉施工管理、施工控制的方法。

思考与练习

1. 简述斜拉桥的分类。
2. 斜拉桥拉索索面有哪些类型?各有哪些特点?
3. 混凝土斜拉桥主梁常用的截面形式有哪些?各有哪些特点?
4. 简述拉索的张拉方法。
5. 主梁常用的施工方法有哪些?各有哪些特点?
6. 简述斜拉桥的施工控制原则及施工控制的方法。

项目 10　悬索桥构造与施工

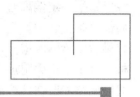

📐 教学目标

通过对悬索桥分类与构造的学习,熟悉悬索桥的分类及基本构造;通过对悬索桥施工的学习,熟悉锚碇与桥塔的施工工艺,掌握主缆的架设施工方法。

📐 教学要求

知识要点	能力要求	相关知识
悬索桥分类与构造	熟悉悬索桥的分类及基本构造	桥涵设计与施工规范
悬索桥施工	熟悉锚碇与桥塔的施工工艺,掌握主缆的架设施工方法	

项目 10　悬索桥构造与施工

引子

悬索桥也称吊桥,是目前世界上最大跨度桥梁的桥型。悬索桥主要结构由主缆、索塔、锚碇、吊索、加劲梁组成。悬索桥施工顺序:锚碇及基础,悬索桥塔及基础,主缆和吊索的架设,加劲梁的工厂制作与工地安装架设,桥面及附属工程等。

武汉阳逻长江大桥

任务 10.1　悬索桥分类

悬索桥也称吊桥,是指利用主缆和吊索作为加劲梁的悬挂体系,将桥跨所承受的荷载传递到桥塔和锚碇的桥梁。其主要由主缆、桥塔、锚碇、吊索、加劲梁 4 部分组成,如图 10.1 所示。悬索桥的类型可根据悬吊跨数、主缆锚固方式及悬吊方式等方面加以划分。

图 10.1　悬索桥概貌

10.1.1　按悬吊跨数分类

悬索桥可分为双塔单跨、三塔两跨及四塔三跨等多跨悬索桥,其中双塔单跨、三塔两跨悬索桥最为常用。广西柳州红光大桥（双塔单跨悬索桥）如图10.2所示，泰州长江大桥（三塔两跨千米级悬索桥）如图10.3所示。

图10.2　双塔单跨悬索桥　　　　图10.3　三塔两跨悬索桥

10.1.2　按主缆的锚固方式分类

按主缆的锚固形式划分，可分为地锚式悬索桥和自锚式悬索桥两类。

（1）地锚式悬索桥。绝大多数悬索桥都采用地锚式锚固主缆，即主缆通过重力式锚碇或岩隧式锚碇将荷载产生的拉力传至大地来达到全桥的受力平衡，这是大跨度悬索桥最佳的受力模式。

（2）自锚式悬索桥。在较小跨度的悬索桥中，也有个别以自锚形式锚固主缆的，在边跨两端将主缆直接锚固于加劲梁上，主缆的水平拉力由加劲梁提供轴压力自相平衡，不需要另外设置锚碇。这种桥式的加劲梁要先于主缆安装施工，因施工困难、经济性差等原因一般很少在实践中采用。

10.1.3　按悬吊方式分类

（1）采用竖直吊索并以钢桁架作加劲梁，如图10.2所示。

（2）采用三角布置的斜吊索，并以扁平流线形钢箱作为加劲梁（图10.4），也有呈交叉形布置的斜吊桥。

图10.4　独塔自锚式斜吊索悬索桥（沈阳富民桥）

(3) 混合式，即采用竖直吊索、斜吊索和流线形钢箱梁作为加劲梁。除了有一般悬索桥的缆索体系外，还设有若干加强的斜拉索。

10.1.4 按支承结构分类

如果按加劲梁的支承结构来分，悬索桥又可分为单跨两铰加劲梁悬索桥、三跨两铰加劲梁悬索桥及三跨连续加劲梁悬索桥等。

任务 10.2　悬索桥构造与施工概述

10.2.1 悬索桥的组成

悬索桥是由主缆、加劲梁、桥塔、鞍座、锚碇、吊索等构件构成的柔性悬吊组合体系。成桥时，主要由主缆和桥塔承受结构自重，加劲梁受力情况由施工方法决定；成桥后，结构共同承受外荷载作用，受力按刚度分配。悬索桥施工顺序为锚碇及基础，悬索桥塔及基础，主缆和吊索的架设，加劲梁的工厂制作与工地安装架设，桥面及附属工程等。

10.2.2 锚碇和桥塔的构造与施工

1. 锚碇

锚碇是支承主缆的重要结构部分。大跨悬索桥的锚碇由散索鞍墩、锚块、锚块基础、锚室、主缆和锚碇架及锚盖等组成。锚碇一般分为重力式锚碇和隧道式锚碇两大类。

1) 重力式锚碇

重力式锚碇依靠混凝土的自重获得锚碇的稳定，传递主缆的巨大张力，这种锚碇数量较大，成本较高。重力式锚碇一般为大体积混凝土浇筑施工(图 10.5)，必须注意解决混凝土的水化热及分块浇筑的施工问题。水化热引起内外温差和最高温升会导致锚体混凝土开裂。

2) 隧道式锚碇

隧道式锚碇是在基岩内开凿隧道，在隧道底部设锚碇板或填塞一段混凝土作为锚块，可大大节省工程数量，降低工程造价(图 10.6)。现代大跨度悬索桥使用隧道式锚碇较少，当两岸有坚固的基岩时，可采用隧道式锚碇。隧道式锚碇在岩体开挖过程中应注意爆破的药量，尽量保护岩石的整体性，使隧道锚坚固可靠。

矮寨特大桥为吉茶高速公路的控制性工程，为 280m＋1128m＋124m 的钢桁加劲梁单跨悬索桥，桥梁两端直接与隧道相连，两岸锚碇分别采用了重力式锚碇和隧道式锚碇，如图 10.7 所示。

3) 锚碇架的制作和架设安装

锚碇架是主缆的锚固结构，由锚杆、锚梁及锚支架 3 部分组成。锚支架在施工中起支承锚杆及锚梁的重力和定位的作用，主缆索股直接与锚杆连接，锚杆分为单束和双束两种，可采用 A3 或 16Mn 钢板焊接而成。锚碇的安装精度主要应控制锚梁，然后对锚杆进行安装，调整其轴线顺直和锚固点的高程。

图10.5　重力式锚碇

图10.6　隧道式锚碇

图10.7　矮寨特大桥采用的重力式锚碇和隧道式锚碇

2. 桥塔

悬索桥桥塔的施工与斜拉桥基本类似，分为钢桥塔和混凝土桥塔两种形式。

1）钢桥塔的施工

依据悬索桥规模、类型、施工地点的地形条件并考虑经济适用性，主要有浮式吊机施工法、塔式吊机施工法和爬升式吊机施工法3种方法。

2）混凝土桥塔的施工

塔身和立柱常采用的施工方法为翻模法、滑模法、爬模法和提升支架法等，如我国厦门海沧大桥东桥塔采用的翻模施工。此类方法均为高墩施工。

3. 锚碇和桥塔基础

悬索桥的桥塔基础和锚碇基础为沉井、沉箱、明挖扩大基础或桩基础。

10.2.3 主缆架设

1. 主缆架设的准备工作

主缆架设前,应先安装索鞍(包括主副索鞍、展束锚固索鞍等),安装塔顶吊机或吊架及各种牵引设施和配套设备,然后依次进行导索、拽拉索、猫道的架设,为主缆架设做好准备。

2. 导索及牵引索(拽拉索)架设

导索的架设是牵引系统及整个悬索桥上部结构安装的第一步,也是最重要的环节。

1) 海底拽拉法

海底拽拉法属于较早时期的导索架设办法。是将导索从一岸塔底临时锚固,然后将装有导索索盘的船只驶往彼塔,并随时将导索放入水底,然后封闭航道,用两端塔顶的提升设备将导索提升至塔顶,置入导轮组中,并引至两端锚碇后,再将导索的一端引入卷扬机筒上,另一端与拽拉索(主牵引索副牵引索或无端牵引绳)相连,接着开动卷扬机,通过导索将拽拉索引过河。广州黄埔大桥导索架设即采用此法,期间进行了航道封闭,如图10.8所示。

图 10.8 海底拽拉法

2) 浮子法

浮子法指将导索每隔一定距离装一个浮子,再将导索拽拉过河,导索不会沉入水底,其他方面与"海底拽拉法"无大差别。

以上两种方法仅适于潮流较缓,无突出岩礁等障碍时采用。

3) 空中渡海法

当水流较急时,一般采用空中渡海法,即在一端锚碇附近连续松放导索,经塔顶后固定于拽拉船上,随着拽拉船前行,导索相应放松,因此一般不会使导索落入水中,导索至另一岸索塔处时,往往从另一端锚碇附近将牵引索引出,并吊上索塔后沿另侧放下,再与拽拉船上的导索头相连接,即可开动卷扬机,最后收紧导索,从而带动牵引索过河。

4) 直升机牵引法

2006年8月1日,国内桥梁架设史上首次采用直升机牵引导索过海工程在浙江省舟山连岛工程西堠门大桥成功实施。直径为6mm的导索由直升机从211m高的西堠门大桥南塔经过1650m的海面缓缓牵引至桥梁北塔塔顶。由于该桥所处水文、地质条件复杂，无法采用传统牵引方式，因此在国内首次采用直升机牵引，如图10.9所示。

(a)　　　　　　　　　　　　　　(b)

图10.9　直升机牵引法

3. 猫道架设

猫道相当于一座临时轻型索桥，其作用是在主缆架设期间提供一个空中工作平台。它由锚道承重索、猫道面板系统、横向天桥和抗风索等组成，一般宽3~5m，每主缆下设一个，为方便工人操作，猫道面层距主缆中心线的高度一般为1.3~1.5m，且一般沿主缆中心线对称布置，如图10.10所示。

猫道索的架设在初期也有用类似导索架设的方法，理由同前所述。现在多是在一端塔顶(或锚碇)起吊猫道索一端，与拽拉器相连后牵引至另一端头，然后将其一端入锚，另一端用卷扬机或手动葫芦等设施牵拉入锚并调整其垂度，最后将其两端的锚头锁定。猫道索矢度调整就绪后即可铺设猫道面板，一般是先将横木和面材分段预制，成卷提升至塔顶，沿猫道索逐节释放，并随之把各段间相连，然后将横木固定在承重索上，并在横木端部安装栏杆立柱及扶手索等。横向天桥可在猫道架完后铺设，也可随其一起铺设。

此外，若架设主缆的拽拉系统用门架支承和导向时，还必须在猫道上每隔一定距离架设猫道门架。

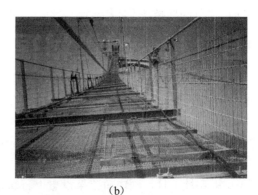

(a)　　　　　　　　　　　　　　(b)

图10.10　猫道架设

4. 主缆架设

主缆的架设方法一般有两种，即空中编缆法（AS法）和预制丝股法（PS法）。

1）空中编缆法

空中编缆法就是先在猫道上将单根钢丝编制成主缆丝股，多束丝股再组成主缆。其施工程序如下：

将待架的钢丝卷入专用卷筒运至悬索桥一端锚碇旁，并将其一头抽出，暂时固定在一个梨形蹄铁上，此头称为"死头"，然后将钢丝继续外抽，套于送丝轮的槽路中，而送丝轮则连接于牵引索上，当卷扬机开动时，牵引索将带动送丝轮将钢丝送至对岸，同样套于设在锚碇处的一个梨形蹄铁上，再让送丝轮带动其返回始端，如此循环多次则可按要求数量将一束丝股捆扎成束，如图10.11所示。这里，不断从卷筒中放钢丝的一头称为"活头"，其中一束丝股牵引完成后，就将钢丝"活头"剪断，并与先前临时固定的"死头"用特制的钢丝连接器相互连接。

图10.11 送丝工艺示意图

2）预制丝股法

预制丝股法就是在工厂或桥址旁的预制场事先将钢丝预制成平行丝股，然后利用拽拉设施将其通过猫道拽拉架设，如图10.12所示。其主要工序为丝股牵引架设，测调垂度，锚跨拉力调整。与AS法比较，PS法每次牵拉上猫道的是丝股而不是单根钢丝，所以重力要大数倍，所需牵引能力也要大得多，故采用全液压无级调速卷扬机，牵引方式有门架支承的拽拉器和轨道小车两种。

3）锚跨内钢丝束拉力调整

不管是AS法，还是PS法，在主边跨丝股垂度调整后，都必须调整锚跨内丝股的拉力，具体方法为，用液压千斤顶拉紧丝股，并在锚梁与锚具支承面间插入支承垫板，即可通过丝股的伸长导入拉力。实际控制时是采用位移（伸长量）和拉力"双控"。

4）紧缆挤圆

在各丝股调整好垂度并置入索鞍后，即用紧缆机将大缆挤压成圆形。紧缆机一般是在一个可开闭的环形刚性钢架内，由沿径向设置的多台千斤顶和辅助设施构成。为使两侧主缆从两端能对称作业，每桥一般配置4台紧缆机的同时对称紧缆。如图10.13所示。

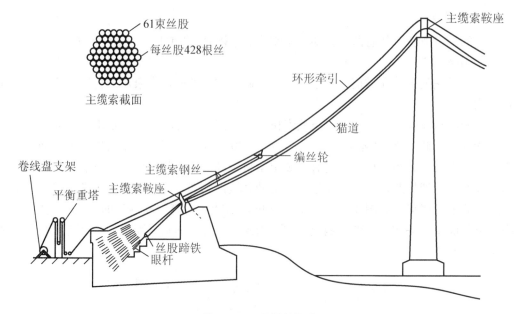

图 10.12 预制丝股法

图 10.13 紧缆

5) 缠丝

紧缆挤圆之后,在索夹、吊索及加劲梁等大部分恒载都已加于主缆之时,即可缠丝。缠丝之前,先在主缆表面涂铅丹膏,然后用缠丝机缠丝,并随时刮去挤出表面的铅丹膏。缠丝之后在大缆表面涂漆防护。

10.2.4 加劲梁的架设

在加劲梁架设之前,应进行索夹和吊索的安装,吊索的安装如图 10.14 所示。悬索桥加劲梁的架设方法一般分为两种:一种架设方法是,先从主塔附近的节段吊装架设开始而逐渐向跨中及桥台推进;另一种方法是,先从跨中节段开始向两侧桥塔方向推进。

采用卷扬机式的跨缆吊机(图 10.15)吊装钢箱梁或钢桁梁,如图 10.16 所示。具体步骤如下:

(1)将跨中梁段索夹的下半部分与钢箱梁上的中央扣连接成一个整体,利用跨缆吊机将梁整体起吊安装,同时利用缆索吊安装上半个索夹。

(2)跨中梁段吊装完毕后,移动跨缆吊机,对称吊装各预制梁段。

(3)采用临时支架平台,辅以轨道平移方法,将边跨梁段垂直放置在吊点下方,垂直起吊。

(4)垂直吊装合龙段后,完成整个钢箱梁的吊装。

图 10.14 吊索安装

图 10.15 跨缆吊机

图 10.16 跨缆吊机吊装钢箱梁或钢桁梁

10.2.5 施工控制

主缆和加劲梁的架设是悬索桥施工的关键环节。在主缆和加劲梁的架设过程中,桥塔和缆上的荷载不断变化着,主缆的线形也随之变化。为使悬索桥建成后其加劲梁和主缆都能达到设计线形,就需要在整个施工中进行严格的监测和控制。大跨度悬索桥按照理论计算值进行施工,在施工测量精度范围内,确保实际线形与设计要求的线形相符合。大跨度悬索桥的结构线形主要受主缆线形与吊索长度控制,主缆一旦架设完成,其线形不能进行调整。

主要的施工监控:对主缆的施工控制,即要求主缆内各钢丝均匀受力的控制;对主缆调股的控制,即股缆在主跨和边跨的矢度调到要求的位置;对主缆架设中长度的控制;对塔上主鞍座位置的控制,主缆架设时,鞍座的空间位置应该具有一个靠岸的偏移量;对加劲梁段架设中的施工控制。

大跨度悬索桥施工监控主要考虑以下 6 个方面:

(1) 初始参数的收集与整理分析,这些参数包括跨度、高程、猫道影响等。
(2) 鞍座预偏量与基准丝股线形的计算和架设监测。
(3) 索夹位置的计算与索夹放样的控制。
(4) 吊索长度的修正。
(5) 加劲梁架设过程的计算分析与测量。
(6) 桥面合理线形的形成。

小 结

本项目对悬索桥分类、悬索桥的构造施工做了简明扼要的阐述。

具体内容包括:悬索桥的分类;悬索桥的构造及锚碇与桥塔的施工工艺、主缆的架设、加劲梁的架设、施工控制。

本项目的教学目标是使学生熟悉悬索桥的分类及基本构造;熟悉锚碇与桥塔的施工工艺,掌握主缆的架设施工方法。

思考与练习

1. 主缆架设要进行的准备工作有哪些?为什么要进行这些准备工作?
2. 猫道的作用是什么?猫道是如何进行架设的?
3. 比较主缆架设施工的空中编缆法和预制丝股法的异同。
4. 空中编缆法是如何确定丝股的位置的?

项目 11 钢桥构造与施工

教学目标

通过对钢桥类型与构造的学习,了解钢桥的种类,熟悉梁式体系桥、拱式体系桥、悬索桥、钢-混凝土组合结构梁桥的特点,掌握钢桥的应用及其特点;通过对悬臂法安装钢梁的学习,了解其基本工艺,熟悉降低钢梁安装应力和挠度的措施;通过对拖拉法架设钢梁的学习,熟悉半悬臂的纵向拖拉、全悬臂的纵向拖拉、推顶架设钢梁的方法;通过对浮运法架设钢梁的学习,了解浮运法工艺,熟悉浮运法施工的关键问题。

教学要求

知识要点	能力要求	相关知识
钢桥类型与构造	了解钢桥的种类,熟悉梁式体系桥、拱式体系桥、悬索桥、钢-混凝土组合结构梁桥的特点,掌握钢桥的应用及其特点	钢结构设计及施工规范;桥涵施工规范
悬臂法安装钢梁	了解基本工艺,熟悉降低钢梁安装应力和挠度的措施	
拖拉法架设钢梁	熟悉半悬臂的纵向拖拉、全悬臂的纵向拖拉、推顶架设钢梁的方法	
浮运法架设钢梁	了解浮运法工艺,熟悉浮运法施工的关键问题	

引子

钢桥用结构钢制造，常用于实腹梁桥及大跨度的桁架梁桥、拱桥、斜拉桥和悬索桥。

钢拱桥的结构形式很多。作为主要承重结构的拱肋有实腹型与桁架型两种。实腹型拱肋的拱桥，其结构较简单，外形也较美观，但刚度稍差。公路钢拱桥多采用实腹型拱肋，而大跨度铁路钢拱桥则以用桁架型拱肋为宜。桁架钢拱桥刚度较大，公路与铁路桥梁均可使用。

钢梁节点

南京长江大桥

任务 11.1 钢桥类型及构造

钢桥可分为梁式体系桥、拱式体系桥、悬索桥和钢-混凝土组合结构桥 4 类。

11.1.1 梁式体系桥

梁式体系桥主要形式有板梁和桁梁两种。当跨度小于 40m 时，钢板梁比钢桁梁经济。我国铁路钢桥大多采用梁式桥。

1. 钢板梁

钢板梁分为上承式和下承式两种，上承式钢板梁的桥面位于主梁之上，两主梁间距小，用钢量较小，所以使用较为广泛，下承式钢板梁适用于桥下净空受限制的情况。

1) 上承式钢板梁

上承式钢板梁构造简单，如图 11.1(a)所示。

主梁是两片 I 字形截面的板梁，是主要的承重结构，两主梁的中心距离为 2m。为了使两片主梁形成稳定的空间结构并承受横向水平力，在两片主梁间有许多联系杆件。上面杆件与主梁的上翼缘组成一个水平桁架，称为上面水平纵向联结系(简称上平纵联)；下面的则称为下面水平纵向联结条(简称下平纵联)。在两片主梁间还设有竖向交叉杆，为上横撑下横撑及主梁的加劲肋组成一个横向联结系，简称横联。位于主梁中间的称为中横联，位于主梁两端的称为端横联。这些联结系的杆件采用角钢或槽钢。

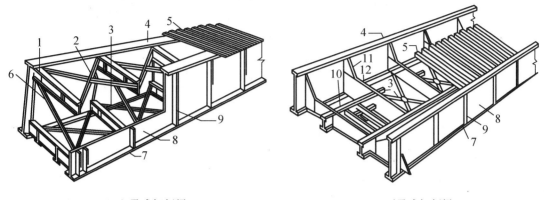

(a) 上承式钢板梁　　　　　　　　(b) 下承式钢板梁

图 11.1　钢板梁

1—端横联；2—上平纵联；3—下平纵联；4—上翼缘；5—桥枕；6—中横联；7—下翼缘；
8—腹板；9—加劲肋；10—纵梁；11—肋板；12—横梁；

2) 下承式钢板梁

当桥梁的建筑高度受到限制时，桥面不能直接铺设在主梁上面，只能采用下承式钢板梁。下承式钢板梁的桥面铺设在纵梁上，纵梁由横梁支承，横梁又由主梁支承，如图 11.1(b)所示。为了使两片主梁形成稳定的空间受力结构，必须在每根横梁端部上方加设三角形肋板，对主梁的上翼缘起支承作用，同时又与横梁连在一起，可起横联的作用。主梁间距由限界要求决定，一般为 5.4m，纵梁间距为 2m，横梁间距为 4m。

下承式钢板梁的缺点为：桥面系复杂，用料多，制造费工高；宽度大，无法整孔运送，增加了装运和架梁的工作量。

3) 结合梁

用抗剪结合器或其他方法将混凝土桥面板与其下的钢板梁结合成为一个整体梁式结构，这种结构称为结合梁桥，如图 11.2 所示。

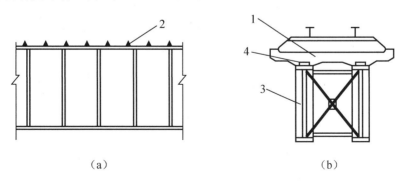

(a)　　　　　　　　(b)

图 11.2　结合梁

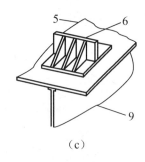 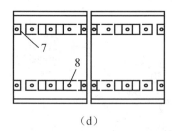

图 11.2 结合梁(续)

1—钢筋混凝土道砟槽板；2—连接角钢；3—板梁；4—道砟槽板平面；5—上翼缘；
6—连接角钢；7—连接器预留孔；8—ϕ50 圆孔；9—腹板

2. 钢桁梁

跨度在 40m 以上的桥梁，用板梁不经济，应采用桁梁。桁梁也有上承式和下承式之分。大跨度钢梁一般采用下承式。

下面以铁路下承式钢桁梁桥为例。下承式钢桁梁由桥面、桥面系、主桁架、联结系、制动撑架及支座 6 部分组成。现就前 5 部分作简要叙述。

1) 桥面

铁路钢桥的桥面有明桥面和道砟桥面两种。我国使用较多的是明桥面，优点是质量小，缺点是噪声大。铁路明桥面由以下七部分组成。

(1) 钢轨：为车轮运行的轨道，采用基本轨。

(2) 护轨：列车如遇掉道，护轨可以约束车轮，使之沿钢轨和护轨之间的空隙前进，以防车辆从侧面冲出桥外，造成重大事故。护轨可采用较轻级钢轨，也可用∟150×150×16 角钢。采用角钢做护轨的好处是车轮掉道后将在角钢水平肢上滚动，不致压坏轨枕。因此，遇下列情况时均应在基本轨的内侧铺设护轨：①特大桥和大中桥；②桥长为 10m 及以上的小桥，当曲线半径小于或等于 600m，或桥高(轨底至河床最低处)大于 6m 时；③跨越铁路、重要公路、城市交通要道的立交桥。护轨伸出桥台挡砟墙以外一定距离后，弯曲交会于铁路中心时，护轨可用旧轨。

(3) 桥枕：钢桥明桥面用木枕而不用预应力混凝土枕是为了减轻自重，以便桥面具有较好的弹性，减少活载的冲击作用。在轮压下，桥枕相当于一个小横梁，因此需采用比一般枕木稍大的尺寸。桥枕的常规尺寸为 20cm×24cm×300cm，且应竖放。桥枕净距不得小于 10cm，以免抽换不便；用护轨时其最大间距不得大于 21cm，以防车轮掉道后卡在桥枕间，造成撞桥事故。护轨如采用角钢，则桥枕净距容许最大到 30cm，以节约木材。

(4) 护木：护木的作用是固定桥枕的相对位置。车轮掉道后万一越出护轨，护木还可以起第二道护轨的作用。护木也可采用∟200×150×16 角钢代替，长肢平放。

(5) 防爬角钢：防爬角钢的作用是，在车轮纵向力作用下，防止桥面在梁上爬行。防爬角钢连牢在纵梁上。

(6) 枕间板：钢筋混凝土枕间板铺设于线路中部，供养路人员行走。

(7) 人行道：人行道放在桥枕两侧，供养路人员使用。因为它设在建筑限界范围以内，故每隔 30m 应设一座避车台。人行道板的顶面应低于桥枕底面，以免妨碍抽换桥枕。

2) 桥面系

桥面系包括纵梁、横梁和纵梁间的联结系。由桥面传来的荷载先作用于纵梁，由纵梁传至横梁，再由横梁传至主桁节点。纵梁的间距可以是 1.5～2.5m，常规间距为 2.0m。小于或大于 2.0m 时应改用截面较小或较大的桥枕。

3) 主桁架

主梁是钢桁梁的主要承重结构，如图 11.3 所示。其作用是承受竖向荷载，将荷载通过支座传给墩台。主桁架由上弦杆、下弦杆和腹杆三部分组成。腹杆又分为斜杆和竖杆两种，有的桁架没有竖杆。竖杆视其受拉或受压又分为挂杆和立杆两种。杆件交汇的地方称为节点。有斜杆交汇的节点，受力及构造比较复杂，节点板尺寸较大，一般称大节点；仅有竖杆与弦杆交汇的节点，受力及构造比较简单，节点板尺寸较小，称为小节点。大节点左右的弦杆，内力不等，截面不同，通常在节点中心或节点旁是断开的；小节点左右的弦杆，内力不等，截面相同，因此弦杆在小节点处不必断开。节点间的距离称为节间，节间的长度一般也就是横梁的间距及纵梁的跨度。

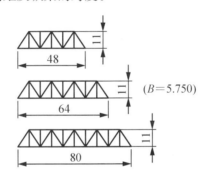

图 11.3 简支钢桁梁设计图示(单位：m)

4) 联结系

联结系有纵向的和横向的两种，它们的作用是与主桁架一起，使桥跨结构成为几何图形稳定的空间结构，能承受各种横向荷载。纵向联结系设在主桁架的上、下弦平面内，平纵联的主要作用是承受作用于桥跨结构的横向水平荷载，包括作用于主桁、桥面系、桥面和列车上的横向风力，列车摇摆力和曲线桥上的离心力。平纵联的另一作用是在横向支撑弦杆，减少弦杆在主桁平面外的自由长度。湘桂线柳江铁路下承式钢桁梁桥如图 11.4 所示。

横向联结系设在桥跨结构的横向平面内，位于端部的叫端横联，下承式桥叫桥门架。位于中部的叫中横联。桥门架设在主桁端斜杆平面内，中横联设在主桁竖杆平面内。主桁没有竖杆时，中横联可设在主桁中斜杆平面内。对于桁架，中横联的间距不要大于两个节间，对于板梁则要求不大于 6m。如果只有主桁和纵联，则桥跨结构的横向几何图形仍然是不稳定的。端横联及桥门架的作用是可使桥跨形成一个空间几何图形的稳定结构，中横联的作用是增加桥跨结构的抗扭刚度。当桥跨结构上受到不对称的竖向荷载和横向荷载时，中横联还可适当调节两片主桁或两片纵联的受力。

图 11.4　湘桂线柳江铁路下承式钢桁梁桥

5）制动撑架

桥面系中的横梁是承受竖向荷载的构件。其竖向抗弯刚度很大，纵向水平抗弯刚度小，没有足够的抗弯能力来承受通过纵梁传来的纵向水平制动力。为了不让制动力作用在横梁上，在与桥面系相邻的平纵联内还应设置承受制动力的制动横撑，将作用于横梁上的制动力通过制动横撑传至主桁，再经由主桁传给支座。跨度不超过 48m 的梁，允许不设制动横架。

上承式钢桁梁（图 11.5）的组成情况与下承式桁梁相似，只是桥面系的位置不同。

图 11.5　上承式钢桁梁桥

11.1.2 拱式体系桥

钢拱桥与钢桁架桥相比,具有外形美观、用钢量较省、跨越能力较大等优点,如图 11.6 所示。钢拱桥和钢斜拉桥相比,其刚度较大,稳定性与抗震性均较好。当桥址处于风速或地震烈度较大的地区,或桥梁承受荷载且地质条件良好时,钢拱桥仍不失为可考虑采用的一种大跨度桥梁。

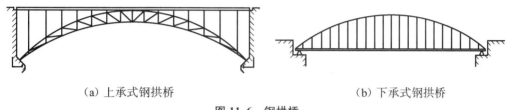

(a) 上承式钢拱桥　　　　　　　　(b) 下承式钢拱桥

图 11.6　钢拱桥

现代的钢拱桥多采用双铰和无铰拱。无铰拱桥的拱趾承受较大的弯矩,要求有坚固的地基,因此双铰拱桥用得较多。但无铰拱桥具有刚度大的优点,不仅抗震性能良好,而且钢拱桥的结构形式很多。作为主要承重结构的拱肋有实腹型与桁架型两种。实腹拱肋的拱桥,其结构较简单,外形也较美观,但刚度稍差。公路钢拱桥多采用实腹拱肋,而大跨度铁路钢拱桥用桁架型拱肋为宜。另一种形式的钢拱桥,形如桁架,但受力状态与桁梁桥不同,其支承处有水平推力。这种形式的钢拱桥,刚度较大,公路与铁路桥梁均可使用。

11.1.3 悬索桥

悬索桥是指以悬索为主要承重结构的桥(图 11.7)。其主要构造包括主缆、索塔、锚锭、吊杆、桥面及加劲梁。悬索桥的承重构造是高强的钢索,因此恒载较轻,从而增大了跨越能力,可较方便地在交通不便、施工条件差的深山大谷使用。据理论分析,其极限跨径可达 4000 m。悬索桥根据所悬吊的加劲梁的刚度不同,又分为刚性悬索桥和柔性悬索桥。

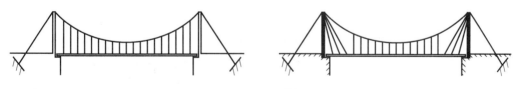

图 11.7　悬索桥

11.1.4 钢-混凝土组合结构桥梁

钢-混凝土组合结构是指用型钢或钢板焊接(或冷压)钢截面,在其上面、四周或内部浇筑混凝土,使混凝土与型钢形成整体,并且共同受力的结构,也可简称为组合结构。组合结构在各种桥型中均有应用,目前应用比较多的主要有以下 3 种类型。

1. 钢-混凝土组合梁

钢-混凝土组合梁是指由外露的钢梁与混凝土桥面板组成的组合结构,如图 11.8 所示。在混凝土板和钢梁之间设置剪力键,以保证在荷载作用下混凝土板与钢梁共同受力,共同变形。

2. 预弯组合梁

预弯组合梁是利用配置在混凝土里的钢梁的自身变形,对混凝土施加预应力的型钢混凝土结构,它是由预弯曲的工字形钢梁和一、二期混凝土组成的组合结构,简称为预弯梁。它具有钢结构、钢筋混凝土结构及预应力混凝土结构的特点,其截面组成如图 11.9 所示。

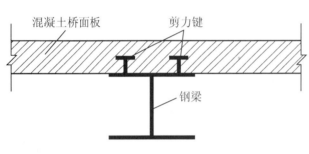

图 11.8　钢-混凝土组合梁断面

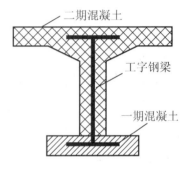

图 11.9　预弯组合梁截面

3. 钢管混凝土结构

钢管混凝土结构是将普通混凝土填入薄壁圆形钢管内而形成的组合结构,如图 11.10 所示。这种结构借助内填混凝土增强钢管壁的稳定性,借助钢管对核心混凝土的约束作用,使核心混凝土处于三向受压状态,从而使得核心混凝土具有更高的抗压强度和变形能力。

图 11.10　钢管混凝土拱桥

11.1.5 钢桥的应用及特点

钢桥用结构钢制造，常用于实腹梁桥及大跨度的桁架梁桥、拱桥、斜拉桥和悬索桥。随着桥梁跨径的不断增大，桥梁结构构件的跨度和高度也要随之增加，但是不能无限地增大断面、增加自重，钢材的应用便解决了这个问题。目前世界上的大跨径桥梁大部分是钢桥，钢桥的主要优点如下：

(1) 钢材具有较高的强度，因而采用的断面较小，占用的空间也小。
(2) 钢材韧性好，有利于桥梁抗震。
(3) 降低结构自重，相应减小了下部结构的造价。
(4) 工业化的制造和拼装，上部结构和下部结构可同时施工，加快了投资的回收。
(5) 钢桥拆除时可以重新回炉，重新冶炼，实现资源的回收利用。

但是，钢桥也有缺点：

(1) 钢构件在大气作用下易受侵蚀，易生锈，要经常涂油漆，养护费用比混凝土桥高。
(2) 钢结构在高温下强度急速下降，钢桥应特别注意防火。
(3) 钢构件全部预制，制作精度要求比较高。
(4) 用钢量大，造价高。

11.1.6 钢桥实例

1. 水柏铁路北盘江大桥

水柏铁路北盘江大桥是目前世界上最大单铰转体重量的铁路钢管混凝土拱桥。全长486.2m，桥跨布置为：3×24mPC简支梁+236m上承提篮式钢管混凝土拱+5×24mPC简支梁。主拱跨度为236m，单铰转体重量10400t。桥面与江面高差为280m，如图11.11所示。

图 11.11 北盘江大桥

本桥为我国第一座铁路钢管混凝土拱桥，填补了钢管混凝土和焊接管结构在我国铁路桥梁上应用的空白。大桥施工转体施工重量达 10 400t，为当时世界单铰转体施工的最大重量。

大桥主跨结构是：主跨为 236m，其拱轴线为悬链线，矢高为 59m；每侧拱桁管中心高为 4.4m，宽为 1.5m，由 4 根 $\phi 1000mm \times 16mm$ 的 Q345d 钢管及 H 腹杆、腹板以栓焊连接而成；上下游拱肋之间则以 $\phi 800mm \times 14mm$ 及 $\phi 600mm \times 14$ 钢管组成构件，管管相贯焊接；拱肋拱顶中心距为 6.16m，拱趾中心距为 19.6m。拱肋钢管内灌筑 C50 微膨胀混凝土。拱上结构为 $5 \times 16m$ 预制钢筋混凝土简支梁＋82m 拱顶现浇 Π 混凝土梁＋$5 \times 16m$ 预制钢筋混凝土简支梁，拱上桥墩为钢筋混凝土钢架墩。

大桥施工方案：236m 主跨钢管桁架拱采用工厂内分单元制造，铁路、公路运输。在大桥南北两岸陡峭峡谷的工地支架上进行栓焊连接成两个半拱，单铰水平转体合龙（南岸水平逆转 180°，北岸水平逆转 135°），钢管内混凝土以泵送顶升法施工。拱上结构用吊质量为 60t、跨度为 480m 的缆索吊机施工。

2. 万州铁路长江大桥

万州铁路长江大桥（图 11.12）位于重庆市万州区长江上游 7km 处的红溪沟，连接重庆万州与湖北宜昌。该大桥全长 1106.3m，钢结构总重 9268t。大桥于 2002 年底动工，2005 年 6 月成功合龙，主跨为长 360m 的刚性拱柔性梁的钢桁拱桥，是我国当时最大跨度的铁路桥梁。该桥创下了国内铁路建设史上两个第一的纪录：一是首次采用大桥主跨为 360m 的钢桁拱桥；二是实现了大跨度钢桁拱合龙零误差精准对接。

图 11.12 万州铁路长江大桥

项目 11 钢桥构造与施工

任务 11.2 悬臂法安装钢梁

11.2.1 概述

悬臂法安装是在桥位上拼装钢梁时，不用临时赝架支承，而是将杆件逐根依次拼装在平衡梁上或已拼好的部分钢梁上，形成向桥孔中逐渐增长的悬臂，直至拼至次一墩台上，这称为全悬臂拼装。若在桥孔中设置一个或一个以上临时支承进行悬臂拼装时称为半悬臂拼装。用悬臂法安装多孔钢梁时，第一孔钢梁多用半悬臂法进行安装。由桥跨两边墩台向中间拼装至桥孔中合龙称为中间合龙。一般来说，在下列情况下适宜采用悬臂法安装钢梁：

(1) 桥比较高，跨度较大的通航河流；水深流急，有流冰或有较多木排的河流；不宜浮运或不能修建满布式赝架时，可考虑采用悬臂安装。

(2) 钢梁的结构形式有利于悬臂安装时，如连续桁梁、悬臂桁梁及多孔简支桁梁等，可考虑采用悬臂安装。

(3) 在安装单孔大跨度简支梁时，如借用其他桥的钢梁作为平衡梁，亦可采用悬臂安装。

11.2.2 降低钢梁安装应力和伸臂端挠度的措施

钢梁在悬臂安装过程中，随着悬臂长度的加大，伸臂端点的下挠度和悬臂支承处附近的杆件应力将逐渐加大，有时大到超出允许范围的程度。因此，降低钢梁安装应力和伸臂端挠度，减少悬臂孔的施工荷载，保证钢梁拼装时的稳定性，是悬臂安装的关键问题。

为了降低钢梁的安装应力和减少伸臂端挠度，目前常采用的措施是从增强梁的刚度，减少梁的伸臂长度，严格控制悬臂端的施工荷载等方面来考虑的。下面介绍几种常用的措施。

1. 在伸臂安装应力最大区段的杆件采取临时加固措施

对于压杆：或是增加中间支承以减小压杆的自由长度，或是在杆件内嵌入方木并用螺栓和钢箍将其与杆件夹紧，也可换用较大截面的杆件，该杆件在钢梁架设完毕以后，一般不再拆换。这些方法虽可增大杆件的稳定性或强度，但对于多孔悬臂安装的钢梁，需加固的杆件较多，加固用的材料不易回收。因此，施工中是否采用悬臂安装法，应根据具体情况综合考虑。

2. 在伸臂安装应力最大区段上加设加劲梁

临时拼就的加劲梁和钢梁结合成一个整体结构，使之增大该区段的刚度和强度，从而降低了该段杆件的安装应力，减小了悬臂端的挠度。

加劲梁可借用暂不拼装的钢梁杆件，当该孔钢梁拼装完毕后即可把加劲梁拆除移至另一孔使用。这种方法虽然有效，但拼装和拆除加劲梁费工费时，所以此法不常采用。

3. 在安装应力最大区段铺设预施拉力的吊索——吊索塔架法

吊索塔架是钢梁安装的辅助结构，近几年来，我国在安装大跨度钢梁时曾成功地使用了吊索塔架法。

在悬臂拼装钢梁时，随着悬臂长度的加大，悬臂孔支座附近的杆件应力和悬臂端挠度会越来越大。吊索塔架的作用，就是当钢梁拼装到一定长度时，用下锚箱张拉吊索，或起顶塔架，将钢梁悬出部分向上提拉，借助吊索的斜拉力，从而减小杆件应力和梁端挠度，使之安全地拼装到下一桥墩上。

4. 安装墩旁托架

为避免钢梁超过安装应力或加固杆件过多，悬臂拼装钢梁时，可在前方墩台的一侧，安装一定长度的临时钢梁（即墩旁托架），如图11.13所示。当钢梁悬臂拼装至托架顶部时，则可将梁端支承在托架上，以减小悬臂长度，改善悬臂时的受力状态和减小梁端挠度。

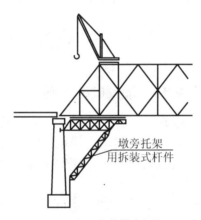

图11.13 安装墩旁托架

托架通常是用拆装式杆件拼成的，其长度根据施工要求来决定。托架水平拉杆（或水平桁架）的一端锚在桥墩上，当托架受力时，使墩身产生较大的弯矩，该弯矩使桥墩的另一侧产生较大的拉应力。

5. 使用水上吊船

当悬臂拼装至一定长度，若钢梁某些杆件的安装应力接近容许值时，拼梁吊机（以很大的集中荷载作用在悬臂端）不能再向前拼装杆件，这时如条件许可，可将拼梁吊机后移至支座处，所余1～2个节间杆件的安装工作，可用水上吊机进行。水上吊机应在水位平稳、无大风大浪的情况下使用，使吊机在稳定状态下拼装杆件。

6. 半悬臂拼装法

为了减少钢梁的悬臂长度，在条件允许时，可在桥孔中设置一个或几个临时墩，使钢梁受力状态大大改善。在多孔钢梁悬臂拼装时，第一孔钢梁多用此法拼装。临时墩的个数根据拼装中钢梁的稳定程度和受力状态来决定。临时墩多由拆装式杆件拼成，有时也利用试验墩。临时墩的基础要可靠，以防墩架沉陷引起钢梁附加应力增加。

7. 中间合龙法

大跨度连续梁或简支梁已广泛采用全悬臂安装或半悬臂安装。但是，随着伸臂长度的增大，为保证钢梁稳定所需的锚固梁的长度也将增大；支座附近杆件的安装应力和梁端挠度也将增大，有时还会超过允许值；过大的伸臂长度，将使钢梁的横向刚度减小，甚至会使钢梁在安装过程中产生较大的晃动。为了改善这些不利的情况，可采用中间合龙法，即由桥跨两旁的墩（台）向跨中同时拼装钢梁，在跨中进行合龙。例如，我国在拼装跨长192m的金沙江大桥时，即采用了中间合龙法。

中间合龙法的关键问题，是在架设过程中如何保证由墩（台）相向拼来的钢梁至桥孔中间时，两侧钢梁的端截面保持垂直，两侧钢梁合龙的杆件对准，无相对偏差。现场采用调整锚固梁前后支座相对高度的方法来达到上述目的，并使合龙截面处的弯矩和剪力均为零，使合龙节点在不受力的情况下拼装，合龙后再进行应力调整，如图 11.14 所示。

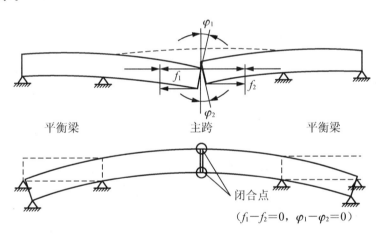

图 11.14　中间合龙

任务 11.3　拖拉法架设钢梁

钢梁拖拉架设法是将钢梁在桥头路基或临时膺架上进行拼组（铆合或栓接），并在钢梁下（纵梁下或主桁节点下）安设"上滑道"，而在路基或膺架、墩台顶面安置"下滑道"；在上滑道和下滑道之间根据施工设计的需要放置一定数量的滚轴，然后通过滑车组、绞车等牵引设备，沿桥轴纵向拖拉钢梁至预定的桥孔；最后拆除附属设备，落梁就位。

拖拉法架梁的优点：钢梁的现场拼装（铆合或栓接）工作大部分是在岸边路基或工作平台上进行的，工作条件好，容易保证质量；减少了高空作业的时间，比较安全；钢梁的拼装工作可以和墩台基础的施工并列进行,因而可以全面使用劳动力以缩短工期;拖拉法用于多孔连续梁的施工时,在一定的条件下,较为经济;拖位法用于战时抢修或行车线路上的换梁时可以保证较快速度的通车。但拖拉法也有其缺点:需要有一定的拖拉牵引的设备,需要设置一定数量的滑道及布置临时墩架等;更主要的是,拖拉法受到建桥工点附近地形的限制;对于大跨度双线钢梁,如果使用拖拉法会导致桥面系超强过多,加固量大,这样显得不经济而且耗费时间。

以下主要介绍几种常用的拖拉架梁方法。

11.3.1　半悬臂的纵向拖拉

根据被拖拉桥跨结构杆件的受力情况和结构本身稳定的要求(纵向抗倾覆稳定系数必须大于1.3),在拖拉过程中有时需要在永久性的墩、台之间设置临时性的中间墩架,以承托被拖拉的桥跨结构,这就是半悬臂的纵向拖拉。如图 11.15 所示,表示用拆装式杆件组拼成中间临时墩架的纵向拖拉。在水流较深,且水位稳定,有浮运设备,但搭设中间膺架不便时,可考虑采用中间浮运支承的纵向拖拉,如图 11.16 所示。

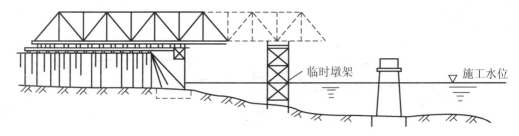

图 11.15　墩架支承的纵向拖拉

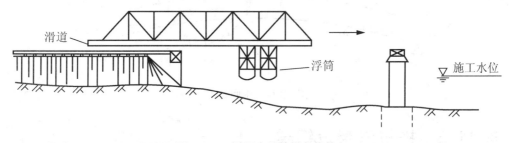

图 11.16　浮运支承的纵向拖拉

11.3.2　全悬臂的纵向拖拉

当水流湍急,不能采用浮运或浮拖,河床覆盖层较浅,有时冲淤,不稳定,不宜于用桩基或在岩盘上建筑临时墩架时,就要考虑使用在两个永久性墩、台之间不设置任何临时中间支承的全悬臂纵向拖拉。用拆装式杆件组成导梁的全悬臂纵向拖拉,如图 11.17 所示。导梁(有时也采用尾梁)的长度须使整个连接起来的系统在纵向拖拉时能保证稳定。

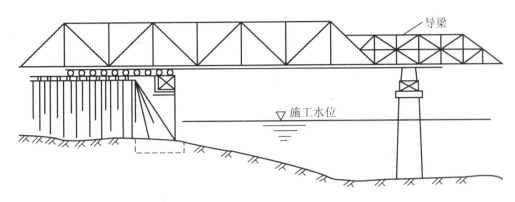

图 11.17　全悬臂纵向拖拉

11.3.3　推顶法架设钢梁

推顶法的主要工作过程，在沿桥纵轴的路基或墩架上拼组钢梁，然后用固定在桥台上的千斤顶通过临时安装在梁身上的拉条，向桥位上顶推梁体，使梁体在桥墩台顶上滑动。推顶一段后，用预先布置在桥台顶上的千斤顶将梁顶起，然后更换滑板的位置，继续推顶，直至全梁到达正式桥位后，落梁就位。

顶推过程中使用的装备主要是滑动装备和千斤顶（拉力千斤顶和起落梁用的千斤顶），必要时可采用导梁及吊索。

滑动装置一般采用聚四氟乙烯材料的支撑板（又称 4 号氟板，摩擦系数在 0.05 以下，为 0.02～0.04，氟板的容许压应力为 25～30MPa）及安全放在墩台支承上的刨光镀铬的不锈钢板。推顶法墩顶布置的示意如图 11.18 所示。

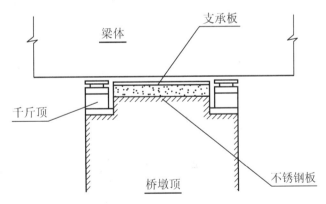

图 11.18　推顶法墩顶布置

每次推顶的行程可视桥墩的顺桥向宽度适当决定，一般限制在 1m 左右。每推顶一次前进 1m，逐次进行。该法被称做分段推进法，其主要步骤如图 11.19 所示。

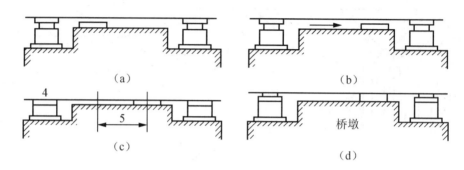

图 11.19 分段推进步骤

在推顶过程中如果跨度太大,可考虑采用导梁、设置中间临时墩架及吊索塔架等,以克服由于顶推过程中前端悬臂挠度过大所造成的施工困难,如图 11.20 所示。

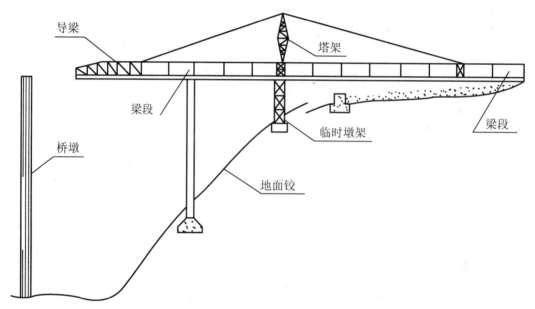

图 11.20 采用导梁、设置临时墩架和吊索塔架

任务 11.4 浮运法架设钢梁

11.4.1 概述

浮运架设法是在桥位下游的岸上,将钢梁拼铆(或栓合)成整孔后,利用码头把钢梁滚移到浮船上,再浮运至预定架设的桥孔上落梁就位。

浮运法架梁对自然条件有一定要求,如要求桥孔中有适当水深(如水深大于 2m);钢梁底面距施工水位不宜过高(如不大于12~15m);浮运过程中风力与流速不大(如风力不大于5级);架梁时水位应较稳定;岸边有拼装钢梁的场地和修建码头的条件。浮运法比较适宜在通航河流和架设孔数较多的情况。

浮运法架梁的主要优点:钢梁拼铆或栓合可在岸上进行,这不但减少了在桥孔中的高空作业,而且可与墩台施工平行作业,从而可加速全桥的施工进度;架设多孔钢梁时,浮运设备如码头、浮船等可重复使用,节省投资。

11.4.2 浮运方法

浮运方法受施工季节、水文变化、河床断面、两岸地形及机具设备等因素的限制,目前常用的方法有4种。

1) 纵移钢梁

在与河岸垂直的方向修建一座临时码头,拼铆好的钢梁沿码头纵向移出一定位置后,第1组浮船进入,托起钢梁的前半部,继续纵向移出一定位置,第2组浮船进入,托起钢梁的后半部,然后浮运至预定桥孔,落梁就位。这种方法是浮运的主要方法,如图11.21所示。

2) 横移钢梁

根据钢梁的长度,修建两座伸入河中的临时码头。拼铆好的钢梁沿码头横向滚移至码头前端,再将浮船驶入钢梁下面预定的位置,从浮船内抽水,使浮船托起钢梁,然后将钢梁浮运至预定桥孔,落梁就位。

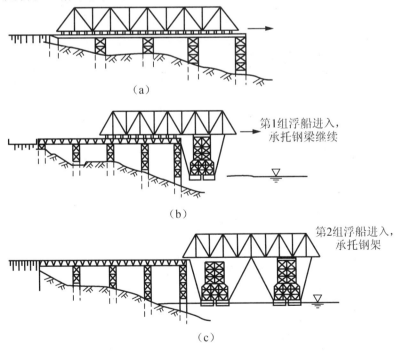

图11.21 纵移钢梁

3) 浮拖法

此方法与纵移法基本相同,不同的是此方法中的钢梁是由正桥(通常是上承式桁梁、钢板梁等)、线路上直接移出钢梁,拖至浮船上,浮运就位。浮拖法较适宜在拆换旧梁或架设单孔大跨度钢梁时使用。

4) 半浮运半横移钢梁

半浮运半横移在架设单孔大跨度钢梁时,钢梁在岸上拼铆成孔,先纵移一定位置后,第1组浮船进入,托起钢梁前半部,钢梁后半部由于岸边水浅,第2组浮船不能进入,此时钢梁后半部可在横向膺架上横移,移至预定桥孔落梁就位。

上述4种方法常是互相补充,相辅相成的,决定架梁方案时应综合考虑。

11.4.3 浮运支承

浮运支承主要由浮船、船上支架、浮船加固桁架及各种系缚工具组成,浮运支承的布置如图11.22所示。

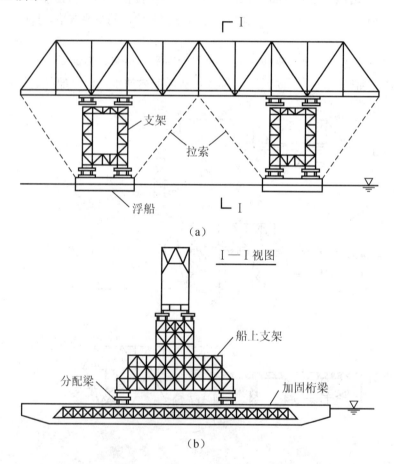

图11.22 浮运支承的布置

浮运一孔钢梁的支承不宜多于两个,以保证荷载分布明确,如果钢梁较重,在每一处支承下,可用两艘或多艘浮船联结使用,每个支承上设两个支点承托钢梁,以保证稳定性。

浮船可用铁驳船、坚固的木船或常备式的浮箱拼组。目前常用的为400t、800t铁驳,铁驳的平面为矩形,除舱口加盖外,船面均为甲板铺盖,舱内有纵向加劲桁架,设交叉斜杆。为了施工的需要,全船在平面上分成许多隔舱,部分舱相通,部分舱不相通,舱内均可充水,以便于浮船升降,并可借此调整浮船的受力状态。

常备式浮箱的主要型号为中-60型、KC-Y型及KC-3型,中-60型浮箱的外形尺寸为$2.0m \times 3.0m \times 6.0m$。KC-Y型浮箱和KC-3型浮箱三个方向的平面尺寸为$1.8m \times 3.6m \times 7.2m$,相互之间呈倍数关系,使用时,根据需要采用不同的个数组拼成不同的平面尺寸。在浮箱的底板和甲板的四边各设有两个∟$150 \times 100 \times 10$的角钢,在角钢的悬出肢上有$\phi 30$的孔眼,间距为90mm,浮船组拼时可用拼接板和螺栓相连。

11.4.4 浮运法施工

在浮运过程中,由于整个浮运系统的重心较高,再加上一些自然条件如风力、水流、波浪等的不利影响,如何保证浮运系统的稳定,使之安全地浮运就位,就成为浮运法架梁的关键问题。

为了保证浮运系统的稳定,浮运应从下游逆水进入桥孔较为安全稳妥。

在纵移时,钢梁从岸上移出,第1组浮船托起后,钢梁在一端浮拖的情况下继续向外滚移,随着钢梁拖出长度的增加,作用于第1组浮船的荷载逐渐加大,浮船也将逐渐下沉,此时钢梁将呈倾斜状态,这时对浮运系统的稳定将十分不利。为了使钢梁在浮托过程中保持水平状态,就必须随着钢梁的拖出,逐渐排出浮船压舱水,使浮船吃水深度保持不变。施工时应根据钢梁的自重和浮拖的速度来决定排水量,并配备适当能力的抽水机。

在有条件的河流,也可利用河流的涨落潮来托起或脱离钢梁。涨潮时浮运系统进入桥孔,并调好落梁位置;落潮时,钢梁脱离浮船就位,方便简单。

浮船在浮运过程中,船底高出河底的距离应大于40cm,以防其搁浅或接触杂物。浮船承受全部荷载后,露出水面的船舷高度应大于50cm,在风力的作用下,纵向和横向倾覆稳定系数应不小于2,浮船的纵向和横向倾角应小于5°,以保证浮运过程中浮运系统的稳定性。

浮船可用锚索,用人工或电动绞车绞紧或放松锚索来使浮船前进或横移,有时也用拖轮来帮靠、顶推或牵引浮船的方式进行。需用的绞车能力或拖轮马力都可根据施工风力和水流阻力由计算决定。

选用和布置锚碇设备是浮运钢梁的一件重要而细致的工作,所布置的绞车、地垄或锚碇应使浮船前进或横移方便可靠。锚索与水流方向的夹角不宜太大,锚索也不要太松太长,以免浮船位置难于控制。

浮运前应做好浮运系统的试验工作,例如:浮船隔舱的水密性试验,必须保证不漏水；探测浮运经过的河道，充分掌握河床情况，以防浮运时搁浅；其他设施如锚碇、地垄、绞车、支座、将军柱等在条件许可时，均需进行强度试验，并核实压舱水数量及抽水设备的能力。

浮运钢梁时如需封锁航道，应与航运、气象、水文等部门预先取得联系，协同有关部门进行航道监督工作和浮运的防护工作。

小　结

本项目对钢桥类型与构造、悬臂法安装钢梁、拖拉法架设钢梁、浮运法架设钢梁做了较详细的阐述。

具体内容包括：钢桥的种类，梁式体系桥、拱式体系桥、悬索桥、钢-混凝土组合结构梁桥的特点，钢桥的应用及其特点；悬臂法安装钢梁的基本工艺，降低钢梁安装应力和挠度的措施；半悬臂的纵向拖拉、全悬臂的纵向拖拉、推顶架设钢梁的方法；浮运法工艺，浮运法施工的关键问题。

本项目的教学目标是使学生了解钢桥的种类，熟悉梁式体系桥、拱式体系桥、悬索桥、钢-混凝土组合结构梁桥的特点，掌握钢桥的应用及其特点；了解悬臂法安装钢梁的基本工艺，熟悉降低钢梁安装应力和挠度的措施；熟悉半悬臂的纵向拖拉、全悬臂的纵向拖拉、推顶架设钢梁的方法；了解浮运法工艺，熟悉浮运法施工的关键问题。

思考与练习

1. 简述钢桥的类型及其构造。
2. 钢桥与混凝土桥梁相比，前者有何特点？
3. 试分析钢-混凝土组合结构桥梁的特点，与混凝土桥梁和钢桥相比有哪些优势。
4. 简述降低钢梁安装应力和悬臂端挠度的措施。
5. 简述悬臂法施工钢桥的使用范围。
6. 简述拖拉法架设钢梁的工艺过程。
7. 简述浮运法架设钢梁的方法及注意事项。

项目 12　涵洞构造与施工

教学目标

通过对涵洞的构造的学习,了解涵洞的基本分类,熟悉圆管涵、盖板涵涵身和洞口的构造组成;通过对涵洞施工测量的学习,熟悉涵洞的施工放样方法和过程,掌握基坑和基础放样;通过对一般涵洞施工的学习,掌握圆管涵、盖板涵的施工工艺过程及施工注意事项;通过对涵洞顶进施工的学习,了解顶进工艺原理,熟悉顶进工具及设备,掌握顶进施工工艺流程;通过对涵洞附属工程施工的学习,熟悉防水层、沉降缝和涵洞缺口填土的施工方法。

教学要求

知识要点	能力要求	相关知识
涵洞的构造	了解涵洞的基本分类,熟悉圆管涵、盖板涵涵身和洞口的构造组成	桥涵设计及施工规范
涵洞施工测量	熟悉涵洞的施工放样方法和过程,掌握基坑和基础放样	
一般涵洞施工	掌握圆管涵、盖板涵的施工工艺过程及施工注意事项	
涵洞顶进施工	了解顶进工艺原理,熟悉顶进工具及设备,掌握顶进施工工艺流程	
涵洞附属工程施工	熟悉防水层、沉降缝和涵洞缺口填土的施工方法	

引子

在公路和铁路工程中,除了桥梁外,涵洞也是极其重要的结构物。

涵洞是铁路和公路跨越水流较小的河沟,或为排泄路堤附近的地面水,或路堤在跨越农业排灌沟渠时作为通道而设置的一种建筑物。它还可作为横跨大小道路的立交涵洞,兼作排水和人、畜及车辆的通道。

按构造形式的不同,涵洞可以分为管涵(通常为圆管涵)、盖板涵、拱涵、箱涵、倒虹吸管等。

箱涵

既有铁路线框架顶进

任务 12.1 涵洞的构造

12.1.1 涵洞的分类

1. 按建筑材料分

1) 石涵

石涵是以石料为主要材料建造的涵洞。按力学性能的不同,石涵又有石盖板涵、石拱涵等类型;按构成涵洞的砌体有无砂浆分为浆砌和干砌两种类型。

2) 混凝土涵

混凝土涵是以混凝土为主要材料建造的涵洞。按力学性能的不同,混凝土涵洞有四铰管涵、混凝土圆管涵、混凝土盖板涵和混凝土拱涵 4 种类型。

砖、石料和混凝土材料在工程结构物中以承受压力为主,统称为圬工材料,由这些材料组成的涵洞叫圬工涵洞。

3) 钢筋混凝土涵

钢筋混凝土涵是以钢筋混凝土为主要材料建造的涵洞,如图 12.1 所示。由于钢筋混凝土材料坚固耐用、力学性能好,钢筋混凝土涵是铁路和高等级公路上常采用的结构类型。

(a)圆管涵　　　　　　　　　　(b)盖板涵

图 12.1　钢筋混凝土涵

4)其他材料组成的涵洞

对于小孔径涵洞有时也可以采用其他材料建造,如砖、陶瓷、铸铁、钢波纹管、石灰三合土等。这类涵洞有砖涵、陶瓷管涵、波纹管涵、石灰三合土涵等。

2．按构造形式分

按构造形式的不同,涵洞可以分为管涵(通常为圆管涵)、盖板涵、拱涵、箱涵、倒虹吸管等。下面对前 4 种涵洞做简要介绍。

(1)圆管涵。圆管涵主要由管身、基础、接缝及防水层组成,如图 12.2 所示。

图 12.2　钢筋混凝土圆管涵

(2)盖板涵。盖板涵主要由盖板、涵台、基础、洞身铺底、伸缩缝及防水层等部分组成,如图 12.3 所示。

(3)拱涵。拱涵主要由拱圈、护拱、拱上测圈、涵台、基础、铺底、沉降缝及排水设施等组成。

(4)箱涵。箱涵(框架涵)主要由钢筋混凝土涵身、翼墙、基础、变形缝等部分组成。因箱涵为整体闭合式钢筋混凝土框架结构,所以具有良好的整体性及抗震性。但由于箱涵施工较困难,造价高,一般仅在软土地基上采用。

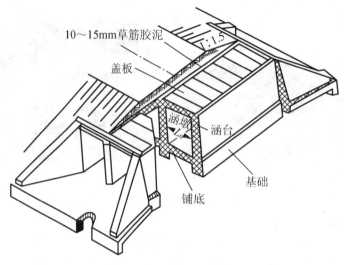

图 12.3　盖板涵各组成部分

3. 按涵洞顶填土高度分

（1）暗涵。当涵洞洞顶填土高度大于或等于 0.5m 时叫暗涵，一般用在高填方路段。

（2）明涵。当涵洞洞顶填土高度小于 0.5m 时叫明涵，常在低填方或挖方路段时采用。当涵洞洞顶填土不能满足大于或等于 0.5m 时，必须按明涵设计。

4. 按水力性质分

水流通过涵洞的深度不同，直接影响涵洞过水的水力状态，从而产生不同的涵洞水力计算图式。因此，按涵洞过水的水力性质不同，涵洞可分为无压力式、半压力式和压力式 3 种。

（1）无压力式涵洞：涵洞入口水流深度小于洞口高度，并在洞身全长范围内水面都不触及洞顶，洞内具有自由水面的涵洞。

（2）半压力式涵洞：涵洞入口水流深度大于洞口高度，水流充满洞口，但在洞身全长范围内（进水口处除外）都具有自由水面的涵洞。

（3）压力式涵洞：涵洞入口水流深度大于洞口高度，并在洞身全长范围内都充满水流且无自由水面的涵洞。

12.1.2　洞身构造及洞口建筑

1. 洞身构造

洞身的作用：一方面保证水流通过；另一方面也直接承受荷载压力和填土压力，并将其传递给地基。洞身是形成过水孔道的主体（图 12.4），它应具有保证设计流量通过的必要孔径，同时又要求本身坚固而稳定。洞身通常由承重结构（如拱圈、盖板等）、涵台、基础及防水层、伸缩缝等部分组成。钢筋混凝土箱涵及圆管涵为封闭结构，涵台、盖板、基础连成整体，其涵身断面由箱节或管节组成。为了便于排水，涵洞涵身还应有适当的纵坡，其最小坡度为 0.4%。

1) 管涵洞身

圆管涵洞身主要由各分段圆管节和支承管节的基础垫层组成，如图 12.2 所示。当整节钢筋混凝土圆管涵无铰时，称为刚性管涵。刚性管涵在横断面上是一个刚性圆环，管壁内钢筋有内外两层，钢筋可加工成圆圈或螺旋筋。

圆管涵的常用孔径为 75cm、100cm、125cm、150cm、200cm，对应的管壁厚度分别为 8cm、10cm、12cm、14cm、15cm。

2) 盖板涵洞身

盖板涵洞身由涵台（墩）、基础和盖板组成（图 12.4）。盖板有石盖板及钢筋混凝土盖板等。

钢筋混凝土盖板涵跨径 L 为 125cm、150cm、200cm、250cm、300cm、400cm，相应的盖板厚度 d 为 15～22cm。

基础有分离式（即涵台基础与河底铺砌分离）和整体式（即涵台基础与河底连成整体）两种，分离式基础适用于地基较好的情况，整体式基础适用于地基较差的情况。当基础采用分离式时，涵底铺砌层下应垫 10cm 厚的砂石，并在涵台（墩）基础与涵底间设置纵向沉降缝。为加强涵台的稳定，基础顶面间应设置支撑梁数道。

图 12.4　盖板涵构造

3) 拱涵洞身

拱涵洞身主要由拱圈和涵台（墩）组成。拱圈一般采用等截面圆弧拱。跨径 L 为 100cm、150cm、200cm、250cm、300cm、400cm、500cm，相应拱圈厚度 d 为 25～35cm。涵台（墩）临水面为竖直面，背面为斜坡，以适应拱脚水平推力的要求。

2. 洞口建筑

洞口的作用：一方面使涵洞与河道顺接，使水流进出顺畅；另一方面确保路基边坡稳定，使之免受水流冲刷。洞口是洞身、路基、河道三者的连接构造物。洞口建筑由进水口、出水口和沟床加固 3 部分组成。为使水流安全顺畅地通过涵洞，减小水流对涵底的冲刷，需对涵洞洞身底面及进口底面、出口底面进行加固铺砌，必要时还需在进口及出口前后还需设置调治构造物，进行沟床加固。

常用的洞口形式有端墙式、八字式、走廊式和平头式 4 种。无论采用何种形式，河床必须铺砌。

1) 正交涵洞的洞口建筑

(1) 端墙式：端墙式洞口由一道垂直于涵洞轴线的竖直端墙及盖于其上的帽石和设在其下的基础组成，如图 12.5(a) 所示。这种洞口构造简单，但泄水能力小，适用于流速较小的人工渠道或不易受冲刷影响的岩石河。

(2) 走廊式：走廊式洞口建筑是由两道平行的翼墙在前端展开成八字形或曲线形构成的，如图 12.5(b) 所示。这种洞口使涵前壅水水位在洞口部分提前收缩跌落，可以降低涵的设计高度，提高了涵洞的宣泄能力。但是由于其施工困难，目前较少采用。

(3) 八字式：在洞口两侧设置张开成八字形的翼墙，如图12.5(c)所示。为缩短翼墙长度并便于施工，可将其端部建成平行于路线的矮墙。八字翼墙与涵洞轴线的夹角，按水力条件最适宜的角度设置，但习惯上按30°设置。这种洞口工程数量小、水力性能好、施工简单、造价较低，因此是最常用的洞口形式。

(4) 平头式：又称领圈式，常用于混凝土圆管涵的建设，如图12.5(d)所示。因为需要制作特殊的洞口管节，所以模板耗用较多。但它可以比八字式洞口节省45%～85%的材料，而宣泄能力仅减少8%～10%。

2) 斜交涵洞的洞口建筑

(1) 斜交斜做：即涵洞洞身端部与路线平行，此方法用工较多，但外形美观且适应水流，所以较常采用，如图12.6(a)所示。

(2) 斜交正做：即涵洞洞口与涵洞纵轴线垂直，与正交时完全相同，此方法构造简单，如图12.6(b)所示。

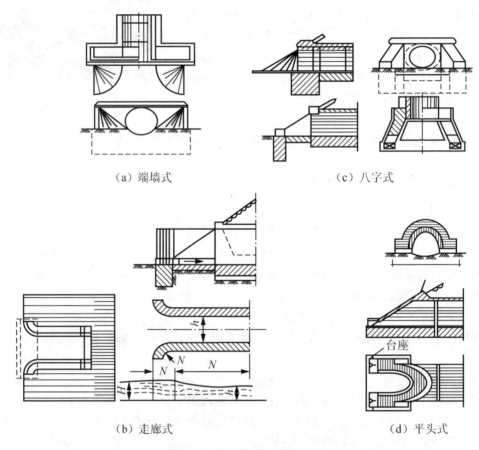

(a) 端墙式　　(c) 八字式

(b) 走廊式　　(d) 平头式

图12.5　正交涵洞的洞口建筑

项目 12 涵洞构造与施工

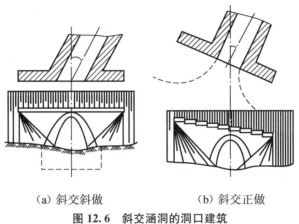

(a) 斜交斜做　　　　　　(b) 斜交正做

图 12.6　斜交涵洞的洞口建筑

任务 12.2　涵洞施工测量

1. 中心线及纵横轴线

涵洞施工时，首先应测出涵洞中心及纵横轴线。位于曲线上的正交涵洞，以涵洞中心点处的切线为涵洞的横向轴线，中心点处的法线为纵向轴线。对于斜交涵洞，则纵横轴线应按斜交角度扭斜，如图 12.7 所示。

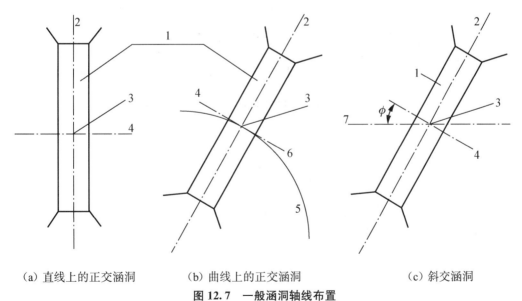

(a) 直线上的正交涵洞　　　(b) 曲线上的正交涵洞　　　(c) 斜交涵洞

图 12.7　一般涵洞轴线布置

1—涵洞；2—纵向轴线；3—中心点；4—横向轴线；5—线路中心线；6—切线；7—线路中线(或切线)

2. 基坑放样

（1）基坑边坡的坡度。为了减少挖基数量，可根据土质情况适当放坡。如基坑较浅并在土质较好的无水地点，可垂直开挖。

（2）基坑底宽度。有水基坑一般是比照涵洞基底尺寸，每边放宽 0.3~0.5m。无水的浅基和岩石基底，可与涵洞基础尺寸相同。

（3）根据基坑宽度和基坑边坡，可在米格纸上绘制纵向和横向挖基边线图。到工地放基坑边桩时，应在涵洞纵轴方向测出纵向地面线（纵断面），并在横向测出若干个横向地面线（横断面），然后将测得的地面线套绘在相应的挖基边线图上。地面与挖基边线的交点就是基坑边桩的位置，可据此进行基坑放样。

（4）如遇地质不良，涵洞基底需要换土的情况，放边桩时应考虑换填土的厚度，一次放够尺寸。

3. 涵洞基础放样

基坑挖好后，应重新测设涵洞纵横轴线，按涵洞设计图的基础平面尺寸放样，同时按照涵洞分节逐节定设水平桩，控制基底和基顶高程。

基坑开挖前，应在纵横轴线上，基坑边桩以外设控制桩，每侧至少两个，供施工中随时校核放样之用。为了放样方便，可在涵洞附近设临时水准点，如图 12.8 所示。

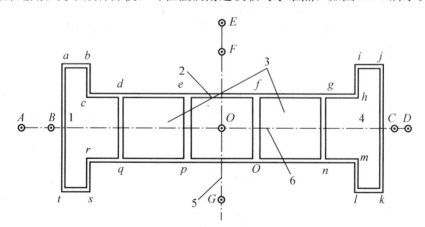

图 12.8 涵洞基础放样平面示意图

$A\sim G$—纵、横轴线控制桩；$a\sim t$—基础放样桩；O—涵洞中心点
1—进口节涵洞；2—基坑底边线；3—洞身基础；4—出口节涵洞；5—涵洞横向轴线；6—涵洞纵向轴线

任务 12.3 一般涵洞施工

12.3.1 涵洞的施工准备工作

涵洞施工前，应对涵洞的位置、孔径、长度、方向、出入口高程，与既有的沟槽、排

水渠道及道路的连接等,结合现场的实际地形、地质情况与设计文件进行核对,必要时进行设计变更。

修筑涵洞的准备工作主要有场地规划、砂石备料及基底疏干。

施工场地应该合理布置,做到砂石堆放场、工棚、施工运输便道等设置互不干扰;同时应尽量选择在旱季施工。为防止水流进入基坑,对于有小股流水的河沟应临时改沟导流。

12.3.2 涵洞基础施工

1. 基坑放样与开挖

涵洞基底纵向有坡度,因此端墙的基础要比涵身的基础埋得深,这是在基坑放样时必须考虑的,各点的实际开挖深度,应等于相应位置的基底高程与地面高程之差。

基坑开挖线应比基础轮廓线尺寸大一些,以方便施工。为减少挖基数量,基坑边坡的坡度可比明挖基础放坡开挖的坡度适当放陡,若边坡较低,还可考虑垂直开挖,但必须在土质较好的无水地点。基坑开挖至设计高程后,进行清理整平,经有关人员检查签证后定好基础样线,方可修筑基础。若基底不够密实,可进行原地面打夯,或夯填一层碎石、卵石。

当涵洞较长,挖基数量大,且基底不需做特别处理时,可以采用自上游端开始,逐节开挖,逐节下基,逐节封闭的方法,以免基坑暴露时间过长,且可将后段的开挖弃土利用到前段的回填封闭。

2. 基础砌筑

基坑经检查合格后,应尽可能快地修筑基础,以免基底被水浸泡软化。

基础修筑可分段进行,段与段之间用沉降缝隔离。沉降缝用涂过沥青的木板或沥青纸填塞,以保证其宽度。基础砌筑时按规定设置上拱度。上拱度的设置,一般采用三角形拱度,其数值按照基底土的种类(砂土或黏土)参照有关的规定取值。

圆涵是将预制的管节安装在基础上作为洞身,这要求各段基础的长度准确,以免造成基础和洞身的沉降缝对不齐。圆涵基础顶面的高程应等于流水面的高程减去管壁厚度。若有加重管节的涵洞,由于加重管节的管壁比普通管节的管壁厚,为取得平整的流水面高程,加重管节下面的基础顶面,也应当比普通管节的基础顶面低一个管壁的厚度。

拱涵和盖板箱涵的基础顶面即为流水面,流水槽两侧应接砌边墙,因此除流水槽面外,其余部分可不必抹平。

12.3.3 圆涵施工

新建的铁路和公路经常需要跨越很多洼地、沟渠等,需要通过的流量很小,适宜采用圆涵,因此圆涵应用较广。用预制钢筋混凝土管节铺设在事先做好的基础上,就构成了圆涵。

1. 管节生产

管节一般是在专门的成品厂集中生产,再运到各工点进行安装的。当运输条件受限制且工地有砂石料时,也可组织专门队伍沿线逐点制作。

预制的管节,其质量应满足下列要求:管壁内外应平直、圆滑,管节端面平正,并与其轴线相互垂直;管壁不得露筋;管节表面不得有蜂窝,如有蜂窝,每处面积不得大于3cm×3cm,其面积不得超过全面积的1%,且必须经过修补后方可使用;管节各部分尺寸,应符合表12-1中规定的容许误差。

表12-1 管节容许误差

管节项目	容许误差/mm	
管节长度	+0	-10
内(外)直径	+10	-10
管壁厚度	+10	-5

管节在运输、装卸过程中,应注意防止碰撞或应力集中,避免管节损坏或产生裂纹。

2. 管节安装

管节安装是指按照管节布置图和安装前在基础上画出的中心线位置把管节安装到基础上形成涵洞的施工过程。管节安装的好坏直接影响到涵洞的修筑质量,因此,在管节安装时必须认真施工,认真复查。

管节安装前必须核对基底高程、基础尺寸、基础质量及沉降缝的位置等是否符合设计要求,如有误差过大的情况,应及时进行调整。

安装管节的顺序,可以由下游或上游开始向另一端推进,也可从中间开始向两端推进。前者应视管节的运输情况来决定,而后者当劳动力有剩余时采用较为有利。

各管节应顺流水坡度成平顺直线,如果管壁厚度不一致,应在内壁取平。

每一管节安装定位后,应用小石块垫稳,以防走动;待全部管节安装好后,应尽快在管节外测沿涵洞纵向两边全长的范围内填塞混凝土,做成凹形管座。做管座前应将管外壁的泥渣清洗干净。

管节安装所形成的整个涵洞,其纵横断面必须符合设计标准,做到基础沉降缝与管节沉降缝对齐,洞身的纵向轴线与基础纵向轴线一致,各管节的轴线在一条直线上,管壁内侧流水槽面平顺。

对双孔涵洞进行安装时,管节要平行,但不得靠在一起,以免妨碍填筑混凝土。

12.3.4 拱涵的拱圈施工

1. 拱架的制作与安装

拱涵的拱架常用的有钢轨拱架和钢拱架两种,如图12.9所示。为节约木材,应尽量采用钢轨拱架,在缺乏钢轨拱架时,可使用木拱架。另外,当木料缺乏时,也可用土拱

（又名"土牛拱胎"）代替拱架，但此法不易控制质量。

图 12.9　钢拱架

（1）钢轨拱架：应尽可能用整根钢轨弯制成型，以热弯法或冷弯法加工均可，其优点是构造简单，省工料，能多次反复使用。

（2）钢拱架：是用钢管、钢模、角钢等材料在现场装配而成。

（3）木拱架：通常采用5cm厚的木板锯成梳形弧板，双层叠合由铁钉或螺栓组成。

（4）土拱：就是当边墙完工后，在边墙外部和涵洞内部同时回填土，而把内部回填土顶部做成拱形来代替拱架的一种支持形式。

2. 浇筑拱圈混凝土

已立好的拱架，经过检查无误后，即可砌筑拱圈。

拱圈混凝土应由拱脚两侧向拱顶中间对称浇筑，以防拱架变形，甚至造成拱架和边墙倒塌。就地浇筑的混凝土拱圈，要求一次性浇筑完成，不得中途间歇，以尽量减少施工接缝。如因工程量大，一次浇筑难以完成全拱时，可沿拱轴线方向分段浇筑，各分段的界面应与拱的中心线相垂直。浇筑时，应保证其沉降缝与边墙、基础一致。

3. 拱架拆除

拱圈砌筑合龙后，拱架的拆除常采用两种方法，视其施工的具体情况而定：一是待拱圈圬工强度达到设计强度的70%时，方可拆除拱架，但必须达到设计强度100%以后，才能填土；另一种是当拱架未拆除，拱圈圬工强度达到设计强度的70%时，可进行拱顶填土，但应在拱圈圬工强度达到设计强度的100%后，再拆除拱架。

12.3.5　就地浇筑的箱涵

箱涵又称框架涵或矩形涵，它与盖板涵的区别是，盖板涵的台身与盖板是分开浇筑的，台身还可以采用砌石圬工，成为简支结构；而箱涵是上顶板、下顶板、底板与左墙身、右墙身连续浇筑成为刚性结构，如图12.10所示。

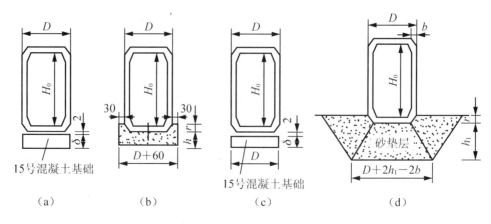

图 12.10 箱涵基础类型(单位:cm)

(1)箱涵基础。涵身基础分为有圬工基础和无圬工基础两种。两种基础的构造及尺寸如图 12.10 所示。

(2)箱涵身和底板混凝土的浇筑。箱涵身的支架、模板可参照现浇混凝土拱涵和盖板涵的支架、模板制造安装,如图 12.11 所示。浇筑混凝土时的注意事项与浇筑拱涵和盖板涵相同。

图 12.11 盖板涵的支架、模板

12.3.6 装配式拱涵、盖板涵和箱涵的施工

1. 预制构件结构的要求

(1)拱圈、盖板、箱涵节等构件的预制长度,应根据起重设备和运输能力决定,但应保证结构的稳定性和刚性,一般不小于 1m,但也不宜过长。

(2)拱圈构件上应设吊装孔,以便起吊。吊孔应考虑平吊及立吊两种,安装后可用砂浆将吊孔填塞。箱涵节、盖板和半环节等构件,可设吊孔,也可于顶面设立吊环。吊环的位置、孔径大小和制环用钢筋应符合设计要求，并要求吊钩伸入吊环内和吊装时吊环筋不断裂。安装完毕，吊环筋应锯掉或割掉。

（3）若采用钢丝绳捆绑起吊可不设吊孔或吊环。

2．预制构件的模板

预制构件的模板有木模、土模、钢丝网水泥模板、拼装式模板等。无论采用何种模板都应保证满足规范的要求。尤其是有预埋件时，应采取措施，确保预埋件位置的正确。

3．构件运输

构件必须在达到设计强度后，经过检查质量和大小确保其符合要求，才能进行搬运。搬运时应注意吊点或支承点的设置，务必使构件在搬运过程中保持平衡、受力合理，确保搬运过程中的安全。根据搬运距离的远近选择不同的运输方法。

4．施工和安装

（1）基础：与就地浇筑的涵洞基础施工方法相同。

（2）拱涵和盖板涵的涵台身：涵台身大都采用砌筑结构，在按照就地浇筑的涵台身施工方法施工时，如采用装配式结构，可按照装配式墩台相关的要求施工。

（3）上部构件(拱圈、盖板、箱涵节)的安装，技术要求如下：

① 安装之前应再检查构件尺寸、涵台尺寸和涵台间距离并核对其高程，调整构件大小位置使之与沉降缝重合。

② 拱座接触面及拱圈两边均应凿毛(沉降缝处除外)，并浇水湿润，用灰浆砌筑；灰浆坍落度宜小一些，以免流失。

③ 构件砌缝宽度一般为1cm，拼装每段的砌缝应与设计沉降缝重合。

④ 构件可用扒杆、链滑车或汽车吊进行吊装。

任务 12.4　涵洞顶进施工

在既有铁路线路下桥涵的顶进法施工，就是在既有铁路线上将预制好的框架或圆管顶入路基，从而达到增建桥涵的目的。这是一种较为先进的施工方法，具有许多优点，适合我国的施工水平和技术经济条件，受到铁路和公路等有关部门的普遍欢迎和重视。

顶进法对铁路运输、公路运输干扰时间短，不中断行车，能保证铁路、公路正常运营；同时能保证路基的完好和稳定，安全可靠、简便易行、施工进度较快、工期短，特别是所施工的框架成整体结构，刚度大、抗震性能好，有利于防止地表水和地下水渗入桥孔，能保证工程施工质量；基地应力小，基本上不受地质条件的限制，受气候条件的影响也较小。

12.4.1　顶进工艺原理

以铁路线路下的顶进法为例。

在既有铁路线路下用顶进法对框架、地道、圆管施工的主要过程：首先在线路旁开挖工作坑做滑板，在滑板上浇筑钢筋混凝土框架。为开挖土坡的需要及防止两侧土的坍塌，在框架前端做成向前突出的刃脚，并安装钢刃。在框架尾部修筑承受反力的后背结构，在后背与框架间安装千斤顶，同时对铁路轨道和轨道的支承进行加固。最后，用千斤顶将框架顶进路基，如图12.12所示。顶进时，不断挖土不断顶进，直至框架按设计要求位置全部被顶进路基内。在顶进过程中，为保障安全，铁路列车要慢行通过。

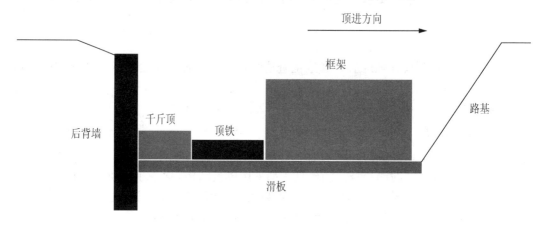

图12.12　顶进法施工示意图

斜框架采用顶进法施工时，通常采用斜向顶进法。为了便于千斤顶的布置，在框架底板顶进一侧作为与顶进方向正交的附加板段，该部分仅需按构造配置钢筋，不参与整个框架的受力。由于框架左右侧土体的压力作用点不在一条直线上，而造成一个逆时针的力偶，使整个箱体有扭转的趋势，因此千斤顶要偏心布置，以保证正确方向顶进。

12.4.2　整体顶进法

1. 机具设备

顶进法所需的主要设备及施工临时设施为滑板、后背结构、顶进设备（千斤顶和顶铁）、导轨（圆管顶进时采用）及线路的加固，如图12.13所示。

（a）圆管顶进的简易后背墙　　　　　　　（b）滑板及顶铁

图12.13　顶进设备及施工临时设施

(c)导轨　　　　　　　　　　(d)千斤顶和顶铁

图 12.13　顶进设备及施工临时设施(续)

顶进施工机具设备的规格、型号及需要数量,应根据框架尺寸和最大顶力等情况而定,其最大顶力可根据顶进长度、土的性质、地下水情况、桥的外形及施工方法等因素确定。

2. 顶进施工要点

顶进法施工工艺流程如图 12.14 所示。现简要叙述如下。

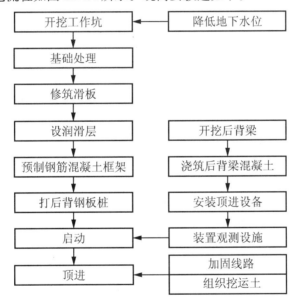

图 12.14　顶进法施工工艺流程

1) 开挖工作坑

工作坑是预制和顶进框架的主要场地。开挖工作坑应根据线路平面、现场地形、地物条件及施工需要,在保证排水和安全的条件下,尽量减少挖填土数量,并应尽量缩短顶进长度。

地道桥穿越多股线路时,工作坑一般避免设在靠近铁路正线的一侧,以减少对铁路运输的干扰;当穿越曲线线路时,工作坑尽量设在曲线外侧。工作坑坑顶至铁路外侧钢轨的距离，根据道床及路肩宽度的最小要求不少于 2.5m，对修筑在软土地基上的路基，还应进行稳定分析。

工作坑两侧的边坡视土质情况决定，一般土质宜为 1：(0.75～1.5)，而靠铁路路基一侧的边坡应保持缓于 1：1。工作坑顶边，距最外侧铁路中心线不得小于 3.2m。

工作坑的尺寸除了应根据预制框架结构的平面尺寸确定外，还应考虑后背大小并预留一定的操作空间。通常宜在框架底板前留适当的空顶长度，以备启动后调整框架顶进方向及处理设备出现的问题，其每边宽度应比框架身外轮廓各宽出约 1m。工作坑的尺寸一般由工作面底板尺寸确定，工作面底板尺寸按下式计算：

长度＝框架体底板长度＋顶铁长度＋横梁厚度＋后背地梁厚度＋0.3m

宽度＝框架体底板宽度＋2×方向支墩宽度＋0.2m

开挖工作坑应与修筑后背一并考虑，当采用钢板桩后背时，应先打好板桩，再开挖工作坑。此外，坑底四周还应留有排水沟和集水井的位置，以满足施工期间排水的要求。

2) 修筑滑板

滑板是施工的临时设施，滑板应有足够的刚度和稳定性，滑板顶面应平整、光滑，如图 12.13(b)所示。

在软土地基上，当框架开始滑出底板时，常会产生向下倾斜的现象，称为"扎头"。为减少或消除这种现象，在滑板顶面，应做成前（靠路基侧）高后低的仰坡，其坡度大小应根据基底的地质条件、箱身孔径及埋置深度确定。至于在坚实地基情况下，一般不必设置，否则可能会适得其反，造成"抬头"，出现上倾现象。

为了消除框架箱身启动后与进入路基前的空顶阶段的方向偏差，可在底板两侧设方向墩。

滑板施工时，先在平整夯实的地基上填 10cm 碎石层并夯实，再在其上用 C15 号混凝土灌筑厚度一般为 20cm 的滑板。为增加滑板下面的抗滑能力，在灌筑混凝土前，往坑内布置片石插入土中，经夯实处理后，再灌筑混凝土成为整体，或在滑板下方设几道横肋。滑板表面抹一层 1：3 的水泥砂浆并压实，要求在 2m×2m 的分格内凹凸不超过 3mm。为了顺利启动、顶进，要求预制的框架身不与滑板黏结，因此，应在滑板表面涂石蜡、机油滑石粉作为润滑剂，上面铺塑料布作为隔离层。否则，顶进时可能会出现损伤结构，发生偏斜等事故。

3) 预制钢筋混凝土框架

顶进框架的箱身，一般就地预制，灌筑箱身混凝土可分两阶段施工，先灌筑箱身地板，当箱身地板混凝土强度达到设计强度的 50% 后，再绑扎上部钢筋，灌筑上部的中墙、边墙及顶部混凝土。当灌筑的混凝土量较大，两阶段施工有困难时，可分成三阶段施工，但顶板和地板混凝土必须一次灌筑完成，各边墙施工缝处，宜加预埋连接短钢筋，以利于承受剪力。同时各边墙施工缝不得在同一平面上。

在预制桥涵身时，应在底板前端设置上仰的"船头坡"，以便顶进时将高出箱底的土壤压入箱底，增加其承载能力，防止扎头。

为了减少顶进阻力，模板支立应直顺平整，不得出现鼓肚、错茬现象。在框架两侧墙前端 2m 范围内的外模，可向外放宽 1cm，使前端保证正误差，尾部为负误差，形成倒楔形。不应出现框架前窄后宽的楔形现象。

拆模和顶进必须在框架混凝土达到设计强度后方可进行。

刃脚安装在框架前端，可以起到切土、减少开挖坡度、支护开挖坡、导向和施工安全防护的作用。

4) 修筑后墙

后背是在框架顶进中借以抗衡顶进反力的临时建筑物，是保证顶进工作顺利进行的重要设施，直接关系到顶进的质量。因此，后背的承载能力必须经设计检算确定，要有足够的强度、刚度和稳定性，并预留一定的安全储备。后背的常用形式有板柱式、重力式和拼装式 3 种。施工时可根据实际情况选择既经济又合理的后背形式。重力式后背是靠天然土体或回填土和片石的被动土压力来承受水平推力的，在土体前要砌筑浆砌片石挡土墙及分布顶进力的混凝土后背墙。

5) 安装顶进设备

顶进设备包括液压系统与传力设备两部分。液压系统由高压油泵、控制阀、调节阀、千斤顶、油箱等组成。千斤顶的布置应以地道桥中心线为轴，对称布置。传力设备由顶铁、顶柱、活动横梁与固定横梁等组成，如图 12.13 所示。

6) 加固线路

为保证顶进时铁路线路的绝对安全和列车的正常运行，在顶进施工前必须对线路进行加固。线路加固的形式有多种，当前线路加固较普遍采用的方法有吊轨梁法、横梁加固法、纵横梁加固法、轨束梁法和工字钢束梁法。加固用的扣轨梁一般用 43kg/m 的钢轨组成，横抬梁采用工字钢，线路加固长度及间距经计算确定，如图 12.15 所示。

7) 排水

顶进作业应在工作坑水位降至基底以下 0.5~1.0m 时进行，并避免在雨季施工。实践证明，控制地下水在顶进施工中，对整个工程的成败关系极大。排水和降水工作应在工作坑施工之前进行，其方法有排水沟、汇水井和井点降水法。

8) 启动顶进直至就位

顶进是开启高压油泵，使千斤顶受液压力而产生顶力，以推动箱身前进。顶进的实施是整个工程的关

图 12.15 线路加固

键环节，因此开顶前应进行试顶。试顶顶力一般为框架结构自重的 0.4~0.8 倍，但开始启动时不应突然增大到此数值，而应使顶镐同步逐渐增压，最好是每次升到一定压力后稳定几分钟，并对设备及滑板，特别是滑板和框架进行检查，如一切正常，方可加压正式顶进。在加压过程中，如果油压突然下降：一是表明框架已脱离滑板开始移动，这时可继续顶进；二是表明后背或框架出现变形，这时应停止顶进，分析变形原因，采取加固措施。

顶进过程为，在滑板上空顶，当框架前刃脚接触路基边坡时，开始挖土运土，当刃脚前方挖土宽度达到 60~70cm 时即可开启油泵，使顶镐推动框架前进，箱身前进后使千斤顶的活塞回复原位，即完成一个顶程(通常情况下为 190~800mm)。此时可在空位处安装一个不同规格的顶铁，等待下次开顶，如此反复直至框架就位。

9) 组织挖运土

顶进速度主要取决于挖、运土速度，所以应尽可能为提高挖土、运土的速度创造条件，如工作面宽广，尽量采用机械挖土、运土，人工开挖底边刃脚。挖土时，掘进速度应视土质情况及有关要求而定，一般每次进深为 20~50cm；同时，挖土应与测量工作紧密配合，根据框架偏差情况及时改变挖土方向。

10) 顶进方向及高程控制

顶进时，每完成一个顶程，就要进行一次水准测量，以便及时掌握框架的坡度变化情况。对于施工中比较容易出现的方向偏差和高程偏差，应采取措施严格加以控制，发现问题时应及时纠正，使其达到设计要求。

3. 施工注意事项

(1) 施工前应做好现场场地布置，完成水电设施及相应的管线设施的建设，修好临时便线，保证工程物资和机械设备的进场运输，现场料具堆放整齐；同时按要求进行井点降水，努力为顶进施工创造条件。

(2) 框架模板宜采用钢模或木模包铁皮，以使混凝土表面光滑，起到内模美观，外部在顶进中减少阻力的作用。在浇筑混凝土时，应按设计要求将框架各部位的预埋件安装齐全，并做到准确无误。

(3) 当有列车通过或机械设备出现故障不能顶进时应暂停挖土，并随时对线路和框架的中线及水平状况进行测量，以免线路变形危及行车安全和使框架就位不准。

(4) 在顶进过程中，挖土应保持土坡的平整，并保持与刃脚坡度一致，或根据路基土质情况选用适当坡度，严禁出现反坡情况，挖土时严禁超挖，一般应形成框架吃土前进，保持路基不受扰动，不影响地基承载力。

(5) 顶进施工时，防止框架被顶裂的方法如下：

① 预制框架时，应在框架底板与顶镐接触的地方预埋一块 10~12mm 厚的钢板，使其在顶进时起到传力均匀的作用。

② 顶进前，应对框架进行全面检查，底板和框架四角不得有裂缝，并必须待框架结构混凝土达到设计强度后方可进行顶进施工。

③ 在顶进过程中，如框架发生方向偏差，应采取不等压的方式逐渐加压纠偏。

④ 顶镐倒置。

(6) 修筑后背时，钢筋混凝土应达到设计强度，浆砌片石应符合要求，回填土应夯填密实，以免顶进时后背破裂。

12.4.3 其他顶进方法

顶进设备、后背及工作坑等施工临时设施的费用，可能占总造价的 40% 以上。如何减小顶进力及简化施工临时设施,是降低施工造价、提高地道桥经济指标的重要措施。除了前面介绍的整体顶进措施外,还出现了不少减少顶进力及简化施工临时设施的措施,主要有以下几种。

1. 中继间法

当框架较长时,可将其分成若干节,用中继间法顶进。其工作原理:前节框架利用后节框架作后背,用节间设置的中继间千斤顶进行顶进;中继间内的千斤顶到达最大行程后,前节框架暂停前进,而进行后节框架的顶进。此时,前节中继间的千斤顶随着后节框架的前进而压缩(回镐),框架最后一节还是要依靠后背的反力进行顶进。但此时后背的最大反力仅为最后一节框架的顶力,后背工程可大为减少。

采用中继间法顶进的框架,预制时可布置成并列式和串联式两种。

并列式即框架在靠线路一侧并排预制(图 12.16)。施工时先将框架 1 顶入,然将框架 2 平移到顶进位置,安装第 1 个中继间,待框架 2 也顶入路基后再平移框架 3,安装第 2 个中继间,再继续顶进直至全部就位。并列式可减少滑板长度及传力顶柱,但要增加横移作业。框架平移可采用顶进法,但需要设置横向后背,或在工作坑地板上设置滑道,用卷扬机及滑轮组牵引、拖拉就位。

串联式即将数节框架在顶进轴线上按先后次序预制,将各个中继间一次安装完成,启动后即可连续顶进直至全部就位(图 12.16)。串联式虽可连续顶进,但后背距线路较远,需要较多顶柱,而且中继间在顶进时往往产生前后节先后错牙现象。因此,需在前后节框架间设置剪力楔、传力钢筋等,以增强中继间抗剪强度。一般施工场地无困难时,多采用串联式布置。

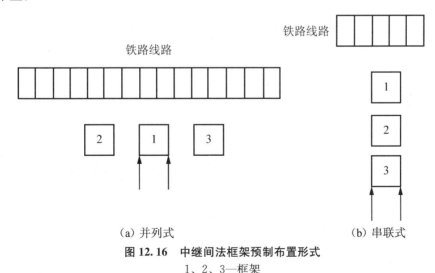

图 12.16 中继间法框架预制布置形式

1、2、3—框架

2. 气垫顶进法

气垫顶进是减小顶进阻力的有效措施,其基本原理是,在箱身底板与地面接触面之间吸入压缩空气形成垫层,当气体压力超过箱身自重压力时,则箱身将被气体压力微微抬起,可以大大减少箱身和地面间的接触压力,使箱身摩擦力大为减少,达到减少顶进力的目的。

3. 对拉法

若框架穿越的路基高出地面很多,修筑后背的工程量太大时,可采用对拉法施工。

对拉法同样是在路基两侧各挖一个工作坑,每边预制半个框架,然后从路基一侧顶入多个小孔管,将钢绞线、高强钢丝或其他拉杆穿越路基,使两侧的框架连接,互为后背,对拉前进,直至框架对位就位。

4. 对顶法

对顶法是在路基两侧各挖一个工作坑,每边预制半个框架,并各修筑其后背,接触后背反力将两个独立的框架顶入路基。施工时,可两侧同时对顶或分别顶进,然后将两个框架"对扣"连接成为一个整体。

任务 12.5　涵洞附属工程施工

1. 防水层

(1) 用作防水层的沥青、麻布、石棉粉等材料,在施工前应检查材质的试验资料,均应符合规定的要求。

(2) 沥青与石棉沥青的熬制和敷设。铁桶装的沥青,应打开桶口小盖,在火炉上以文火使其熔化,由开口流入熬制铁锅或铁桶中,且必须有盖,以便在沥青飞溅或着火时遮盖。熬制处应有屋盖并应位于工地的下风方向,与工作人员、堆料、房屋等应保持一定距离。熬制中不断搅拌至其全部成为液态为止,熔化后的沥青应熬至175℃(不得超过190℃)才能使用。熬好的热沥青应盛在小铁桶中送到工点使用,使用时不得低于150℃。涂敷热沥青的圬工表面应先清除泥污,刷扫干净。涂敷工作应在干燥、温暖(温度不低于+5℃)的天气进行。如遇雨天,应有雨棚,暑天应有遮蔽,以避免日光直射。

石棉沥青是将20%的石棉粉掺入80%的沥青中制成的,在沥青熬化及不断搅拌中投入预先烘干并加热至100~150℃的石棉粉,并继续加热至175℃,即可使用。

(3) 沥青麻布。沥青麻布可采用工厂浸制的成品或工地用合格的麻布以热沥青浸制。浸制前应先将麻布烘干除去水分,在热石油沥青(温度为160~180℃)内浸制2~3min。浸制后的麻布的外面应呈暗黑色,无孔眼、破裂成绉叠。剪断后其内部纤维应与表面有同样的暗黑色,不应有显示未浸透的布层。成卷布料,边部应碎裂,不应互相黏叠,布卷端头应平整。布料的长、宽尺寸应力求适当,以免造成浪费。成卷浸好的麻布应标明制造日期,标明"竖放"字样,成品沥青麻布应附有说明书。铺设沥青麻布在先涂敷的热沥青或石棉沥青未凝固时进行,必能黏合成一体。

(4) 垫层表面应该抹平,凝固后要清刷干净。涂热沥青前垫层必须干燥无水,清洁无杂物。

(5)防水层接头必须重叠,相邻两幅的横向搭接缝应错开,并顺水流方向压盖。

2.沉降缝

(1)为避免涵洞不均匀沉陷的影响,应视土壤情况,每隔3~5m设置一处宽为3cm的沉降缝,但无基涵洞仅在洞身涵节与出入口涵节间设置。沉降缝外侧用沥青浸制麻筋填塞深5cm,内侧以100号水泥砂浆填塞深15cm。视接缝处圬工的厚薄,麻筋与砂浆之间可以填满,也可以留下空隙填以薄黏土。在沉降缝外面敷设一层0.5m宽的沥青浸制麻布和两层石棉沥青的防水层。

(2)基础部分的沉降缝,可将原施工时嵌入的沥青木板留作防水之用。如施工时不用木板,也可用黏土或亚黏土填塞。

(3)沉降缝端面应整齐、方正,基础和涵身上、下不得交错,填塞物应紧密填实。

(4)斜交涵洞,其沉降缝应与涵洞中心线垂直。

(5)岩石地基上的涵洞可不设沉降缝。

3.错台

斜坡上有基圆涵可用涵节错台的办法。每段错台长度一般为3~5m,错台高差一般不超过相邻涵节最小壁厚的3/4。如坡度较大,可按2~3m分段或加大错台高度,但不应大于0.7m且错台处的净空高度不应小于1.0m。此时在低处的涵顶上应设挡墙,以掩盖可能产生的缝隙。

无基涵洞坡度可采用管节斜制的办法,斜制的最大限制坡度 i 应小于或等于5%。

4.涵洞缺口填土

(1)建成的涵管,圬工达到设计的要求强度后,应及时回填。回填土要切实注意质量,严格按照有关施工规定和设计要求办理。

(2)填土路堤在涵洞每侧不小于两倍孔径的宽度及高出洞顶1m的范围内,用不膨胀的土壤(即冻胀性弱的砂质土)从两侧分层对称地填筑并夯实。每层厚度10~20cm,如在特殊困难地区,缺乏不膨胀土壤时,特别填土也可用与路堤填料相同的土壤填筑。管节两侧夯填土应大于最佳含水量、最佳密实度的90%,最好能达到最佳含水量、最佳密实度的95%。管节顶部其宽度等于管节外径的中间部分填土,其密实度要求达到80%~85%。如为填石路堤,则在管顶以上1.0m的范围内分3层填筑:下层为20cm厚的黏土;中层为50cm厚的砂卵石;上层为30cm厚的小片石或碎石。对于其他各类涵洞的特别填土要求,应分别按照有关的设计要求办理。

(3)用机械填筑涵洞缺口时,须待涵洞圬工达到容许强度后,涵身两侧用人工或小型机具对称夯填高出涵顶至少1m,然后再用机械填筑。机械填土时,不得从单侧偏推、偏填,以防涵洞遭受偏压产生走动。

(4)冬季施工时,涵洞缺口路堤、涵身两侧及涵顶1m内,应用未冻结土填筑。

(5)回填缺口时,应将已成路堤土方挖出台阶。

桥梁施工与维护

小 结

本项目对涵洞的构造、涵洞施工测量、一般涵洞施工、涵洞顶进施工、涵洞附属工程施工做了较详细的阐述。

具体内容包括：涵洞的基本分类，圆管涵、盖板涵涵身和洞口的构造组成；涵洞的施工放样方法和过程，基坑和基础放样；圆管涵、盖板涵的施工工艺过程及施工注意事项；顶进工艺原理，顶进工具及设备，顶进施工工艺流程；防水层、沉降缝和涵洞缺口填土的施工方法。

本项目的教学目标是使学生了解涵洞的基本分类，熟悉圆管涵、盖板涵涵身和洞口的构造组成；熟悉涵洞的施工放样方法和过程，掌握基坑和基础放样；掌握圆管涵、盖板涵的施工工艺过程及施工注意事项；了解顶进工艺原理，熟悉顶进工具及设备，掌握顶进施工工艺流程；熟悉防水层、沉降缝和涵洞缺口填土的施工方法。

思考与练习

1. 简述涵洞的中心线及纵横轴线放样的方法。
2. 简述涵洞基坑放样的一般方法及注意问题。
3. 简述涵洞在施工前应做哪些准备工作。
4. 简述涵洞管节在安装时应注意哪些问题。
5. 简述圆涵及拱涵的施工工艺。
6. 简述涵洞的防水措施。
7. 简述涵洞缺口填土的基本原理及其注意问题。
8. 简述涵洞顶进施工的工艺原理。

学习情境 4

桥涵工程验收与维护

案例　湖南省凤凰县堤溪沱江大桥垮塌

1. 事故情况

2007年8月13日下午4时40分左右，湖南省湘西土家族苗族自治州凤凰县正在建设的堤溪沱江大桥发生坍塌事故，桥梁将凤凰至山江公路塞断，当时现场正在施工，造成64人死亡，22人受伤，直接经济损失3974.7万元。

相关技术资料显示，堤溪沱江大桥是凤凰县至大兴机场二级路的公路桥梁，桥身设计长328米，跨度为4孔，每孔65米，高度42米。按照交通部的标准，此桥属于大型桥。

堤溪沱江大桥上部构造主拱圈为等截面悬链空腹式无铰拱，腹拱采用等截面圆弧拱。基础则奠基在弱风化泥灰或白云岩上，混凝土、石块构筑成基础，全桥未设制动墩。

堤溪沱江大桥坍塌

2. 事故原因

湖南凤凰县沱江大桥在竣工前出现了整体坍塌，沱江大桥突然坍塌存在以下几个问题：

（1）为了州庆缩短大桥养护期。沱江大桥施工工期过紧，施工中变更了主拱圈砌筑的程序，拱架拆卸过早。因为湘西自治州要进行50年州庆，所以沱江大桥施工采取了项目倒计时。6月20日主拱圈的砌筑完成,第19天开始卸架,养护期不够,比规定少了9天。按规定,大桥养护期是28天。因为养护期减短,大桥拱圈承载能力减弱。

(2) 桥下地质复杂桥墩严重裂缝。施工中,就已经发现桥墩的地质构造比较复杂,而且还发现0号桥墩下面有严重裂隙。施工中虽然对此处进行了一些处理,但现在看来,没有从根本上解决问题。大桥垮塌的方向从0号桥墩开始,像积木一样顺一个方向垮塌。

(3) 所用沙石含土量过高。主拱圈砌筑质量有问题。砌筑要使用料石,才能够相互咬合。但事故后发现,塌下来的主拱圈中还有片石,而且砌筑的砂浆混凝土不饱和,未填实,有空隙、空洞。另外,沙石含土量比较高。沙石应该用水洗过的沙,一含土就影响混凝土的凝结力。

(4) 工程层层分包质量管理混乱。质量管理方面存在问题。施工中施工单位有变更,却没有及时告知监理单位,监理单位对发现的问题也没有及时向上级工程质量监督管理部门反映,而且中层分包单位多,层层分包。

3. 事故处理结果

事故发生后,国务院组成事故调查组立即开展了调查工作。经调查认定,这是一起严重的责任事故。国务院常务会议听取事故调查组对事故调查处理情况的汇报后,讨论通过了对相关责任人和责任单位的处理意见。

根据国务院常务会议的决定,湖南省有关部门已将对事故发生负有直接责任、涉嫌犯罪的湘西自治州公路局局长兼凤大公司董事长胡东升、总工程师兼凤大公司总经理游兴富和湘西自治州交通局副局长王伟波等24人移送司法机关依法追究刑事责任。

对事故发生负有责任的湖南省交通厅、湘西自治州政府相关负责人,省、州公路局和省路桥集团公司以及设计、监理、质监等单位的32名责任人给予了相应的政纪、党纪处分。

另外,湘西自治州原州长、州委原副书记杜崇烟对事故发生负有重要领导责任,因其他违纪违法问题已被湖南省纪委立案,将连同此案一并处理。对事故责任单位及主要负责人依照有关法律法规给予了经济等其他方面的严厉处罚。

项目 13 桥涵验收

教学目标

通过对桥涵单位、分部、分项工程及检验批划分的学习,熟悉桥梁和涵洞单位工程、分部工程、分项工程、检验批的划分;通过对桥涵工程竣工资料目录的学习,熟悉竣工资料所包含的内容;通过对竣工图编制的学习,熟悉竣工图的编制规定和包含的内容;通过对桥涵工程验收的学习,了解验收原则,熟悉验收的组织与程序,掌握桥涵工程的验收流程。

教学要求

知识要点	能力要求	相关知识
桥涵单位、分部、分项工程及检验批划分	熟悉桥梁和涵洞单位工程、分部工程、分项工程、检验批的划分	桥涵工程施工质量验收标准
桥涵工程竣工资料目录	熟悉竣工资料所包含的内容	
竣工图编制	熟悉竣工图的编制规定和包含的内容	
桥涵工程验收	了解验收原则,熟悉验收的组织与程序,掌握桥涵工程的验收流程	

桥梁施工与维护

🔬 引子

桥涵工程施工质量验收划分为单位工程、分部工程、分项工程和检验批四个部分。

工程施工质量验收时按从检验批到分项工程、分部工程、单位工程的顺序进行。检验批验收是工程施工质量验收的基本单元,是分项工程、分部工程和单位工程施工质量验收的基础。分项工程、分部工程和单位工程施工质量的验收,是在检验批质量验收合格的基础进行的。

柳州市白露大桥通过竣工效验

湘桂线柳江双线特大桥合龙

任务 13.1　桥涵单位工程、分部工程、分项工程及检验批划分

一座桥梁从施工准备到完工验收,要经过若干工序、工种的配合施工,这就需要对各工序、工种及各施工安装阶段的质量进行控制和检验。工程施工质量的好坏,取决于各工序、工种的操作质量及各施工安装阶段的质量控制。为了便于控制、检查每个工序、工种、施工阶段的质量,就需要把整个工程施工过程按不同工序、工种、部位、区段、阶段、系统等划分成不同的单元,即划分成单位工程、分部工程和分项工程,一般情况下分项工程还要划分为若干个检验批。

桥涵工程施工质量验收划分为单位工程、分部工程、分项工程和检验批 4 个部分。铁路、公路、市政等不同行业的桥涵单位工程、分部工程、分项工程、检验批的划分略有不同。

1. 单位工程

首先应该明确的是,不论工程规模大小、工程数量多少、所含分部工程和分项工程是否齐全,一个单位工程必须是由一个承包单位施工完成的。不同承包单位施工完成的工程,不论规模大小、关联情况如何,都不能划归为一个单位工程进行验收,这是划分单位工程的首要原则。

按一个相当规模的施工范围划分的单位工程，包括两方面的情况：一个单位工程是一个完整工程中的一部分，如一个承包单位施工的一座特大桥中的一个标段；另外，一个单位工程可以由几个完整工程组成，如由几个涵洞组成的一个涵洞单位工程。

单位工程是按一个完整工程或一个相当规模的施工范围来划分的。这些共性的划分原则包括：

(1) 每座特大桥、大桥、中桥为一个单位工程。

(2) 对于特别长的桥梁，一个施工单位担负的施工范围为一个单位工程。

(3) 小桥不超过5座为一个单位工程。

(4) 涵洞不超过10座为一个单位工程。

2. 分部工程

分部工程是按一个单位工程中的完整部位、主要结构、施工阶段或功能相对独立的组成部分来划分的。一个分部工程应尽量类型相同或材料相同或施工方法相同。按照类型、材料或施工方法不同，可以划分为不同的分部工程。

例如，一个桥梁单位工程，可以划分为地基、基础、墩台、梁部、附属设施等几个分部工程。若该桥的基础既有明挖基础又有钻孔桩基础，则明挖基础和钻孔桩基础就可以划分为两个分部工程。

3. 分项工程

分项工程应按工种、工序、材料、设备和施工工艺等划分。

桥梁分项工程主要按工种、工序划分，也可按材料和施工工艺等划分，如模板、钢筋、混凝土、开挖、填筑、顶推架设、涂装等分项工程。

4. 检验批

检验批是分项工程的组成部分。根据施工质量控制和验收需要，把一个分项工程划分成若干个检验批，特殊情况下一个分项工程仅含一个检验批。检验批是施工质量验收的基本单元。一个检验批的施工条件应基本相同，所用原材料及其质量要求应相同，形成的质量应均匀一致。如模板分项工程的检验批是一个安装段，钢筋分项工程的检验批是一个安装段，混凝土分项工程的检验批是一个浇筑段等。

需要特别说明的是，检验批是针对工程实体划分的。验标中有关材料、构配件和设备进场验收的批量，是根据相关产品标准的抽样方案和工程施工特点制定的，与检验批没有关系。也就是说，一次进场验收的材料可能用于多个检验批，也可能一个检验批所用的材料经过了多次进场验收。

以铁路桥梁、涵洞工程为例。铁路桥梁、涵洞工程的分部工程、分项工程和检验批的具体划分见表13-1和表13-2。

表 13-1 桥梁分部工程、分项工程、检验批划分及编号
（桥梁单位工程编号 0301）

分部工程		分项工程	检验批规模	检验批编号
类别	名称			
地基及基础	01 明挖基础	01 换填地基	每个基坑	03010101□□□
		02 重锤夯实	每个基坑	03010102□□□
		03 强夯	每个基坑	03010103□□□
		04 挤密桩	每个基坑	03010104□□□
		05 砂桩	每个基坑	03010105□□□
		06 碎石桩	每个基坑	03010106□□□
		07 粉喷桩	每个基坑	03010107□□□
		08 旋喷桩	每个基坑	03010108□□□
		09 基坑	每个基坑	03010109□□□
		10 模板及支架	每个安装段	03010100□□□
		11 钢筋	每个安装段	03010111□□□
		12 混凝土	每个浇筑段	03010112□□□
	02 沉入桩下沉	01 模板及支架	不大于 20 根（节）	03010201□□□
		02 钢筋	不大于 20 根（节）	03010202□□□
		03 混凝土	不大于 20 根（节）	03010203□□□
		04 预应力	不大于 20 根（节）	03010204□□□
	03 沉入桩下沉	01 钢围堰	每个基坑	03010301□□□
		02 沉桩	每个基坑	03010302□□□
地基及基础	04 钻孔桩和挖孔桩	01 钢围堰	每个基坑	03010401□□□
		02 钻孔	每根桩	03010402□□□
		03 挖孔	每根桩	03010403□□□
		04 钢筋	每根桩	03010404□□□
		05 混凝土	每根桩	03010405□□□
	05 桩基承台	01 钢围堰	每个承台	03010501□□□
		02 模板及支架	每个承台	03010502□□□
		03 钢筋	每个承台	03010503□□□
		04 混凝土	每个承台	03010504□□□

续表

分部工程 类别	分部工程 名称	分项工程	检验批规模	检验批编号
地基及基础	06 就地制作沉井	01 模板及支架	每节沉井	03010601□□□□
		02 钢筋	每节沉井	03010602□□□□
		03 混凝土	每节沉井	03010603□□□□
		04 下沉	每座沉井	03010604□□□□
		05 清基、填充	每座沉井	03010605□□□□
	07 浮式沉井	01 模板及支架	每节沉井	03010701□□□□
		02 钢筋	每节沉井	03010702□□□□
		03 混凝土	每节沉井	03010703□□□□
		04 钢沉井制作	每节沉井	03010704□□□□
		05 浮运就位	每座沉井	03010705□□□□
		06 下沉	每座沉井	03010706□□□□
		07 清基、填充	每座沉井	03010707□□□□
墩台	08 墩台	01 模板及支架	每个安装段	03010801□□□□
		02 钢筋	每个安装段	03010802□□□□
		03 混凝土	每个浇筑段	03010803□□□□
		04 防水层	每个桥台	03010804□□□□
	09 台后填土、锥体及其他	01 桥台填土	每个桥台	03010901□□□□
		02 混凝土	每个浇筑段	03010902□□□□
		03 砌体	每个浇筑段	03010903□□□□
梁部	10 先张法预应力混凝土简支箱梁制造	01 模板及支架	每孔梁	03011001□□□□
		02 钢筋	每孔梁	03011002□□□□
		03 混凝土	每孔梁	03011003□□□□
		04 预应力	每孔梁	03011004□□□□
		05 防水层	每孔梁	03011005□□□□
	11 后张法预应力混凝土简支箱梁制造	01 模板及支架	每孔梁	03011101□□□□
		02 钢筋	每孔梁	03011102□□□□
		03 混凝土	每孔梁	03011103□□□□
		04 预应力	每孔梁	03011104□□□□
		05 防水层	每孔梁	03011105□□□□

续表

类别	分部工程 名称	分项工程	检验批规模	检验批编号
梁部	12 后张法预应力混凝土简支箱梁制造	01 模板及支架	每孔梁	03011201□□□□
		02 钢筋	每孔梁	03011202□□□□
		03 混凝土	每孔梁	03011203□□□□
		04 预应力	每孔梁	03011204□□□□
		05 防水层	每孔梁	03011205□□□□
		06 支座	每孔梁	03011206□□□□
	13 造桥机制架预应力混凝土简支箱梁	01 模板及支架	每个安装段	03011301□□□□
		02 钢筋	每个安装段	03011302□□□□
		03 混凝土	每个浇筑段	03011303□□□□
		04 预应力	每个施工段	03011304□□□□
		05 预制梁段组拼	每孔梁	03011305□□□□
		06 支座	每孔梁	03011306□□□□
		07 防水层	每孔梁	03011307□□□□
	14 架桥机架设预应力混凝土简支箱梁	01 架梁	每孔梁	03011401□□□□
		02 支座	每孔梁	03011402□□□□
	15 预应力混凝土简支T梁制造	01 模板及支架	每片梁	03011501□□□□
		02 钢筋	每片梁	03011502□□□□
		03 混凝土	每片梁	03011503□□□□
		04 预应力	每片梁	03011504□□□□
		05 防水层	每片梁	03011505□□□□
	16 预应力混凝土简支T梁架设	01 架梁	每孔梁	03011601□□□□
		02 模板及支架	每孔梁	03011602□□□□
		03 钢筋	每孔梁	03011603□□□□
		04 混凝土	每孔梁	03011604□□□□
		05 预应力	每孔梁	03011605□□□□
		06 支座	每孔梁	03011606□□□□
		07 防水层	每孔梁	03011607□□□□

续表

分部工程		分项工程	检验批规模	检验批编号
类别	名称			
梁部	17 悬臂浇筑预应力混凝土连续梁(钢构)	01 模板及支架	每个安装段	03011701□□□
		02 钢筋	每个安装段	03011702□□□
		03 混凝土	每个浇筑段	03011703□□□
		04 预应力	每个施工段	03011704□□□
		05 支座	每孔(联)梁	03011705□□□
		06 防水层	每孔(联)梁	03011706□□□
	18 悬臂拼装预应力混凝土连续梁	01 模板及支架	每个安装段	03011801□□□
		02 钢筋	每个安装段	03011802□□□
		03 混凝土	每个浇筑段	03011803□□□
		04 预应力	每个施工段	03011804□□□
		05 梁段拼装	每孔(联)梁	03011805□□□
		06 支座	每孔(联)梁	03011806□□□
		07 防水层	每孔(联)梁	03011807□□□
	19 顶推法制架预应力混凝土连续梁	01 模板及支架	每个安装段	03011901□□□
		02 钢筋	每个安装段	03011902□□□
		03 混凝土	每个浇筑段	03011903□□□
		04 预应力	每个施工段	03011904□□□
		05 顶推架设	每孔(联)梁	03011905□□□
		06 支座	每孔(联)梁	03011906□□□
		07 防水层	每孔(联)梁	03011907□□□
	20 造桥机制架预应力混凝土连续梁	01 模板及支架	每个安装段	03012001□□□
		02 钢筋	每个安装段	03012002□□□
		03 混凝土	每个浇筑段	03012003□□□
		04 预应力	每个施工段	03012004□□□
		05 预制梁段组拼	每孔(联)梁	03012005□□□
		06 支座	每孔(联)梁	03012006□□□
		07 防水层	每孔(联)梁	03012007□□□

续表

分部工程 类别	分部工程 名称	分项工程		检验批规模	检验批编号
梁部	21 先简支后连续预应力混凝土连续梁	01 模板及支架		每个安装段	03012101□□□□
		02 钢筋		每个安装段	03012102□□□□
		03 混凝土		每个浇筑段	03012103□□□□
		04 预应力		每个施工段	03012104□□□□
		05 简支变连续		每个施工段	03012105□□□□
		06 支座		每个施工段	03012106□□□□
		07 防水层		每个施工段	03012107□□□□
	22 结合梁	01 钢梁拼装及架设		每个施工段	03012201□□□□
		02 支座		每孔(联)梁	03012202□□□□
		03 钢梁涂装		每孔梁	03012203□□□□
		桥面板制作	04 模板及支架	每个安装段	03012204□□□□
			05 钢筋	每个安装段	03012205□□□□
			06 混凝土	每个浇筑段	03012206□□□□
			07 预应力	每孔(联)梁	03012207□□□□
		08 桥面板安装		每孔(联)梁	03012208□□□□
		09 防水层		每孔(联)梁	03012209□□□□
	23 钢筋混凝土钢结构连续梁	01 模板及支架		每个安装段	03012301□□□□
		02 钢筋		每个安装段	03012302□□□□
		03 混凝土		每个浇筑段	03012303□□□□
		04 支座		每孔(联)梁	03012304□□□□
		05 防水层		每孔(联)梁	03012305□□□□
	24 桥面附属设施	01 挡砟墙、电缆槽及接触网支柱基座		每个施工段	03012401□□□□
		02 人行道、遮板、栏杆、声屏障基座、围栏、吊篮		每座桥	03012402□□□□

表 13-2 涵洞分部工程、分项工程、检验批划分及编号
（涵洞单位工程编号 0302）

分部工程		分项工程	检验批规模	检验批编号
类别	名称			
地基及基础	01 明挖基础	01 换填地基	每个基坑	03020101□□□
		02 重锤夯实	每个基坑	03020102□□□
		03 强夯	每个基坑	03020103□□□
		04 挤密桩	每个基坑	03020104□□□
		05 砂桩	每个基坑	03020105□□□
		06 碎石桩	每个基坑	03020106□□□
		07 粉喷桩	每个基坑	03020107□□□
		08 旋喷桩	每个基坑	03020108□□□
		09 基坑	每个基坑	03020109□□□
		10 模板及支架	每个安装段	03020100□□□
		11 钢筋	每个安装段	03020111□□□
		12 混凝土	每个浇筑段	03020112□□□
涵身	02 装配式涵洞涵身	01 模板及支架	每个安装段	03020201□□□
		02 钢筋	每个安装段	03020202□□□
		03 混凝土	每个浇筑段	03020203□□□
		04 涵节装配	每座涵	03020204□□□
		05 防水层	每座涵	03020205□□□
		06 沉降缝	每座涵	03020206□□□
	03 就地制作涵洞涵身	01 模板及支架	每个安装段	03020301□□□
		02 钢筋	每个安装段	03020302□□□
		03 混凝土	每个浇筑段	03020303□□□
		04 防水层	每座涵	03020304□□□
		05 沉降缝	每座涵	03020305□□□
	04 渡槽和倒虹吸管	01 模板及支架	每个安装段	03020401□□□
		02 钢筋	每个安装段	03020402□□□
		03 混凝土	每个浇筑段	03020403□□□
		04 防水层	每个渡槽（倒虹吸）	03020404□□□

续表

类别	分部工程名称	分项工程	检验批规模	检验批编号
附属工程	附属工程	01 模板及支架	每个安装段	03020501□□□□
		02 钢筋	每个安装段	03020502□□□□
		03 混凝土	每个浇筑段	03020503□□□□
		04 砌体	每个砌筑段	03020504□□□□
		05 栏杆	每座涵	03020505□□□□

任务 13.2　桥涵工程竣工资料目录

铁路、公路、市政等不同行业的桥梁工程竣工资料目录的内容略有不同，但均包括以下内容。

1. 施工技术文件

（1）图纸会审记录。

（2）施工组织设计、施工方案。

（3）地质勘探报告。

（4）工程定位测量记录。

（5）技术交底、施工日记。

（6）开工、竣工报告及批复文件。

（7）工程施工总结。

（8）竣工工程数量表。

（9）建交表、铁程表。

（10）工程竣工验收报告。

（11）工程质量监督报告。

（12）竣工文件审核单。

（13）工程计价单。

（14）固定资产移交目录。

（15）竣工图。

2. 地基处理记录

（1）地基验槽记录。

（2）不良地质处理记录。

3. 工程图纸变更记录

（1）施工设计变更通知单。

(2) 技术核定单。

4. 施工材料、预制构件质量证明文件及复试报告

(1) 水泥试验汇总表、出厂质量证明文件、复试报告。
(2) 钢材、预应力钢绞线试验汇总表、出厂质量证明文件、复试报告。
(3) 砂试验汇总表、复试报告。
(4) 石试验汇总表、复试报告。
(5) 防水材料试验汇总表、出厂质量证明文件、复试报告。
(6) 构件试验汇总表、出厂质量证明文件、复试报告。
(7) 其他材料试验汇总表、出厂质量证明文件、复试报告。

5. 施工试验记录

(1) 土壤击实实验、回填土(干容重)测试报告。
(2) 砂浆配合比通知单。
(3) 砂浆试块强度评定表、砂浆试块抗压强度试验报告。
(4) 混凝土配合比通知单。
(5) 混凝土试块强度评定表、混凝土试块抗压强度试验报告。
(6) 钢筋、预应力钢绞线强度试验报告。

6. 隐蔽工程检查记录

(1) 基坑隐蔽工程检查记录。
(2) 钢筋隐蔽工程检查记录。

7. 施工记录

(1) 混凝土施工记录。
(2) 结构吊装记录。
(3) 技术复核记录。
(4) 定位放线、标高测量记录。
(5) 沉降观测记录。

8. 工程质量检验记录

(1) 检验批质量验收记录。
(2) 分项工程质量验收记录。
(3) 分部工程质量验收记录。
(4) 单位工程质量竣工验收记录。
(5) 单位工程质量控制资料核查记录。
(6) 单位工程观感质量检查记录。
(7) 单位工程安装和功能检验资料核查及主要功能抽查记录。

9. 商品混凝土资料

略。

任务 13.3 竣工图编制

桥梁工程竣工后，必须进行竣工图的编制。竣工图一般在施工设计图的基础上进行绘制，竣工图表包括以下内容。

1. 封面

略。

2. 本册目录

略。

3. 竣工说明

(1) 对桥梁的开工日期、完工日期、桥梁整体情况作简要说明。

(2) 主要施工规范及技术标准执行情况。

(3) 在施工中执行原设计的情况。

(4) 上部构造、下部构造的施工工艺及新的施工方法、检测手段等情况。

(5) 施工中主要材料的来源及材质，采用新材料情况。

(6) 在施工中遇到的各种问题及采取的措施。

(7) 工程质量控制情况，发生质量事故的原因及处理办法等情况。

(8) 施工中变更设计等情况。

(9) 地质及不良地质的处理情况。

(10) 桥台台背填土的施工情况，技术上采取了哪些措施。

4. 竣工图表

(1) 施工图设计文件中的所有图表均应作为竣工图。

(2) "桥型布置图"的后面增加一张"桩位布置竣工图"(可参照墩台基桩中心坐标表中各桩位置图)，每个桩位画一个圈，并以分子表示桩顶竣工标高，以分母表示桩底竣工标高，各桩位都应编成与墩、台基桩设计中心坐标表中相同的编号。

(3) 竣工图中原有的"全桥工程及材料数量汇总表"保持不变(不盖"竣工图"标志章)，在其后增加一张"全桥工程及材料数量竣工汇总表"，并加盖"竣工图"标志章。

(4) 凡施工图中涉及设计标高或工程数量变化的，在竣工图中除保留原设计标高或工程数量表外，还须另行增加一个竣工标高或工程数量表。

(5) 凡施工图中有变更时，如构造、配筋、规格、尺寸、标高等，须在竣工图中根据变更单说明变更的依据。

任务 13.4 桥涵工程验收概述

13.4.1 工程施工质量验收的原则

（1）施工质量验收的依据是各专业的验收标准，各项验收标准均具有强制性。除此之外，均不得作为验收依据。

（2）按图施工是施工单位的重要原则，勘察设计文件是施工的依据，施工中不得随意改变勘察设计文件。如必须改变时，应按程序进行设计变更，施工质量也应符合变更后的勘察设计文件要求。

（3）参加施工质量验收的各方人员，是指参加检验批、分项工程、分部工程、单位工程施工质量验收的人员，这些人员应具有相应的资格。所谓资格并没有严格的资质要求，验收标准给出了原则性的规定，还应结合工程情况、管理模式等，在保证工程质量、分清责任的前提下具体确定。

（4）施工单位是施工质量控制的主体，应对工程施工质量负责，其工程施工质量必须达到验收标准的规定。另外，其他各方的验收工作必须在施工单位自行检查合格的基础上进行，否则，也是违反标准的行为。

（5）对于重要构筑物的地基基础、特殊结构和系统，在相应阶段，还应通知勘察设计单位参加验收，实际上是要求勘察设计单位对现场情况进行确认，并留有记录。这一点对于保证工程质量及日后可能出现的质量事故的责任判定很重要，不能忽视。

（6）为了保证对涉及结构安全的试块、试件的代表性和真实性负责，监理单位必须按验收标准对各检查项目的规定，进行平行检验、见证取样检测。涉及结构安全和使用功能的现场检测项目，监理单位应按规定进行平行检验或见证检验（检测、试验）。

（7）检验批质量验收主要是对主控项目和一般项目的检查验收。只要这些项目的质量达到了本标准的规定，即可判定该检验批合格。标准中的其他要求不在检验批质量验收中涉及。

（8）为了保证见证取样检测及结构安全检测结果的可靠性、可比性和公正性，检测单位应具备有关管理部门核定的资质。对于特殊项目的检测，可由建设单位确定检测单位。

（9）单位工程的观感质量相对于涉及结构安全和使用功能的主体工程质量而言，应该是比较次要的。但是，对完工后的工程进行一次全面检查，对工程整体质量进行一次现场核实，是很有必要的。观感质量验收不是单纯的外观检查，也不是在单位工程完成后对涉及外观质量的项目进行重新检查，更不是引导施工单位在工程外观上做片面的投入。观感质量验收的目的在于直观地从宏观的角度上对工程的安全可靠性能和使用功能进行验收，如局部变形、缺损、污染等，特别是在检验批、分项工程、分部工程的检查验收时反映不出来的，而后来又发生变化的情况，通过观感质量验收及时发现问题，提出整改，是一个不可缺少的质量控制环节。

13.4.2 检验批、分项工程、分部工程、单位工程的验收

工程施工质量验收时按从检验批到分项工程、分部工程、单位工程的顺序进行。检验批验收是工程施工质量验收的基本单元,是分项工程、分部工程和单位工程施工质量验收的基础。分项工程、分部工程和单位工程施工质量的验收,是在检验批质量验收合格的基础进行的。

1. 检验批的验收

检验批质量验收合格的规定:主控项目的质量经抽样检验合格,要特别注意的是,主控项目中有允许偏差的抽检点,其实测值必须在允许偏差范围内,不允许超差;一般项目的质量经抽样检验合格,当采用计数检验时,除有专门要求外,对于一般项目中有允许偏差的抽检点,合格点率应达到80%及以上,且其中不合格点的最大偏差不得大于规定允许偏差的1.5倍。

1) 检验批的质量验收内容

对检验批的质量验收内容分为实物检查和资料检查两个方面。

(1) 实物检查:

① 对原材料、构配件和设备等的进场验收,是把好施工质量的第一关,各专业验收标准均已制定了明确的检验项目和抽样方案;

② 对施工过程中较为重要的检查,如混凝土强度等的检验,应按现行的国家标准、行业标准及各专业验收标准规定的方案进行检查;

③ 对工程实体中以计数检验的项点是按各专业验收标准规定的方案进行检查,并按抽查总点数的合格率进行判定的。

(2) 资料检查:即书面检查。检查的内容既包括原材料、构配件、设备的合格证和其他质量证明文件,又包括施工过程中的自检、交接检验记录、隐蔽工程验收记录及各种检验、检测报告。

2) 检验批的合格质量标准

检验批的合格质量主要取决于主控项目和一般项目的检验结果。

(1) 主控项目是指对安全、卫生、环境保护和公众利益起决定性作用的检验项目,其所规定的质量要求必须全部达到合格。主控项目主要包括以下3个方面的内容:

① 主要材料、构配件和设备的材质、规格、数量等,如钢筋、水泥、电缆的质量,路基填料的质量,水泵、电源屏、变压器等设备的质量,检查出厂合格证及有关质量证明文件,并对重要的性能指标进行检验或试验,安装数量要符合设计要求。

② 结构的强度、刚度、稳定性及工程性能等,如混凝土的强度、路基压实度、电气绝缘性能、防雷接地性能、系统运转试验等。

③ 工程实体的关键几何尺寸,如涉及限界的结构外形、设备安装位置及有允许偏差但必须控制在允许偏差限值之内的项目,具体包括无缝线路轨道整理作业后的轨距、轨向、水平、高低等静态几何尺寸等。

项目 13 桥涵验收

（2）一般项目是指除主控项目以外的检验项目。这些项目指标可以放宽一些，虽然不像主控项目那样对工程质量起决定性作用，但对结构安全、使用功能和工程外观等有较大影响，同样要求全部达到合格标准。对于有允许偏差的一般项目，在采用计数检验时，除有专门要求外，合格点率应达到80%及以上，且不合格点的最大偏差不得超过规定允许偏差的1.5倍。如下列两种情况。

① 给定允许偏差值的项目：如结构或构件的截面几何尺寸允许偏差为±15mm、与设计中心线允许偏差为10mm、表面平整度的允许偏差为5mm等，要求合格点率应在80%及以上，且不合格点的偏差值不能大于允许偏差值的1.5倍。如果规定所有点的偏差值均不得超出允许偏差值，那么该项目就不是一般项目而是主控项目。

② 要求大于或小于某一数值的项目：即给定了一个最低值或最高值，而在一个方向上不控制，要求80%及以上测点的数据大于或小于给定的数据值。例如，碎石桩桩径允许偏差为－50mm，就是要求80%及以上测点的桩径不允许比设计值小50mm，允许有20%及以下测点的桩径比设计值小50mm，但最大不允许小75mm。实际桩径比设计值大的则不控制。

2. 分项工程的验收

分项工程质量验收合格的规定：分项工程所含的检验批均应符合合格质量的规定；分项工程所含的检验批的质量验收记录应完整。

分项工程质量验收是对其所含检验批质量的统计汇总，主要是检查核对检验批是否覆盖了分项工程范围、检验批验收记录的内容及签字是否齐全、正确。特别要注意的是，一些项目不一定出现在每个检验批中，可能几个检验批才出现一次，如实体的高程、垂直度等，应注意检查，不能缺漏。当然，如果检验批质量不合格，也就不能进行分项工程的质量验收。

3. 分部工程的验收

分部工程质量验收合格的规定：分部工程所含分项工程的质量均应验收合格；质量控制资料应完整；有关结构安全及使用功能的检验和抽样检测结果应符合有关规定。

分部工程质量验收包括以下3个方面的内容：

（1）分部工程所含分项工程的质量均应验收合格。这也是一项统计汇总工作，应注意核对有无缺漏的分项工程，各分项工程验收是否正确等。

（2）质量控制资料应完整。这也是一项统计汇总工作，主要是检查检验批的验收资料、施工操作依据、质量记录是否完整配套，是否全面反映了质量状况。

（3）有关结构的实体质量、主要功能的检验和抽样检测项目是否有缺漏，检测记录是否符合要求，检测结果是否符合验标的规定和设计要求。

4. 单位工程的验收

单位工程质量验收合格的规定：单位工程所含分部工程的质量均应验收合格；质量控制资料应完整；实体质量和主要功能核查的结果应符合有关标准规范的规定；观感质量验收应符合要求。

单位工程质量的验收是建设各方对施工质量控制的最后一关。分部工程质量、质量控制资料、实体质量和主要功能、观感质量均应符合验收标准的规定，单位工程质量才能通过合格验收。

(1) 单位工程所含分部工程的质量均应验收合格。主要是检查分部工程验收是否正确，有无缺漏。

(2) 质量控制资料应完整。质量控制资料的完整，实际上是一个相对的概念，应视工程特点和已有的资料情况而定，重点是看其是否反映了结构安全和使用功能，是否达到了设计要求。质量控制资料的项目应严格按"单位工程质量控制资料核查表"进行核查，做到项目全、资料全、数据全。

(3) 实体质量和主要功能核查结果应符合有关标准规范的规定。实体质量和主要功能核查的目的是保证工程的使用功能。有些项目的检测是在分部工程完成后随即进行，单位工程验收时不再重复检测，如复合地基承载力试验、基桩无损检测等；有些项目的检测是在单位工程全部完成后进行，如轨道动态质量检查、接触网试运行等。抽查项目由验收组确定，抽查结果应符合有关标准规范的规定。

(4) 观感质量验收应符合要求。观感质量验收是一项重要的评价工作，是实地对工程质量进行的一次全面检查。特别是对于在检验批验收时不能检查的或者是当时检查不出来的内容，以及后来又发生质量变化的项目，很有必要。首先明确观感质量验收绝不是单纯的外观检查，也不是在单位工程完成后对涉及外观质量的项目进行重新检查，更不是引导施工单位在工程外观上作片面的过大投入，重点是防止出现影响结构安全和使用功能的项目。观感质量验收的目的就是直观地从宏观角度上核实工程的安全可靠性能和使用功能，促进施工过程质量控制。另外，并非所有工程都要进行观感质量检查，这方面各专业的验收标准均有相应规定。

13.4.3 工程施工质量不符合要求时的处理情况

工程施工质量不符合要求的情况，多在检验批质量验收阶段出现，会直接影响相关分项工程、分部工程质量的验收。

(1) 对于返工重做、更换构配件或设备的检验批，应该重新进行验收。当重新检查后，检验项目合格的，应判定该检验批合格。

(2) 个别检验批试块试件的强度不能满足要求的情况，包括试块试件失去代表性、试块试件丢失或缺少、试验报告有缺陷或对试验报告有怀疑等。这种情况下，应按规定程序由有资质的检测单位进行检验测试。如果测试结果证明该检验批的质量能够达到原设计要求，则该检验批予以合格验收。

应该说以上两种情况的处理，没有造成永久的缺陷，没有降低工程的质量标准，不会影响结构安全和使用功能，属于正常验收的范围。

虽然以上两种情况的检验批质量经处理或检测鉴定后达到了原设计要求，符合验收标准的规定，予以合格验收，但毕竟说明施工单位的质量控制过程存在缺陷，应该引起高度重视，采取有力措施，最大限度地减少甚至消除这类返工、检测鉴定项目。

对于其他不合格的现象，因情况复杂，验收标准也不能给出明确的处理方案，只能由各方根据具体情况按规定程序协商处理。当采取返修或加固处理等其他措施后，施工质量仍然存在严重缺陷，不能满足结构安全和使用功能的，属于不合格工程，严禁验收。

13.4.4 工程施工质量验收的程序和组织

在工程施工质量验收的程序和组织方面，验收标准强调各方主体在验收过程中的具体职责，特别是各方有关人员对质量情况的检查和审核签认，对落实质量责任制原则有积极的促进作用。

(1) 验收的程序和组织。验收的程序是先进行检验批验收，其后是分项工程验收，再是分部工程验收，最后是单位工程验收。验收工作按其所处阶段分别由监理单位或建设单位组织进行。

(2) 施工单位的自检工作。尽管检验批、分项工程、分部工程和单位工程的质量验收工作是由监理单位或建设单位组织的，但每个阶段的验收工作都是在施工单位自检合格的基础上进行的。特别强调施工单位的自检是各阶段质量验收的基础。施工单位要加强过程控制，落实内部质量责任制，做好自检、互检和交接检，施工单位是工程施工质量控制的责任主体。施工单位应在自检合格的基础上，把各种验收记录表填好后，向监理单位或建设单位提出验收申请。需要特别说明的是，施工单位由专职质量检查员对检验批的质量进行检查评定。专职质量检查员是代表企业的质量部门进行质量验收的，检验批的质量不能由施工班组来自我评定，应以专职质量检查员的检查评定为准，并且由分项工程技术负责人、分项工程负责人审核签认。也就是说，施工单位对检验批进行自检，专职质量检查员履行质量检查职责，分项工程技术负责人、分项工程负责人履行管理职责。

(3) 监理单位的验收工作。监理单位由专业监理工程师组织对检验批、分项工程、分部工程的质量进行验收，总监理工程师参与单位工程的质量验收。另外，各本验收标准还规定了重要的旁站监理项目，监理单位应对这些项目进行旁站。当然，对于不同的工程，监理单位还要根据情况补充确定其他的旁站项目。

(4) 勘察设计单位的验收工作。勘察设计单位要对与勘察设计质量有关的检验项目进行确认，如对主体结构的地质条件进行确认，对需要检验的复合地基承载力进行确认等；参与重要的、特殊的分部工程的质量验收；参与每个单位的工程质量验收。

(5) 建设单位的验收工作。建设单位组织施工单位、监理单位、勘察设计单位对单位工程的质量进行验收。单位工程的质量验收是施工质量过程控制的最后一道程序，是建设投资转化为工程实体的标志，也是检验设计质量和施工质量的重要环节。建设单位应该全面掌握工程质量情况，组织施工单位、监理单位、勘察设计单位共同对单位工程质量进行验收。

13.4.5 工程施工质量验收过程中应注意的问题

1. 施工质量验收资料的归档

验收标准规定的各种验评表格，是反映工程质量状况、体现各方质量责任的基础文件，应当认真、及时填写，按规定完整归档。

施工质量验收资料的归档整理应符合有关规定的要求。其中，检验批、分项工程质量验收记录，建设单位、施工单位、监理单位均应长期保存；分部工程、单位工程质量验收记录，建设单位应永久保存，施工单位应长期保存；其他资料应按相关规定保存。

这是根据国家标准《建设工程文件归档整理规范》(GB/T 50328—2001)的要求规定的，与其他行业的建设工程文件归档一致。其中，保管期限分为永久、长期、短期3种。

永久——工程档案需永久保存。

长期——工程档案保存期限等于该工程的使用寿命。

短期——工程档案保存20年以下。

2. 验收标准与施工规范对质量要求不一致的情况

工程质量是否合格的判定标准是验收标准，验收标准中也强化了过程控制的要求，是一个既有过程控制，又有最终检验的综合标准。从标准管理角度，施工规范（技术指南）应逐步弱化，逐步演化为行业推荐性标准及企业标准。当验收标准与施工规范（技术指南）对质量要求不一致时，应以验收标准为准进行验收。当施工规范对质量的要求高于验收标准时，应按施工规范进行施工操作。

3. 验收标准与设计规范对质量要求不一致的情况

当前，桥梁工程建设的形势发展很快，尤其是高速铁路、公路的桥梁在建设过程中，一些新技术、新结构、新设备、新材料、新方法会不断采用，在实际验收工作中，现行验收标准的内容可能会出现一些不足，当涉及结构安全和系统功能的部分设计规范条文和设计文件对质量的要求与验收标准不一致时，应以标准高者为准。

小 结

本项目对桥梁工程验收、涵洞工程验收做了较详细的阐述。

具体内容包括：桥涵单位工程、分部工程、分项工程、检验批的划分；竣工资料目录的内容和竣工图的编制规定；桥涵工程的验收原则，验收的组织与程序，验收流程。

本项目的教学目标是使学生熟悉桥梁单位工程、分部工程、分项工程、检验批的划分，熟悉竣工资料目录的内容和竣工图的编制规定，了解验收原则，熟悉验收的组织与程序，掌握桥涵工程的验收流程。

项目 13 桥涵验收

思考与练习

1. 桥涵单位工程、分部工程、分项工程、检验批是如何进行划分的?
2. 桥涵工程竣工资料包括哪些基本内容?
3. 在桥涵工程竣工图的编制中,对竣工说明的要求有哪些规定?
4. 简述桥涵工程验收的顺序。
5. 简述检验批的质量验收内容。
6. 在桥涵工程验收中,工程施工质量不符合要求时如何进行处理?

项目 14 桥涵维护

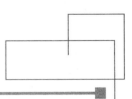

教学目标

通过对桥梁检查与养护的学习,熟悉桥梁日常保养的工作内容,掌握圬工墩台、混凝土梁、钢桥的养护和维修内容与方法;通过对涵洞养护与维修的学习,熟悉涵洞的养护与维修。

教学要求

知识要点	能力要求	相关知识
桥梁检查与养护	熟悉桥梁日常保养的工作内容,掌握圬工墩台、混凝土梁、钢桥的养护和维修内容与方法	桥涵养护规程
涵洞养护与维修	熟悉涵洞的养护与维修	

项目 14 桥涵维护

引子

为了保持桥梁和涵洞经常处于良好状态，保证铁路和公路等线路的正常运营，并最大限度地延长其使用寿命，必须对桥梁和涵洞的病害进行检查和分析、修理和加固、局部更新和全部重建等工作。

养护工作是指按照规定的技术标准和验收条件对桥梁进行的养护工作，主要包括桥梁日常保养、桥梁计划维修和桥梁大修等工作。

桥涵的维修工作主要有圬工墩台的维护、混凝土梁的维护、钢桥的养护与维修、支座的养护与维修等内容。

钢桥维护

支座检查

任务 14.1 桥梁检查与养护

14.1.1 桥梁检查

以铁路桥梁检查与养护为例。

（1）经常监视：由桥梁巡守工负责巡回检查，经常监视管区桥梁的状态、河道及两端各 30m 范围内的线路状态；汛期内还应观测水位、流速和洪水、漂流物通过桥孔的情况。

（2）经常检查：工长每月对未设桥梁巡守工的桥梁及其他重要桥涵检查一遍；领工员每月有计划地对重点桥涵检查一遍。有病害的桥涵，更应勤加检查。

（3）定期检查：每年春秋两次，铁路桥梁一般由工务段进行检查，春季检查是在春融或汛前对桥梁进行一次全面检查，重点是流冰过桥的安全，桥梁排水的疏浚，调节河流建筑物及防护设备的完好等。秋季检查是对桥梁的技术状态进行全面、细致的检查。

（4）特别检查：对于特别长大、构造复杂、高墩、有严重病害或新型结构的桥梁进行特别检查，由铁路局桥梁检定队负责会同工务段进行。

14.1.2　桥梁养护

以铁路桥梁检查与养护为例。

养护工作是指按照规定的技术标准和验收条件对桥梁进行的养护工作，主要包括桥梁日常保养、桥梁计划维修和桥梁大修等工作。

桥梁日常保养工作：保持桥梁清洁，清除积水、冰雪、煤烟、污垢和尘土等；保养好各种螺栓，打紧道钉和防爬器；修理桥面木质的个别部分；修补桥梁小片的油漆；添换防火用的砂、水；保养标志等。

桥梁计划维修工作：桥面修理，钢梁局部油漆；钢结构（包括支座）修理；圬工梁拱及墩台修理；防护设备及调节河流建筑物的修理；安全检查及照明设备的修理。

桥梁大修工作：更换整孔桥面；油漆整孔钢梁；加固或更换钢梁、圬工梁拱、桥梁墩台及基础；进行桥梁扩孔；更换或增设圬工梁拱防水层；进行整座木桥大修；整治河道；增设或修理防护设备及调节河流建筑物；增设或更换安全检查设备等。

我国铁路桥梁养护从组织上和费用上都与桥梁施工完全分开，铁路的桥梁养护与线路、房产养护也是分开的。在铁路工务段内设桥梁领工区，负责组织桥梁养护工作，包括日常保养、计划维修和重点病害整治工作。领工区本着预防为主的维修方针制订年度、季度和月度维修计划。工区按照工务段规定设置桥梁巡守工，加强看护长大、重要或有病害的桥梁。遇有较大的修理、加固及更换工程由桥隧大修队（段）负责，每个铁路局设有桥隧大修队（段）或桥隧大修分队（段）和桥梁检定队。

由于修理桥梁一般须在不间断行车的情况下进行，更换桥梁也必须在有限的间断时间内完成，因此，桥隧大修队（段）及桥隧工区应尽可能配备现代化动力及机械工具，以提高工作效率，并保证工程质量。

桥梁养护组织应搜集桥梁及其跨越的河道的历史情况和技术资料。对桥梁设计、施工中存在的问题和运营后产生的病害、损坏等，以及为解决这些问题采取的加固、改善等措施，均应在技术档案中详细记载，以便对设备的情况有一个系统的、全面的了解，并为设备的运用和改善提供科学的依据。

14.1.3　桥涵的养护与维修

1. 圬工墩台

运营中墩台必须保持良好的状态，不宜有镶面砌缝开裂、砂浆剥落、石料风化破裂、支承垫石松动等现象。因此，应做好墩台养护与维修工作。维修墩台的主要项目如下：

(1) 搞好勾缝工作；清除桥上及墩台顶面的污秽，防止顶面积水；疏通和改善排水设备，防止雨水浸入砌体。

(2) 支承垫石薄弱，在活载冲击作用下也可能使砌体松动。若发现支承垫石开裂、损坏，应及时修整。

(3) 石砌墩台的砌缝如有裂缝，应凿除残渣重新勾缝。若石料风化可采用喷浆处理。

(4) 混凝土墩台裂纹整治。

① 墩台裂纹的原因：内外温差、混凝土收缩、局部应力在受拉区引起裂纹、墩台线路养护不良、桥头挡渣墙及附近有钢轨接头、基础松软、养护不良、施工质量不良、桥台填土不良冻胀。

② 裂纹观测与监视：用红漆画裂纹起点和终点的记号，并进行编号、记录，画裂纹展示图。

裂纹观测：长度方向观测裂纹两端是否超出红漆画线处，宽度方向做灰块观测，使用裂缝观测仪进行观测。

墩台空洞或空隙的检查：小锤或超声波检测。

③ 裂纹的整治。

a. 微细且量多的裂纹：抹浆或喷浆、涂环氧树脂浆。

b. 一般的表面裂纹：用环氧树脂砂浆或腻子修补(图 14.1)。

c. 裂纹多且深入结构内部或内部有空隙：压筑环氧树脂或水泥浆(图 14.2)。

d. 墩台贯通裂纹：钢筋混凝土套箍、压浆或锚固包。

e. 支承垫石在压力分布范围内裂纹或损害：应更换，临时加固可用钢箍。

图 14.1　腻子修补

图 14.2　压筑环氧树脂

(5) 桥台由于填土压力过大发生开裂时，应把桥头填土改为渗水土壤，必要时改为填石或干砌片石。

(6) 经常注意疏通桥址上游和下游河道，防止堵塞。经常了解河床变迁、基础冲刷情况，特别是浅基础要加强防护，采取必要措施防止冲刷。

2. 钢筋混凝土梁

钢筋混凝土梁在运营中必须保持完好，不得有泄水管堵塞，保护层及防水层脱落或开裂，表面出现裂缝或蜂窝麻面等现象。钢筋混凝土梁的裂缝有以下几种。

(1) 收缩裂缝：由于混凝土硬化时收缩或徐变而引起的细小裂纹，无明显的方向，长度、深度均不大，仅限于表面，可不予处理。

(2) 分层裂缝：位于工作缝上或沿水平方向的裂缝，主要是由于混凝土灌筑不良导致接合缝处的黏结力差而引起的。

(3) 受力裂缝：一般在跨中是竖向的，在两端是斜向的。裂缝形成的原因有受拉区钢筋不足、支座活动性差、受拉钢筋接头不良及锚固不好等，这些因素使裂缝有可能继续发展。

钢筋混凝土结构产生裂缝后，水分或空气中的有害气体将浸入裂缝，引起钢筋锈蚀，圬工变质；若裂缝继续发展，则问题会更为严重，因此，必须加强维修。对细小裂缝可用沥青漆涂塞；较大裂缝可用水泥砂浆或环氧树脂修补。把机车放在桥上使裂缝张开以填塞裂缝，效果最好。当表面有蜂窝麻面时，应喷筑灰浆或填补混凝土。

3. 钢桥

1) 桥面

桥面和桥上线路直接承受列车荷载，桥面状态是否良好直接关系到行车安全和建筑物的使用年限。因此，对桥面除要求坚固耐用外，还需要保证列车运行平稳，以免对梁和墩台冲击过大而引起病害；铁路桥梁还应检查护轮轨，以保证万一列车脱轨时能沿护轨滑行，不致在桥上倾覆。

检查铁路桥面时，主要是查看桥头和桥上线路的平面位置及纵断面是否平顺良好，钢轨接头位置、轨缝大小，桥枕间距与方向，桥枕腐朽或螺栓松动情况及有无吊板（即桥枕下面悬空吊在钢轨下），还要检查附属设备，如护轨、防火设备、人行道等。另外，要保持桥面清洁。

检查时除用肉眼观察线路平直、圆顺、高低平顺外，主要依靠道尺，必要时借助经纬仪、水平仪，发现问题应及时纠正。

检查公路桥面时，主要是查看桥头和桥上路面的平面位置及纵断面是否平顺良好，伸缩缝是否平顺，桥面有无空鼓等影响行车的情况，构件的螺栓松动情况，斜位索和吊杆的锚固端是否封闭，有无漏水导致锈蚀的情况。还要检查附属设备，如栏杆、人行道、防火设备等。另外，要保持桥面清洁。

2) 钢梁

(1) 清洁：要经常清扫污垢，防止钢梁锈蚀，特别应注意桥面系，尤其是箱式梁的下弦杆、上承式梁的上弦杆、端节点、支座和缝隙等处。冬季应及时清除积雪。

(2) 油漆：为防止钢梁锈蚀，除支座的辊轴、底板和其他活动部件外，都需进行油漆，并根据具体情况决定油漆年限。

(3) 铆钉：检查铆钉一般采用表面观察、钎探或敲打的办法，若发现铆钉松动必须及时更换。

(4) 高强度螺栓：检查螺栓是否转动或松动，可观察螺帽、垫圈的油漆是否损坏，也可用手锤敲击的方法来判断螺栓是否松动，如发现问题应及时更换。

(5) 焊缝：栓焊梁的焊缝，最好用探伤仪检查，也可用高倍数的放大镜检查。发现裂缝应加强观测，若裂缝继续发展致使问题严重时，应及时采取措施。

(6) 钢梁杆件：凡有裂纹、脱层、扭曲、损坏等缺陷，应及时修补或予以更换。

(7) 支座：应加强养护使其保持良好状态，辊轴与底板必须密贴，所有螺栓须拧紧。

3) 钢梁焊缝及邻近钢材裂纹的修理

(1) 焊缝的检查。焊缝的检查方法有目视法、铲去表面金属法、硝酸酒精侵蚀法、着色探伤法4种。

(2) 检查重点部位。重点部位包括所有焊缝及钢材构件。

(3) 焊缝裂纹的处理。根据情况可采取以下方法：报告上级、采取安全措施；加强观察和监视；采取临时加固措施；采取永久加固措施。

4) 高强度螺栓的更换

(1) 检查方法：目视法、敲击法、应变仪测定法或扭距测定法。

(2) 病害处理：单独更换或成批更换。

5) 钢结构涂装修理施工

(1) 漆膜失效。钢结构漆膜失效表现为粉化、露底、裂纹、剥落、气泡、吐锈等。检查鉴定的方法有肉眼观察、用手触摸、刮膜检验、滴水检验。

(2) 除锈措施。常用的除锈措施有手工除锈、小型机械工具除锈、喷砂除锈、喷丸除锈。

(3) 防锈措施。常用的防锈措施有磷化及喷锌、喷漆等。

4. 支座病害的整治

(1) 小跨度钢筋混凝土板梁横向移动：可在墩台顶靠板梁两侧埋设角钢或加筑挡墙。

(2) 上下锚栓剪断：凿除更换或焊接部分锚栓。

(3) 位置不正、滑行或歪斜超限：千斤顶顶梁矫正或重新安装；框架或弹簧整正支座辊轴。

(4) 由于支座、支承垫石的原因造成梁体不平（"三条腿"），采用以下方式整治。

① 支座下捣填半干硬性水泥砂浆。

② 垫铸钢板。

③ 灌筑归纳钢筋混凝土垫块。

④ 垫橡胶板（小跨度梁）。

⑤ 压力灌筑灰浆。

5. 拱桥

检查拱桥时应着重查看拱圈、拱上结构和墩台。若出现裂缝时应特别注意，加强观测，查明原因，及时补救。还应检查排水设备与防护层，凡发现拱圈下表面有水流痕迹或有雨水渗透到圬工内的现象，可能是防水层不良所致，应及时检查修补。圬工的缺陷修理办法与墩台类似。

石拱或混凝土拱桥在被损坏后，均应根据具体情况进行加固修补及临时修复，一般可考虑采用以下方法。

(1) 加固修补损伤的桥孔结构。当拱跨结构受到损伤，但尚未变形的情况下，可进行加固修补；如拱跨结构虽仍被支承在墩台上，但圬工损伤较严重并损及拱圈，影响拱圈的荷载能力时，则应先修补拱圈。

(2) 加固修补多孔拱桥中部分损坏的拱跨结构。多孔拱桥如有部分拱跨损坏而其邻孔拱跨结构仍完好无损，致使桥墩受到单向推力时，则应考虑采取临时平衡单向推力的加固措施及时修复桥孔结构。

(3) 将拱桥改成梁式桥。损坏的拱跨结构如拱孔过多或跨度较大，修复原有拱跨的工作量太大而有很多困难时，可利用残存墩台或临时墩台按前述各节的临时修复方法，将其改成一孔或多孔的梁式桥孔结构。

任务 14.2　涵洞养护与维修

14.2.1　涵洞检查

(1) 经常监视：由桥梁巡守工负责巡回检查，经常监视管区涵洞的状态、排水沟渠及两端各 30m 范围内的线路状态；汛期内还应观测水位、流速和洪水、漂流物通过桥孔的情况。

(2) 经常检查：工长每月对重要涵洞检查一遍；领工员每月有计划地对重点涵洞检查一遍。有病害的涵洞，更应勤加检查。

(3) 定期检查：每年春秋两次，由工务段或养路工区进行。春季检查是在春融或汛前对涵洞进行一次全面检查，重点是确保流冰通过涵洞的安全，涵洞排水的疏浚，调节河流建筑物及防护设备的完好等。秋季检查是对涵洞的技术状态进行全面、细致的检查。

(4) 特别检查：对于特别的涵洞、有严重病害或新型结构的涵洞进行特别检查。

14.2.2　涵洞养护与维修

1. 堵塞

涵渠内如有泥砂沉积物应及时清除，使排水畅通，必要时应在涵渠洞前设置护栅或拦砂坝。

2. 防寒

在严寒地区，冬季要用树枝或篱笆把涵洞进口挡起来(下面留出必要的流水口)，并及时清除积雪，以防冰冻和冰雪将涵洞进口堵塞。如发现有冻害，则须加筑垂裙伸入冻结线以下，并加深翼墙基础。

3. 裂缝

由于基础沉降不均、洞顶填土过薄、列车冲击严重等原因，涵洞会产生裂缝。发现有裂缝时，应先消除产生裂缝的原因，再修补裂缝。若涵洞破裂严重，如过水断面有富裕，可在涵内加套拱，如图14.3所示。

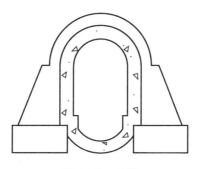

图14.3 套拱

4．下沉和脱节

当涵洞基础发生不均匀下沉时，就会出现脱节现象。处理办法是在线路上扣轨束梁，然后逐节抬高。若问题严重时只好改建。

小　结

本项目对桥梁、涵洞的检查与养护做了较详细的阐述。

具体内容包括：桥梁日常保养的工作内容，圬工墩台、混凝土梁、钢桥、拱桥的养护与维修内容与方法；涵洞的养护与维修。

本项目的教学目标是使学生熟悉桥梁日常保养的工作内容，掌握圬工墩台、混凝土梁、钢桥的养护与维修内容与方法；熟悉涵洞的养护与维修。

思考与练习

1. 简述桥梁检查的形式及各自的要求。
2. 简述钢筋混凝土桥梁和钢桥日常养护的内容。
3. 简述钢筋混凝土桥梁的常见病害及其养护方法。
4. 简述涵洞的常见病害及其养护方法。
5. 简述混凝土桥墩的常见病害及其养护维修方法。
6. 搜集桥梁养护维修的相关工程资料。

参 考 文 献

[1] 铁道部第三勘测设计院. 桥梁设计通用资料(修订版)[M]. 北京：中国铁道出版社，1994.
[2]《中国铁路桥梁史》编委会. 中国铁路桥梁史[M]. 北京：中国铁道出版社，2009.
[3] 孙亦环. 铁路桥涵[M]. 2版. 北京：中国铁道出版社，2010.
[4] 王常才. 桥涵施工技术[M]. 北京：人民交通出版社，2002.
[5] 顾安邦. 桥梁工程[M]. 北京：人民交通出版社，2002.
[6] 李乔. 混凝土桥[M]. 成都：西南交通大学出版社，2002.
[7] 陈明宪. 斜拉桥建造技术[M]. 北京：人民交通出版社，2003.
[8] 周昌栋，等. 悬索桥上部结构施工[M]. 北京：人民交通出版社，2003.
[9] 李向国. 高速铁路技术[M]. 2版. 北京：中国铁道出版社，2009.
[10] 房贞政. 桥梁工程[M]. 北京：中国建筑工业出版社，2004.
[11] 李辅元. 桥梁工程[M]. 北京：人民交通出版社，2005.
[12] 王慧东. 桥梁墩台与基础工程[M]. 北京：中国铁道出版社：2005.
[13] 魏红一. 桥梁施工及组织管理(上册)[M]. 2版. 北京：人民交通出版社，2008.
[14] 邬晓光. 桥梁施工及组织管理(下册)[M]. 2版. 北京：人民交通出版社，2008.
[15] 欧阳效勇，等. 桥梁深水桩基础施工关键技术[M]. 北京：人民交通出版社，2006.
[16] 孙立功. 桥梁工程(铁路)[M]. 2版. 成都：西南交通大学出版社，2008.
[17] 匡希龙. 桥涵施工[M]. 成都：西南交通大学出版社，2008.
[18] 苏彦江. 钢桥构造与设计[M]. 成都：西南交通大学出版社，2006.
[19] 毕守一，等. 基础工程施工[M]. 郑州：黄河水利出版社，2009.
[20] 于忠涛，等. 桥梁下部结构施工[M]. 北京：人民交通出版社，2010.
[21] 张辉. 桥梁上部结构预制与安装施工[M]. 北京：人民交通出版社，2010.
[22] 陈珂. 桥梁上部构造施工[M]. 北京：人民交通出版社，2010.
[23] 高兴元. 桥梁工程[M]. 天津：天津大学出版社，2010.
[24] 卫申蔚. 桥梁工程施工技术[M]. 北京：人民交通出版社，2011.
[25] 杨渡军，等. 桥涵工程[M]. 北京：中国电力出版社，2011.
[26] 焦胜军. 高速铁路桥梁施工与维护(上册)[M]. 成都：西南交通大学出版社，2011.
[27] 焦胜军. 高速铁路桥梁施工与维护(下册)[M]. 成都：西南交通大学出版社，2011.
[28] 余丹丹. 道路与桥梁工程施工技术. 北京：中国水利水电出版社，2011.
[29] 贾亚军. 桥梁施工技术[M]. 北京：中国水利水电出版社，2012.
[30] 李灵. 桥涵施工技术[M]. 北京：机械工业出版社，2013.
[31] 于辉，等. 桥涵维护与加固技术[M]. 郑州：黄河水利出版社，2013.
[32] 于景超. 桥梁工程[M]. 北京：化学工业出版社，2013.
[33] 徐俊，等. 桥涵基础工程施工[M]. 武汉：武汉理工大学出版社，2013
[34] 余丹丹. 道路与桥梁工程施工技术[M]. 北京：中国水利水电出版社，2011.